Sobre a violência e sobre a
violência contra as mulheres

F✷SF✷R✷

JACQUELINE ROSE

Sobre a violência e sobre a violência contra as mulheres

Tradução
MÔNICA KALIL

7 Introdução: Sobre a violência e sobre a violência contra as mulheres
37 Eu sou a faca: Assédio sexual em primeiro plano
80 Vozes trans: Quem você pensa que é?
131 Trans e assédio sexual: A história de fundo
159 O feminismo e a abominação da violência
185 A escrita da violência: Do modernismo a Eimear McBride
212 O assassinato de Reeva Steenkamp, o julgamento de Oscar Pistorius: Sexo e raça no tribunal
245 Protesto político e a negação da história: A África do Sul e o legado do futuro
269 Um longo grito: Trauma e justiça na África do Sul
297 Na fronteira
328 Considerações finais

337 AGRADECIMENTOS
340 NOTAS
379 ÍNDICE REMISSIVO

Para Braham Murray (1943-2018)

INTRODUÇÃO

Sobre a violência e sobre a violência contra as mulheres

> *O mal que existe no mundo provém quase sempre da ignorância [...], sendo o vício mais desesperado o da ignorância, que julga saber tudo e se autoriza, então, matar. A alma do assassino é cega, e não há verdadeira bondade nem belo amor sem toda a clarividência possível.*
>
> Albert Camus, *A peste*, 1947

> *Vamos ter que enfrentar o vírus, mas enfrentar como homem, porra.*
>
> Jair Bolsonaro, presidente do Brasil, em declaração pública sobre a Covid-19, 30 de março de 2020

É evidente que todo mundo reconhece a violência quando a vê, mas se há uma coisa que ficou clara ao longo da última década é que as formas mais prevalentes, mais insidiosas de violência são aquelas que não podem ser vistas. Um grupo de homens brancos de aparência idêntica, todos de terno preto, é fotografado enquanto seu presidente assina um decreto executivo que proíba o financiamento público americano de entidades, em qualquer parte do mundo, que ofereçam a realização de aborto ou o aconselhamento para o aborto.[1] A aprovação dessa "Lei da Mordaça Global", em janeiro de 2017, deu início, oficialmente e de fato, à presidência de Trump. A regulamentação significa um aumento no número de mortes por aborto ilegal para milhares de mulheres por todo o mundo em desenvolvimento. Seus efeitos são tão cruéis quanto precisos. Nenhuma organização não governamental (ONG) beneficiária de recursos americanos pode, desde então, aceitar apoios que não sejam dos Estados Unidos nem pressionar governos ao redor do mundo em prol do direito ao aborto. Seguiu-se uma série de proibições ao aborto nos estados americanos governados por republicanos conservadores. Em novembro de 2019, o estado de Ohio apresentou à Assembleia Legislativa um projeto de lei que incluía a obrigatoriedade, em casos de gravidez ectópica, de os médicos reimplantarem o embrião no útero da mulher ou, então, enfrentarem uma acusação de "assassinato por aborto" (a gravidez ectópica pode ser fatal para a mãe, e não existe nenhum procedimento desse tipo na medicina).[2] Numa palestra em Londres, em junho de 2019, Kate Gilmore, comissária adjunta para os direitos humanos da Organização das Nações Unidas (ONU), descreveu a política americana para o aborto como uma forma de ódio extremista equivalente à tortura de mulheres. "Não criticamos isso publicamente como fazemos com outras formas de ódio extremista", afirmou ela, "mas se trata de violência de gênero contra as mulheres, sem a menor dúvida."[3] O ressurgimento do populismo alimentado pelo ódio tornou-se trivial no século 21. Mas talvez não seja tão comum ouvir o ódio extremista, particularmente contra as mulheres, ser nomeado tão abertamente como força motriz do mais alto maquinário jurídico do Ocidente.

A julgar por aquela foto original — que se tornou icônica da masculinidade no poder, no século 21 —, os representantes da Casa Branca bem poderiam estar assistindo ao presidente aprovar formalmente o que quer que fosse. A aparência deles era tão branda quanto impiedosa, ligeiramente complacente e entediada a sua atitude. Nenhuma sombra no semblante, nenhum brilho de aço nos olhos nem contração dos lábios que sugerissem que suas ações fossem alimentadas pelo ódio. Sem dúvida, acreditam que sua motivação é pura, que estão salvando a vida dos que ainda estavam por nascer. É uma característica dessa violência, em geral masculina — "violência reinante", como poderia ser denominada, já que representa o Estado e é sustentada por seu aparato —, que sempre se apresente como defensora dos direitos dos inocentes. Esses homens são assassinos. No entanto, seu caráter homicida é invisível — para o mundo (abortos ilegais pertencem ao submundo) e para si mesmos. Nem mesmo em seus sonhos mais alucinados, imagino, passa-lhes pela cabeça que suas decisões possam ser alimentadas pelo desejo de infligir sofrimento. Nem a natureza nem as consequências de seus atos são uma realidade com a qual tenham de se incomodar. Com as mãos levemente unidas ou os braços ao longo do corpo, o que eles transmitem é uma vaga descontração. Acima de tudo, não toleram nenhuma discussão. Sua postura pré-fabricada não admite um pingo de divergência (nem entre si, no grupo, nem cada um consigo mesmo). A premissa central deste livro é que a violência de nossos tempos viceja numa forma de cegueira mental. Como uma planta de estufa, floresce sob o vapor inebriante de sua própria e irrefreável convicção.

Começo com esse momento porque ele figura como uma das mais claras demonstrações do abismo entre ação e compreensão, entre impulso e autoconhecimento, que, para mim, está no cerne de tanta violência. Podemos chamar de violência masculina contra as mulheres, como fez, sem reservas, a comissária da ONU, mas os homens não são os únicos indivíduos humanos capazes de encarná-la. Mulheres, ao longo da história, já se cobriram com o manto do poder de Estado. E homens também são vítimas de violência — o mais prolífico estuprador em série da história do Reino Unido, condenado à prisão perpétua em janeiro de 2020, atacava sistematicamente rapazes heterossexuais vulneráveis.[4] Contudo, em resposta à crise atual, a da crescente visibilidade da violência de gênero, este livro inclina-se para a violência masculina contra as mulheres e também para uma combinação mortal em particular: a ligação entre a capacidade de causar danos indizíveis e uma distorção voluntária — consciente ou não — do campo de visão. A violência é uma forma de legitimação. Diferente do privilégio — que se pode verificar com um simples gesto, como em "confira seus privilégios", e depois deixar de lado —, a legitimação é mais profunda e, ao mesmo tempo, mais traiçoeira. Como se pairasse no éter, ela conta, para que persista, com a recusa do reconhecimento até mesmo de que está ali.

Tomemos outro caso exemplar dos últimos anos: a famigerada entrevista televisiva do príncipe Andrew para a BBC, em novembro de 2019, na qual ele tentou explicar que sua visita à casa do abusador e traficante de menores Jeffrey Epstein em 2010, poucos meses depois da condenação dele por agressão sexual, decorreu de sua tendência a ser "honrado" demais (hospedar-se na casa de um criminoso sexual condenado era o mais "honroso" a fazer). Ele tropeçava no escuro e — aos olhos da maioria — dava a impressão de estar mentindo. Ninguém parece ter acreditado, nem por um minuto, em suas negativas sobre ter se encontrado ou mantido relações sexuais com Virginia Giuffre, na época Virginia Roberts, que afirma ter sido coagida a fazer sexo com ele quando ainda era uma garota de dezessete anos. Foi uma extraordinária demonstração de cegueira: com relação às jovens vítimas traficadas por Epstein (com o apoio de Ghislaine Maxwell, que atualmente aguarda a sentença) — nenhuma delas foi mencionada uma única vez —, e com relação à contraproducente farsa do seu próprio caso (ao contrário de Édipo, sua cegueira não expiava nada). Mas Andrew também revelava uma verdade arrepiante, que suspeito ter desempenhado algum papel na rapidez com que foi convocado pela rainha e dispensado de suas obrigações reais, sem cerimônia, apesar da reputação de filho preferido. A honra, aqui encarnada na realeza, revelou sua verdadeira essência como o direito à violência com impunidade (no Reino Unido, qualquer investigação a respeito de Epstein foi sumariamente abandonada). Por esse mesmo motivo, nos anos 1930, Virginia Woolf alertou as mulheres para não se deixarem tentar pela panóplia do poder e as armadilhas da honra nacional que as arrastariam para a guerra.[5] Mas a dissimulação não é uma consideração a posteriori. Ela está integrada a todo o processo, é o principal meio pelo qual a legitimação ostenta sua invencibilidade e esconde de si mesma sua verdadeira natureza.

Em uma de suas formulações mais conhecidas, Freud escreveu sobre "Sua Majestade, o bebê", referindo-se ao desejo de perfeição e ao fardo de adoração com que os pais envolvem os filhos. O narcisismo começa com a crença de que o mundo todo está a seus pés, ali, somente para que você possa manipulá-lo. Maravilhosamente autocentrado, seu legado é potencialmente fatal — como no mito de Narciso, que se afogou no próprio reflexo em uma lagoa —, já que torna quase impossível para um sujeito humano enxergar ou amar alguém além de si mesmo. A agressividade é, portanto, sua consequência, conforme a criança luta com a mãe, ou com quem quer que ocupe esse posto, contra sua incipiente percepção de que é tão indefesa quanto dependente dos outros para sobreviver. "Pois cada ofensa ao nosso todo-poderoso e soberano Eu", escreve Freud em seus ensaios sobre guerra e morte, "é no fundo um *crimen laesae majestatis*" (No inconsciente, pertencemos todos à realeza).[6] Mas, para aqueles no topo da hierarquia social, o narcisismo se transmuta não em perda, não em algo a que se tenha de renunciar ao menos em parte, mas em um dom maldito, um dom que muito facilmente conduz à violência. Nenhum ser humano, por mais poderoso que seja, é poupado do confronto com os limites do próprio poder, com aqueles territórios, nas palavras de Hannah Arendt, em que "o homem não pode atuar nem mudar e [...] tem, portanto, uma definida tendência a destruir".[7] Arendt estava escrevendo, na década de 1950, sobre as formas de totalitarismo assassino que haviam se espalhado pelo mundo, mas suas palavras premonitórias não são menos relevantes hoje, quando ditaduras estão em ascensão, quando enfrentamos a destruição do planeta, quando homens negros levam tiros nas ruas dos Estados Unidos, quando a cada dia cresce o número de mortes causadas pela austeridade, pela pauperização e pela desigualdade desenfreada. Quando a pandemia começou a se espalhar pelo globo, a partir do final de 2019, logo ficou claro que um dos seus aspectos mais impactantes seria o modo pelo qual se acentuariam as clivagens raciais e econômicas do mundo — desde a morte por Covid-19 ser quatro vezes mais provável entre cidadãos negros, asiáticos e de minorias étnicas (*black, Asian and minority ethnic*, BAME) do que entre os brancos no Reino Unido, até o assassinato de George Floyd, que, em meio à pandemia, repetiu e ressaltou um contexto histórico de violência. Ao mesmo tempo, a conduta de ditadores e de aspirantes a ditadores (ou algo perto disso) — Bolsonaro, Trump, Erdoğan —, no presunçoso e mortífero desacato ao vírus, conferiu toda uma nova e assustadora dimensão à ideia de Arendt de "grandeza impotente", que vai reaparecer a seguir como um de seus mais eloquentes e sugestivos conceitos (Arendt entrou na lista dos livros mais vendidos nos Estados Unidos na eleição de Trump em novembro de 2016).

Quem decide o que é chamado de violência? Quem determina quais formas de violência nos são autorizadas, e que nos permitimos, ver? Não nomear a violência — seu caminho de destruição frequentemente camuflado, seu descarte aleatório dos corpos de que precisa ou não — é uma das maneiras pelas quais o capitalismo sempre se preservou e se perpetuou.[8] Numa de suas mais agudas percepções e mais incisivas refutações, a revolucionária socialista Rosa Luxemburgo alertou contra a acusação de que a Revolução Russa de 1905 havia derramado sangue, salientando que o grau de sofrimento nela causado não era nada se comparado ao indiscriminado, em geral despercebido, sacrifício de vidas pela máquina bruta do capital que havia prosperado até então. "A imagem que se criou da Revolução Russa no exterior é a de um imenso banho de sangue, com o indizível sofrimento do povo sem um único raio de luz", declarou ela num comício em Mannheim, em 1906. "O sofrimento durante a Revolução é um simples nada comparado ao que o povo russo tinha de suportar antes da Revolução, sob condições supostamente tranquilas."[9] Ela, então, mencionou a fome, o escorbuto e os milhares de trabalhadores mortos nas fábricas que não despertaram a atenção dos estatísticos. "Condições tranquilas" são fundamentais — ela está se referindo à habilidade com que o capital encobre os próprios crimes.

Em janeiro de 2019, deputados do Partido Conservador do Reino Unido recomendaram que a concessão de subsídios a autoridades locais não refletisse mais as estatísticas de privação e pobreza a fim de que o dinheiro pudesse ser redirecionado aos condados mais afluentes ligados aos Tories* (um lance descrito ora como uma "costura política brutal", ora como "um ato de guerra").[10] Esses momentos de violência se movimentam silenciosamente, como acontece hoje às mulheres, que tantas vezes são as mais afetadas, seja sendo ameaçadas pelo Brexit com a perda de proteção da igualdade e dos direitos

---

* Membros ou apoiadores do Partido Conservador da Grã-Bretanha. (N.T.)

humanos — até direitos trabalhistas e financiamento de serviços dedicados às mulheres, particularmente relativos à violência sexual, que registra um índice de denúncia entre as sobreviventes em torno de 15% e que vem decrescendo —, seja se vendo forçadas ao trabalho sexual como consequência do programa Universal Credit, parte da reformulação conservadora dos benefícios para pessoas de baixa renda familiar, agora reconhecido como catastrófico para os socialmente mais vulneráveis (seis antigos benefícios reunidos num só, sendo que o atraso nos pagamentos coloca muitas pessoas em risco de indigência). Quando Iain Duncan Smith, idealizador dessa política, recebeu o título de cavaleiro na Lista de Honras de Ano-Novo de 2020, 237 mil pessoas assinaram uma petição opondo-se à condecoração de um homem "responsável por algumas das mais cruéis, das mais radicais reformas da previdência que este país já viu".[11] O Departamento de Trabalho e Pensões nega qualquer ligação entre o novo sistema de crédito e o sexo para a sobrevivência, desprezando os relatos das mulheres como "meramente episódicos".[12]

A concentração de riqueza nas mãos de poucos nunca foi tão alta quanto hoje. Da época da primeira eleição do Partido Conservador ao governo do Reino Unido, em 2010 (em coalizão), até o ano de 2020, as isenções fiscais para os ricos foram acompanhadas do corte dos gastos públicos. Como consequência direta, milhares de pessoas foram deixadas à morte em macas nos corredores dos hospitais do Serviço Nacional de Saúde (National Health Service, NHS) ao longo de três anos, entre 2016 e 2019.[13] Reconhece-se, em geral, que o "vale-tudo" nos gastos instaurado por Boris Johnson após sua vitória nas eleições de 2019 destina-se a garantir mais um mandato eleitoral, mas não terá nenhum resultado sobre o abismo social que há entre os ricos e os desvalidos (as verbas liberadas para o NHS são apenas uma fração do necessário).*
Também não há segurança alguma de que o surto de aportes ao NHS um ano depois, por causa da pandemia, venha a ser significativamente sustentado. O aumento salarial anunciado em julho de 2020 para equipes do NHS exclui a enfermagem, e não se discutiu nenhum aumento para

---

* Boris Johnson renunciou ao cargo de primeiro-ministro em 7 de julho de 2022. (N.E.)

os trabalhadores das casas de repouso. Enquanto isso, Johnson se recusa a exonerar Robert Jenrick, seu ministro de Habitação, Comunidades e Administração Local, apesar de irrefutáveis provas de corrupção nos negócios com o antigo barão da pornografia, editor e magnata do mundo empresarial Richard Desmond, que alardeia que Johnson prometeu mudar as regras dos jogos de azar em seu favor.[14]

Por que, perguntei certa vez a alguém cuja opinião eu prezava, milionários como Richard Branson, Robert Maxwell e Rupert Murdoch continuam a acumular muito além do ponto em que sua riqueza possa servir a qualquer propósito tangível, para não dizer benévolo? A resposta dele foi rápida e esclarecedora: porque eles só se sentem poderosos no ato, somente no exato instante em que acumulam; e porque não podem levar consigo a fortuna quando morrerem. Para Arendt, esse comportamento pretensamente grandioso, em última análise autodestrutivo, cairia na rubrica da "impotência da grandeza", palavras que podem ajudar a explicar, por exemplo, por que os índices de abuso sexual em Hollywood e nos corredores de Westminster são tão elevados e persistentes — como veremos, a luta pública contra o assédio sexual nos Estados Unidos e no Reino Unido fez aumentar significativamente a consciência social, mas não podemos ter certeza de seus efeitos de longo prazo. Esses lugares estão repletos de homens que foram levados a acreditar que dominam seu campo, mas que, de algum modo, sabem que estão iludidos, já que até o mais delirante sucesso, a mais obscena riqueza, não poupa ninguém de uma potencial humilhação ou dos perigos de vida e morte, embora possam amortecê-los por algum tempo. O abuso é o meio mais imediato, o mais prontamente acessível, para repudiar com ódio essa compreensão.

Este livro não esgota o assunto. Não pretende cobrir a violência em todas as suas formas nem em todos os lugares. Seu foco é sobretudo a violência masculina. Mas é central o meu argumento de que a masculinidade imposta a todos os homens, e ostentada por tantos, é uma fraude. Do princípio ao fim, afasto-me do feminismo radical, notadamente da influente escola de Catharine MacKinnon e Andrea Dworkin, que enxerga a violência como a genuína e infalível expressão do poder e da sexualidade masculina, um argumento contraproducente, se é que de fato se trate de um argumento (se é verdade, então os homens dominarão o mundo para sempre).[15] Em vez disso, para mim é crucial, mesmo quando destacamos o machismo em sua pior forma, que concedamos aos homens individuais o espaço potencial entre a masculinidade e a infinita complexidade da mente humana. Como podemos nós, feministas, fazer desse espaço o coração pulsante da luta das mulheres contra a opressão, contra a ideologia imbecilizante que diz como mulheres devem ser, e não conceder aos homens o mesmo espaço interno para respirar? É certamente em nossa capacidade de parar, pensar e repudiar as mais nefastas exigências de comportamento que reside a chance de um mundo melhor. Nenhum homem possui confortavelmente a masculinidade (assim como ninguém tem posse total de outra pessoa, a não ser que a mate). Sem dúvida, esse domínio é a própria ilusão que sustenta a mais perturbada e valorizada versão de masculinidade em oferta. A valentia é uma mentira, e cada centímetro de carne mortal é testemunha disso. Mas, como acontece com todas as mentiras, para que se acredite nela, é preciso que seja incessantemente repetida.

Um dos aspectos mais impressionantes da saga do produtor de Hollywood e abusador sexual Harvey Weinstein, conforme a reportagem de Jodi Kantor e Megan Twohey no *New York Times*, é que ele parecia ao menos tão interessado no efeito enfurecedor crescente da coerção e da resistência, que às vezes duravam horas, quanto em qualquer ato da chamada consumação. Rowena Chiu, por exemplo, descreve como, pouco depois de ser contratada como assistente de Weinstein, enfrentou quatro horas de ameaças, adulações e subornos. Ao final, "ele abriu as pernas dela e lhe disse que, com uma única estocada, tudo acabaria".[16] Ela conseguiu sair da sala. (O que exatamente, podemos perguntar, ele ganha com isso?) Emily Nestor, recepcionista temporária do escritório de Weinstein em Los Angeles, descreveu-o como "muito persistente e focado, ainda que ela tenha ficado repetindo 'não' por mais de uma hora". (Nestor optou por não prestar queixa, de modo que essas palavras provêm de um relato em primeira mão de uma pessoa a quem ela confidenciou o ocorrido.)[17] Claramente, para Weinstein, a repulsa que provocava era um elemento central de seu prazer, o que não significa que ele também não desejasse conseguir o que queria com essas mulheres. "Se ele ouvisse a palavra 'não'", comentou uma das testemunhas-chave que preferiu não se identificar no julgamento por estupro em fevereiro de 2020, na cidade de Nova York, "era como um gatilho."[18] Para Zelda Perkins, outra assistente submetida às suas investidas, ele era "patologicamente" viciado: "Era isso que o motivava a sair da cama pela manhã".[19]

A violência sexual sempre tende a fugir do controle porque o agente dessa violência deve saber, lá no fundo, que está em uma situação quase impossível de ganhar. Jessica Mann, uma das duas principais testemunhas no julgamento de Weinstein por estupro, declarou que ele não tinha testículos, parecia ter uma vagina e era, portanto, intersexo — sob o protesto dos advogados de Weinstein, imagens de sua anatomia foram então distribuídas para o júri.[20] O ponto não era a alegação ser ou não correta, mas sim a imagem instável, sexualmente imprecisa do corpo humano que, de repente, irrompeu no tribunal. Por esse prisma, o colapso físico de Weinstein depois de sua prisão deveria ser interpretado não apenas como um apelo encenado por compaixão — um dia depois da divulgação de fotos que o mostravam com um andador a caminho do tribunal, em dezembro de 2019, ele foi visto perambulando sem ajuda num supermercado —, mas também como uma exposição inadvertida da fragilidade e da inevitável e amarga verdade do corpo humano, uma verdade que seu comportamento predatório foi concebido para ocultar das mulheres de quem ele abusava, do mundo e de si mesmo. Nesse caso, pelo menos para ele, a festa realmente acabara. ("Me sinto um excluído", declarou em uma entrevista para o *New York Post* em dezembro de 2019.)[21] Para mim, isso sugere que um dos motivos para ele ter se safado por tanto tempo, e para tantas pessoas do seu meio terem optado por fechar os olhos, não foi apenas a brutal negligência com relação às mulheres nem o temor das nefastas consequências para a carreira de quem ousasse se manifestar, mas também porque ninguém queria abrir a caixa de Pandora do mundo íntimo de um homem como Weinstein, encarar tão de perto seus maiores medos, assim como também ninguém queria reconhecer aquilo de que ele seria capaz se lhe fosse dada a mínima chance. "O movimento #MeToo", escreve a romancista Anne Enright, "não é apenas um desafio à legitimação masculina. Ele também coloca uma questão geral a respeito da sanidade masculina."[22] Ainda que não seja a sanidade de todos os homens, conforme ela tem o cuidado de especificar.

Em 2012, descobriu-se que Jimmy Savile, comediante da televisão britânica, empreendedor de ações beneficentes e apresentador de um programa de entrevistas, manteve uma prática sistemática de abuso sexual ao longo da maior parte de seus cinquenta anos de carreira, inclusive abuso de pacientes na Enfermaria Geral de Leeds com idades que variavam entre cinco e 75 anos. Savile foi o celebrado mascote de duas das mais veneráveis e premiadas instituições do Reino Unido, o NHS e a BBC, embora muita gente — inclusive eu — sempre o tenha achado repulsivo (e não apenas agora, com algum distanciamento). Quase todos que trabalharam com ele, certamente na BBC, suspeitavam de seus crimes e contravenções, o que sugere que, quanto pior e mais flagrante o delito, sobretudo no campo da vida sexual, maior parece ser a cegueira. Os atos de violência de Savile, assim como os de Weinstein, pairaram por décadas no limiar do mundo visível. Ele se manteve escondido à vista de todos.

✳

Isso coloca qualquer um que busque combater essas formas de violência em uma espécie de dilema, ou pelo menos impõe a necessidade de vigilância específica. Se, conforme argumento aqui, a violência sexual surge a partir de uma forma de visão limitada, quando são ocultos os aspectos da vida interior mais difíceis de admitir ou de enxergar, é também verdade que trazer a violência para a superfície da consciência pública nem sempre é transformador como desejaríamos. Talvez em nenhuma outra parte tanto quanto no campo da opressão sexual se aplique a máxima de que reconhecer uma injustiça, trazê-la à atenção do mundo, não significa em si e por si só que o delito seja obliterado e que a justiça prevaleça. Apesar da mudança radical promovida pelo #MeToo na indústria cinematográfica, durante a temporada de festivais de 2019 a "energia predatória" ainda era palpável (Roman Polanski foi acolhido e agraciado com o Grande Prêmio do Júri em Veneza ao mesmo tempo que Weinstein aguardava julgamento).[23]

Enquanto isso, do topo do esporte inglês, outra das instituições britânicas mais veneradas e repletas de celebridades, o ex-jogador de críquete Geoffrey Boycott, que em 1998 foi condenado num tribunal francês por agressão à namorada, recebeu o título de cavaleiro na Lista de Honras por ocasião da renúncia de Theresa May, em 2019. A juíza francesa aposentada reagiu reafirmando sua decisão de considerá-lo culpado. Ao lhe contarem que uma das mais importantes organizações beneficentes contra a violência doméstica no Reino Unido havia condenado a honraria, Boycott respondeu que "não dava a mínima".[24] O mundo esportivo parece ser outro território com inclinação para o abuso sexual, o que não pode ser desvinculado das proezas sobre-humanas a que os atletas estão destinados a exibir de maneira permanente. Tal expectativa, agravada pela deficiência física, certamente foi crucial à vida e à estelar carreira esportiva de Oscar Pistorius. O assassinato de Reeva Steenkamp por ele, em 2013, e o julgamento que se seguiu serão assunto de um capítulo deste livro. Em abril de 2018, Paddy Jackson e Stuart Olding, réus no julgamento dos jogadores de rúgbi de Belfast por estupro, foram absolvidos, para consternação de muitos que haviam assistido à persistente humilhação ritual da querelante no tribunal e escutado a violência verbal dos réus contra ela (em suas mensagens compartilhadas, eles se gabavam de ter "assado no espeto" uma "gatinha"). Segundo a jornalista Susan McKay, "eles foram tratados como jovens deuses" desde que deram os primeiros sinais de talento verdadeiro nos campos. "Tinham a arrogância machista que vem junto com isso."[25]

A condenação de Harvey Weinstein, em fevereiro de 2020, por estupro e agressão sexual, e a sentença a 23 anos de prisão anunciada no mês seguinte, é uma vitória para as mulheres. Ele foi, no entanto, inocentado das duas acusações mais graves de agressão sexual predatória, o que significa que uma das mulheres — a atriz Annabella Sciorra, a primeira a testemunhar contra ele no tribunal — foi desacreditada. A sugestão da advogada de Weinstein, Donna Rotunno, de que ela seria "uma ótima testemunha", já que havia passado a vida toda "atuando para viver", parece ter sido eficaz, como se apenas pessoas mentirosas fizessem da atuação sua carreira. A ideia de que esse julgamento desmantelava de uma vez por todas a imagem da vítima de estupro "perfeita" — desconhecida do agressor, certamente sem nenhum relacionamento com ele que tivesse continuidade após o estupro, capaz de se recuperar e relatar sua experiência com plena clareza quase que a partir do momento em que aconteceu — talvez também tenha sido prematura. Há ainda o risco de que a celebridade que o colocou sob os holofotes possa ter servido como distração da perene e "mundana" natureza do crime sexual.

Nesse caso, a repulsa a um criminoso sexual — repulsa que também parece ter alimentado o próprio desejo dele — e a lei estavam do mesmo lado. Contudo, na sequência, veremos reiteradamente a batalha judicial pela reparação por agressão sexual sendo usada contra as formas mais obstinadas de resistência e marginalização, porque, ao menos em parte, penso eu, os seres humanos se excitam com o que lhes causa repugnância, e a licenciosidade, mesmo na ordem política que deveria domá-la e subjugá-la, pode ser um atrativo. Isso certamente parece ter desempenhado algum papel na eleição de Donald Trump em 2016, quando sua misoginia medonha era considerada como mera brincadeira masculina ou, então, defendida, tendo impulsionado sua base (da mesma maneira que a acusação de agressão sexual contra Brett Kavanaugh não prejudicou em nada suas chances de ser eleito para a Suprema Corte dos Estados Unidos em 2017, podendo até mesmo tê-las ampliado). Chelsea Clinton descreveu essa misoginia como "a porta de entrada", como uma droga soporífera que acalma os sentidos e dá acesso a perversidades ainda maiores.[26] Permissão concedida a uma excitação vicária de prazer erótico e fúria, tão frequentemente direcionada às mulheres que ninguém tem pressa em admitir. Em seu artigo sobre o julgamento de Belfast, Susan McKay descreve o quanto ela tinha prazer em assistir, como forma de descompressão "light", à série *The Fall*, sobretudo o episódio em que a investigadora, interpretada por Gillian Anderson, despe-se para a câmera sem saber — ao contrário do telespectador — que está sendo observada pelo assassino em série que persegue e que acabou de remexer em suas roupas: "Detestava a política de gênero pornográfica da série, que fazia com que me sentisse uma voyeur, mas não perdi um único episódio".[27] Tenta entender por que o julgamento se tornou um grande destino turístico, e o cruel sexismo grupal dos réus parece ter sido parte do atrativo.

É consenso que Trump seja um contraventor: duas acusações de estupro, uma queixa prestada e depois retirada pela primeira mulher, Ivana, e outra pela jornalista E. Jean Carroll, que o processou por difamação com base em seus desmentidos e calúnias; diversos casos de assédio sexual, presunçosamente admitidos por ele mesmo; numerosas contratações e práticas financeiras ilegais e exploradoras varridas para baixo do tapete ou resolvidas fora do tribunal, mas ainda assim de conhecimento público; isso para não falar das bases para o seu impeachment em 2019: abuso de poder para ganho político (aprovado na Câmara dos Representantes e depois vetado no Senado). "Obstrução da justiça como modo de vida" é como sua conduta é descrita pelo ex-conselheiro de segurança nacional John Bolton, que alega que Trump prometeu suspender os processos criminais contra uma empresa turca e outra chinesa para acalmar Recep Tayyip Erdoğan e Xi Jinping.[28] O mesmo vale para Boris Johnson: há fortíssimos indícios de que, em certa ocasião, no ano de 1990, ele tenha concordado em fornecer o endereço de um jornalista a um amigo que queria que lhe quebrassem as costelas como vingança por ter sido investigado. Na transcrição da conversa entre os dois, Johnson pergunta: "Ele vai ficar muito machucado?". E então insiste. "O.k. [...]. Eu disse que vou fazer. Vou fazer, não se preocupe", afirma quando lhe asseguram que o jornalista não vai ficar *muito* machucado.[29] (As solicitações do jornalista por um pedido de desculpas por parte de Johnson até hoje não surtiram efeito.)

Dizer que se safaram é, portanto, um equívoco. No caso do impeachment de Trump, por exemplo, não é que seus apoiadores necessariamente concordassem que as acusações fossem uma "farsa", conforme repetidas vezes ele declarou diante do acúmulo de provas contra si. Ou nem mesmo que ele não pudesse fazer nada de errado. Em vez disso, foi adulado em proporção direta ao mal que claramente poderia fazer. Por ser um transgressor — por acreditarem, nas palavras da apresentadora de televisão americana Rachel Maddow, que ele fosse capaz de fazer algo "chocante, errado ou inacreditavelmente destruidor" — é que foi "uma avaliação racional de interesse jornalístico colocar permanentemente uma câmera focada nele".[30] Um contraventor no topo da política é algo atraente. Arendt escreveu sobre o perigo ao tecido social provocado por um mundo em que a autoridade pública e suas leis degeneraram até o ponto em que a ordem civil e a democracia, ou até mesmo a mera decência, passam a ser vistas como traiçoeiras: "No Terceiro Reich, o Mal perdera a qualidade pela qual a maior parte das pessoas o reconhecem — a qualidade da tentação".[31] Um regime sem lei se baseia na culpa oculta de certos indivíduos, que os direciona ao mundo ilícito, dissoluto, no qual todos já estão ao menos parcialmente inseridos pelo inconsciente (no mais fundo do seu íntimo, ninguém é completamente inocente; pensamentos proibidos são patrimônio de todos). Ora, nas palavras de uma mulher batista da Convenção do Sul quando indagada pela BBC sobre como ela poderia votar em Trump dadas as falhas morais dele, "somos todos pecadores".[32]

"Por que as pessoas do meu país não estão tomando as ruas com indignação?", perguntou a colunista alemã Hatice Akyün, do jornal *Der Tagesspiegel*, após o assassinato, em junho de 2019, de Walter Lübcke, membro da União Democrata-Cristã (Christlich-Demokratische Union Deutschlands, CDU), partido de Angela Merkel.[33] Lübcke foi morto por um neonazista como vingança por sua posição simpática à imigração. Em outubro de 2019, um grupo pró-Trump com conexões com a Casa Branca divulgou um vídeo que mostrava Trump matando adversários e jornalistas políticos (numa das sequências, o rosto de todos os que haviam sido alvejados, apunhalados ou esmurrados estava coberto com a logomarca da CNN). Ao ser questionado, o organizador do website insistiu que o vídeo era apenas "satírico": "Discurso de ódio é uma expressão inventada. Não se pode causar violência com palavras".[34]

*

Há um veneno no ar, e ele está se espalhando. Esse mundo de violência sancionada, de violência elevada ao nível de prazer autorizado, não é de forma alguma exclusivo a Trump e Johnson, ainda que, conforme amplamente reconhecido, eles combinem de maneira única os atributos de um autocrata que age em benefício próprio e os de um palhaço — o grau de atração entre eles hoje rivaliza com aquele que havia entre Reagan e Thatcher, cujo neoliberalismo beligerante dos anos 1970 preparou o terreno para muito da destrutiva ordem global que se seguiu. Mas a ascensão de ditadores ao redor do mundo que se vangloriam de suas proezas e alimentam aversões — na Hungria, na Turquia, na Polônia, no Brasil, na Índia — sugere que estamos vivendo, ou prestes a viver mais uma vez, o que Arendt descreveu como uma tentação que acaba mal. No Brasil, o presidente Bolsonaro proclamou que terminaria o trabalho do regime militar que governou o país por duas décadas, de 1964 a 1985 — "se vai [sic] morrer alguns inocentes, tudo bem"; ele declara abertamente ser a favor da tortura (reconhecida pelos militares somente em 2014).[35] Em 2003, Bolsonaro, à época deputado federal, disse "você não merece" a Maria do Rosário, também deputada federal, para explicar porque não a estupraria (muito semelhante ao que Trump disse a E. Jean Carroll, que ele não poderia tê-la estuprado porque não era "seu tipo").[36] Talvez o mais sintomático de tudo tenha sido quando, certa vez, Bolsonaro ironizou que apenas uma "fraquejada" poderia explicar por que, entre seus cinco filhos, "veio uma mulher".[37] A expressão "veio uma mulher" é, de fato, reveladora, como se o destino sexual de um bebê como mulher fosse fixado desde o início e ela não tivesse direito a quaisquer outras opiniões. As palavras dele ecoam potencial violência sexual, e não apenas por ele claramente dedicar tamanho e descarado desprezo às mulheres. Garantir que as mulheres sejam mulheres e nada mais, fixá-las como mulheres, pode ser encarado como um dos motivos nucleares do estupro, o que explica por que todos os estupros, e não apenas aqueles que visam mulheres lésbicas, poderiam ser definidos como "corretivos" (no Brasil, a cada 7,2 segundos uma mulher é vítima de violência física).[38] Tudo isso faz com que a luta por reparação contra a injustiça, especialmente aquelas com carga sexual, seja ainda mais premente — mesmo que haja outros obstáculos a superar, ou justamente por isso.

Neste livro, a experiência trans será central por cristalizar tantas dessas preocupações e por vincular claramente a questão da sexualidade à da luta política — liberdade alcançada e suprimida. Apesar de serem mais aceitas do que nunca, as pessoas trans ainda são alvo de violência por ousarem apresentar ao mundo a indesejada verdade de que a identidade sexual não é tudo aquilo que foi talhada para ser. Nem todos se sentem confortáveis no lado da divisão sexual em que originalmente começaram ou para o qual foram inicialmente designados. Alguns trocam de lado, outros acham que não pertencem a nenhum dos lados, outros ainda acham que pertencem a ambos (essas alternativas de nenhuma maneira se esgotam). A sexualidade cria caos. Empurrá-la de volta ao lugar original — um projeto fadado ao fracasso — é a maneira pela qual uma cultura opressora tenta, e fracassa, em estabelecer a lei. Bolsonaro declarou explicitamente que retirar a "ideologia de gênero" do currículo das universidades é um dos principais objetivos de suas reformas educacionais (cortes nas humanidades em favor do aumento de gastos com educação moral e cívica nas escolas). Por "ideologia de gênero", podemos subentender uma referência ao trabalho da filósofa Judith Butler, que argumenta que nossa identidade de gênero polarizada é tão instável quanto a performance que exibimos para sustentá-la.[39] Pouco mais de um ano antes da eleição de Bolsonaro, no final de 2017, por ocasião de um seminário internacional que havia coorganizado, Butler visitou São Paulo, onde imagens dela foram queimadas nas ruas sob gritos de "leve suas ideologias para o inferno".[40] Na verdade, o seminário não era sobre gênero, mas sobre a democracia, o que indica a dureza e a rapidez com que a liberdade política sob ameaça se depara com o ódio sexual virulento.

Reiteradamente vemos o quanto a política e a coerção sexual podem ser companheiras íntimas. Na Polônia, o partido Lei e Justiça colocou a demonização das pessoas LGBTQIA+ no centro de sua campanha eleitoral vitoriosa de 2019, junto a um ataque ao judiciário e à mídia independente, pedras angulares da democracia liberal. Em outubro de 2019, Marek Jędraszewski, arcebispo de Cracóvia, publicou uma carta pastoral — uma de suas muitas intervenções desse tipo — na qual descrevia a "ideologia" LGBTQIA+ como uma "nova forma de totalitarismo", o que exigia pais que amassem os filhos de verdade e os protegessem de se tornarem vítimas (não poderia haver tragédia maior).[41] Em São Paulo, os manifestantes atacaram a pauta do seminário de Butler como sendo "marxista" e financiada por capital estrangeiro, enquanto empunhavam cartazes com as palavras "família", "tradição" e "em favor do casamento como Deus o fez: 1 homem + 1 mulher". Na Espanha, o partido de extrema direita Vox obteve ampla vitória nas eleições de abril e novembro de 2019 (em novembro, entrou para o Congresso dos Deputados pela primeira vez). Em visita a Madri em abril daquele ano, recebi um de seus panfletos que visava especificamente o "feminismo supremacista", os "ativistas radicais pelos direitos dos animais" e o lobby LGBTQIA+. "Feminismo supremacista" é um termo irmão de "feminazis", cunhado pelo radialista da direita americana Rush Limbaugh para descrever as feministas radicais — querendo se referir a militantes e extremistas —, as quais, ele alega, "desejam ver o maior número possível de abortos".[42] Em março de 2019, a organização católica de ultradireita Hazte Oír ("Faça-se ouvir") promoveu uma campanha para a revogação das leis espanholas relativas a violência de gênero cruzando as cidades em ônibus que ostentavam uma foto de Hitler com a hashtag #Feminazi estampada logo abaixo. (Um juiz de Barcelona rejeitou um pedido para que os ônibus fossem proibidos.)[43]

Na verdade, o crescimento do Vox na Espanha foi impulsionado pelo aumento da visibilidade de protestos feministas contra a violência sexual, sobretudo as manifestações em todo o país que se seguiram à sórdida *manada*, o estupro coletivo de uma jovem durante o festival anual de corrida de touros em Pamplona, no ano de 2016, e ao julgamento que aconteceu dois anos depois. Quando dois dos juízes determinaram que os homens não eram culpados de estupro, já que não houvera coerção violenta, e um terceiro absolveu completamente os réus da acusação, milhares de manifestantes tomaram as ruas ("A maior revolta feminista espontânea da Espanha de que se tem lembrança").[44] No ano seguinte, em setembro de 2019, manifestantes em mais de 250 vilas e cidades em toda a Espanha declararam "emergência feminista" depois de uma série de casos de estupro de grande visibilidade e um verão em que dezenove mulheres foram assassinadas por companheiros ou ex-companheiros (os piores números em mais de uma década). Mobilizações semelhantes ocorreram ao redor do mundo em países como México, Índia, Itália, França, Coreia do Sul e África do Sul, e, em cada um deles, a incidência de violência contra as mulheres nos últimos anos aumentou visivelmente e está sendo reconhecida como nunca.[45] Dirigindo-se aos manifestantes na Cidade do Cabo, o presidente Cyril Ramaphosa reconheceu que a África do Sul era um dos "lugares mais inseguros do mundo para ser mulher", razão para esse país oferecer um caso paradigmático para este livro.[46] Em Seul, na Coreia do Sul, durante um comício pela legalização do aborto em abril de 2019, a maioria das mulheres usavam máscara cirúrgica preta (antes da Covid-19) para evitar serem identificadas. Isabel Cadenas, uma das organizadoras da marcha anual do Dia Internacional das Mulheres em Madri, exaltou uma geração de feministas mais jovens — 65% das mulheres espanholas com menos de trinta anos descrevem a si mesmas como feministas —, dizendo: "Elas conhecem a violência pelo que ela é, de uma forma que não conhecíamos".[47]

É nesse contexto que o Vox se mobiliza pela revogação de leis, aprovadas em 2004, que enfrentavam a violência baseada em gênero; pela remoção de todos os procedimentos relativos a mudança de sexo e ao aborto dos serviços públicos de saúde e pela dissolução das organizações feministas financiadas por verbas federais. O partido também exigia a abolição da Lei da Memória Histórica,* concebida para garantir que o legado de Franco não seja esquecido, que deveria ser substituída por um ministério que protegesse os direitos da "família natural" como uma instituição anterior ao Estado, e a construção de um muro de fronteira para deter a imigração ilegal "estimulada

---

* Desde 2020, a lei passou a se chamar Lei da Memória Democrática. (N.E.)

pelas oligarquias globalistas" — crianças imigrantes eram apresentadas como uma ameaça especial.[48] Cada uma dessas demandas é uma desavergonhada incitação à violência — contra as mulheres, os imigrantes e a memória histórica, que está sendo apagada. Cada uma delas aparecerá a seguir, conforme passarmos lentamente da violência no ápice do Ocidente aos países (África do Sul) e lugares (as costas da Europa e a fronteira com o México) que foram, e continuam sendo, locais em que alguns dos mais evidentes alvos dessa incitação são encontrados.

Item básico de um discurso de direita, o ódio aos imigrantes é compartilhado por todos os líderes mencionados até aqui. Na Hungria, o presidente Orbán foi acusado pelo Comitê de Helsinque, uma organização de defesa dos direitos humanos, de sistematicamente negar alimentos para pessoas cujo pedido de asilo foi recusado e que são mantidas em campos de detenção na fronteira, uma violação de direitos descrita pelo comitê como "sem precedentes na Europa do século 21".[49] Na última década, 10 mil crianças refugiadas arriscaram a vida para entrar na Grã-Bretanha. Um dos primeiros atos do então recém-eleito Partido Conservador, em janeiro de 2020, foi eliminar do projeto de lei de saída da União Europeia a cláusula de proteção a crianças imigrantes.[50] Rotineiramente, Donald Trump se referia aos imigrantes na fronteira mexicana como "*hombres* maus", "bandidos" e "animais" (nos primeiros nove meses de 2019, apenas onze dos 10 mil pedidos de asilo foram concedidos nos Estados Unidos).[51] Em dezembro de 2019, o grupo de apoio jurídico Human Rights First [Direitos Humanos em Primeiro Lugar] acusou o governo de expor os solicitantes de asilo a "perigos potencialmente fatais" depois de documentar 636 casos de violência contra aqueles que foram enviados de volta ao México sob a nova política de "Protocolos de Proteção ao Migrante" ou "Fique no México". Entre esses números estão uma menina de nove anos e a mãe que foram sequestradas e estupradas na cidade fronteiriça de Tijuana.[52] O modo como o ódio aos migrantes é especificamente direcionado contra as mulheres é aqui tratado no último capítulo.

Nem todos os partidos de extrema direita manipulam os controles do poder, mas eles espreitam seus corredores, lançando ideias torpes nos ambientes mental e social. "Estamos apenas dizendo o que todo mundo está pensando" é a justificativa e o bordão usuais. Cobrem-se com o manto da redenção como se estivessem salvando o mundo de uma injustiça candente (a retidão elevada ao estado de frenesi é a aptidão peculiar da extrema direita). "O ódio não precisa de indivíduos determinados", comenta o narrador de *História da violência*, de Édouard Louis, que relata o próprio estupro depois de um encontro casual nas ruas de Paris; "ele precisa tão somente de abrigos nos quais possa reencarnar".[53] Isso também leva a um dilema que, enquanto eu escrevia este livro, tive de confrontar a todo instante. Como transmitir a intensidade psíquica liberada pelo tema da violência sem atiçar as chamas, sem contribuir para o espetáculo, sem tornar a análise cúmplice do crime? "Apenas escrever sobre a violência sexual", diz Anne Enright no meio de seu próprio artigo sobre o assunto, "já é uma forma de cumplicidade. É preciso ter a fantasia para poder recusá-la, porque, se uma coisa é nomeada ou imaginada, ela existe — nem que seja como aversão".[54] Há sempre o risco — que tentei evitar, embora não tenha a certeza de sempre ter conseguido — de transformar a violência sexual no crime que adoramos odiar.

Se a violência é tão estimulante, parece estar em proporção direta com a capacidade de suspender qualquer coisa vagamente semelhante ao pensamento a fim de liberar o fluxo sanguíneo que não nos deixa parar. Nenhuma introspecção, ainda que — ou talvez por isso mesmo — a violência mergulhe tão profundamente em quem somos (a alegação de que a violência está atualmente em declínio, o que supostamente pretende fazer com que todos se sintam melhor a respeito de si mesmos, passa radicalmente ao largo da questão, esquivando-se do momento crucial de reconhecimento de que a violência requer vigilância permanente na medida em que é potencial para todos).[55] "A violência", observa o romancista escocês Graeme Armstrong, que desde muito jovem se envolveu na cultura de gangues, "é muito, muito rápida, e depois você nem sempre se lembra das coisas... Você se lembra do que lhe acontece depois, os ferimentos ou o que quer que seja, mas a violência em si muitas vezes é só um borrão".[56] Como se apenas num estado de cegueira a violência suportasse conduzir a si mesma. O objetivo deste livro é, portanto, diminuir o ritmo, resistir ao desejo de agir a qualquer custo, criar um espaço para a reflexão. Sabermos que somos capazes de violência — reconhecer isso como um problema nosso em vez de despreocupadamente atribuí-lo a outrem (raça, classe social, nação ou sexo) — reduz as chances de fazê-la acontecer, e isso é um paradoxo da subjetividade humana. A ideia de aniquilar a violência — esmagando-a ou erradicando-a da Terra — simplesmente aumenta o grau de violência que temos de enfrentar. Já vimos isso antes, no centro da Europa do século 20, na crença de que a Primeira Guerra Mundial seria aquela que daria fim a todas as outras, uma ilusão que permitiu que essa mesma guerra e seus desdobramentos seguissem preparando silenciosamente o terreno para a que viria depois.

Um dos principais focos deste trabalho é a África do Sul pós-apartheid, por se tratar de um lugar em que as formas de violência — histórica, íntima — se fundem e se reorganizam, se espalham por todo o tecido social e se intensificam. Se a África do Sul parece tão imperiosa nesse contexto é por causa das agudas contradições de sua história: cadinho do apartheid, uma das mais nefastas encarnações da violência de Estado no século 20, e também das mais sólidas paixões políticas que conseguiram pôr um fim àquele regime. Durante a revolta estudantil Rhodes Must Fall [Rhodes tem de cair], em 2015-7 — que será o tema de um dos capítulos —, o país também foi palco de um dos movimentos de protesto social contra a injustiça de maior eloquência e de mais longo alcance que se viu na última década. A urgência desse protesto não poderia ser hoje mais reverberante. Em maio de 2020, em plena pandemia, manifestantes contra o assassinato de George Floyd pela polícia americana derrubaram a estátua do traficante de pessoas escravizadas Edward Colston, no centro da cidade de Bristol, e a jogaram no porto. A relação com Rhodes Must Fall era explícita. Algumas semanas depois, estudantes da Universidade de Oxford garantiram a aprovação dos diretores do Oriel College para a remoção da estátua de Cecil Rhodes localizada em frente à fachada do prédio, coisa que não haviam conseguido dois anos antes. (Ainda não está claro se a universidade concordará, afinal, com os diretores da faculdade.)*

Rhodes foi um magnata da mineração, primeiro-ministro da Colônia do Cabo de 1890 a 1896, fundador do território sul-africano da Rodésia. Acreditava que os anglo-saxões eram a raça "primeira", com o direito concedido por Deus de dominar o mundo. Em seu estudo sobre o totalitarismo, Hannah Arendt explica como foi Rhodes quem impulsionou os britânicos para o continente africano, persuadindo o governo da Grã-Bretanha de que "a expansão e a exportação dos instrumentos de violência eram necessárias para proteger os investimentos e de que tal política era um dever sagrado de qualquer governo nacional".[57] Por violência, leia-se subjugação e exploração dos povos nativos. "'Expansão é tudo', disse Cecil Rhodes, deprimido ao ver no céu 'essas estrelas [...] esses vastos mundos que nunca poderemos atingir. Se eu pudesse, anexaria os planetas.'"[58] Grandeza impotente que, à menor chance, não se detém diante de nada.

Hoje a África do Sul tem um dos piores índices de violência sexual no mundo: uma mulher é assassinada a cada três horas, mais de cem estupros são notificados todos os dias (a Cidade do Cabo é conhecida como a "capital mundial do estupro"). "Tudo começou", escreve a jornalista e escritora policial Margie Orford, "com uma nova bandeira, um novo hino e uma nova constituição, e se perdeu [...] para a corrupção e para uma epidemia de violência de gênero". Violência contra mulheres e meninas que ela descreve como "dano colateral" de uma sociedade cuja persistente desigualdade e injustiça arrebatou-lhe o sonho.[59] Em setembro de 2019, em parte inflamadas pela ousadia do movimento Rhodes Must Fall, milhares de mulheres protestaram nas ruas da Cidade do Cabo. Quando se dirigiu às manifestantes, Cyril Ramaphosa recebeu um memorando com uma lista de exigências, inclusive de que fosse declarado estado de emergência. O protesto havia sido convocado em reação à morte de Uyinene Mrwetyana, uma estudante de dezenove anos da Cidade do Cabo que fora estuprada e assassinada por um

---

* A Universidade decidiu não remover a estátua mas, em outubro de 2021, acrescentou ao lado uma placa com os dizeres "dedicado colonialista inglês". (N.E.)

funcionário dos correios — ele a enganou para que ela voltasse à agência depois do horário de fechamento. No enterro, a mãe, consternada por não ter podido proteger a própria filha, disse que uma agência dos correios nunca havia figurado em sua lista de lugares com os quais deveria tomar cuidado (Uyinene ser estudante e o crime ter ocorrido em uma agência dos correios foram particularidades inusitadas que chamaram a atenção nesse caso). No mesmo mês, boletins policiais registraram uma mulher assassinada pelo marido, que ateou fogo ao corpo dela após uma sessão de aconselhamento matrimonial; uma ex-campeã de boxe morta a tiros pelo ex-namorado, que era policial; quatro jovens enforcadas pelo pai/padrasto depois de ter recebido da mãe delas os papéis do processo de divórcio. "Há muitas histórias como essas", escreveu a jornalista sul-africana Rosa Lyster na *New Yorker*, "[mas] não há nenhum padrão sobre como proceder após se chegar à conclusão de que o que está acontecendo não é normal". Ou não seria o caso, como ela também sugere, de precisarmos reconhecer o quanto "nossa definição de 'normal' ficou distorcida"?[60] Alguns dias antes do assassinato de Reeva Steenkamp por Oscar Pistorius, uma garota negra de dezessete anos, Anene Booysen, foi vítima de um estupro coletivo e, em seguida, estripada em Bredasdorp, na província de Cabo Ocidental. Morreu poucas horas depois de ter sido encontrada por um vigilante. Ainda que, logo antes de morrer, tenha contado para a polícia que diversos homens se envolveram no ataque, apenas um deles enfrentou julgamento (foi condenado a duas prisões perpétuas consecutivas). O caso provocou comoção nacional — embora seja muito pouco conhecido fora da África do Sul e, mesmo no país, tenha recebido apenas uma fração da atenção concedida ao assassinato de Reeva. "Às vezes dá a sensação", escreveu Rosa Lyster em sua conta no Twitter a respeito da morte de Uyinene, "de que não se pode contar a pessoas que não sejam sul-africanas o que acontece aqui com mulheres e meninas porque acham tudo muito perturbador, mas espero que as pessoas leiam este artigo".[61] Um dia antes de morrer, Reeva Steenkamp preparava uma fala em homenagem a Anene Booysen a ser proferida numa escola de Johanesburgo em apoio à campanha Black Friday de conscientização sobre o estupro.

Na África do Sul, o slogan do movimento contra a violência sexual não é o #MeToo ou o #TimesUp [#TempoEsgotado], mas o muito mais assustador #AmINext [#SereiEuAPróxima]. Assim como o ato de solidariedade de raça e empatia de gênero de Reeva Steenkamp, ele atravessa fronteiras raciais para fazer da violência contra as mulheres uma responsabilidade e um possível destino — ou, mais exatamente, uma responsabilidade *porque* pode vir a ser um destino — de qualquer pessoa (embora Reeva dificilmente pudesse saber que estava prestes a ser o dela). Ainda que ambos reclamem uma experiência comum, o #MeToo se concentra na mulher fazendo a sua alegação, enquanto o #AmINext me parece mais forte pela maneira como cria uma comunidade de possíveis alvos, alertando o mundo para um continuum, não apenas da violência já consumada, mas da violência por vir. A hashtag atrai todos para sua rede de maneira indiscriminada, independentemente de raça, classe ou posição social. Nesse sentido, o #AmINext ecoa estranhamente o "véu de ignorância" postulado pelo teórico do direito John Rawls como única precondição para a justiça: somente se os indivíduos não tiverem ideia de onde provavelmente se encontrarão na ordenação final é que contemplarão, por um segundo, a possibilidade de poderem acabar entre os mais destituídos e apostarão num mundo mais justo.[62] Por ser tão inclusivo, o #AmINext se coloca como uma resposta curta e direta para as persistentes divisões da nação.

As primeiras eleições racialmente democráticas da África do Sul, em 1994, anunciaram uma transformação constitucional e jurídica sem precedentes, mas as formas de desigualdade racial e econômica a que aquele momento supostamente daria fim continuaram a escoar pelo tecido social da nação, uma cruel reprimenda à crença e à esperança de que todos viveriam agora num mundo justo. Daí a euforia quando o Springboks, a seleção nacional de rúgbi da África do Sul, ganhou a Copa do Mundo de Rúgbi de 2019, uma vitória que, nas palavras do arcebispo e veterano ativista antiapartheid Desmond Tutu, restaurou a crença de uma "nação que duvidava de si mesma" (ainda que a vitória fosse impotente diante da corrupção disseminada, do desemprego crescente, da prestação irregular de serviços públicos básicos e dos cortes de energia que empurraram o país para a beira da recessão).[63] Mais uma vez, vemos um impossível fardo de idealização colocado nos heróis do mundo esportivo, elevados à condição de deuses e sobrecarregados com a tarefa da redenção. A carreira estelar de Oscar Pistorius foi igualmente tomada como prova de que a luta por justiça social estava ganha. Se um homem com deficiência podia triunfar na nova África do Sul, então, independente dos obstáculos, qualquer um também poderia.

A África do Sul nos apresenta o problema do que acontece com um legado de violência e com uma história contínua de injustiça que não suporta reconhecer plenamente a si mesma. Ela nos coloca diante de outra versão de como a violência penetra a mente humana e também é por ela repelida. O que acontece com a violência num mundo em que supostamente teria sido superada? Em que lugar do corpo social, físico e mental de uma nação a violência se aloja? Quando os estudantes explodiram em protesto em março de 2015, eles diziam às universidades, ao mundo, que o projeto de igualdade não estava surtindo efeito e que o processo de "decolonização" — abandonar os escombros de uma história colonizada — mal havia começado. Rhodes Must Fall, e em seguida Fees Must Fall [As taxas têm de cair], tinham duas demandas centrais: a rejeição dos símbolos do passado colonial — a mesma demanda que irrompeu nos Estados Unidos e no mundo após o assassinato de George Floyd — e educação gratuita para todos. Retornava-se à história do colonialismo ao mesmo tempo que se avançava naquilo que essa nova geração sentia como uma traição à promessa radical de 1994.

Em 2017, visitei a Cidade do Cabo numa tentativa de entender esses protestos cuja energia sabia ser pelo menos parcialmente dirigida ao cruel legado colonial da Grã-Bretanha. Meu senso de responsabilidade por esse legado como cidadã britânica, embora venha de uma família de imigrantes judeus poloneses, alimentou um interesse especial pela África do Sul que remonta a décadas. Era a estranha convidada da universidade em que se desencadearam os protestos. Eles não haviam se acalmado; podia-se até dizer que as posições estavam se tornando mais arraigadas. No avião, encontrei-me sentada ao lado de uma mulher negra sul-africana que trabalhava no Departamento de Registro Predial e perguntei sua opinião. Não esperava uma resposta simpática. Os estudantes, disse, estavam "alertando" a nação. Fiquei espantada com o "alertando", com a ideia de que os estudantes advertissem a nação de um perigo oculto que ainda estava por vir.

    A África do Sul me ensinou que a violência nunca pertence exclusivamente ao tempo presente, que não pode ser dissociada dos legados históricos de opressão que tantas vezes se arrastam antes dela. Foi a Lei de Terras Nativas, de 1913, decretada pelo poder colonial britânico, que preparou o terreno para a segregação social e, afinal, para o apartheid. Foram Ronald Reagan e Margaret Thatcher que tomaram a decisão de permitir que corporações multinacionais, sem dificuldades nem impedimentos, entrassem no Sul Global, uma decisão que possibilitou as injustiças econômicas racializadas que continuam a deixar cicatrizes. Esse seria um exemplo de violência em "condições tranquilas", conforme as palavras de Rosa Luxemburgo, uma ordem econômica que promoveu formas brutais de desigualdade social que constituíram o estável, o infalível pano de fundo para as atrocidades mais visíveis do apartheid.[64] Em tais circunstâncias, uma nação comprometida com a crença de ter deixado a violência para trás, de ter "acabado" com a violência, é ainda mais suscetível de se ver confrontada com ela mais uma vez: nas intimidades da vida doméstica, nas sombras das cidades, na raiva de um jovem incumbido de escapar dela e nas profundezas dos corredores do poder.

    Se a África do Sul coloca essa realidade num foco tão nítido, é também porque o país foi palco de um confronto público único com o legado da violência na forma da Comissão da Verdade e da Reconciliação estabelecida em 1995, um inédito experimento de escuta em que vítimas e perpetradores do apartheid eram chamados a contar sua história numa tentativa de enterrar o passado. Para os estudantes de hoje, o processo fracassou por ter trocado a justiça racial e econômica pela verdade e a decolonização pela democracia. A comissão não tinha, por exemplo, poder para impor reparações por violência ou para garantir uma distribuição mais equitativa de recursos na nova África do Sul; os brancos ainda dominam as universidades no que se refere a quem ensina e a qual conteúdo é ensinado. Mas há outra maneira de enxergar esse fato, a de que um processo assim só poderia ser interminável (o projeto de justiça é sem fim). Não existe "missão cumprida" com a violência. É preciso lidar com a violência por vezes sem conta. Pelo menos é essa a aposta do Centro de Trauma Histórico e Transformação, com sede na Universidade de Stellenbosch, fundado em 2006 por Pumla Gobodo-Madikizela, psicóloga e membro da Comissão da Verdade e da Reconciliação, que visitei em 2018 e que compõe aqui o tema de um dos capítulos finais. Em Stellenbosch, a viúva de Fort Calata, ativista assassinado pelo Estado do apartheid, e o neto de Hendrik Verwoerd, um dos principais idealizadores do regime de segregação, contaram cada um a sua história (o neto havia passado a vida adulta lutando contra o legado do avô). Foi justamente porque o projeto de reconciliação é agora considerado titubeante que estarem sob o mesmo teto pareceu tão urgente.

✶

Ao longo deste livro, a escrita ficcional desempenha um papel medular. É, para mim, um dos principais meios pelos quais a experiência da violência pode ser relatada de forma a resistir tanto ao discurso dos políticos quanto às defesas do pensamento. Como ficará claro a seguir, um dos maiores desafios que atualmente vejo na luta contra a violência, sobretudo a violência sexual, é expô-la, é buscar reparação legal, sem sacrifício dos aspectos ingovernáveis da sexualidade humana, especialmente porque exercer controle sobre a sexualidade seria um indicativo bastante preciso de violência sexual em si. Os escritores apresentados aqui subvertem os clichês que aprisionam, desalojam os estereótipos que imobilizam as identidades. A escritora haitiana-americana Roxane Gay; Temsüla Ao, de Nagalândia; Virginia Woolf e Daisy Johnson, da Inglaterra; Eimear McBride e Anna Burns, de Belfast; Han Kang, da Coreia do Sul; e Hisham Matar, da Líbia. Cada um se move por uma miríade de formas de violência, da luta pela secessão na Índia pós-independência tal como enfrentada pela violenta barragem do novo Estado aos massacres militares pelos ditadores da Coreia do Sul e da Líbia, passando pela violência sexual no Haiti, em Belfast e no coração da classe média conservadora da Inglaterra, e pela Grã-Bretanha se refestelando em falsa inocência no limiar da Segunda Guerra Mundial.

Em cada um dos casos, a escrita nos faz mergulhar em regiões do mundo que estão inequivocamente clamando por justiça ao mesmo tempo que se recusam a ceder um milímetro que seja dos caminhos adversos da mente. Um senhor da Nagalândia que havia lutado na guerra secessionista contra a Índia recorda a violência das próprias ações, arriscando seu orgulho heroico. Um jovem à procura da verdade a respeito do assassinato político do pai se vê, apesar de seus mais fortes impulsos, recuando diante do entendimento daquilo que desesperadamente busca, porque sabe que isso pode destruí-lo. Uma moça submetida à violência sexual sai atrás da violência que lhe deixou cicatrizes; outra, também degradada por uma agressão, converte-se à própria aptidão para a violência sanguinária como forma de prazer. Essas duas histórias invertem o jogo da acusação de que as mulheres às vezes pedem pela violência que sofrem, já que, em cada caso, a violência as perseguia muito antes que adotassem para si mesmas a vocação para a própria violência (o argumento de que as mulheres "pedem por isso" fatalmente toma o sintoma pela causa). Essas histórias me inspiraram. Vejo a disposição para ir tão fundo nas entranhas da violência como motivo de esperança. Como na história de um massacre conduzido pelo Estado de estudantes cujos espíritos, contra todas as probabilidades humanas e inumanas, ergueram-se dos corpos no necrotério para as sombras de um novo mundo comunitário.

Minha irmã, a filósofa Gillian Rose, escreveu sobre "o equívoco do ético", no sentido da importância de não supor que a retidão ética seja algo que qualquer um venha a ter completamente. Estamos todos sujeitos à violência, sobretudo por estarmos inseridos em um mundo social violento.[65] Há sempre um ponto em qualquer posição ou inclinação ética — a luta contra a injustiça, a batalha por uma ordem melhor, menos violenta — em que ela começa e gagueja, tropeça e se quebra antes de se lançar novamente no caminho. No início de *A condição humana*, Hannah Arendt escreve: "O que proponho, portanto, é muito simples: trata-se apenas de refletir sobre o que estamos fazendo".[66] Se há uma coisa da qual escrever sobre a violência me convenceu é que, se não dedicarmos tempo para pensar, e isso deve incluir pensar nos equívocos de nossa vida interior, não faremos nada para acabar com a violência no mundo, e estaremos certamente cometendo uma violência contra nós mesmos.

Eu sou a faca: Assédio sexual em primeiro plano

Diante da cobertura, para não dizer frenesi, da mídia, poderia parecer que o assédio sexual de mulheres nunca esteve antes aos olhos do público. Precisamos, no mínimo, questionar por que foi necessária a queda de um poderoso magnata da mídia para transformar a história em notícia de primeira página e se a propagação de fotos de seus alvos femininos não foi concebida para provocar não apenas ultraje e clamor por justiça, mas também o prazer do voyeur. Esse é evidentemente o prazer que permite que a indústria cinematográfica prospere e que tornou essas mulheres vulneráveis de saída. Fotos antigas de atrizes sorrindo ao lado de Harvey Weinstein, cujo braço enlaçava com ares de proprietário várias partes do corpo delas, apenas repetiam a ofensa, já que todos pareciam estar se divertindo muito. Mais tarde essas imagens seriam usadas pelo advogado de Weinstein para enfraquecer as acusações contra ele, como se as fotos "fossem prova de que nada de impróprio acontecera".[1] Viriam a seguir outras instituições e figuras públicas — de âncoras de noticiários e comediantes a parlamentares, chefs renomados, operadores do mercado financeiro, executivos bilionários, gurus cult, professores, cardeais e monges beneditinos — com menor potencial de tela, por assim dizer. Mas nunca me saiu da cabeça a sensação de que essas mulheres estavam mais uma vez sendo chamadas para um teste de interpretação de seu papel ou sendo exibidas no tapete vermelho do Oscar.

Essa é apenas uma razão pela qual o enaltecimento do #MeToo como um grande avanço histórico nas atitudes com relação ao assédio deve ser visto com cautela. Você se lembra das imagens de Angelina Jolie atravessando o palco internacional com o braço estendido para cumprimentar William Hague como parte da "cúpula" (sic) de 2014, em Londres, contra o estupro perpetrado como crime de guerra? Na época, fiquei espantada por ela estar sendo oferecida como compensação ou dano colateral — uma mulher como isca servida à vida fantasiosa de todos —, como o preço para pôr fim a tanta violência. A iniciativa é hoje vista como um dispendioso fracasso, já que o número de estupros registrados na parte oriental da República Democrática do Congo, onde se concentraram os esforços, cresceu no ano seguinte e não deu sinais de nenhuma queda significativa desde então. Essa é apenas uma faceta dessa realidade sórdida, mais uma coisa a enfrentar: embora a atenção à violência contra as mulheres possa ser suscitada pela raiva do dano causado e por um desejo de reparação, ela pode muito bem estar se alimentando indiretamente das formas de perversão em relação à mulher que incitam a violência em primeiro lugar.

O assédio sexual existe desde que há um mundo do trabalho, ao passo que a violência sexual contra as mulheres remonta a uma época muito anterior. As feministas insistiram por muito tempo que o assédio ocorre sempre que as mulheres se encontram nas proximidades de homens em posição de poder. Acontece também nas ruas. Vanessa Grigoriadis, da *New York Times Magazine*, sempre recebia assobios e cantadas ao andar pela cidade, mas, durante a pesquisa para seu livro sobre assédio sexual nas universidades, em 2016, notou que os homens pareciam assediá-la ainda mais que o habitual.[2] Seu pai estava morrendo nessa época. Não era exatamente que esses homens pudessem ler seus pensamentos, mas sem dúvida ela teve a sensação de que eles detectavam sua vulnerabilidade e se aproveitavam do momento para sondar o que já era uma ferida aberta. Ficavam atiçados pela angústia dela (da mesma maneira que um dos alvos das investidas de Weinstein disse que ele claramente se sentia estimulado por seu medo).[3] Isso sugeriria que o objetivo do assédio não é apenas controlar o corpo das mulheres, mas também invadir a mente delas. É o que a experiência de Vanessa nos diz. Embora a cidade moderna tenha cicatrizes do abandono e da pobreza, também pode ser um lugar de relativa liberdade, onde uma mulher pode devanear e fantasiar (o melhor da fantasia como liberdade interior é que ela não interfere com mais ninguém além de nós mesmos). O assédio é sempre uma demanda sexual, mas carrega igualmente uma determinação mais sinistra e lamentável: "Você vai pensar em mim". Assim como o abuso sexual, ao qual é afiliado, o assédio leva a vida mental a um estado de paralisia, destruindo a capacidade da mente para o devaneio.

Já em 1982, em seu panfleto *Sexual Harassment at Work* [Assédio sexual no trabalho], o Conselho Nacional pelas Liberdades Civis (National Council for Civil Liberties, NCCL) do Reino Unido, que passou a se chamar Liberty em 1989, descreveu o assédio como uma "agressão intencional à mais íntima privacidade de um indivíduo".[4] Ironicamente, à luz dos acontecimentos mais recentes, o Liberty também registrou que um "gabinete para denúncias morais" foi instituído pelo Sindicato dos Atores de Cinema para lidar com "denúncias de teste do sofá". Em outubro de 2017, a Comissão sobre Assédio Sexual e Promoção da Igualdade no Ambiente de Trabalho de Hollywood abriu o próprio inquérito, presidido por Anita Hill, que ficou famosa em 1991 por ter apresentado queixas contra Clarence Thomas, indicado para a Suprema Corte dos Estados Unidos. Podemos apenas torcer para que esse inquérito tenha mais eficácia (dois anos depois, em outubro de 2019, especialistas do setor relatavam que o ritmo da mudança havia sido "glacial").[5]

Nos últimos anos, nosso entendimento daquilo que constitui assédio sexual tem sido colocado sob considerável pressão. Apesar das objeções dos acusados — "Você está fazendo muito barulho por nada", "As coisas eram diferentes naquela época" —, a realidade é clara como água. O assédio sexual consiste em investidas sexuais indesejadas que, *apesar* dos protestos masculinos — em sua maioria, embora não exclusivamente —, nunca são inocentes ou uma bobagem, nunca são divertidas nem de brincadeira. E é por isso que, por menor que seja o gesto, ele quase sempre contém a mal disfarçada mensagem: "Isto é uma coisa que eu, como homem, tenho o direito de fazer com você". As mulheres, é claro, também podem cometer assédio, mas o assédio feminino é comparativamente mais raro (a satisfação com que se jogam sobre tais ocorrências aqueles que desejam minimizar a questão como sendo feminista é, em si, digna de nota). O assédio sexual, poderíamos então dizer, é a grande expressão performativa masculina, o ato por meio do qual um homem pretende convencer seu alvo não apenas de que é ele quem detém o poder, o que é verdade, mas também que seu poder e sua sexualidade são uma mesma e única coisa. Conforme argumentou Judith Butler, a expressão performativa sempre encobre uma melancolia oculta, já que, como a própria palavra sugere, a performance, longe de manifestar um eu verdadeiro, profundo, essencial — algo sagrado e intocável —, não é mais que superficial ("melancolia" também, por causa de todas as outras vidas sexuais enterradas e lamentadas que alguém poderia ter tido).

Nesse sentido, um feminismo que toma o assédio como a expressão não adulterada de poder e autoridade masculina corre o risco de entrar em conluio com a própria imagem de masculinidade contra a qual está protestando. Esses homens, de fato, detêm o poder, mas fazem o que fazem — avançar e insultar a um só tempo — precisamente por serem tudo menos confiantes (como o Mágico de Oz atrás da cortina, com tão pouco para mostrar de si mesmo). "Junte a fragilidade masculina com a fragilidade branca e o perpétuo medo da queda", escreve Dayna Tortorici, "e você vai obter algo potencialmente letal".[6] Conforme apontam os psicanalistas, a ideia do falo é uma ilusão, sobretudo para qualquer homem que alegue possuí-lo ou incorporá-lo, uma vez que não existe esse pênis sempre a postos, permanentemente ereto (uma perspectiva verdadeiramente desconfortável, dizem). O assédio é implacável, mas também carrega consigo uma lufada de desespero, como se aquele que assedia soubesse, em algum lugar, que sua crueldade, como toda crueldade humana num mundo precário, provém de uma ostentação fraudulenta. Não que isso o torne menos ameaçador. Conforme defendeu Hannah Arendt, é o poder ilegítimo e/ou em declínio que se transforma mais prontamente em violência.

Mas se agora todos sabemos exatamente como é o assédio — "na sua cara", como tive às vezes a impressão na recente cobertura —, por outro lado, as fronteiras em torno daquilo que constitui o assédio são imprecisas. O assédio é uma forma de violência? Já perdi a conta de quantas vezes as pessoas expressaram indignação à mera sugestão de uma afinidade entre assédio e violência sob a alegação de que trataria os inocentes (no pior caso, inconsequentes) e os culpados (no pior caso, predadores em série) como farinha do mesmo saco. É verdade que não devem ser equiparados, mas certamente estão conectados, como irmãos ou companheiros. No mínimo, encontram-se numa escala móvel, já que ambos estão escorados em um sentimento de legitimidade pronto para se tornar ofensivo (Weinstein parece ter se movido sem nenhum esforço nesse espectro). Quando Matt Damon insistiu que alguns casos não eram na verdade tão graves, Minnie Driver sugeriu que os homens talvez não fossem os melhores juízes para o problema: "Precisamos de homens bons e inteligentes", ela respondeu, "para dizer que está tudo errado".[7]

Perto do final de sua homenagem a Fezekile Ntsukela Kuzwayo (Khwezi), que apresentou queixa de estupro contra o presidente sul-africano Jacob Zuma, Redi Tlhabi escreve:

> Ela lutou por cada uma de nós — por cada mulher que teve medo demais de dizer "fui estuprada", medo demais de dizer "aquele homem me apalpou" ou "ele exigiu sexo em troca de trabalho, de carona, de favor". Ela lutou por todas as mulheres cujo corpo foi apropriado por homens, conhecidos ou não, por meio de descrições vívidas e imagens explícitas, homens que assobiam e despem as mulheres com os olhos em espaços públicos e privados. Tios que dão uma piscadela quando os pais não estão olhando, gestores e superiores que, com um aperto de mãos, rapidamente giram o dedo indicador para lhes desenhar círculos na palma da mão, sabendo que elas não vão tirar satisfação. Que estão paralisadas demais para reagir. Que, mesmo quando desrespeitadas, elas vão se afastar discretamente e seguir adiante como se nada tivesse acontecido.[8]

Khwezi decidiu pelo exílio depois que seu processo foi desfigurado nos tribunais e sua casa, incendiada.

*

Em abril de 2011, a secretária assistente do Departamento de Educação sob o presidente Obama publicou uma "carta aos colegas" a respeito de assédio no ensino superior que se tornou o documento definidor da política estabelecida nos Estados Unidos. A carta é uma diretriz às universidades sobre como implementar o Título IX, que originalmente fez parte das Emendas à Educação na Lei de Direitos Civis, de 1972, e proíbe a discriminação por gênero nas instituições de ensino. O assédio é visto como uma forma de discriminação por criar um ambiente hostil, que impede o progresso educacional dos estudantes. As escolas são obrigadas "a tomar medidas imediatas para eliminar o assédio, prevenir sua recorrência e lidar com suas consequências": investigar a queixa, designar pelo menos um coordenador de Título IX, oferecer treinamento para os funcionários responsáveis pela aplicação da lei no campus, publicar procedimentos para reclamações e emitir diretrizes do que constitui o assédio sexual (uma faculdade em que os estudantes sejam considerados ignorantes em relação a esse assunto está automaticamente violando o Título IX). Embora tenha sido revogado no governo de Donald Trump, ele ainda permanece, nas palavras de Vanessa Grigoriadis, "o texto seminal de sua época sobre a violência sexual no ensino superior".[9] "Nunca é demais sublinhar", escreve Jennifer Doyle em *Campus Sex, Campus Security* [Sexo no campus, segurança no campus], de 2015, "o impacto desse documento de dezenove páginas".[10]

A violência sexual é colocada abertamente desde a primeira página. Estupro, agressão sexual, ataque sexual e coerção sexual estão incluídos na mesma categoria: "Todos esses atos de violência sexual são formas de assédio sexual sob o Título IX", embora o uso das conjunções — "assédio *e* violência" aqui, "assédio *ou* violência" mais adiante na carta — sugira uma associação menos estável. Isso foi decisivo. Durante suas entrevistas com estudantes ativistas contra o assédio, Vanessa observou que a recusa em definir "agressão" como "violência sexual", por exemplo, era vista como um subterfúgio, que imediatamente identificava a pessoa como alguém não alinhado à "causa radical". (Embora claramente posicionada do lado das ativistas, ela opta por usar "agressão" ao longo de todo o livro.) "É tudo violência", uma delas lhe disse fervorosamente.[11] Do mesmo modo, elas tinham a sensação de que chamar assédio de violência era a única maneira de garantir que ele não seria descartado como um estorvo insignificante ou uma agressão menor. Esse posicionamento faz do assédio sexual uma questão de segurança: "O departamento está comprometido em garantir que todas as estudantes se sintam seguras na escola". No panfleto de 1982, o NCCL também definiu o assédio como um assunto de saúde e de segurança. Qualquer universidade em "violação" da diretriz do Departamento de Educação — que não cumpra o devido processo para a proteção de seus estudantes e a busca de suas reivindicações — é considerada em "não conformidade" e enfrenta a possibilidade de que os recursos federais a ela destinados sejam suspensos, uma consequência financeira potencialmente catastrófica que nunca aconteceu. Isso fez com que Vanessa Grigoriadis se perguntasse se o governo Obama não teria iniciado uma "dança política".[12]

O Título IX foi um avanço importante, mas também falho. A crítica jurídica alega que a emenda ignora o "devido processo" e age como um tribunal ao mesmo tempo que negligencia proteções, como o direito a um advogado ou notificação prévia completa das queixas contra o acusado. Eles também condenam o padrão de provas usado nos casos de comportamento sexual impróprio: uma "preponderância da prova" — ou seja, 51% — em vez do padrão mais elevado da prova "clara e convincente" ("à caça de uma pluma que altere o fiel da balança", nas palavras de Brett Sokolow, apresentado por Vanessa como "o maior conselheiro universitário de conduta sexual imprópria da nação").[13] Em certos momentos, nesses casos também não fica claro quem está agindo em nome de quem. Em uma de suas cláusulas mais impressionantes, a carta estabelece que, quando se pede confidencialidade ou quando existe uma solicitação de não prosseguimento, a faculdade em questão deve tomar todas as medidas razoáveis para investigar e responder ao querelante, em conformidade "com a solicitação para que não se dê prosseguimento à investigação". Esse é um raro momento em que o possível custo humano da agressão, como sendo algo que pode silenciar alguém que foi alvo, é autorizado a se manifestar através do juridiquês. Na verdade, essa cláusula repercute as ativistas contra o estupro que há tempos insistem que nenhuma mulher deveria se sentir obrigada a fazer uma queixa formal. "E se ela não quiser contar a sua história?",[14] pergunta Roxane Gay.

Ao que poderíamos acrescentar: "E se ela não puder?". Em maio de 2015, no Tribunal da Coroa de Liverpool, Farieissia Martin foi condenada por assassinar o companheiro após anos de abuso físico e mental. Tudo dependia do quanto ela seria convincente ao contar sua história no banco das testemunhas. Soluçando e quase incapaz de falar, não conseguiu persuadir o júri de que não era culpada (por algum motivo, aos olhos deles, sua vulnerabilidade a tornava mais propensa a um assassinato a sangue-frio do que o contrário). Conforme perguntou Sophie Elmhirst em sua investigação jornalística do caso, "como você representa a história do seu próprio abuso?".[15] "Representar" é algo que deveria nos fazer parar para pensar, visto que está em pleno desacordo com a prioridade legal de estabelecer a verdade nua e crua. "Mas eu sabia que precisava me submeter ao papel se queria ter alguma chance de merecer crédito", declara o narrador de *História da violência*, de Édouard Louis, ao explicar a relutância em prestar queixa contra seu estuprador — ele não quer mandar ninguém para a prisão — ou mesmo em registrar um boletim de ocorrência na polícia: "[...] poder falar e de fato falar, ou ser obrigado a fazê-lo, ser convocado a fazê-lo, são duas coisas [...] radicalmente diferentes".[16] Contar também demanda tempo. "Grande parte do problema", observou a atriz Helen Hunt numa entrevista sobre o #MeToo em setembro de 2019, "é que, se uma mulher é agredida, até que sinta que vai conseguir extrair palavras de sua boca, há leis de prescrição que dizem 'tarde demais'".[17] Como esperar que as palavras saiam da nossa boca quando o próprio ato de recordar nos faz engasgar? "E é isso que lhes dizem, é isso que repetem", protesta o narrador de *História da violência*, "'prestar queixa', querem que você a leve nas costas [...] pouco importa que a história seja pesada demais e me esmague as costelas, que me fenda a pele, que me rompa as articulações, que me comprima os órgãos".[18]

Volte novamente às objeções à carta "Caros colegas" e você verá que, em cada instância, ela procurava facilitar o caminho para as mulheres requerentes reconhecidamente abandonadas pelo sistema sempre que apresentam acusações legais ou tentam prestar queixa. O que, por exemplo, contaria como "prova clara e convincente"? Que a mulher tenha escrito em seu diário? Que tenha contado para sua melhor amiga? Ou talvez que tenha ido direto para a delegacia de polícia ou para o hospital para um exame médico? Uma das principais dificuldades é que a carta obriga as universidades a arbitrar disputas e impor penalidades, mas não dá a elas nenhum poder legal de convocar testemunhas — que, de qualquer maneira, não podem ser encontradas, já que as únicas testemunhas nesses casos costumam ser a querelante e o acusado. Essa é apenas uma das razões pelas quais as mulheres que denunciam assédio e agressão têm sido historicamente tão vulneráveis: "É a sua palavra contra a dele", conforme disse um conselheiro universitário britânico a uma jovem estudante, amiga minha, que havia sido estuprada por outro estudante, a fim de desencorajá-la a procurar a polícia. "Estou lidando com duas pessoas traumatizadas e vulneráveis", disse o conselheiro. (O estudante se revelou um estuprador em série que acabou sendo condenado e barrado da formação jurídica para a qual, inacreditavelmente — ou talvez não —, ele vinha se preparando desde que completara a graduação.) Dizer que a ausência de testemunhas é algo que pode ser explorado é um eufemismo. Em dezembro de 2018, nos Estados Unidos, quatro mulheres relançaram alegações sexuais contra Donald Trump feitas originalmente durante a campanha presidencial de 2016, quando Trump imediatamente tuitou que elas faziam parte de uma conspiração dos democratas. Pressionada a produzir provas, a então porta-voz da Casa Branca, Sarah Sanders, afirmou: "O presidente tem conhecimento de primeira mão a respeito do que ele fez e do que ele não fez" (como se as mulheres também não tivessem).[19] Como diz Vanessa Grigoriadis, a agressão sexual é, de uma só vez, "um problema dos infernos" e "o crime perfeito".[20]

Uma consequência talvez imprevista do Título IX foi que a própria universidade passou a se sentir ameaçada: "A ansiedade a respeito da exposição legal", escreve Jennifer Doyle, "inscreve-se em cada campus como um zumbido de fundo". Em decorrência disso, a administração e a burocracia nas universidades americanas inflaram (assim como o salário dos investigadores), enquanto os casos do Título IX assumem "uma complexidade fractal entorpecente".[21] Exatamente ao mesmo tempo, em todo o território americano, a gestão universitária tem se alinhado cada vez mais com a segurança do campus — por isso "sexo no campus, segurança no campus", o título do livro de Jennifer, embora ela tome o cuidado de insistir que não existe nenhuma linha contínua entre os dois. Na Universidade Estadual do Arizona, gravou-se a ação de um policial do campus prendendo violentamente uma docente negra, a professora Ersula Ore, que havia se recusado a mostrar a identidade na rua (foi empurrada contra um carro, atirada ao chão e algemada). Em novembro de 2011, na época do movimento Occupy [Ocupe], a polícia jogou spray de pimenta nos estudantes enquanto eles protestavam silenciosamente contra o aumento das taxas de matrícula na Universidade da Califórnia em Davis. Uma investigação posterior, imposta às autoridades porque uma foto que um estudante fez da cena acabou viralizando, demonstrou que a polícia havia sido chamada pela reitora da universidade, Linda Katehi. Seguiu-se uma declaração em que Linda explicou ter agido por preocupação de que o campus estivesse sob ameaça de infiltração externa — uma velha manobra para desacreditar e reprimir protestos políticos. Esse vocabulário tem uma apavorante ressonância ao redor do globo. Note, por exemplo, como o assédio — o "apalpar" — pode facilmente escorregar para um discurso de extrema direita a respeito da ameaça representada por imigrantes: "Nossas autoridades se submetem a turbas importadas de imigrantes que saqueiam, apalpam, batem, esfaqueiam", conforme tuitou Alice Weidel, líder conjunta do partido alemão Alternativa para a Alemanha (Alternative für Deutschland, AFD) no Bundestag,* em janeiro de 2018 (um tuíte que acabou sendo bloqueado pelo Twitter).[22] Linda Katehi temia consequências para

---

* O Parlamento alemão. (N.E.)

a universidade caso "algo acontecesse a algum estudante enquanto estávamos em situação de violação da política".[23]

Quem, poderíamos perguntar, está violando quem? Quem ou o que exatamente está em perigo? A "experiência de vulnerabilidade" dos estudantes, escreve Jennifer Doyle, "traduziu-se numa sensação de fatalidade iminente para a universidade, à qual ela responde com a militarização de todos os seus processos".[24] Esse foi apenas um dos vários momentos preocupantes com que me deparei ao pesquisar o tema do assédio, pois demonstrava a velocidade com que uma causa progressista pode ser cúmplice de pautas políticas sórdidas ou por elas ser cooptada (me dou conta de que isso não deveria ser uma surpresa para mim em tempos de Brexit e Trump). O mesmo pode ser dito da insinuação de "infiltração externa" feita por Linda Katehi. Como "externo" costuma significar "estrangeiro", o perigo para as mulheres, não pela primeira vez, está sendo deixado de lado pela sensação de uma ameaça racial, outro exemplo de como é curto o período em que se permite que as questões das mulheres sejam a atração principal. Existe uma ironia nesse ressurgimento de tropos racistas, dado que Obama via o problema da agressão no campus como pertencente à pauta dos direitos civis. "Há uma razão para a história do movimento pelos direitos civis ter sido escrita em nossas escolas", declarou na convenção de 2009 da Associação Nacional para o Progresso das Pessoas Não Brancas (National Association for the Advancement of Colored People, NAACP). "É porque não existe arma mais poderosa contra a desigualdade."[25] "A educação há tempos é reconhecida", afirma a carta do departamento em sua primeira linha, "como o grande equalizador nos Estados Unidos." O assédio sexual prejudica os estudantes. Mas me pergunto se seria esse o foco de tamanha preocupação oficial caso não fosse visto como um desgaste para o orgulho nacional, uma mancha — para a maioria dos cidadãos americanos e certamente para os estudantes que carregam uma dívida avassaladora — naquilo que sempre foi, e hoje é ainda mais, a visão eternamente fugidia do sonho americano (a parte da dívida se aplica igualmente aos estudantes do Reino Unido).[26]

✳

Desde o início, houve nessa história um subtexto feminista particular. Catharine MacKinnon era uma das mais antigas defensoras da inclusão da questão do assédio sexual nas universidades sob o Título ix.[27] Em seu primeiro livro, *Sexual Harassment of Working Women* [Assédio sexual de mulheres trabalhadoras], publicado em 1979, ela argumentava que o assédio era uma forma de discriminação decorrente da desigualdade. A desigualdade é crucial, sendo distinta da diferença. Um caso após outro derrubado nos tribunais havia mostrado que, se tomamos como ponto de partida a ideia de uma diferença preexistente, concedida por Deus, entre os sexos, torna-se então muito mais difícil provar a discriminação, até mesmo em casos de assédio. Porque os homens são diferentes — é o que vão dizer —, eles estão apenas se comportando de maneira normal (e não conseguem evitar ajudar uns aos outros). Ela insistia, ao contrário, no que é para mim um de seus mais fortes argumentos até hoje, que apenas se for considerado resultante de relações desiguais de poder em vez de expressar a ordem natural das coisas é que tal comportamento pode ser classificado como ilegal sob a lei da discriminação. Formas de comportamento "que não seriam tidas como criminosas porque são tudo menos incomuns podem, nesse contexto, ser vistas como discriminadoras exatamente pela mesma razão".[28] O "comum" — o que passa como a norma para os homens — é precisamente aquilo que as ativistas contra o assédio consideram estar combatendo.

À medida que se ampliam as diferenças salariais no Reino Unido, sobretudo para mulheres jovens que integram pela primeira vez a força de trabalho, deveríamos ficar atentos.[29] Numa reportagem especial do Channel 4 News sobre assédio, que foi ao ar em dezembro de 2017, Maryann Brandon, uma das mais bem-sucedidas montadoras e produtoras de cinema de Hollywood — sua lista inclui *Star Wars* —, afirmou que, enquanto houver desigualdade salarial, haverá assédio. Sou menos otimista que Maryann quanto à ideia de que a igualdade salarial, por si só, acabaria com o assédio sexual (em abril de 2019, dez mulheres abriram um processo contra a Disney por discriminação salarial de gênero).[30] Quando o NCCL publicou seu panfleto sobre assédio sexual, fazendo referência específica à legislação americana de direitos civis, também definiu o assédio como discriminação ilícita e posicionou-o firmemente no mundo do trabalho como uma questão sindical. Contudo, apesar de ter aludido às recomendações legais dos Estados Unidos, foi bem mais cauteloso quanto ao possível êxito das mulheres que recorrem à lei. Catharine MacKinnon, por outro lado, passou boa parte da vida tentando inserir a sexualidade no âmbito legal. Se a sexualidade for separada da desigualdade de gênero, escreve ela nas páginas finais de seu livro, então o risco é de que a sexualidade "venha a se tornar uma lei para si mesma".[31]

Embora tenha certeza de que essa não era a intenção de Catharine, "uma lei para si mesma" poderia, no entanto, ser uma descrição perfeita do que é a sexualidade. Para a psicanálise, a sexualidade é sem lei ou não é nada, sobretudo pelo modo como enterra suas raízes em nossa vida inconsciente, onde todas as certezas sexuais malogram. No inconsciente, não somos homens ou mulheres, mas sempre, e em infinitas combinações cambiantes, ambos ou nenhum deles. Foi nesse ponto que, desde o início, segui por um caminho diferente do de Catharine e, de maneira mais geral, do feminismo radical, que, não tolerando nenhuma ambiguidade nessas questões, vê a masculinidade como perfeita e violentamente no controle de si mesma, ao passo que, para mim, é a masculinidade fora de controle — a masculinidade em pânico — que é mais propensa a desandar. "A masculinidade tóxica", comenta o escritor e artista de hip-hop Jordan Stephens, "está sendo defendida por homens tão apavorados em ter de confrontar qualquer trauma vivido na infância que acabam optando por projetar essa tortura nos outros".[32] O assédio entre alunos pode ser uma maneira pela qual jovens ansiosos se lançam numa forma de poder que, eles percebem, pode simplesmente estar além deles. Há mais de uma década, estudantes do sexo masculino nos Estados Unidos têm sistematicamente obtido notas mais baixas que as mulheres.[33] No país como um todo, a proporção de homens com grau de bacharelado está em declínio, sendo 30% dos homens com idade entre 25 e 34 anos em comparação com 38% das mulheres. As mulheres também conquistam mais títulos de doutorado que os homens e hoje têm maior probabilidade de entrar na faculdade de medicina ou direito. No ensino médio, os garotos também vêm apresentando regularmente um desempenho inferior ao das meninas, como de fato tem também acontecido no Reino Unido.[34]

Isso, é claro, não isenta de nada os assediadores — ainda que alguns dos que compilam ativamente esses dados os estejam usando para justificar a violência masculina ao mesmo tempo que apontam o avanço das mulheres, para não dizer do feminismo, como a causa. Mas permite que os homens (alguns) vislumbrem a própria imperfeição. Abre uma lacuna entre os homens que não toleram desafio algum a sua autoridade e aqueles para quem essa autoridade não é nenhum motivo de orgulho, sobretudo porque compreendem que o poder de uma pessoa é sempre exercido à custa de outra. Se não fosse esse o caso — e todos os homens fossem, por definição, exatamente quem são —, o feminismo, então, estaria condenado ao fracasso. A mente, sem piedade, se fecharia em si mesma sem válvula de escape, sem espaço para manobras psíquicas para nenhum dos sexos (uma sensação que sempre tenho quando leio Catharine MacKinnon e seus seguidores a respeito dessas questões). Nada disso é para subestimar o quanto a masculinidade pode ser incansável, mesmo quando um homem está convencido de que se reformulou ou, para usar um termo atual, "acordou". Foi assim que um estudante da Universidade de Austin, no Texas, descreveu para Vanessa Grigoriadis, sem nenhum traço de ironia, seu novo sistema de valores — "bons lemas de vida" — agora que havia entendido que "forçar" o sexo com as garotas era errado: "Ao se barbear, passe a lâmina primeiro na mesma direção do pelo; sempre compre ferramentas que não precisem ser substituídas; não aponte uma arma para nenhuma pessoa, a menos que você pretenda atirar nela. Não faça sexo com alguém que não queira fazer sexo com você".[35]

Precisamos, então, admitir os estranhos caprichos da sexualidade humana, que sempre me pareceu emancipatória; reconhecer sua obstinação quando já rigidamente estabelecida (aquilo que a psicanalista feminista Juliet Mitchell descreveu como o forte refluxo ou arrasto da diferença sexual); insistir que o assédio é inaceitável e deve cessar.

Ter em mente, de forma simultânea, essas ideias aparentemente contraditórias, movimentar-se em mais de uma frente: para mim, esse é o maior desafio da crise atual. A tensão entre esses elementos do problema talvez nos ajude a compreender por que as tentativas legais para coibir o assédio, conforme foram gradativamente se espalhando pelos campus dos Estados Unidos, podem também ter parecido ineficazes, ter corrido mal, até mesmo ter derrotado a si mesmas. No final de seu livro, Vanessa Grigoriadis cita dados que sugerem que os esforços por reparação legal na última década, além de outras medidas, parecem não ter reduzido a incidência de assédio na universidade. A autora é escrupulosa no uso que faz das estatísticas: o *New York Times* teve de fazer um pedido público de desculpas por uma resenha que equivocadamente sugeria que ela havia desconsiderado os números do Departamento de Justiça americano que indicavam que as estudantes eram menos suscetíveis a serem alvo de agressão sexual que outras mulheres da mesma idade (como se isso, de alguma maneira, tornasse o estupro no campus menos grave). Mas, ainda que o Título IX não tenha produzido o resultado pretendido — a erradicação do assédio no campus ou mesmo uma mudança de atitude —, Grigoriadis conclui que, no cômputo geral, foi uma coisa boa.[36] Ela ter de dizer isso com todas as letras é algo que demonstra o quanto sua própria jornada a afastou das certezas a respeito do problema.

Seu livro, por mais sombrio que seja, é um festival de personagens. Não há nenhuma pessoa com quem ela se negue a conversar, nenhum lugar a que ela se recuse a ir. Falar com universitários tarde da noite não é algo que lhe agrade. Mais de uma vez me perguntei como é que ela suportava manter algumas dessas conversas (uma pergunta que ela também se faz). Nem sempre voluntariamente — o que é adequado, poderíamos dizer, ao tema —, ela faz uma imersão no ambiente das repúblicas, onde estudantes do sexo masculino, sobretudo calouros, empenham-se em provar que chegaram agarrando todas as oportunidades possíveis de sexo, sua misoginia desenfreada parecendo ser a fonte da maior parte das agressões. ("Ontem à noite, eu devia ter ido pra cadeia" é uma resposta frequente quando ela pergunta a respeito do consentimento.)[37] Sua descrição das repúblicas estudantis faz com que Hollywood soe comparativamente progressista e condiz com aquela documentada entre 2008 e 2018 pelo fotógrafo Andrew Moisey, cujas fotos da vida em repúblicas revelaram a humilhação ritual, o vínculo homoerótico e a crueldade animal de homens "destinados a serem os futuros líderes dos Estados Unidos". Esses rituais podem começar até mais cedo. Em novembro de 2018, surgiu o vídeo de um "trote" que registrava um jovem estudante de Toronto sendo encurralado e sexualmente agredido por colegas num vestiário com um cabo de vassoura; até então, essa escola religiosa só para meninos era conhecida, há muito tempo, como um "modelo de tradição, fé católica e hóquei de elite".[38] Ao longo de 2017, quatro calouros morreram em consequência direta de rituais de trote durante cerimônias de iniciação (todo ano, cerca de 100 mil rapazes optam por se submeter a esses rituais).[39] Valendo-se do estudo de 2009 do historiador Nicholas Syrett sobre repúblicas estudantis, *The Company He Keeps* [Com quem ele anda], Vanessa Grigoriadis sonda esse comportamento na década de 1950, quando estudantes de graduação que se enquadravam na G.I. Bill* voltaram das guerras no exterior "com uma série de conquistas, mas tiveram de enfrentar em casa as descomposturas morais de Eisenhower".[40] Nada disso muda a realidade de que todas as repúblicas masculinas estão envoltas numa aura sagrada (na verdade, o horror dos rituais pode ser a razão disso). Em 2016, o Congresso Americano Inter-Repúblicas uniu-se ao Congresso Nacional Pan-Helênico e decidiu gastar 300 mil dólares em lobby, entre outras coisas, contra a medida de tornar as repúblicas mistas, como havia ocorrido em Harvard e Wesleyan. Também pediram a anulação parlamentar da "carta aos colegas" (nesse quesito, conseguiram o que queriam).[41]

Grigoriadis ouve moças que, ainda que tenham entrado livremente na cultura do sexo livre e casual do campus, também falam de como entraram em estado de estupor alcoólico e, depois de retomar a consciência, descobriram que tinham feito sexo do qual não se lembravam e certamente não estiveram em condição de desfrutar. O álcool desempenha papel central no campus, mas isso se volta mais frequente-

*Lei que previa benefícios para veteranos de guerra. (N.T.)

mente contra as mulheres, como se o problema fosse mantê-las longe da bebida e não alguém ter se aproveitado delas naquele estado. Uma mulher estar embriagada é, sem dúvida, precisamente o que o acusado, a polícia e o advogado de defesa em casos de estupro argumentam para desacreditar as provas e conseguir que o caso seja arquivado. Em uma pesquisa recente, 7% das estudantes disseram terem sido penetradas enquanto dormiam ou estavam inconscientes ou incapacitadas por uso de álcool ou drogas.[42] Quando John Worboys, criminoso em série conhecido como "estuprador do táxi preto", foi posto em liberdade condicional no Reino Unido depois de cumprir nove anos e nove meses de prisão, uma de suas muitas acusadoras descreveu como tinha sido ridicularizada pela polícia: "[Os policiais] disseram que eu devia estar bêbada e ter tropeçado. Não acreditaram em mim". (Ela acordou machucada depois de Worboys tê-la persuadido a tomar uma bebida e enfiado um comprimido em sua boca.)[43]

Vanessa Grigoriadis também conversa com um grupo de moças cuja atitude casual com relação ao sexo se estende à agressão, a qual, como acontece entre muitas das mulheres que votaram em Trump em 2016, elas desconsideram enquanto reviram os olhos, impacientes com a grosseria masculina. Mesmo assim, elas também descrevem as coisas "estranhas" que lhes aconteceram no início do seu primeiro ano de faculdade e se pegam imaginando se os encontros que deveriam ter sido para sexo podem na verdade ter configurado estupros. Conversa com mães de rapazes que se sentem injustamente acusados, entre os quais alguns que foram expulsos da faculdade, ao verem ruir suas aspirações acadêmicas e perspectivas futuras: "que vá para o inferno a merda do processo da universidade", diz uma. Grigoriadis conversa com um rapaz que parece de fato acreditar ter "acidentalmente" feito sexo anal com a namorada. Ela fala com abusadores e estupradores que têm orgulho do que fizeram e elencam comentários verdadeiramente asquerosos sobre as mulheres, que optei por não reproduzir aqui. Ela escuta quando um estudante primeiro denuncia Trump como muito provavelmente "terrível" para o seu país e em seguida proclama, triunfante, que "*a vagabunda já era*": "Estamos de volta, vencemos, e somos loucos". Ela descreve casos que lhe deram a impressão, conforme se aprofundava mais e mais em sua complexidade, de que os fatos haviam começado a "se dissipar".[44]

Hesitante, Vanessa Grigoriadis admite não acreditar em todas as estudantes queixosas, embora não tenha nenhuma dúvida de que o apelo para se acreditar nas mulheres tenha provocado uma mudança radical muito bem-vinda.[45] Ela leva em conta motivações contraditórias e lembranças confusas — linhas difusas — nas quais tanto a querelante quanto o acusado podem genuinamente sentir que estão dizendo a verdade, nas quais o que uma estudante de fato vivencia como indesejável pode não ter se originado, "com conhecimento de causa", na intenção de provocar algum mal. "Sem conhecimento de causa", por outro lado, coloca-nos em cheio diante do inconsciente em que as nuances se turvam e ficam difusas. (Freud usava as cores e os contornos difusos da pintura moderna como analogia do inconsciente.)[46] *Blurred Lines — Rethinking Sex, Power, and Consent on Campus* [Linhas difusas: como repensar sexo, poder e consentimento no campus], título do livro de Grigoriadis, são uma alusão ao título de uma música de Robin Thicke que traz o verso *"Must wanna get nasty"* (Tá querendo ser indecente) e repete *"I know you want it"* (Sei que você quer) pelo menos seis vezes. A canção também serviu para um ensaio de Roxane Gay em seu best-seller *Má feminista*: uma das razões de ela ser uma "má" feminista é a sua vontade de cantar junto música.[47]

Blurred Lines começa e termina com o caso de Emma Sulkowicz, que, tendo apresentado em vão uma queixa de estupro contra um colega de graduação na Universidade Columbia, politizou toda uma geração de estudantes a respeito do assédio sexual com sua *Mattress Performance (Carry That Weight)* [Performance do colchão (Carregue esse fardo)], uma obra de arte de resistência e protesto político cujas "regras de engajamento" autoimpostas exigiam que, ao longo de nove meses, ela carregasse um colchão do dormitório para qualquer lugar do campus aonde fosse. "Aquela imagem", disse Hillary Clinton em seu discurso no Fórum de Liderança das Mulheres do Comitê Nacional Democrata em 2015, "deveria assombrar a todos nós".[48] No final de seu livro, Vanessa Grigoriadis acredita no relato de Emma sobre o que ocorreu, apesar de ele ter sido contestado em cada mínimo detalhe por Paul Nungesser, o estudante por ela acusado. Nungesser, em seguida, registrou a própria queixa contra a universidade por violar seus direitos, conforme o Título IX, ao permitir que Sulkowicz prosseguisse com sua peça de protesto, pela qual ela recebeu créditos acadêmicos (Columbia fez um acordo extrajudicial com ele). Não colaborou para o caso de Nungesser sua mãe ter aludido, em sua defesa, a mulheres nazistas. Grigoriadis continua a acreditar em Sulkowicz depois de ouvir mensagens divulgadas em que ela parece estar pedindo pelo sexo anal que está na base da acusação de estupro. E também quando Sulkowicz, num gesto que Grigoriadis vê como quase uma "retratação", escreve numa nota que acompanhava uma peça posterior, com base em sua experiência: "Não pretendo ser prescritiva, algumas pessoas sentem prazer em se sentir contrariadas".[49] Essa crença se aproxima perigosamente da insinuação de que as mulheres apreciam experiências das quais depois reclamam.

Uma coisa, no entanto, está absolutamente clara, e trata-se da energia, do comprometimento e da imaginação dos estudantes que lançaram e estão lutando para manter a campanha contra o assédio. Ao longo da última década, a *alt-right* americana vem ladrando contra o "pânico da cultura do estupro" e visando as universidades. Uma cultura da ofensa, alegam eles, está se espalhando pelas faculdades de todo o país, como se as instituições de ensino fossem o pior exemplar e a causa do "Estado superprotetor" (como de costume no discurso de direita, o maior perigo é apresentado como uma inebriante combinação de dinheiro, também conhecido como bem-estar social, e sexo). Em setembro de 2017, Betsy DeVos, secretária de Educação de Trump, anunciou a revogação do Título IX, as diretrizes da "carta aos colegas" da era Obama. As novas diretivas descrevem a carta como "bem-intencionada" mas "pendendo contra o acusado", e não fazem nenhuma referência ao contexto histórico que tornou essencial o maior apoio possível às denunciantes. "Nesses 45 anos desde a sanção do Título IX", assevera, "assistimos a um notável avanço em direção a um ambiente educacional livre de discriminação sexual."[50] As ativistas contra o assédio talvez discordem. Mesmo antes da eleição de 2016 estava claro que Betsy

DeVos faria "de tudo" para reverter medidas que, embora imperfeitas, eram vistas como um progresso pelas estudantes.[51] Em junho de 2020, dezoito procuradores-gerais perderam o processo que moveram contra Betsy e o Departamento de Educação dos Estados Unidos para obstruir a regulamentação final que limita o Título IX a casos de comportamento sexual impróprio que ocorram dentro de "um programa ou atividade educacional", sob a alegação de que isso "reverterá décadas de esforço para acabar com os efeitos corrosivos do assédio sexual na igualdade do acesso à educação" e exigirá que, em menos de três meses e em meio à pandemia do coronavírus, as instituições "reformulem completamente" seus sistemas vigentes de enfrentamento à conduta sexual imprópria.[52] Esse é o mundo em que as ativistas contra o assédio — "ferrenhas, implacáveis, determinadas" — fizeram e continuam a fazer valer seu ponto de vista. Em sua tentativa de "empoderamento sexual", escreve Vanessa Grigoriadis, elas "livraram-se da linguagem da vitimização". Querem um mundo em que o estupro não seja mais o que historicamente tem sido: "crime contra a propriedade, culpa da mulher ou prerrogativa do homem".[53] Querem ser ouvidas, querem que acreditem nelas. Querem o fim do assédio sexual.

✳

Seria errado supor que todas as autodefinidas feministas acreditem que o Título IX, e a luta contra o assédio que ele representa, tenha sido inequivocamente emancipatório para as mulheres. Se o #MeToo funcionou como um grande unificador das mulheres, as reações a ele evidenciaram algumas das segmentações mais fortes dentro do próprio feminismo. Embora cubra o mesmo território de *Blurred Lines*, o livro *Unwanted Advances — Sexual Paranoia Comes to Campus* [Avanços indesejados: a paranoia sexual chega ao campus], de Laura Kipnis, parece ter vindo de outro planeta. Vanessa Grigoriadis o menciona uma vez, entre parênteses, como um "manifesto anti-Título IX". Ela está sendo comedida; eu diria que o livro é uma longa diatribe. Laura vê a si mesma como alguém que está do lado da liberdade, que agora tem de contra-atacar um mundo administrativo repressivo, bestificante, superprotetor (os ecos da crítica da alt-right ao Título IX são espantosos). Há uma história de fundo feminista para esse argumento. Vinte anos atrás, em *Feminist Accused of Sexual Harassment* [Feminista acusada de assédio sexual], Jane Gallop fez um apelo em nome do erótico no ensino — uma questão que, na verdade, já havia sido construída de maneira mais eficaz por bell hooks, em *Ensinando a transgredir: a educação como prática da liberdade*, três anos antes. hooks havia sido cuidadosa ao inserir seu argumento pela emoção na aprendizagem no contexto da história americana do racismo. Na escola de ensino fundamental Booker T. Washington, todas as suas professoras eram mulheres negras que, embora nunca tenham usado esses termos, foram estimuladas por uma "pedagogia revolucionária de resistência".[54] Para essas mulheres, instigar os alunos era transgredir uma herança racial que fez tudo o que pôde para reprimir o pensamento e o desejo negros. Mais tarde, no caso de hooks, depois de ela mesma se tornar professora, essa transgressão passou a incluir ao menos uma ligação sexual com um aluno. Tudo isso mudou com a integração racial. Crianças negras levadas de ônibus para escolas brancas rapidamente descobriram que seu apaixonado entusiasmo pela sala de aula era visto como uma ameaça ao privilégio branco. Elas foram reprimidas. Penso que isto sim — hooks está citando a budista Pema Chödrön — poderia ser chamado de manifesto:

> Meus modelos foram as pessoas que estavam fora da mente convencional e eram realmente capazes de parar minha mente, abri-la por completo e libertá-la, mesmo que por um simples momento, do modo convencional e habitual de ver as coisas. [...] Se você está realmente se preparando para perder o pé, se preparando para a realidade da existência humana, então está vivendo no fio da navalha e precisa se acostumar com o fato de que as coisas sempre mudam. Elas não são fixas, não duram, e você nunca sabe o que vai acontecer. Meus professores sempre me empurraram no abismo...[55]

Da mesma forma — embora não exatamente —, Laura Kipnis argumenta em favor da infinita, incontrolável e com frequência sexual natureza do pensamento e do comportamento humanos. Vanessa Grigoriadis está aí para nos lembrar, no entanto, que podemos estar do lado da complexidade da vida e da mente sem, como faz Laura, nos voltarmos contra o Título IX como se fosse uma obra do diabo (não estou exagerando).

Unwanted Advances abre com o momento em que Laura Kipnis se vê acusada sob o Título IX por ter escrito um artigo no qual se opõe a uma nova diretriz que bania todas as relações sexuais entre estudantes e professores, mesmo as consensuais. Ela foi vista como alguém que escolheu o lado errado, estimulou a discriminação e traiu a causa progressista. Jane Gallop trilhou um caminho semelhante ao argumentar que todas as relações de ensino eram efetivamente "relações amorosas consensuais". Como aluna, Jane havia seduzido vários de seus professores e não sofrera nenhum dano. Ela enxergava a experiência como uma "conquista", o que fazia com que se sentisse "atrevida" e em contato com o próprio "poder". Ficava especialmente animada com os alunos que queriam ser como ela (talvez não fosse o caso de alardear isso). Jane anunciou num seminário que os alunos já diplomados eram sua "preferência sexual", o que, como seria de esperar, não caiu muito bem. A acusação de assédio foi feita depois de ela ter beijado apaixonadamente uma de suas alunas de graduação numa sala lotada; admite ter se sentido excitada com essa performance.[56] O que Jane Gallop, Laura Kipnis e Jennifer Doyle têm em comum é encontrarem-se todas enredadas em estatutos universitários sobre assédio, embora, no caso de Doyle, as semelhanças parem aí, já que foi ela quem instaurou um processo sob o Título IX contra um aluno que a assediava e perseguia.

O assédio sexual se dirige sobretudo dos homens para as mulheres, do corpo docente para os estudantes — tem havido uma enxurrada de casos na academia, tanto no Reino Unido quanto nos Estados Unidos, envolvendo alguns dos mais ilustres intelectuais do sexo masculino da atualidade. Não devemos, no entanto, perder de vista que nem mulheres nem homens ocupam automaticamente a posição mais óbvia. Em agosto de 2018, Avital Ronell, eminente professora de alemão e literatura comparada da Universidade de Nova York, foi considerada culpada de assediar um aluno de graduação (Judith Butler, integrante de um grupo de acadêmicos que escreveram textos em apoio a ela assim que a história surgiu, desculpou-se após o veredito e a divulgação da transcrição legal). O mesmo se deu na indústria cinematográfica: Asia Argento, atriz e diretora italiana e uma das primeiras mulheres a acusar publicamente Harvey Weinstein, teria dado dinheiro a um jovem ator que a acusou de agressão sexual quando ele tinha dezessete anos (nos Estados Unidos, a idade de consentimento é dezoito). Essas histórias precisam ser reconhecidas, embora o feminismo certamente tenha de tomar cuidado com o uso que é feito delas, como se a mera existência permitisse que os homens envolvidos numa preponderância de casos se safassem. Enquanto lia *Unwanted Advances*, não pude deixar de perguntar: do lado de quem Laura Kipnis acredita estar? Ela provavelmente tomaria isso como um elogio.

O livro anterior de Kipnis, *Men — Notes from an Ongoing Investigation* [Homens: notas de uma investigação em curso], de 2014, começa com uma ode a Larry Flynt, o editor da *Hustler*, uma revista que ela considera repugnante — "me enojou" —, mas que ela enaltece pelo ataque pornográfico ao puritanismo e à hipocrisia social americana, que ela insere na tradição de Rabelais.[57] Quando Kipnis aceita um convite para se encontrar com Flynt, ele está numa cadeira de rodas banhada a ouro, sequela de uma tentativa de assassinato muitos anos antes por um supremacista branco enfurecido com a inclinação inter-racial da *Hustler*. Não está, portanto, errada em que haja um traço progressista embutido na monstruosidade da revista, ainda que, para encontrá-lo, seja preciso cavar fundo. Laura é sincera quanto ao prazer que sente como mulher que escreve sobre homens: "potência", "um pouco de pimenta no meu prato" (bem parecido com a linguagem de conquista sexual de Jane Gallop).[58] Em um livro ainda mais antigo, *Bound and Gagged — Pornography and the Politics of Fantasy in America* [Amarradas e amordaçadas: a pornografia e a política da fantasia nos Estados Unidos], de 1996, ela começa com o caso de Daniel De-Pew, incitado por um policial de San José disfarçado que o atraiu para um quarto de hotel e fez com que ele entusiasticamente se lançasse na ideia de um *snuff movie*,* no qual interpretaria o carrasco e que envolveria o sequestro e o assassinato de uma criança. Na visão de Laura Kipnis, DePew, condenado a 33 anos de prisão, foi preso por uma fantasia — "um crime que nunca ocorreu". Para mim, pareceu mais que ele foi apanhado elaborando um plano.

A dúvida a respeito do enfoque atual sobre o assédio estar ou não deixando as pessoas com medo dos próprios pensamentos me parece pertinente. Mas, vinte anos atrás, isso já me afligia como um uso estranho, ou mau uso, da fantasia. Para a psicanálise, a fantasia inconsciente, diferente da fantasia consciente ou do devaneio, não é algo que desejamos que ocorra; na verdade, costuma ser aquilo que nos deixaria horrorizados se viesse a acontecer na vida real. Essa ideia é mais fácil de ser compreendida do que pode parecer à primeira vista. Um estudante disse a Vanessa Grigoriadis que entendia que as fantasias de estupro das mulheres não eram reais porque "os homens não querem que cortem seu pênis, mas sonham com isso mesmo assim".[59] Por qualquer uma dessas fantasias, não se pode nem se deve ser punido — normalmente a voz interna de condenação a tais pensamentos já é castigo suficiente. Homens num quarto de hotel discutindo como assassinar uma criança não preenchem os mesmos requisitos (a fantasia não serviria como justificativa).

Isso pode parecer estar distante do Título IX, mas acredito que seja essencial. Como a própria Laura Kipnis admite, sua identificação mais forte é com os homens — "a pimenta no meu prato", "a garota do papai" —, especialmente aqueles que ela sente terem sido alvo de injustiça: Larry Flynt, Daniel DePew e, no coração de *Unwanted Advances*, Peter Ludlow, um professor de filosofia da Universidade Northwestern. Ludlow foi acusado por duas alunas, sob o Título IX, de comportamento sexual impróprio, sendo um dos casos estupro, e forçado a abandonar o emprego. Uma de suas acusadoras tinha sido sua caloura e a outra era aluna da pós-graduação — no livro, elas recebem os pseudônimos de Eunice Cho e Nola Hartley. Kipnis redigiu

---

* *Snuff movie* é um filme pornográfico e violento que exibe a morte real de uma ou mais pessoas, seja por assassinato ou por suicídio. (N.T.)

o caso para a defesa. Seria possível argumentar que ela está tentando restabelecer o equilíbrio, um termo que sempre considerei corrompido num mundo desequilibrado (também noto que a demanda por equilíbrio sempre aparece quando se entra em choque com a posição oficial ou quando se é visto como alguém que está do lado errado do debate, nunca quando os pontos de vista são bem-vindos).

Para Kipnis, o mastodonte administrativo que é o Título IX faz parte de uma reação contra as liberdades intelectuais e sexuais das quais as feministas foram se apoderando ao longo de décadas e está colocando em risco a autonomia estudantil, o espírito intelectual e o ímpeto para o aprendizado. Uma camisa de força mental e sexual está transformando as estudantes em vítimas passivas que estão, ou assim se veem, completamente à mercê dos homens. (Estar à mercê dos homens não é precisamente o que as ativistas contra o assédio mais odeiam?) Ela escreveu o livro quando, tendo expressado simpatia por Ludlow, ele lhe deu acesso a mais de 2 mil e-mails e mensagens trocadas entre ele e Nola Hartley, com quem manteve um relacionamento por mais de um ano. Quando Kipnis critica Ludlow, parece estar fazendo uma concessão — "Serei honesta: você não vai me ver defendendo que Ludlow mostrou ter um ótimo discernimento" (independentemente das principais acusações contra ele, Ludlow admite que, ao longo da carreira, duas estudantes de graduação passaram por sua cama).[60] Ela também demonstra, de forma justa, que os investigadores do Título IX desse caso, e não apenas dele, inclinam-se fortemente para o lado da querelante. Mas, da maneira como vejo, ela comete o erro fatal de confundir sua crítica àquilo que claramente constituiu injustiça sob o Título IX com a destruição das evidências das mulheres que prestaram queixa. Mesmo admitindo que Laura Kipnis seja movida pelo desejo de que as mulheres reivindiquem o exercício de sua capacidade de agir sobre a escolha sexual na própria vida, o caráter feminista dessa maneira de proceder é algo que me escapa. Provocada no Facebook, Kipnis respondeu que *Unwanted Advances* é "uma polêmica, não é jornalismo. É um trabalho de opinião. Baseia-se em relatos e em uma leitura atenta dos documentos disponíveis, mas a alma do livro é a minha interpretação desse material".[61] A Associação da Graduação em Filosofia acusou-a de "exposição não autorizada de material particular e temerária especulação infundada" contra Nola Hartley.

Entre as principais questões desse livro está o papel que a psicanálise pode desempenhar em ampliar nossa compreensão das complexidades do nosso mundo sexual interno, por vezes violento. Um dos aspectos mais humanos da psicanálise é a maneira pela qual faz a vida mental, por mais perturbada que seja, sair de seus vergonhosos cantos escuros e vislumbrar a luz. A psicanálise não julga. Seus achados não podem ser citados num tribunal (o que não impede que advogados, para conseguir que uma acusação seja rejeitada, invoquem a ideia de que as mulheres possam ter fantasias inconscientes com estupro). Em *Unwanted Advances*, termos como histeria, projeção e paranoia — paranoia aparece no título — aparecem bastante, junto com "caça às bruxas", como se pudessem ser usados para moderar o debate político sem levar em consideração o modo como tradicionalmente serviram para perseguir, insultar e silenciar mulheres indignadas. E outros grupos oprimidos. "Penso na paranoia", escreve Sara Ahmed com relação ao racismo em seu blog Feminist Killjoys [Desmancha-prazeres feministas], "e nas boas razões para sentimentos maus".[62] (Num mundo racista, a "paranoia" oriunda das minorias raciais pode perfeitamente fazer todo o sentido.) Vale a pena também lembrar que a psicanálise começou ouvindo a voz e as histórias das histéricas, que antes eram desprezadas como loucas (na virada do século 20, na França, as histéricas eram encarceradas como "a escória" da sociedade no hospício La Salpêtrière, em Paris).[63]

Confrontada com o comportamento contraditório de uma das duas principais acusadoras de Ludlow ("tanto se atirava em Ludlow de maneira sexualizada como se sentia vitimizada"), Kipnis não hesita em fornecer um violento diagnóstico de transtorno de personalidade limítrofe, uma condição grave que significa que o paciente, em vez de alegremente — ou tristemente — neurótico, mais ou menos como todo mundo, situa-se no limiar entre a neurose e a psicose. Um de seus traços, somos informados, é um "comportamento provocativo ou sedutor", e a esta altura me vejo querendo invocar Jane Gallop como aliada.[64] Vitimizada ou sedutora — longe de ser sinal de perturbação mental, isso pode, ao contrário, ser motivo de esperança. Sugere que a capacidade de sedução de uma mulher não foi aniquilada por completo pela violência do ambiente. Seria uma disfunção, num mundo sexualmente disfuncional, uma mulher sentir um pouco de cada?

Quanto à pressa no diagnóstico psiquiátrico, uma vez, em meados dos anos 1970, parei ao lado de um colega no estacionamento da Universidade de Sussex — um detalhe importante, porque o estacionamento ficava a certa distância do prédio de Artes, então sempre dava tempo de conversar. Rindo, ele me contou que uma aluna, evidentemente perturbada, havia apresentado contra ele uma queixa de conduta sexual imprópria. "Rindo" porque nesse caso específico, ele me disse, calhava de ser inocente. Acrescentando insulto à injúria, ele estava, portanto, vangloriando-se de todo o resto. Esse episódio me veio à mente quando li o relato de Jodi Kantor e Megan Twohey sobre a primeira vez que se encontraram com Harvey Weinstein, na véspera da revelação que saiu no *New York Times*. Weinstein negou ter feito as coisas pavorosas de que estava sendo acusado: "Ele [disse que] não era mau daquele jeito. E então sorriu sarcasticamente: 'Sou pior'".[65]

Em Sussex, depois descobri, meu colega era conhecido como "o apalpador"; todas as novas alunas eram prevenidas. Quando chegamos ao prédio, eu havia conseguido recriminá-lo quanto à acusação de transtorno mental, que nunca deveria ser feita contra uma mulher que apresenta queixa de natureza sexual — e a ideia de se colocar no papel de juiz do próprio caso é ainda mais inaceitável na esfera da vida psíquica e sexual. Tempos depois, quando confrontei um segundo colega em nome de uma aluna que havia apelado para mim, ele ficou simplesmente enfurecido por eu não ter inequivocamente sustentado seus desmentidos (também acabou por se revelar um infrator em série). Nem é preciso dizer que não havia nenhum procedimento oficial em lugar algum do sistema para lidar com casos assim. Mas é somente agora, revendo esses momentos, que percebo o quanto minha reação foi inadequada.

*

Assim como Paul Nungesser em Columbia, Peter Ludlow foi identificado e humilhado. Isso pode, de fato, ser visto como justiça sumária, que é umas das principais acusações de Laura Kipnis contra o Título IX. O mesmo argumento pode ser usado com relação a Liam Allan, um estudante de Sussex acusado de estupro; as queixas contra ele foram retiradas em dezembro de 2017, quando provas que não haviam sido divulgadas anteriormente foram liberadas para o tribunal (ele estava sob fiança e havia sido banido do campus por um ano). Citando advogados experientes, a manchete do *Times* descreveu o "escândalo" como "a ponta do iceberg"; a polícia e os promotores estão agora, segundo um conselheiro da rainha, sendo tendenciosos em favor das mulheres que prestam queixa de estupro; uma carta subsequente sugeria estarmos vivendo numa "cultura de crença na vítima".[66] Dado o índice obscenamente baixo, e mesmo em rápido declínio, das condenações por estupro no Reino Unido, isso seria, em si, uma espécie de reviravolta (não que, até onde eu saiba, o descrédito e a descrença sistemática das mulheres que levam acusações de estupro ao tribunal tenham alguma vez sido agraciados com o termo "cultura"). "Escândalo" e "ponta do iceberg" me soam como linguagem de reação. Em setembro de 2019, uma análise de casos de estupro revelou falhas policiais sistemáticas à custa dos mais vulneráveis, sendo o estupro regularmente registrado como incidente em vez de crime, o que redunda na ausência de investigações.[67] Um dos resultados do caso Liam Allan foi tornar o confisco do telefone da querelante e a divulgação de mensagens privadas parte central das investigações de estupro (crianças que denunciam estupro estão sendo instruídas a entregar o aparelho).[68]

O assédio no campus precisa ser encarado nesse contexto mais amplo. Em março de 2017, o *Guardian* optou por destacar as agressões pelos campus do Reino Unido como uma "epidemia".[69] Já em 2004, nos Estados Unidos, *The Encyclopedia of Rape* [A enciclopédia do estupro] havia descrito esse crime como surgindo "com mais frequência onde existe hierarquia social: homens na prisão, homens no casamento, soldados na guerra, aqueles que escravizaram outro grupo, adultos que controlam crianças, os que se aproveitam de pessoas com deficiências físicas ou mentais".[70] "É absolutamente verdade — e absolutamente absurdo —", comenta Vanessa Grigoriadis, "que tenhamos acrescentado o moderno campus universitário a essa lista."[71]

Nas universidades britânicas, pessoas acusadas de assédio de qualquer tipo costumam não ser identificadas, em função da confidencialidade. Os casos raramente chegam aos tribunais, já que as universidades fazem tudo o que podem para evitar publicidade negativa (isso também pode incluir casos de estupro, conforme deixou claro o conselho dado a minha amiga para que não procurasse a polícia depois de ter sido estuprada). Em junho de 2016, Sara Ahmed renunciou ao cargo de diretora do Centro de Pesquisas Feministas de Goldsmiths, da Universidade de Londres, por causa do tratamento dado pela entidade ao problema do assédio: "Renunciei a uma faculdade", escreveu ela no Twitter, "que usa meu trabalho para negar aquilo que revelo #sexualharassment [#assediosexual]".[72] O trabalho que ela desenvolvia para expor a questão estava sendo tomado como prova de que a questão não existia: "Não temos problema de assédio sexual só porque há pessoas em nossa faculdade que mostram que existe um problema de assédio sexual".[73]

Para expressar solidariedade a Ahmed, o blog de uma aluna reproduziu dezesseis imagens repetidas da folha de rosto de livros escritos por um membro do corpo docente de Goldsmiths denunciado por assédio, cada uma delas rabiscada com acusações indicando o autor como um assediador em série que havia sido suspenso, mas que teve permissão para se demitir antes que uma audiência disciplinar completa pudesse ser realizada.[74] Esse desfecho — silenciamento, saída discreta, arranjos financeiros ou acordos de confidencialidade com alunos — não é raro, nem no Reino Unido nem, apesar do Título IX, nos Estados Unidos. Quando, em 2018, nove mulheres da Universidade de Dartmouth apresentaram queixa por abuso — inclusive com alegações de estupro — contra três proeminentes professores, a instituição exortou-as a continuar trabalhando com eles por vários meses, e, no caso de Todd Heatherton, um dos acusados, em vez de "responder adequadamente", promoveu-o. As mulheres moveram uma ação contra a faculdade, que acabou chegando a um acordo no valor de 14 milhões de dólares.[75]

Se o acusado não é formalmente imputado, isso significa, entre outras coisas, que ele pode, com maior ou menor facilidade, passar para outra instituição, salvaguardando, na verdade fazendo avançar, sua carreira. Em 2017, quando Carole Mundell se pronunciou contra seu chefe no Instituto de Pesquisa Astrofísica da Universidade John Moores, em Liverpool, por ele ter escrito uma referência calorosa para um assediador em série, ela foi rotulada de delatora e processada por difamação pela faculdade (o que foi descartado pelo Tribunal Superior).[76] O assediador pôde deixar a universidade sem nenhuma acusação e assumir um prestigioso posto acadêmico na África do Sul. Por outro lado — e esse é um dos aspectos menos observados do assédio sexual no campus —, alunas de pós-graduação que estão na outra ponta quase sempre ficam pelo caminho na esfera profissional. "Estou deixando o meio acadêmico por causa do que aconteceu", declarou uma mulher ao *Guardian* em uma matéria sobre o tema. "Vou terminar meu doutorado e só."[77] Outro exemplo seria o da mulher que desistiu de uma vaga de mestrado em Warwick quando estudantes que haviam falado dela, e de outras mulheres, como potencial alvo sexual voltaram ao campus.[78] Já em 2004, um relatório independente do Departamento de Filosofia da Universidade do Colorado em Boulder, descreveu como, em decorrência do clima de assédio sexual sancionado e/ou ignorado, jovens pós-graduadas em filosofia estavam deixando a academia em números desproporcionais.[79] "Acostume-se ou vá embora", escreve Sara Ahmed em *Viver uma vida feminista*. "Não é de espantar que, sendo essas as opções, muitas vão embora."[80]

Goldsmiths posteriormente revisou suas políticas a respeito do assédio sexual e criou um cargo de gestão para melhorar suas práticas. Uma declaração anterior, divulgada em resposta à renúncia de Ahmed, de autoria de Jane Powell, à época vice-diretora, começava assim: "Levamos o assédio sexual muito a sério e tomamos medidas contra aqueles que estejam agindo de maneira incompatível com nossos sólidos valores [...]" (problema algum, então). "A não performatividade ganhou novo significado!", tuitou Ahmed. "Uma das mais constrangedoras notas institucionais de todos os tempos!"[81] O novo plano inclui uma única política sobre assédio sexual, violência e conduta imprópria; uma parceria com o centro de apoio Rape Crisis South London [Crise de Estupro Sul de Londres]; uma coordenação mais vigorosa dos registros; treinamento/iniciação para toda a equipe. Alguns críticos responderam que não se prestou atenção suficiente à cultura geral que permitiu que as coisas corressem tão mal no passado. O objetivo do Goldsmiths é tornar suas políticas "exemplares" — um reconhecimento de que não há nenhuma política coordenada contra o assédio para todo o Reino Unido. Em 2017, quando conversei com Lisa Blackman, corresponsável por mídia e comunicação no Goldsmiths, sobre o que acontecera e o que a faculdade estava fazendo a esse respeito, ela disse que, como um setor, "não temos a medida do problema".[82] (Ela não falou em caráter oficial e estava muito envolvida em iniciativas de políticas universitárias contra o assédio sexual no Reino Unido.)

    De acordo com uma pesquisa publicada pelo *Guardian* em dezembro de 2017, quase dois terços das universidades não contavam com orientadores para a questão do assédio nem agentes de ligação para os casos de violência sexual; aproximadamente um quarto delas não tinham nenhum canal de contato designado para alguém que quisesse fazer uma queixa; mais de um terço não treinava a equipe a respeito de nenhuma forma de conduta imprópria e/ou violência de gênero — apesar da recomendação de 2016 da Universities UK, o órgão representativo para o ensino superior, de que deveria ser instaurado um sistema centralizado de notificação para os casos dessa natureza. Uma "complacência chocante e deprimente", comentou Rachel Krys, codiretora da coalizão End Violence Against Women [Fim da Violência contra as Mulheres].[83] Desde então o avanço tem sido lento, para dizer o mínimo. Em junho de 2019, um novo relatório encomendado pelo órgão regulador do ensino superior na Inglaterra instou as universidades a contratarem equipes especializadas para investigar crimes de ódio e assédio sexual contra suas estudantes. Com exceção de um número relativamente pequeno de programas-piloto, os registros de incidentes não estavam sendo nem coletados nem analisados. Estudantes negras ou de minorias étnicas, em especial, não tinham confiança nos procedimentos vigentes para reclamações, aos quais elas provavelmente não recorreriam.[84] Um mês depois, a Universidade de Warwick foi acusada de negligência e discriminação, e de não ser um local seguro para estudantes do sexo feminino ou pertencentes a minorias, depois que nenhuma medida foi tomada contra um grupo de homens que trocavam comentários sexuais violentos a respeito dessas alunas (a universidade posteriormente se desculpou).[85] Em novembro do mesmo ano, revelou-se que a Universidade de Birmingham se recusava a investigar qualquer suposto estupro que ocorresse fora das dependências do campus, nem sequer em acomodações privadas alugadas por estudantes, ou qualquer agressão "não relacionada à atividade da universidade",[86] o mesmo critério agora incluído no Título IX. (Deve-se presumir que teria investigado caso o ato tivesse ocorrido num auditório?)

Em perfeita coerência com o comportamento esperado das mulheres que sofrem assédio, a maioria das universidades do Reino Unido tem fechado os olhos: "Não enfrentar o problema do assédio sexual", publicou Sara Ahmed em seu blog logo depois de seu pedido de demissão, "é reproduzir o problema do assédio sexual". Sua resposta é fazer "esbravejar" virtuosamente. "Ao esbravejar, você está dizendo: não vou reproduzir um mundo que não suporto, um mundo que não acho que deveria ser suportado."[87] Tudo isso poderia servir como aviso para qualquer um que queira retroceder quanto ao Título IX (sem falar no problema de cair no mesmo lado de Betsy DeVos e da North American Interfraternity Conference). Ao ser indagada se queria que o Título IX fosse rescindido — uma conclusão razoável para quem quer que leia *Unwanted Advances* —, Laura Kipnis sugeriu que isso, por si só, não seria suficiente para mudar o rumo das coisas. A solução, acredita ela, virá somente dos tribunais civis quando aqueles que descumpriram o Título IX, como Ludlow, processarem as instituições por perda de reputação e de meios de subsistência.[88] Conforme meus olhos vão do Reino Unido para os Estados Unidos e vice-versa, fico admirada que, com relação ao assédio, não haja nenhum meio-termo legal ou processual. A sexualidade colide com a lei. As únicas opções disponíveis, pelo menos até o momento, parecem ser um excesso de intervenção legal ou, então, intervenção insuficiente.

Para Laura Kipnis, o clima em torno do Título IX significava que o espírito crítico, questionador das estudantes estava sendo subjugado. Para as alunas do Goldsmiths, por outro lado, foram o esmagamento da curiosidade sobre o assédio sexual, o silencioso desaparecimento do acusado e a falta de transparência que ameaçaram tanto os corpos quanto as mentes. No que lhes dizia respeito, elas estavam apenas reafirmando o impulso que inicialmente as havia levado à universidade: "Estamos na universidade porque temos curiosidade e queremos aprender [...]. Alguma coisa está evidentemente sendo encoberta, o que faz nosso desejo de aprender ser ainda mais forte".[89] Apesar da enorme diferença entre o modo como o assédio no campus é tratado no Reino Unido e nos Estados Unidos, isto é o que une as estudantes ativistas em todos os sentidos: "ferrenhas, implacáveis, determinadas, elas abandonaram a linguagem da vitimização".

Como os tantos milhões de vozes no movimento #MeToo, essas mulheres estão inflamadas pela raiva. Não são passivas nem "donzelas" colocadas em um trilho de trem — para citar apenas uma das imagens usadas por Kipnis para descrever a maneira como as alunas estão sendo retratadas no Título IX. Talvez, em comparação com as irmãs incitadas pelo ensino feminista dos anos 1970 e 1980, as estudantes feministas de hoje se sintam estimuladas por outras coisas. Por que — em uma época em que a misoginia e a agressão contra as mulheres não dão mostras de estar diminuindo — não seriam elas um pouco mais cautelosas em relação ao sexo? O livro de Vanessa Grigoriadis está repleto de histórias de mulheres estudantes que olham para trás e veem com arrependimento sua participação voluntária na cultura do sexo casual, sobretudo por causa do sexo desastroso. Ou porque foi preciso algum tempo para que entendessem plenamente o que havia acontecido. "Demorei um pouco para perceber que ele não deveria ter feito aquilo", comenta uma mulher na reportagem sobre assédio do *Guardian*. Ela não está se eximindo de sua responsabilidade: "Eu pensava que [...] tudo bem, fui eu que me pus nessa situação. Levei um tempo para entender que o que ele fez era errado". Nada disso, é preciso dizer, diz coisa alguma sobre o prazer e o exercício da capacidade de agir de uma mulher durante um ato sexual voluntariamente realizado. Também não diz nada sobre a suposta passividade, um termo que, em si, bem poderia passar por alguma desconstrução. Conforme observou Freud certa vez, golpeando a distinção ativo/passivo como um dos mais enganosos e sexualmente discriminadores binarismos de todos, pode ser necessária "uma boa dose de atividade para alcançar uma meta passiva".[90] Kipnis interpreta isso como má-fé da passividade; eu considero um sinal de sua energia latente.

✳

Provas são sempre fundamentais, especialmente em casos litigiosos. Mas provas não são neutras. "A prova que temos do racismo e do sexismo", escreve Sara Ahmed sobre esse tema em um ensaio postado em seu blog, "é considerada insuficiente *por causa* do racismo e do sexismo".[91] Provas têm de ser interpretadas. Quando uma aluna numa relação consensual de longo prazo com um professor lhe envia uma mensagem para se desculpar por tê-lo magoado e diz que o ama, alguém tem de decidir que sua queixa posterior de que ele a havia estuprado um dia antes era uma mentira. Alguém tem de decidir que o atraso, possivelmente um longo atraso, entre um evento e o sentimento de contrariedade significa que sua queixa por ter se sentido perturbada pelo evento é falsa (essa falsidade, mais uma vez, seria uma novidade para a psicanálise, que considera a efetividade retardada, a relutância da mente em registrar o que está acontecendo no momento em que está acontecendo, como um dos traços distintivos do trauma). Alguém tem de decidir que uma aluna que envia um convite para fazer sexo anal deve ter realmente desejado isso ou, se tivesse desejado naquele momento, ela não poderia mais mudar de ideia e não poderia, portanto, ter sofrido estupro anal. Alguém tem de decidir que uma estudante cujas mensagens estabelecem que ela queria fazer sexo com um estudante que rejeitava suas investidas e que ela até pensava nos prazeres da violência — "É sempre bom ser atacada sexualmente sem infringir a lei" — não pode ter sido estuprada.[92]

Elas pediram por isso, não pediram? Tomo esses exemplos respectivamente dos casos de Ludlow (os dois primeiros), Emma Sulkowicz e Liam Allan. Cada um deles abre uma porta para o obscuro mundo da sexualidade em que tudo pode acontecer, em que o desejo e uma mudança de opinião podem simultaneamente persistir. Esses momentos podem mesmo nos fazer parar para pensar. Mas é a exaltação com que são capturados, a rapidez indecorosa com que são usados para atacar o caso da denunciante que considero tão assustadoras. Uma mulher se lança num jogo sexual — ou até mesmo dá início a ele — no qual, por alguma razão, não deseja mais prosseguir. Tenta interrompê-lo. Se o homem não para — e, por favor, não me diga que ele pode não ter captado a mensagem ou que, uma vez que tenha começado, nenhum homem consegue se controlar —, então é estupro.

A isso certamente devemos acrescentar que uma mulher pode ser levada a colaborar ou parecer estar colaborando num ato sexual violento por medo. É comum em casos de estupro. "Juízes e jurados têm maior convicção quando podem ver calcinhas rasgadas e comprovação de que a vítima apanhou", disse a conselheira da rainha para direitos humanos, Helena Kennedy, sobre a vítima "ideal" em julgamentos por estupro no Reino Unido, mas

> até os indícios de resistência têm de ser mais do que o hematoma peculiar, que os réus tentam explicar como resultado de vigorosa atividade sexual e beliscões lúdicos. O paradoxo é que a exigência de demonstrar que elas ofereceram resistência vai contra tudo o que nos falam a respeito de autoproteção. Conforme disse uma vítima ao ser entrevistada sobre sua experiência, "tudo o que fiz de certo para salvar minha vida é perfeitamente errado quando se trata de provar que estava dizendo a verdade".[93]

Nesse caso, a "prova" será falsa.

E quanto à estranha ideia de que amar ou cuidar de um abusador, mesmo na manhã seguinte, impede uma queixa por abuso? Jennifer Marsh é vice-presidente do serviço nacional de apoio a vítimas de abuso dos Estados Unidos, a Rede Nacional contra o Estupro, o Abuso e o Incesto (Rape, Abuse and Incest National Network, RAINN), fundada em 1994, que teve Tori Amos como a primeira porta-voz. Elas recebem, em média, 266 chamadas por dia. "Uma das primeiras coisas que nossas usuárias dizem é 'não sei o que aconteceu comigo'. Não é raro dizerem coisas como 'acordei na manhã seguinte e fiz café para ele'."[94] "Como tudo que é escroto", escreveu Nola Hartley numa mensagem para Ludlow na manhã seguinte ao alegado estupro, "isso também vai passar. Amo você."[95] Abrigos femininos por todo o Reino Unido estão povoados de mulheres que entraram, voluntária e amorosamente, em relacionamentos íntimos que se tornaram violentos. A natureza duradoura da afeição é uma das razões pelas quais pode ser uma verdadeira luta evitar que elas voltem para casa.

Isso não impediu, em 2017, no exato momento em que o assédio e a agressão sexual viravam notícia como nunca, que o governo conservador do Reino Unido suspendesse a garantia de financiamento para os abrigos, uma medida que, previa-se, poderia deixar desamparadas cerca de 4 mil mulheres e crianças fugindo da violência doméstica. O governo também fez cortes na assistência jurídica, o que afeta imensamente mulheres vítimas de abuso, que ficam sem outra opção a não ser representar a si mesmas no tribunal, frequentemente cara a cara com seu abusador.[96] Em outubro de 2018, vinte homens foram considerados culpados de pertencer a uma gangue que havia estuprado e abusado de meninas de até onze anos na cidade de Huddersfield, no condado inglês de West Yorkshire, ao longo de muitos anos. Nazir Afzal, antigo chefe do Serviço de Promotoria da Coroa para as questões de abuso infantil e violência contra mulheres e meninas, acusou a austeridade do governo de minar os esforços locais para a proteção das vítimas. Em 2013, o governo havia instituído uma taxa de 1 200 libras para se entrar na justiça; desde então, houve uma queda de 71% no número de casos de discriminação com base no sexo.

Tudo isso culminou numa crise com o surto de violência doméstica deflagrado durante a pandemia (surtos semelhantes foram relatados no mundo todo; por exemplo, na China e na Espanha).[97] No auge do confinamento, as chamadas telefônicas para os abrigos cresceram drasticamente na medida em que as mulheres se viam presas em casa com companheiros abusivos. Entre 23 de março e 12 de abril de 2020, o projeto Counting Dead Women [Contagem de Mulheres Mortas] identificou dezesseis assassinatos por violência doméstica; a média no mesmo período do ano anterior havia sido de cinco.[98] A oferta feita por hotéis para abrigar mulheres que fugiam da violência doméstica foi recusada pelo governo do Reino Unido com o argumento de que elas seriam muito facilmente rastreadas. O prefeito de Londres interveio com um fundo emergencial de 1,5 milhão de libras para realojar essas mulheres. Em maio, o governo empenhou 76 milhões de libras para fornecer serviços às pessoas mais vulneráveis, entre elas vítimas de violência doméstica, uma ação bem-vinda, embora tenha sido o corte dos fundos realizado anteriormente pelos governos conservadores que tornou essa necessidade tão urgente; não foram garantidos recursos de longo prazo.

Em outubro de 2017, quando o movimento #MeToo se espalhou pelos corredores de Westminster,* a primeira-ministra Theresa May se comprometeu a criar políticas "robustas" para proteger empregados do assédio sexual. Em novembro, o presidente da Câmara dos Comuns exigia que as propostas sobre como lidar com as alegações fossem tornadas públicas, ao passo que membros do grupo de trabalho interpartidário reclamavam que o plano era apenas uma transposição dos mecanismos criados para lidar com queixas trabalhistas e que não ofereceria proteção suficiente, já que permaneceria nas mãos dos parlamentares: como raposas "discutindo sobre como tornar o galinheiro mais seguro".[99] Um ano depois, a proposta do novo código governamental para empregadores a respeito do assédio sexual no ambiente de trabalho foi recebida com críticas por não ir suficientemente longe: "Deixar de introduzir uma nova obrigação trabalhista para evitar o assédio", comentou Sam Smethers, diretora-executiva da Fawcett Society, "é uma oportunidade perdida e deixa as mulheres lidando sozinhas com o problema".[100]

Talvez num dos mais inacreditáveis (ou quase inacreditáveis) de todos os casos, em setembro de 2019 o parlamentar e ex-ministro Andrew Griffiths, que havia bombardeado duas jovens com mais de 2 mil mensagens lascivas, foi inocentado de transgressão pelo observador

---

* Sede do Parlamento britânico. (N.E.)

oficial das normas parlamentares com a justificativa de que ele não enviara as mensagens em momentos em que estaria envolvido na atividade parlamentar, a qual, presume-se, prosseguiu normalmente. As alegações de que ele teria violado o Código de Conduta da Câmara dos Comuns não foram sustentadas. "Por mais danosos que esses acontecimentos possam ter sido para o sr. Griffiths pessoalmente", declara a carta de deliberação do observador oficial, "não estou convencido de que as mensagens que trocou com as duas mulheres tenham causado significativo prejuízo à reputação da Câmara dos Comuns em seu conjunto ou de seus membros de modo geral."[101] Danos pessoais ao parlamentar, prejuízos à reputação da Câmara dos Comuns e/ou de seus membros. Será que alguma coisa está me escapando? Nem o menor indício de que o dano mais significativo possa ter sido infligido às duas jovens.

Tudo isso, mais uma vez, faz com que desconfiemos da noção de que, com relação à violência e ao assédio sexual, uma página finalmente tenha sido virada. Se estamos lidando com o tal arrasto, ou pavoroso refluxo da diferença sexual num mundo tóxico, então não há muito que as instituições possam fazer (dar continuidade de maneira genuína ao caso e fazer alguma coisa ajudaria, sem dúvida). Precisamos igualmente enxergar além dos corredores aveludados e das gaiolas douradas de Westminster e Hollywood. Segundo um relatório de 2017 da Central Sindical do Reino Unido (Trades Union Congress, TUC), mais da metade das mulheres sofre assédio sexual no ambiente de trabalho, e a maioria delas não faz denúncia ou, quando faz, não consegue alcançar um resultado positivo (o que praticamente nos leva de volta aos anos 1970, nosso ponto de partida).[102] Hoje, as mulheres com emprego informal ou precário são as mais vulneráveis, e seu número está em constante crescimento em uma economia implacavelmente dominada pelo lucro. O #MeToo foi fundado em 2007 pela afro-americana Tarana Burke como um movimento de base para mulheres, particularmente mulheres não brancas, em comunidades carentes, com o lema "a empatia elimina a vergonha".[103] No auge do escândalo Weinstein, embora tenham recebido comparativamente pouca atenção, 700 mil trabalhadoras rurais enviaram uma carta conjunta em solidariedade às figuras mais proeminentes que se pronunciaram em Hollywood, protestando contra o constante assédio que sofriam no trabalho.[104] Seriam necessários mais dois anos, no entanto, até que o sistemático e violento assédio de trabalhadoras na indústria de roupas — o "segredo sujo" da moda — fosse ao menos reconhecido, quanto mais reparado: o Acordo de Lesoto, de 2019, ameaça com a perda de contrato com empresas internacionais, como a Levi's, qualquer fábrica que não implemente a política de tolerância zero contra o assédio (ainda que essas vitórias duramente conquistadas estejam ameaçadas pelo desemprego em decorrência da pandemia).[105]

✳

Nunca me arrependi tanto de topar escrever sobre um assunto. Mas, depois que me afundei no atoleiro, Roxane Gay foi a escritora que mais de uma vez veio a meu socorro. Gay ficou famosa como a "má" feminista que cantou a letra de Robin Thicke, teve fantasias com Bill Clinton e gosta de se vestir de rosa. Também fez da agressão contra as mulheres mais ou menos o trabalho de sua vida na escrita. Lendo os relatos de assédio sexual no Reino Unido e nos Estados Unidos, comecei a sentir que toda a atenção gerada serviu não apenas como um apelo urgente por um mundo melhor, mas, estranha e simultaneamente, como tática diversionista para nos ajudar a evitar ter de pensar sobre sexo. Ou, em outras palavras, se o assédio e a violência sexual são toda a história da sexualidade humana, então podemos muito bem trancar a porta para o que somos e jogar a chave fora. Como, então, seria reconhecer o assédio sexual pelo que ele é, um cruel fim de jogo, mas deixar em aberto a questão daquilo que a sexualidade, em sua forma mais selvagem (mais nociva e mais estimulante, às vezes ambas) poderia ser?

Gay foi vítima de um estupro coletivo aos doze anos de idade. No grupo havia um menino, de quem ela gostava, que organizou tudo e que, embora a tivesse tratado mal, ainda contava mais ou menos com a confiança dela até então. O legado daquele momento — sobretudo um apetite voraz que transformou o corpo dela numa fortaleza contra a dor — é o tema de seu livro de memórias, *Fome*, publicado em inglês em 2017: "Se eu fosse indesejável, eu poderia evitar sentir mais dor. [...] Para que meu corpo ficasse tão grande que ele jamais fosse quebrado outra vez."[106] Ela também narra o episódio no final de *Má feminista*, mas esse não foi o trecho do livro que recebeu mais atenção nem, presumo, o que o levou a seu enorme sucesso. Entre outras coisas, *Fome* é um contra-ataque solo àqueles que consideram estranho que uma mulher continue a amar um homem que a tenha tratado com imperdoável violência ("Acordei na manhã seguinte e fiz café para ele"; "Como tudo que é escroto, isso também vai passar. Amo você.") ou que leve muito tempo até que o ocorrido seja completamente assimilado, até que a experiência vivida rompa o limiar da própria aflição e passe para o discurso. Roxane Gay não se esquiva da palavra "vítima". Prefere esse termo a "sobrevivente": "Não quero fingir que estou numa jornada triunfante, animadora". Longe de torná-la passiva ou patética, chamar assim a si mesma é uma forma de exercício da capacidade de agir sobre o mundo que alimenta sua resistência para viver e escrever: "Sou mais forte do que minha parte quebrada".[107] Mesmo que também pague um preço por isso: "Escrever esse tipo de história requer ir para um lugar escuro. Às vezes me dava nojo da escrita e do que consigo escrever e imaginar, de minha capacidade de *mergulhar até lá*".[108]

Ao mesmo tempo que conta essa terrível história, talvez mais graficamente do que qualquer outra pessoa que eu tenha lido, Gay também explora os limites mais remotos da imaginação de uma mulher, as distâncias a que ela pode ser conduzida ou que pode escolher visitar no domínio do amor e da intimidade. Isso é particularmente verdadeiro em sua segunda coletânea de contos, *Mulheres difíceis*, também publicada em 2017, mas que recebeu menos atenção que *Fome*. Os críticos parecem ter recebido *Mulheres difíceis* com decepção ou falsos elogios (em sintonia com as opções disponíveis a muitas mulheres num mundo insensível). Roxane Gay foi acusada de exploração. Foi também elogiada por "se divertir" com suas "damas": "nada acanhadas", elas dão "tão bem quanto recebem".[109] Eu diria que é uma escritora borderline, um termo com o qual pretendo não um diagnóstico, mas um elogio. Apesar do que lhe aconteceu, ou talvez justamente por isso, Gay está sempre do lado selvagem. *Untamed State* [Um estado selvagem] é o título de seu primeiro romance. Ele também conta a sórdida história de um estupro que — e esse é um dos pontos fortes de sua escrita — aparece em sua mais completa dimensão de raça e de classe: a filha de um rico empresário arrivista haitiano é sequestrada, mantida como refém e repetidas vezes estuprada por um grupo de homens que vagueiam e espalham medo pelas ruas.

Em *Fome*, a repulsa a pessoas gordas é vista como atiçada pela ansiedade diante de corpos desregrados, corpos cujos contornos se expandem ao infinito e quebram todas as regras: "Meu corpo é terrivelmente indisciplinado" — "indisciplinado" e "desregrado" são um bordão.[110] Uma pessoa gorda se apresenta como uma terrível reprimenda a quem estupidamente acredita que seu corpo mortal, sem falar em sua vida interior, poderia de fato ser mantido sob controle ou em forma. Daí a "estranha crueldade de mente cívica" com que Gay, à maneira de pessoas gordas, é saudada, como se essa crueldade fosse a única maneira pela qual as pessoas que lançam insultos ou desviam o olhar com repugnância têm certeza que mantêm seu lugar nas fileiras dos civilizados.[111] "Minha mulher e eu", explica o narrador do conto "Flórida", de *Mulheres difíceis*, "assistimos a documentários sobre a vida de pessoas extremamente gordas para nos sentirmos melhor com nós mesmos".[112] Apesar do horrível início, *Fome* — que retrata o apetite como incontrolável, desregrado, rebelde —, num passo lento mas firme, torna-se um testamento não apenas do trauma, mas da intensidade e amplitude do desejo humano, para o qual a palavra "fome" se faz impulso e metáfora: "Sempre digo aos meus alunos que ficção tem a ver com desejo, de um jeito ou de outro. [...] Nós queremos e queremos e, uau, como queremos. Nós somos famintos".[113] Para mim, é isso que Roxane Gay faz de modo tão brilhante: apontar sem reservas a violência masculina e suas consequências mortais para as mulheres, ao mesmo tempo que, de forma exuberante — e, alguns diriam, perversa —, mantém abertos todos os caminhos da mente.

"Há muito o que amar em quebrar coisas",* observa a narradora de "Região Norte", outro conto de *Mulheres difíceis*, que depois se dirige

---

* Trechos de tradução própria. (N.T.)

a seu novo amante, o primeiro homem que diz gostar dela, conforme somos informados: "Não precisa pegar leve comigo".[114] Essa história inclui ainda um episódio fugaz de assédio sexual na Universidade de Michigan, onde a autora fez o doutorado. A narradora é a única pessoa negra e a única mulher no seu departamento — o que também pode muito bem ter sido o caso. Ela é seduzida por seu orientador de tese, que incansavelmente lhe promete casamento e em seguida se engraça com a nova assistente — ela flagra os dois fazendo sexo no laboratório —, quando ela não consegue se recuperar da morte do filho que teriam juntos e que nem chegou a nascer. Bebês que morreram são recorrentes nos contos de Gay. São com frequência, mas nem sempre, a causa do prazer agonizante que suas protagonistas sentem na dor física e psicológica: "Num bar encontrei um homem que toparia me bater. [...] Uma dor cobria a outra. [...]. Tentei me perder na minha dor".[115] Ela seria uma escritora bem menos interessante se sempre fosse essa a explicação, como se tivesse de haver uma válvula de escape para as mulheres que vão aos lugares mais atormentados do coração (a virtude violada como a única rota possível de uma mulher para o vício). Roxane Gay encontra-se na fronteira entre um espaço em que o trauma é a única causa de angústia — "veja o que fizeram comigo" — e outro em que, apesar do trauma, manuseando o trauma, pode-se dizer, a mente alça voo — "veja como posso ir longe". Uma mente que não se furta a empregar a paleta psíquica completa, em suas mais berrantes e sangrentas nuances (pense em "facada no coração" com um *twist*).

Um dos contos, talvez o mais perturbador, começa assim: "Meu marido é o caçador. Eu sou a faca". Ela gosta que ele marque seu corpo e sente prazer em esfolar e estripar os animais que ele caça. Muito tempo antes, quando a irmã estava à morte na beira de uma estrada depois que o carro delas foi atingido por um motorista bêbado, ela usou uma faca para retirar o coração que "ele não merecia" e colocou-o dentro do peito da irmã, até que os dois corações "começaram a bater como um só". No final do conto, ela faz o parto do filho da irmã e depois perde o próprio bebê: "Queria poder cortar fora a raiva de meu corpo da mesma maneira que corto tudo o mais".[116]

Tomando emprestado o título do livro de 2018 da psicanalista Jessica Benjamin, as personagens de Roxane Gay estão para "além do agente e do paciente" ou, para ser mais exata, estão nos dois.[117] Elas são violadas, mas também atuantes ao seguir, com energia excepcional e determinação pungente, seu caminho pela vida. Como escritora, Benjamin alterna entre a acuidade da raiva e a desordem criativa de sua mente. No mundo do assédio sexual, a ideia de ficção, ou fabulação, é, como vimos, quase invariavelmente fonte de problemas para as mulheres, como em "ela inventou isso tudo". Roxane Gay está aí para nos lembrar que a ficção, em vez de suspeita ou fraudulenta, é uma ferramenta imaginativa que está no centro desses debates. Pode retratar tanto os danos quanto a liberdade aprendida de um passado miserável. Nas mãos dela, o ato de contar histórias — a própria história, as histórias que inventa — é o lugar em que caminhos impossíveis se encontram.

Vozes trans: Quem você pensa que é?

Em algum momento dos anos 1970, na casa da teórica cinematográfica feminista Laura Mulvey, encontrei-me na companhia de outro ilustre crítico de cinema que havia acabado de voltar a Londres depois do Festival de Berlim. Durante o jantar, ele tinha prazer em nos regalar com histórias das prostitutas transexuais que havia encontrado nas ruas da cidade, dizendo como era difícil "completar" a transação, já que o corpo interpreta a vagina criada cirurgicamente como uma ferida, e tenta fechá-la. Eu não saberia dizer se ele havia seguido adiante, mas seu deleite em contar a história de encontros sexuais que, segundo o relato, só poderiam ser sádicos para o homem e dolorosos para as mulheres envolvidas era repulsivo. Ele estava se vangloriando. Não tenho dúvida de que acreditava apoiar a causa delas. Ele notou minha desaprovação. Por duas vezes recusei quando se ofereceu para encher novamente minha taça com vinho tinto. Diante de sua insistência, pus a mão sobre a taça para me fazer entender. Recusando-se a receber um não como resposta, ele começou a entornar o vinho sobre o dorso da minha mão. Foi o primeiro vislumbre que tive, de longe, daquilo que as pessoas transexuais têm de enfrentar, mesmo partindo de quem supostamente estaria do lado delas.

Apenas alguns poucos anos antes, um dos casos mais célebres de transexualidade no Reino Unido havia aparecido no noticiário. Em 1969, Arthur Corbett, o primeiro marido da famosa mulher transexual April Ashley, pediu anulação do casamento sob a alegação de que, na época da cerimônia, a parte acionada (Ashley) era "uma pessoa do sexo masculino". No decorrer do processo, Corbett — ou "o Honorável Arthur Cameron Corbett", conforme se apresentou a Ashley depois de inicialmente ter usado o pseudônimo "Frank" — identificou-se como frequentador de bordéis masculinos e como *cross-dresser* que, quando se olhava no espelho, jamais gostava do que via: "Você quer que sua fantasia tenha a aparência certa. Eu era totalmente incapaz de ter a aparência certa aos meus olhos". Em seguida, explicou como, desde o primeiro encontro deles no Caprice, ficara fascinado com Ashley. Ela era muito mais do que ele "jamais poderia esperar": "A realidade [...] ultrapassava de longe qualquer fantasia para mim mesmo. Nunca poderia ter considerado isso para mim mesmo".* Demorou algum tempo para que Ashley, juntamente com seus consultores médicos e jurídicos, percebesse o que Corbett estava fazendo (nada menos que nove profissionais médicos apresentaram provas no tribunal). Ele estava, nas palavras dela, retratando o casamento deles como "uma sórdida farsa, uma deliberada zombaria da sociedade moral perpetrada por um casal de queers para sua própria e depravada diversão".[1]

A manobra de Corbett foi bem-sucedida. O casamento foi anulado num processo comumente visto como um retrocesso de décadas na causa de homens e mulheres transexuais. As pessoas transexuais perderam completamente, por mais de trinta anos, o direito de casar. A decisão impedia qualquer alteração na certidão de nascimento, um direito do qual desfrutavam desde 1944 e, com isso, o reconhecimen-

---

* Ao longo de todo este capítulo, usei *"he/she"* [ele/ela] e *"his/her"* [dele/dela] para refletir a identidade pós-transição em vez de *"ze"*, *"sie"*, *"hir"* [elu, elu, delu], conforme preconizado por alguns escritores transexuais e aprovado, por exemplo, pela Faculdade de Artes e Ciências de Harvard para uso pelos alunos em setembro de 2015. Em todos os outros casos, usei *"they"* [que se traduz para o português tanto como "eles" quanto como "elas", ou "elus"], que tem se tornado um uso cada vez mais aceito. Também optei pelo termo mais habitual "transexualidade" em vez de "transexualismo" e "cirurgia de redesignação sexual ou de gênero" em vez de "cirurgia de confirmação de gênero". Exceto quando em citações, evitei "mudança de sexo", que hoje é considerado depreciativo. (N.A.)

to legal de seu gênero. Em 1986, o homem transexual Mark Rees, na primeira contestação dessa sentença, perdeu o processo na Corte Europeia de Direitos Humanos contra o governo do Reino Unido, que havia deixado de reconhecer sua condição masculina, o que implicou perda de privacidade e impediu seu casamento com uma mulher.[2] Foi apenas com a Lei de Reconhecimento de Gênero, de 2004, que introduziu o requerimento de um Certificado de Reconhecimento de Gênero, que a lei foi alterada para permitir que pessoas transexuais se casassem conforme o sexo que escolheram para si. O relatório parlamentar britânico *Transgender Equality* [Igualdade transgênero], de janeiro de 2016, observou que o certificado médico patologiza a transexualidade e "é contrário à dignidade e à autonomia pessoal dos requerentes". Descrevendo-a como pioneira mas ultrapassada, pedia por uma nova mudança na lei.[3] Em 2018, recomendou-se que a lei fosse alterada para tornar o gênero uma questão de autorreconhecimento, uma modificação que provocou intensa controvérsia, a ser discutida mais adiante neste livro. Mas o caso Corbett vs. Corbett por muito tempo projetou sua sombra na compreensão pública a respeito da experiência trans. "Desde o julgamento de Oscar Wilde", comenta April Ashley em seu livro de memórias, *The First Lady* [A primeira dama], de 2006, "uma questão civil não levava a consequências socialmente tão desastrosas."[4]

Para o juiz Ormrod, da Suprema Corte, o processo — "a primeira ocasião em que um tribunal da Inglaterra foi solicitado a decidir o sexo de um indivíduo" — foi simples e direto.[5] Tendo April Ashley sido registrada como menino no nascimento, ela deveria ser perpetuamente tratada como homem. Hipóteses de intersexualidade foram descartadas com base em laudo médico atestando que ela nascera com gônadas, cromossomos e genitália masculina. Apesar do desenvolvimento mínimo na puberdade, da ausência de pelo facial, da formação de um pouco de mamas e daquilo a que April Ashley se referia como "pênis vestigial", devido o seu tamanho diminuto, o juiz também desconsiderou a intersexualidade ou o hermafroditismo. A cirurgia de reconstrução genital total a que se submetera Ashley ou a ocorrência de algum nível de penetração, embora insatisfatório, entre ela e Corbettt não fizeram diferença alguma: "a demandada era fisicamente incapaz de consumar o casamento, já que a relação sexual por uma cavidade toda construída artificialmente nunca poderia se constituir uma verdadeira relação sexual" (aquilo que constituiria uma "verdadeira relação sexual" não está especificado). April Ashley não era, na cabeça dele, uma mulher. Para Ormrod, essa era uma maneira mais correta de formular a questão no que dizia respeito à validade do casamento do que em termos de ela ainda ser ou não um homem. No início, ele havia sido simpático a ela, mas, conforme a audiência avançava, foi ficando cada vez menos persuadido: "Sua aparência exterior, à primeira vista, era convincentemente feminina, mas, num exame mais detido e prolongado no banco das testemunhas, foi muito menos. A voz, os modos, os gestos e a atitude se tornaram cada vez mais reminiscentes de um talentoso imitador de mulheres". Sua feminilidade era um pastiche — nas palavras de uma das testemunhas especialistas, seu "pastiche de feminilidade era convincente" (embora se possa argumentar que um pastiche convincente é uma contradição em termos).[6]

Ainda que o juiz tenha decidido a favor do requerente sob a alegação de que April não podia cumprir o papel de esposa ("o papel essencial de uma mulher no casamento"),[7] é contudo óbvio, pelas declarações de Corbett, que isso nunca foi o que ele tinha em mente. Para Corbett, April Ashley nunca foi um objeto de desejo, mas de inveja. Cobiçava sua liberdade, sua escandalosa violação e encarnação da norma. Ela era alguém que ele queria emular. A formulação de Corbett é precisa. Ashley era sua fantasia, ou seu sonho realizado, a vida que ele mais queria, mas não podia esperar para si mesmo: "A realidade [...] ultrapassava de longe qualquer fantasia para mim mesmo. Nunca poderia ter considerado isso *para mim mesmo*". Ele não *queria* a ela, como no desejo; queria *ser* ela, como na identificação (para a psicanálise, essa é uma distinção básica), ou talvez aquilo apenas como efeito disto. Nesse ponto, sem saber, poderiam vê-lo como prestes a obedecer a uma injunção transexual posterior ou a um conselho transexual mundano. Conforme disse Kate Bornstein, uma das mais celebradas e controversas mulheres transexuais da atualidade, no final do relato de sua complexa (para dizer o mínimo) jornada, *A Queer and Pleasant Danger, A Memoir — The True Story of a Nice Jewish Boy Who Joins the Church of Scientology and Leaves Twelve Years Later to Become the Lovely Lady She Is Today* [Um prazer queer e agradável, memórias: a verdadeira história de um bom rapaz judeu que entra para a igreja da cientologia e parte doze anos depois para se tornar a adorável senhora que é hoje], de 2012: "Nunca transe com ninguém que você não gostaria de ser".[8]

Um dos desafios colocados pelas pessoas transexuais para a imagem generalizada da sexualidade humana é insistir, nas palavras da autora e ativista política Jennifer Finney Boylan, que "não se trata de *com quem você quer estar* na cama, mas *quem você quer ser* na cama" (ela estava explicando a diferença a Michael Cashman, cofundador da Stonewall* ao lado de Ian McKellen).[9] O que, pode-se argumentar, é da esfera do gênero — como a pessoa se vê e gostaria de ser vista. De fato, o termo "gênero" foi usado pela primeira vez para se referir à transexualidade pelo psiquiatra e psicanalista Robert Stoller, poucos meses antes do caso Corbett/Ashley, em seu estudo *Sex and Gender* [Sexo e gênero], de 1968, cujo segundo volume intitulou-se *The Transsexual Experiment* [O experimento transexual]. Para Stoller, gênero era identidade, sexo era prazer genital, e os seres humanos sempre dariam prioridade ao primeiro — muitas pessoas transexuais atualmente dizem o mesmo.[10] Falar de uma "síndrome de disforia de gênero" era, portanto, tão inadequado quanto falar de "uma síndrome de suicídio ou uma síndrome de incesto ou, ainda, uma síndrome de desejo incontrolável de viajar".[11] O caso transexual mais conhecido de Stoller foi Agnes, que conseguiu a cirurgia de redesignação sexual depois de fazer com que Stoller e o colega Harold Garfinkel acreditassem que seu desenvolvimento feminino na puberdade havia sido natural (eles a diagnosticaram com uma rara condição de intersexo em que um corpo aparentemente masculino se feminiliza de forma

---

* Instituição filantrópica britânica que milita pela população LGBTQIA+. Foi batizada em homenagem à Revolta de Stonewall, uma série de manifestações da comunidade LGBT em represália a uma batida policial no bar Stonewall Inn, em Nova York, no dia 28 de junho de 1969. (N.E.)

espontânea na puberdade). Oito anos depois, ela voltou para contar a eles que, desde a puberdade, vinha na verdade tomando regularmente estrógeno receitado para a mãe: "Meu desgosto ao saber disso", escreveu Stoller, "equiparou-se ao quanto achei divertido ela ter dado esse golpe com tamanha habilidade".[12] Stoller sempre foi cuidadoso em reiterar que sua própria categoria de identidade de gênero não era sacrossanta: "Sendo o *gênero* difícil de definir e a *identidade* ainda um desafio para os teóricos, não é preciso insistir na santidade do termo 'identidade de gênero'".[13]

Antes de conhecer April Ashley, Corbett pagava rapazes em bordéis para vesti-lo e masturbá-lo, mas, assim que passou a se encontrar com ela e saber mais sobre sua história pregressa, ele parou. Ela o "curou", fazendo com que, pela primeira vez, ele sentisse que sua vida tinha entrado nos eixos: "Você fez meu pêndulo parar de oscilar". (Ashley explica, prestativa, que Corbett foi criado num mundo de relógios antigos.)[14] Não que as fantasias de Corbett de ser mulher tenham parado por aí. Segundo Ashley, ele tinha outra persona, "vil", que ao longo do relacionamento aparecia em cena regularmente sem avisar — "Ela, que Tem de Ser Obedecida", cuja voz subia de tom, cujas pernas de súbito cruzadas se tornavam terrivelmente exageradas e que acusava Ashley de ser uma vadia: "Uma perversa veemência acusadora surgia em sua voz, a boca se contraía, as nádegas se contorciam entre almofadas".[15] Nada disso é mencionado no tribunal. Há um limite até onde Corbett irá em sua tentativa de pressioná-la (ele levou o caso à justiça principalmente para evitar qualquer obrigação financeira em relação a ela). Corbett é, afinal, um nobre inglês. April Ashley está convencida de ter perdido a causa, ao menos em parte, por esnobismo, pela absoluta afronta de alguém nascida num bairro pobre de Liverpool casar-se na aristocracia.[16]

Ainda que possa ser cruel e ultrapassado, esse caso esclarece uma série de coisas. A mulher ou o homem transexual não são os únicos a representar um papel; ela ou ele não detêm o monopólio da incerteza de gênero; aquilo que faz um casamento está aberto a interpretação e fantasia — para o bem ou para o mal, os casais podem querer trocar de lugar, ser o outro, tanto quanto qualquer outra coisa. Não há rigorosamente nenhum limite para o que duas pessoas podem fazer, ou pedir, uma à outra. Acima de tudo, esse caso talvez sugira que o inimigo de uma pessoa transexual possa ser seu maior rival, enredado na mais profunda identificação inconsciente com quem ele ama odiar, enquanto o aparente amigo, até mesmo o potencial marido, pode ser aquele mais distante de genuinamente se importar, de ter a chance de viver uma vida viável comum. "Nossa vida e nosso corpo", escreve Viviane Namaste na abertura de *Invisible Lives — The Erasure of Transsexual and Transgendered People* [Vidas invisíveis: o apagamento de pessoas transexuais e transgênero], "são forjados em detalhes da vida cotidiana [...], no trivial e rotineiro."[17] Depois da anulação, April Ashley voltou a cair na penúria em que, como muitas mulheres transexuais, passou grande parte da vida (sua sorte flutua violentamente). Tanto Mark Rees quanto Juliet Jacques, autora de uma famosa coluna online no *Guardian* sobre sua transição e do livro de memórias *Trans*, de 2015, entram e saem da fila do seguro-desemprego (o enfileiramento dos desempregados em busca de uma vaga).[18] Antes mesmo do julgamento, a carreira de Ashley como modelo de sucesso teve um fim abrupto quando, em 1961, sua sexualidade foi exposta pela imprensa britânica. Até aquele momento, como muitas pessoas transexuais que almejam passar,* ela vivera com medo "da revelação e da ruína" (nas palavras de Harold Garfinkel, em 1967, um dos primeiros críticos da medicina a tratar com simpatia a transexualidade).[19]

Conforme escreveram Susan Stryker e Aren Z. Aizura na introdução à segunda das suas duas monumentais *Transgender Studies Readers* [Antologias de estudos transgênero], publicadas em 2006 e 2013, contrariando a atual obsessão com os casos mais glamorosos, a maioria das vidas transexuais "não é fabulosa".[20] Em 2013, anunciou-se um índice de desemprego entre as pessoas trans nos Estados Unidos de 14%, o dobro da taxa na população geral; 44% estavam subempregadas, enquanto 15%, em comparação com 4% da população geral, contavam com renda familiar anual inferior a 10 mil dólares.[21] Juliet

---

*O conceito de "passabilidade" de gênero diz respeito a uma pessoa trans ser percebida como cisgênero. (N.T.)

Jacques apresenta dados que mostram que 26% das pessoas trans em Brighton e Hove, na Inglaterra, estavam desempregadas em 2015, e outros 60% ganhavam menos de 10 mil libras por ano. É por isso, inclusive, que tantas pessoas trans, especialmente mulheres, vão para as ruas (para sobreviver materialmente, mas também para levantar dinheiro para a cirurgia). "De repente", escreve Juliet, "entendi por que, historicamente, tantas pessoas trans fizeram trabalho sexual [...]. Comecei a me perguntar se o trabalho sexual seria o único lugar em que pessoas como eu eram realmente *procuradas*."[22]

✳

As pessoas transexuais são brilhantes em contar sua história. O que tem sido parte fundamental de sua batalha cada vez mais bem-sucedida pela aceitação. Mas uma das ironias dessa posição é que a atenção buscada e conquistada nem sempre é em seu benefício, já que o público mais engajado, mais entusiasmado, pode estar à procura de uma pauta própria lasciva ou brutal. Ser visto, no entanto, é essencial. Em qualquer estágio da jornada transexual, ou forma de transição, o ponto crucial é saber se seremos reconhecidos como do outro sexo, que, ao contrário daquele que nos foi designado no nascimento, é o que gostaríamos de ter e ao qual acreditamos pertencer. Alguma coisa tem de ser reconhecida pelo mundo espectador, mesmo que, como também pode ocorrer, a transição não signifique tanto passar de um lado para o outro, mas pairar no espaço entre os dois (nos Estados Unidos, apenas cerca de um quarto das mulheres transgênero fizeram cirurgia genital).[23] Apesar do grande avanço, a transexualidade ainda é tratada como anomalia ou exceção. Embora normalizada, perturba o modo como a maioria das pessoas prefere pensar a respeito de si mesmas e também das outras. Na verdade, nenhum ser humano consegue existir sem reconhecimento. Para sobreviver, precisamos ser vistos. Uma pessoa transexual simplesmente traz essa realidade para a superfície da nossa vida, expondo a violência latente que espreita por trás da verdade banal da nossa dependência de outras pessoas. Afinal, se não posso viver sem você, então, entre outras coisas, você tem o poder de me matar.

Com uma condição material inferior, o índice de agressão física e assassinatos de pessoas transexuais é mais alto do que entre a população geral. Uma pesquisa de 1992, em Londres, indicou que 52% das mulheres trans e 43% dos homens trans foram fisicamente agredidos naquele ano.[24] Uma pesquisa de 1997 conduzida pela Coalizão da Defensoria Pública para Questões de Gênero (GenderPAC, na sigla em inglês) revelou que 60% das pessoas identificadas como transgênero sofreram algum tipo de assédio ou abuso físico (a GenderPAC é um grupo lobista fundado em 1996 pela ativista trans Riki Anne Wilchins com o objetivo de promover "igualdade de gênero, afetiva e racial").[25] Muitos dos participantes do estudo de David Valentine *Imagining Transgender* [Imaginar o transgênero], de 2007, foram assassinados no decorrer da escritura do livro.[26]

Na última década, essa violência pareceu estar em constante crescimento. Nas primeiras sete semanas de 2015, sete mulheres trans foram mortas nos Estados Unidos (em comparação com treze ao longo de todo o ano anterior).[27] Em julho de 2015, na Califórnia, registrou-se o assassinato de duas mulheres trans no período de uma semana.[28] Em junho de 2019, a Associação Médica Americana descreveu a violência contra pessoas transgênero como uma epidemia.[29] Nos Estados Unidos, apenas 22 estados têm leis de proteção a trabalhadores transgênero, e foi somente em 2014 que o Departamento de Justiça começou a adotar a posição de que a discriminação com base em identidade de gênero, inclusive transgênero, constitui uma discriminação prevista na Lei dos Direitos Civis.[30] O relatório britânico *Transgender Equality*, de 2016, observou as graves consequências dos altos níveis de preconceito sofrido cotidianamente por pessoas trans até mesmo na prestação de serviços públicos. Metade dos jovens trans e um terço dos adultos trans tentam o suicídio. O relatório destacou a morte, em custódia, de duas mulheres trans, Vicky Thompson e Joanne Latham, além do caso de Tara Hudson, uma mulher trans que foi colocada em uma prisão masculina, como "exemplo particularmente gritante" (com a pressão pública, Tara foi transferida para um presídio feminino). Stephen Whittle, coeditor da primeira *Transgender Studies Reader*, foi conselheiro especial desse comitê. No final de *First Lady*, April Ashley também credita a ele recentes alterações na lei.

"O trabalho intelectual" dos estudos transgênero, escreve Susan Stryker na introdução à coletânea, "está intimamente conectado com os esforços sociopolíticos, sendo por eles profundamente motivado, para conter a onda de violência contra os transgêneros e salvar vidas transgênero".[31] "Eu vi", diz Juliet Jacques em *Trans — A memoir* [*Trans: memórias*], "que, para muitas pessoas ao redor do mundo, expressar-se como desejariam significava correr o risco de morrer."[32] Na dedicatória do livro de Viviane Namaste, lê-se: "Aos transexuais que não sobreviveram". No momento atual, o alcance e a insistência dessas vozes têm cada vez mais importância. Nos Estados Unidos, a violência contra pessoas transgênero estava fadada, é claro, a se intensificar sob Trump, que sistematicamente faz dos homens e das mulheres trans alvos de ódio. Um de seus primeiros atos foi bani-los das Forças Armadas (após derrubar uma contestação judicial, a política teve início em junho de 2019).[33] Ele revogou as proteções para pessoas transgênero em escolas públicas, o que significa que elas agora podem ser obrigadas a usar banheiros que correspondam ao gênero que lhes foi designado no nascimento.[34] Propôs definir gênero legalmente como masculino ou feminino e determinado no nascimento, o que efetivamente define todo transgênero como não existente. O plano é inserir essas restrições no Título IX, a lei federal de direitos civis que impede a discriminação na educação, o que tornaria impossível usar a lei para combater a discriminação contra pessoas transgênero (como vimos no capítulo anterior, o Título IX desempenhou um papel importante na luta contra o assédio sexual).[35]

Em 2007, Kellie Telesford, uma mulher trans de Trinidad e Tobago, foi morta em Thornton Heath, no sul de Londres. Shanniel Hyatt, de dezoito anos, foi absolvido da acusação de assassinato sob a alegação de que ela pode ter morrido como consequência de um jogo sexual consensual que não correu bem, ou ter infligido a si mesma as lesões fatais (não fica claro como teria conseguido fazer isso, já que foi estrangulada com uma echarpe). Conforme aponta Juliet Jacques em *Trans*, a manchete do *Sun* — "Traveca morta em confusão sexual" —

prevê a defesa por "pânico de transexual", segundo a qual se uma pessoa deixa de declarar que é trans antes do encontro sexual, ela então é responsável por qualquer coisa que aconteça depois (o choque de tal descoberta é o famoso eixo em torno do qual gira o filme *Mona Lisa*, de 1986).[36] O assassinato, é o que isso sugere, seria a resposta lógica a uma revelação transexual inesperada. "Esses momentos", escreve Juliet, "em que os homens sentem atração por nós quando 'passamos' e logo sentem repulsa quando não 'passamos' são os mais assustadores [...], tudo pode acontecer."[37] "Ela esperava evitar as piores possibilidades de sua nova vida", observa o narrador de *Tiny Pieces of Skull* [Pequenos pedaços de crânio], romance de Roz Kaveney, depois de um encontro particularmente terrível entre a personagem principal trans, Annabelle, e um policial com uma faca.[38] (O romance, escrito nos anos 1980, mas publicado somente em 2015, é baseado na vida pós-transição de Roz em Chicago, na década de 1970.) Na verdade, não importa o que tenha sido dito no tribunal, não temos como saber se o assassino de Kellie Telesford estava ciente de que ela era trans, se a identidade dela pode ter sido ambígua, se — como no caso Corbett — não foi de fato esse o atrativo. De qualquer maneira, o "pânico de transexual" sugere que o confronto com uma mulher trans é algo a que não se pode esperar que o homem médio sobreviva. Os danos a ele ultrapassam, anulam a morte delas. Para não falar na suposição tácita de que contrariar, por qualquer motivo, um homem excitado — interromper subitamente seu corpo — é uma ofensa mortal.

Que Kellie fosse uma mulher não branca é crucial também. Se as pessoas trans são desproporcionalmente alvo de assassinatos, transexuais não brancos englobam de longe o maior número de vítimas — as sete mulheres trans mortas nos Estados Unidos nas sete primeiras semanas de 2015 eram todas mulheres não brancas.[39] Quando, na assembleia anual de 2019, a Associação Médica Americana adotou um plano para ampliar a conscientização a respeito da violência contra pessoas transgênero, chamou-se a atenção especialmente para os acentuados riscos físicos que as pessoas transgênero não brancas enfrentam.[40] Aqueles que hoje lutam pela liberdade transexual estão cada vez mais dispostos a abordar esse fator racial (como antes as feministas, que, a princípio, da mesma forma, ignoraram a discriminação racial) — em nome da igualdade e da justiça social, mas também para contestar o pressuposto de que a transexualidade é um fenômeno isolado, insólito, em si e por si para além da resistência humana. É um paradoxo do apelo transexual pela emancipação que, quanto mais se tornam visíveis, mais parecem estimular, tanto quanto uma maior aceitação, um ódio particularmente assassino. "Sei que as pessoas têm de conhecer a vida de outras pessoas para se tornarem mais tolerantes", escreve Jayne County em seu livro de 1995, *Man Enough to Be a Woman* [Homem o suficiente para ser mulher] (uma das principais inspirações para Juliet Jacques), mas "isso às vezes faz com que o fanatismo piore. Quanto mais as pessoas hétero sabem a nosso respeito, mais têm o que odiar".[41]

As feministas sempre tiveram que confrontar a violência que expõem e que — ao expor — provocam, mas, no caso da pessoa transexual, parece haver um pavio ainda mais curto entre o momento progressista e o revide virulento, esmagador. É um mito, ainda que um dos mais potentes do liberalismo, que conhecer — encontrar-se face a face com algo ou alguém fora do seu quadro usual de referências — é o primeiro passo para o entendimento. O que distingue o homem ou a mulher transexual, escreve a psicanalista Patricia Gherovici em *Please Select Your Gender* [Escolha seu gênero], seu estudo de pacientes transexuais, é que "a distância quase infinita entre uma face e outra será percorrida por uma única pessoa" (um espaço de diferença e alteridade reconhecidas que é normalmente sacrossanto, por maior que seja a proximidade entre duas pessoas).[42] Talvez seja esse o verdadeiro escândalo. Não cruzar a linha de gênero — embora seja escândalo suficiente —, mas borrar os limites psíquicos e físicos, colocar nessa íntima proximidade partes da mente e diferentes formas de corporalização humana, coisa que as pessoas não trans têm o luxo de acreditar poder manter separadamente com toda a segurança.

✳

Trans não é uma coisa única. Ainda que a transição seja a versão mais usual na mente do público — a opção Caitlyn Jenner, digamos —, há outros tantos transexuais que não escolhem esse caminho. Além de transição ("de A para B") e transicional ("entre A e B"), trans também pode significar "tanto A quanto B" ou "nem A nem B", isto é, "transcendendo" os dois, como acima de ou num reino diferente de ambos. Como disse Jan Morris em *Conundrum* [Dilema], de 1974: "Não há homem nem mulher [...]. Transcenderei ambos".[43] Mas nem isso é tudo. Uma vez que a transexualidade esteja agrupada na categoria mais ampla de transgênero — assim como, por exemplo, nas *Transgender Studies Readers* —, então parece não haver limites. Como se um dos maiores prazeres de escapar à norma fosse a liberdade de empilhar as categorias umas sobre as outras, como na fantástica taxonomia borgiana do reino animal com a qual Michel Foucault abre *As palavras e as coisas* (de ordem historicamente cambiante) ou nos catecismos de "Ítaca", em *Ulysses*, de James Joyce, cujas intermináveis listas ultrapassam com obstinação a capacidade da mente de manter qualquer coisa em seu devido lugar. Numa oficina chamada Desafio Binário, no seminário da True Colors de 2015, um evento anual para a juventude gay e transgênero na Universidade de Connecticut, elencou-se o seguinte na lousa: não binário, gênero queer, bigênero, trigênero, agênero, intergênero, pangênero, neutro, terceiro gênero, andrógino, dois espíritos, gênero de cunhagem própria, gênero fluido (as variantes aumentaram exponencialmente desde então).[44] Em 2011, a revista científica nova-iorquina *Psychoanalytic Dialogues* publicou uma edição especial sobre subjetividades transgênero. "Nestas páginas", diz a psicanalista Virginia Goldner na nota editorial, "você encontrará pessoas que seriam caracterizadas e reconheceriam a si mesmas como uma — ou algumas — das alternativas a seguir: uma menina *e* um menino, um menino *em um* menino, um menino que é menina, uma menina que é um menino vestido de menina, uma menina que tem de ser menino para ser menina."[45] "Estamos lidando", explica Susan Stryker, com "uma efusão heteroglóssica de posições de gênero a partir das quais se fala."[46]

Não são essas, no entanto, as versões de trans que viram notícia. Ao final de sua sessão de fotos com Annie Leibovitz, Caitlyn Jenner olhou para a medalha de ouro que havia ganhado como Bruce Jenner no decatlo, nas Olimpíadas de 1976, e comentou, conforme "os olhos se avermelhavam e a voz abrandava": "Foi um belo dia. Mas estes últimos dias foram melhores".[47] É como se — mesmo levando em conta a comoção adicional injetada por Buzz Bissinger, que escreveu o famoso artigo sobre Jenner para a *Vanity Fair* — a sessão fotográfica, mais do que os hormônios ou a cirurgia, fosse o ponto culminante do processo (embora a própria Annie Leibovitz insista que as fotos eram secundárias ao projeto de ajudar Caitlyn a "emergir").[48] "O que acontece", pergunta Juliet Jacques com relação a toda a modalidade "antes" e "depois" da fotografia transexual, "quando a câmera vai embora?".[49] Não pela primeira vez, a imagem visual perfeita, estática — ao contrário da câmera permanentemente ligada da interminável saga televisiva dos Kardashian —, encontra-se sob a instrução de parar o mundo e, ainda que por uma fração de segundo, fazê-lo parecer seguro (como a resposta a uma prece). O espectador não transexual pode, então, refestelar-se no poder de conferir reconhecimento à recém-reivindicada identidade de gênero, ou não. O poder é real: aplausos regados a crueldade. É a premissa — você é do sexo masculino ou feminino — que está errada. Tem havido muita crítica, frequentemente maldosa, a Jenner por se enfeitar com as mais estereotipadas e extravagantes armadilhas da feminilidade. Mas seu desejo não teria sentido se não encontrasse reciprocidade em todo um mundo febril lá fora correndo para classificar os seres humanos segundo o modo mais ordenado possível de compartimentá-los em espaços considerados adequados a esse ou aquele gênero. Essa é a violência coerciva de generificação — e Susan Stryker não está sozinha em salientar —, que consiste na condição fundadora da subjetividade humana.[50] Uma forma de conhecimento que, conforme Harold Garfinkel já descreveu nos anos 1960, encaminha-se para dentro do léxico cultural inconsciente "sem nem mesmo ser notada" como "uma questão de fatos objetivos, institucionalizados, ou seja, morais".[51] No século 21, essa visão provou-se tão difundida como sempre. Ao escrever para o *Evening Standard*, em 2015, Melanie McDonagh lamentou a relativa facilidade de "mudança de sexo" que via a seu redor: "A identidade menino-menina é a que mais nos molda [...], a mais fundamental [...], o aspecto mais básico da nossa individualidade".[52] Seu artigo intitulava-se "Changing

Sex Is Not to Be Done Just on a Whim" [A mudança de sexo não é para ser feita apenas por um capricho]. Um capricho? Ela obviamente não conversou com nenhuma pessoa transexual nem leu uma única palavra do que escreveram. Ian McEwan, igualmente, comentou com ironia a decisão pela transição: "O eu, como um objeto de desejo do consumidor, pode ser sacado das prateleiras de um supermercado de identidade pessoal, um pretinho básico pronto para vestir" — pelo que foi duramente criticado, e com razão (depois se desculpou).[53]

Em sua série televisiva *I Am Cait*, Caitlyn Jenner dispôs-se a estender a mão a mulheres e homens transexuais que não usufruem dos mesmos privilégios materiais que os seus. Fez questão de dar espaço para transexuais pertencentes a minorias, como Zeam Porter, que enfrenta dupla discriminação, como pessoa negra e trans — embora seja Laverne Cox, da série *Orange Is the New Black*, quem realmente assumiu a função de apresentar ao mundo o que significa ser uma mulher transexual negra e encarcerada. Laverne também insistiu que, mesmo agora, quando tinha o dinheiro, não faria cirurgia para feminizar o rosto — a cirurgia facial de Jenner durou dez horas e levou-a à sua única crise de pânico: "O que foi que acabei de fazer? O que foi que acabei de fazer comigo?".[54] Mas, quando confrontada com Kate Bornstein exortando-a a "aceitar a condição de aberração", Jenner parece espantada (conforme ressaltou um comentarista, Kate usou a palavra "aberração" seis vezes numa entrevista de três minutos). Não foi um verdadeiro encontro de mentes. Assim como Susan Stryker, Kate Bornstein acredita que a estranheza de ser transexual, a ameaça representada para aqueles que veem isso com ou sem simpatia, seja toda a questão. Compare as impecáveis imagens no "estilo painel de inspirações" hollywoodianas de Jenner difundidas pelo mundo — "estilo painel de inspirações", expressão usada pelo estilista na sessão de fotos, refere-se a uma colagem de imagens utilizada em produções para obter a sensação ou o ritmo certo — [55] com esta imagem de Susan, de 1994, talvez em seu mais famoso testemunho ou performance, acolhendo a monstruosidade através da analogia entre si mesma e a criatura de Frankenstein: "O corpo transexual é um corpo antinatural. É produto da ciência médica. É uma construção tecnológica. É a carne sendo rasgada e novamente costurada numa forma diferente daquela com que nasceu". Susan Stryker estava na tribuna vestindo o que chama de "traje *Genderfuck*":

> coturnos, calça Levi's 501 surrada sobre um collant de renda preta, uma camiseta rasgada da Transgender Nation com gola e mangas cortadas, um pingente triangular de cristal de quartzo rosa, acessórios *grunge* de metal e um anzol de marlim de quinze centímetros de comprimento pendurado no meu pescoço numa pesada corrente de aço inoxidável. Decorei o cenário colocando minha jaqueta de motoqueiro de couro preto na minha cadeira à mesa dos palestrantes. A jaqueta tinha algemas no ombro esquerdo, anéis da liberdade com as cores do arco-íris nas costuras do lado direito e adesivos ao estilo Queer Nation* com os dizeres MUDANÇA DE SEXO, SAPATÃO e FODA-SE A SUA TRANSFOBIA colados às costas.[56]

Ela estava — está — falando totalmente a sério. É o mito do natural, para todos nós, o que ela tem em vista. Este é o seu merecidamente renomado momento de exortação, insuperável em relação a qualquer coisa que eu já tenha lido:

> Escutem-me, meus semelhantes. Eu, que habitei uma forma sem correspondência com meu desejo; eu, cuja carne tornou-se um agrupamento de partes anatômicas incongruentes; eu, que alcanço a similitude de um corpo natural somente através de um processo antinatural, faço-lhes esta advertência: a Natureza com que me atormentam é uma mentira. Não confiem nela para se protegerem daquilo que represento, pois se trata de uma fabulação que mascara a ausência de fundamentos do privilégio que vocês buscam manter para si mesmos à minha custa. Vocês são tão fabricados quanto eu; o mesmo Útero anárquico deu à luz tanto a mim quanto a vocês. Peço-lhes que investiguem sua própria natureza assim como fui compelida a confrontar a minha. Desafio-os a se arriscarem à abjeção e a florescerem tão bem quanto floresci. Prestem atenção em minhas palavras, e bem poderão descobrir as costuras e suturas em si mesmos.[57]

* Organização ativista LGBTQIA+ sediada em Nova York. (N.E.)

Para a maioria das pessoas transexuais que fizeram a cirurgia, a acusação de mutilação corporal é um insulto decorrente de puro preconceito. É verdade que, sem a tecnologia médica, nada disso seria possível. É também verdadeiro dizer que a necessidade, a extensão e a dor da intervenção médica exercem uma pressão sobre o argumento de que a mulher ou o homem transexual estão simplesmente voltando para seu lugar naturalmente ordenado — sendo o cirurgião o agente da natureza que restaura o que a natureza estava destinada a ser ali desde o início.[58] A transição médica de Roz Kaveney, por exemplo, durou dois anos, envolveu 25 anestesias gerais, um ganho de peso de mais de sessenta quilos, tromboses, mais de uma hemorragia grave, fístulas e infecções. Quase não sobreviveu, mas nada disso a impediu de conduzir, como mulher transexual, uma das mais produtivas vidas militantes.[59]

Em 1931, Lili Elbe — uma reconhecida pintora dinamarquesa sob seu antigo nome, Einar Magnus Andreas Wegener — morreu depois de um transplante de útero malsucedido (o filme *A garota dinamarquesa* muda esse evento, com sentimentalismo, para a cirurgia anterior, a de criação de uma vagina, de forma que ela morresse tendo realizado o seu sonho). Quando conheci April Ashley em Oxford, no início dos anos 1970 — ela estava em meio ao interrogatório, e Oxford era uma espécie de refúgio —, ela expressou tristeza por jamais poder ser mãe. Nesse aspecto, os homens transexuais foram mais longe. Em 2007, Thomas Beatie, tendo mantido os órgãos reprodutivos femininos na transição, engravidou de trigêmeos por meio de inseminação artificial. Perdeu a gravidez depois de complicações que colocaram sua vida em risco, mas, desde então, deu à luz três crianças. Em 2018, depois de interromper o tratamento com testosterona, Freddy McConnell deu à luz após conceber com esperma de doador. Um ano mais tarde, ele perdeu o recurso na Divisão Administrativa e de Família do Tribunal Superior do Reino Unido para ser registrado como pai do bebê. Na primeira definição legal de mãe no direito consuetudinário inglês, Sir Andrew McFarlane julgou que a condição maternal, ao contrário da identidade de gênero, deriva do processo físico e biológico de dar à luz e que, independentemente do potencial prejuízo ao indivíduo e de qualquer violação ao seu direito à privacidade, McConnell tinha de ser registrado como mãe do bebê. (O termo "parent"* não era uma opção, já que é usado legalmente para se referir à parceira de uma mãe biológica.) Freddy McConnell reduziu a maternidade à biologia e fez disso o caso limite da experiência trans:

> A principal conclusão no centro desse amplo julgamento pode ser expressa em poucas palavras. Trata-se de haver uma diferença material entre o gênero de uma pessoa e sua condição de pai ou mãe. Ser "mãe", ainda que até o momento seja associado a pertencer ao sexo feminino, é a condição assegurada a uma pessoa que passa pelo processo físico e biológico de conduzir uma gravidez e dar à luz. É hoje clínica e legalmente possível que um indivíduo cujo gênero seja reconhecido pela lei como masculino engravide e dê à luz seu bebê. Embora o gênero dessa pessoa seja "masculino", sua condição parental é de "mãe".[60]

Um julgamento anterior, já citado no relatório de McFarlane, declarou que "o interesse público em ter sistemas administrativos coerentes era uma consideração importante".[61] Na outra ponta do espectro, o tribunal anulou a decisão de recusar a uma mulher transgênero qualquer contato com as crianças das quais havia sido pai enquanto vivia como homem, sob a alegação de que isso faria com que elas ficassem marginalizadas na comunidade judaica em que estavam inseridas.[62]

Para Susan Stryker, quaisquer dessas tentativas de alinhar o corpo trans com a lei têm muito pouco sentido (não consigo imaginá-la nem perto de um tribunal de justiça sobre essas questões). Na visão dela, a mutilação é ao mesmo tempo uma medalha de honra e uma contraposição ao mito da natureza em estado puro. Não existe corpo sem debilitação e dor. Somos todos feitos de pequenas partes infinitamente permutáveis que às vezes — em geral, não — de fato se alinham umas com as outras. Estamos sempre ajustando, manipulando, aperfeiçoando, às vezes danificando (de vez em quando aperfeiçoando *e*

---

* Em inglês, o termo "parent" serve genericamente para designar tanto o pai quanto a mãe. (N.T.)

danificando) a nós mesmos. Hoje as mulheres não trans, à mercê da indústria cosmética, cada vez mais se submetem a intervenções cirúrgicas para se parecerem com a mulher que acreditam que deveriam ser, uma imagem sem a qual sentem não ter nenhum valor (uma vez que a natureza é equiparada à juventude, isso também transforma o processo natural do envelhecimento numa espécie de aberração). "Vi mulheres se *mutilarem* para tentar corresponder a esse padrão", diz Melissa, mãe de Skylar, um jovem de dezesseis anos de New Haven cuja história foi contada por Margaret Talbot na *Vanity Fair* em 2015. Skylar passou por uma "*top surgery*" (mastectomia), com a permissão dos pais, aos dezesseis anos de idade.[63] Shakespeare descreveu o homem como um ser de "farrapos e remendos" (o rei em *Hamlet*); Freud, como um "Deus postiço"; Donna Haraway, em nossos tempos, como um ciborgue (Donna aparece na primeira *Transgender Reader*). Por mais desagradável que possa parecer à primeira vista, a visão de Susan Stryker é, na verdade, a mais inclusiva. Entre no meu mundo: "Desafio-os a se arriscarem à abjeção e a florescerem tão bem quanto floresci". Aquilo que se repudiaria com mais violência é uma parte inerente e potencialmente criativa do eu.

✳

A imagem do mundo transexual como um tipo de igreja aberta, que inclui a todos os que chegarem, todas as variantes das possibilidades de sexo, é, portanto, enganosa. Há fortes divergências entre os que veem a transição como um meio, o único meio, para a verdadeira corporalização, e os que acham que a transexualidade coloca todas as categorias sexuais de ponta-cabeça. Para aqueles, o objetivo é a integridade corporal e psíquica que foi frustrada desde o nascimento: "A história de Lili Elbe", escreve Niels Hoyer, "é, acima de tudo, uma história humana, e cada passo em falso que dá é um despertar do próprio eu... [ela] estava disposta a fazer o derradeiro sacrifício para se tornar a pessoa que era por dentro". (Hoyer é o editor dos diários e notas da própria Lili, e não se deve confundi-los com o medonho romance de David Ebershoff no qual o recente filme se baseou.)[64] Jan Morris define sua transição como uma jornada para a identidade: "Eu tinha alcançado a identidade"; April Ashley fala de seu desejo de "ser inteira" e de seu "grande senso de finalidade para fazer as coisas certas, para fazer tudo direito";[65] Chelsea Manning escreve sobre "fazer a transição física para a mulher que sempre fui".[66] Esses relatos parecem ser aqueles que chegam mais facilmente aos olhos do público, como se um mundo em choque pudesse expirar numa espécie de suspiro coletivo de alívio ("pelo menos isso, então, está claro").

Para aqueles que, por outro lado, veem o mundo trans como um desafio a qualquer clareza, a última coisa que a transexualidade deveria fazer seria se declarar como resposta à própria pergunta ou fingir que o mundo foi ou poderia alguma vez ser restaurado. Trata-se apenas de uma mera ilusão normativa altamente exacerbada por uma ordem neoliberal que hoje praticamente cobre a Terra — um pouco como a cientologia, da qual Kate Bornstein foi forte apoiadora durante o que poderíamos chamar de seus anos de formação. A cientologia, conta-nos Bornstein, "pretende eliminar toda dor e sofrimento que já sentimos nesta e em todas as outras vidas".[67] É também um tipo de estado de vigilância dirigido à dominação do mundo que impõe uma completa falta de sigilo ou privacidade a seus membros (impávido contato visual obrigatório em qualquer conversa) e que, é claro, jogou Kate Bornstein em um deserto como uma "pessoa repressiva" assim que sua sexualidade ambígua foi revelada. E isso apesar de, segundo a cientologia, cada ser humano conter em si um *thetan* — o espírito da pessoa, que não está separado do corpo como, digamos, no cristianismo, mas incorporado a ele. Fundamentalmente, os *thetans* não têm gênero. A transexualidade de Kate, portanto, não apenas se deve aos cientologistas (algo que ela, de fato, reconhece), mas também é sua escapatória.

Para Kate Bornstein, assim como para Susan Stryker, a transexualidade é uma confusão infinita de línguas. Nenhuma delas chega a lugar algum. Para Jay Prosser, por outro lado, o homem ou a mulher transexual estão envoltos em seu novo corpo como uma segunda pele (seu livro de 1998, um dos mais amplamente difundidos e debatidos sobre o tema, tem o título de *Second Skins — The Body Narratives of Transsexuality* [Segundas peles: as narrativas corporais da transexualidade]). Conforme ele descreve na primeira página, duas semanas depois de terminar um ciclo de tratamento maciço com testosterona, ele começou a viver em tempo integral como homem, com os "documentos todos alterados para refletir uma condição nova, inequívoca". De fato, Prosser está mais do que habituado às ambiguidades da identidade sexual. Sabe que a transição, ainda que real, é implantada por meio da ficção, que é através da arte de criar histórias que as pessoas transexuais se encaminham para a resolução que procuram (daí as "narrativas corporais" do título, narrativas que, na análise dele, não rastreiam senão as complexidades do ser sexual assumidas e cumpridas pelo gênero). Até por estar tão imerso no pensamento psicanalítico, ele compreende o quanto o ser sexual — na pele e no sangue — mergulha fundo nas raízes daquilo que somos. A transição é testemunho do fato a um só tempo alterável e não negociável da diferença sexual: "Nos relatos transexuais", escreve, "a transição não desloca o sujeito para longe da corporalização da diferença sexual, mas sim mais plenamente para dentro dela".[68] É por essa razão que, para alguns, a transexualidade, ou essa versão de transexualidade, é conservadora, o que reforça o binarismo do qual todos nós — trans e não trans — sofremos. Freud, por exemplo, descreveu o longo e tortuoso caminho em direção à suposta feminilidade normal para a menina — originalmente bissexual, desenfreadamente energizada por estar em toda parte — como nada menos que uma catástrofe (é preciso admitir que essa não é a versão da sexualidade feminina pela qual ele é mais conhecido).

Já para Prosser, mover-se de A para B ou é uma forma definitiva e conclusiva de automodelagem ou não é nada. Na edição especial da *Psychoanalytic Dialogues* sobre subjetividades transexuais, Melanie Suchet recorre a Prosser em sua análise de Raphael, um homem transexual que explica: "Menino tem de estar escrito no corpo" — uma ideia que ela luta para aceitar. Ela precisa sair do seu posicionamento de origem, segundo o qual a ambiguidade sexual deveria ser sustentável sem nenhuma necessidade de mudança no corpo ("Crossing Over" [Mudança de lado], o título de seu ensaio, refere-se tanto à jornada dela quanto à dele).[69] Prosser fala de "restauração" do corpo.[70] Observe como "restauração" se articula com o mantra "nascido no corpo errado", que, embora seja profundamente sentido por muitas pessoas transexuais, é também em parte fruto de uma prática médica que, por muito tempo, não aceitaria nada menos que isso como base para uma intervenção hormonal ou cirúrgica. Na década de 1960, o perfil dos candidatos à transição médica encontrava-se estranhamente em harmonia com o compêndio, então definitivo, de Harry Benjamin sobre o assunto — estranhamente, bem entendido, até que se percebeu que todos estavam lendo o compêndio e ajustando os próprios discursos.[71]

Mas, se o anseio é pela restauração, pela condição alcançada, pelo fim da ambivalência, então as infinitas variedades da identidade transgênero — que o relatório britânico *Transgender Equality* admitiu não conseguir acompanhar — são de certa maneira um embuste, ou pelo menos uma cortina de fumaça a encobrir a materialidade de um corpo no doloroso auge da transição. Um ano depois de seu livro ser publicado, Prosser escreveu uma retratação criticando sua própria equação de corpo, referente e real, e dando muito mais espaço à irredutível, até mesmo indizível, agonia da transição. Mas a matéria viva do argumento permanece, ainda que agora traumatizada e marcada.[72] Em um movimento cuja violência retórica estava mais do que pronto a reconhecer, Prosser sugeriu, em *Second Skins*, que endossar a performatividade do trans, aliás trans *como* performatividade (ou seja, trans como algo que expõe o gênero como uma farsa para todo mundo), beira a "perversidade crítica". Judith Butler era o alvo principal, acusada de celebrar como transgressiva a condição incerta, em suspensão, que, conforme testemunham Kellie Telesford, Juliet Jacques e Roz Kaveney, coloca a vida das pessoas transexuais em risco.[73] Há outra distinção operando aqui, um tipo de divisão emocional do trabalho entre regozijo e dor, impetuosidade e pavor, prazer ou perigo (embora estes dois últimos tenham sido reunidos, a saber, na antologia feminista *Pleasure* and *Danger* [Prazer *e* perigo], de 1984, que argumentou em favor de um engajamento feminista não censurador com o sexo).[74] Ou, dito de outra maneira, de acordo com essa lógica, "queers não podem morrer e transexuais não podem rir" — fórmula retirada de um comentário sobre o trabalho da artista de cabaré transgênero Nina Arsenault, que, enquanto molda a si mesma como uma boneca Barbie, consegue cobrir todas as opções, atuando tanto como verdadeira quanto falsa.[75] Não há distâncias que Arsenault não tenha percorrido, procedimentos a que não tenha se submetido, para criar-se como mulher, mas ela fez isso não tanto para corporalizar a feminilidade, mas para expô-la, para levá-la diretamente ao limite. Daí sua paródia de Pamela Anderson (que já é claramente uma paródia de si mesma): uma "imitação de uma imitação de uma ideia de mulher. Uma imagem que nunca existiu na natureza".[76]

✳

A questão da corporalização traz consigo outra. Será que uma mulher ou um homem, em sua nova identidade, contam como reais? Fico genuinamente perplexa quanto à capacidade de alguém acreditar ser qualificado para legislar sobre a realidade, ou não, de qualquer outra pessoa sem se arrogar autoridade divina (ou coisa pior). "Uma vez que você decide que a vida de algumas pessoas não é real", diz Juliet Jacques citando Roz Kaveney, "passa a ser normal abusar delas."[77] Colocar mulheres e homens "reais" acima de trans "farsantes" é um convite à violência. Em seu artigo de 2020 sobre a política de gênero dos pronomes, Amia Srinivasan cita a filósofa Talia Mae Bettcher a respeito da "imposição da realidade" que pode vir a seguir: exposições humilhantes do "verdadeiro" sexo de nascimento, ou revistas corporais e estupro.[78] Em 1979, Janice Raymond declarou em *The Transsexual Empire — The Making of the She-Male* [O império transexual: a construção da *she-male*]* que mulheres transexuais são fraudes (sobre essa questão, homens trans parecem representar um problema menor, embora a transição cirúrgica seja bem mais difícil no caso deles). Elas deveriam, portanto, ser banidas de espaços exclusivos para mulheres, já que esses são ambientes que, depois de séculos de opressão masculina, as feministas lutaram para criar para si próprias. No linguajar de hoje, Janice foi a primeira

---

* "She-male" ou "shemale" é um termo da língua inglesa que data de meados do século 19 como um coloquialismo para "female" e que atualmente costuma ter conotação pejorativa para se referir a travestis ou mulheres trans que ainda mantêm a genitália masculina. Trata-se de um termo especialmente usado na indústria pornográfica. (N.T.)

feminista radical transexcludente (*trans-exclusionary radical feminist*, TERF), termo usado por algumas pessoas transexuais e pelas feministas que se opõem à posição dela). Para Janice Raymond, as mulheres transexuais são o patriarcado escrito em letras garrafais, a pior encarnação de um poder fálico disposto a recorrer a qualquer coisa que seja para se realizar — daí o "*império* transexual". Embora tenha certeza de que não era essa a intenção, sempre achei esse argumento extremamente útil para explicar aos alunos a diferença, na verdade o abismo, entre falo e pênis, já que, segundo essa lógica, a autoridade e a estatura daquele pareceria exigir a remoção cirúrgica deste. Ou, nas palavras de Juliet Jacques, "a simultânea caracterização das mulheres trans como irrefletidas apoiadoras dos papéis masculinos *e* com consciência política suficiente para convencer calejadas feministas a admiti-las é uma baderna teórica, e cada pensador crítico que deixou isso passar — e muitos deixaram — deveria estar absolutamente envergonhado".[79]

Janice Raymond não era alguém sem nenhuma influência. Em 1980, foi convidada pelo Centro Nacional de Tecnologia para Serviços de Saúde dos Estados Unidos para redigir um artigo a respeito dos aspectos sociais e éticos da cirurgia transexual, ao qual se seguiu a eliminação do auxílio federal e estadual para mulheres e homens indigentes e encarcerados (Janice negou que seu artigo tivesse desempenhado qualquer papel nessa decisão).[80] Um ano depois, o Medicare* interrompeu a cobertura para redesignação sexual, uma regulamentação que só foi derrubada em maio de 2014. Isso não impediu que o senado estadual de Dakota do Sul aprovasse um projeto de lei, em fevereiro de 2016, que obrigava estudantes transgênero a usar vestiários e banheiros que correspondessem ao sexo que lhes foi atribuído no nascimento, sob a alegação de que a presença de mulheres transexuais nos banheiros femininos constituía um perigo para as mulheres. Essa decisão ignora completamente que as mulheres trans forçadas a usar banheiros e vestiários masculinos é que estão mais sujeitas a agressão sexual. Uma legislação semelhante — conhecida como Lei do Banheiro — foi proposta nos estados do Arizona, Illinois, Kansas, Kentucky, Massachu-

---

* Programa de assistência médica do governo federal americano. (N.T.)

setts, Minnesota, Mississippi, Missouri, Carolina do Sul, Tennessee e Texas. Numa vitória parcial contra essa tendência, a Carolina do Norte chegou a um acordo em que pessoas transgênero não poderiam ser impedidas de usar as instalações que correspondessem ao seu gênero.

No Reino Unido, Germaine Greer talvez tenha sido a mais conhecida defensora dessa posição, ou de uma versão dela. Ela descreveu manifestamente as mulheres transexuais como "damas da pantomima" e teve de pedir demissão do Newnham College, em Cambridge, em alguma medida como decorrência disso (depois de se opor à indicação da transgênero Rachael Padman para uma bolsa de pesquisa da faculdade exclusiva para mulheres), sendo agora objeto de uma campanha de boicote estudantil a qualquer palanque seu.[81] "O que estão dizendo", reagiu Greer quando a questão reapareceu, em novembro de 2015, "é que, por não acreditar que a cirurgia vá transformar um homem numa mulher, eu não deveria ter permissão para falar em lugar nenhum."[82] Ela está sendo pouco sincera. Esta é Germaine Greer em 1989, uma citação gentilmente cedida por Paris Lees, hoje uma das mais eloquentes ativistas do Reino Unido:

> No dia em que *The Female Eunuch* [A mulher eunuco] foi lançado nos Estados Unidos, uma pessoa em tecidos esvoaçantes correu até mim e apanhou minha mão. "Muito obrigada por tudo o que você fez por nós, meninas!" Sorri, acenei com a cabeça e dei um passo para trás, tentando desvencilhar minha mão daquela pata enorme, nodosa, peluda, cheia de anéis que a agarrava [...]. Contra as costelas ossudas, que podiam ser contadas através do vestido fininho de lenço, balançava um emblema de aço polido da liberação feminina. Deveria ter dito: "Você é um homem. *The Female Eunuch* fez menos do que nada por você. Sai fora". O travesti [sic] me segurou como nas garras de um estuprador.[83]

"Todos os transexuais", afirmou Janice Raymond, "violam o corpo das mulheres ao reduzir a verdadeira forma feminina a um artefato."[84] Com exceção do incitamento, que essa fala poderia ser interpretada como um exemplo, tendo a me opor ao boicote de palanque: é melhor que o pior que possa ser dito fique às claras para que possamos derrubá-lo. Aliás, tenho uma dívida pessoal com Germaine Greer. Ouvi-la quando eu era uma estudante universitária em Oxford, em 1970, foi um momento fundamental para me colocar no caminho do feminismo. Mas, ao ler isso, tenho quase certeza de que, fosse eu transexual, não iria querer Greer em nenhum palanque meu.[85]

Além de serem detestáveis, Raymond, Greer e outras de seu tipo demonstram uma pequena falta de consideração pelo que muitas pessoas transexuais tiveram a dizer sobre esse mesmo tema. Ainda que fervorosamente desejada, ainda que representasse muito do cumprimento de um destino até então frustrado, a transição raramente parece dar à mulher ou ao homem transexual uma confiança inexpugnável naquilo que são (e não apenas por causa do risco "da revelação e da ruína"). Ao contrário, a partir de seus próprios comentários, parece que o processo levanta uma pergunta sobre o ser sexual à qual costuma ser impossível oferecer uma resposta definitiva. Isso, é claro, vale para todos os temas humanos. O padrão da diferença sexual é implacável, mas isso não significa que quem acredita se submeter às suas leis tenha a menor ideia do que acontece por baixo da superfície, não mais do que aquele que a elas se submete com menos disposição. Para a psicanálise, por mais claro que qualquer um tenha em mente ser homem ou mulher, é axiomático que o inconsciente saiba que não é bem assim. "Na medida em que alguém insiste, no nível consciente, ser heterossexual", afirmou o psicanalista franco-egípcio Moustapha Safouan, "você pode ter certeza de que o oposto absoluto está sendo afirmado no inconsciente" (daí o caso do senador republicano Larry Craig, que em 2007 passou da aprovação de uma regulamentação antigay para o encarceramento depois de buscar publicamente parceiros sexuais em um aeroporto).[86] Freud disse certa vez que, dada a bissexualidade universal primária, o sexo é um ato que envolve pelo menos quatro pessoas. A mulher ou o homem "cis" — isto é, não trans — é um engodo, o resultado de múltiplas repressões cujas histórias não vividas vêm à tona a cada noite nos sonhos. Da raiz latina que significa "deste lado de", em oposição a "do outro lado de", cis é geralmente confundido com normatividade, o que implica estar "à vontade na própria pele", como se isso fosse o começo e o fim da questão.[87]

"Se a transexualidade assinala uma resposta ao sonho de mudar de sexo", escreve a psicanalista Catherine Millot em seu *Horsexe —* Essai sur le transsexualisme* [*Extrasexo: ensaio sobre o transexualismo*], de 1983, "ela é claramente o objeto das fantasias e da criação de sonhos em não transexuais" (lembre-se de Arthur Corbett). Catherine foi criticada por patologizar a transexualidade, interpretando-a como uma tentativa fracassada de frustrar a realidade da diferença sexual (Kate Bornstein refere-se a Catherine Millot, juntamente com Janice Raymond, como uma das piores infratoras). Sem dúvida, como psicanalista lacaniana, ela acredita que é papel do falo subjugar sexualmente o mundo. Mas também sabe que ele não tem nenhuma possibilidade de êxito. Essa ordenação patriarcal é ilusória: "Em outro nível, o falo é o símbolo da falta de sentido do desejo [...]. A razão fundamental para a desrazão, para o desarranjo do desejo" (ainda que essas linhas tendam a não serem citadas).[88] O desejo é desviante, por definição, e a heterossexualidade nunca é o que parece ser. Se o falo rege o mundo, é porque também é, sem saber, um pouco bufão (como o imperador nu).

Deveríamos, então, perguntar quem exatamente — trans ou não trans — está enganando quem. "Quem você pensa que é?" é a pergunta que qualquer um que é hostil às pessoas transexuais deveria se fazer. Não é o mesmo que dizer que o gênero é sempre uma performance, visto que — como saberá quem quer que tenha lido Judith Butler a respeito de abjeção e melancolia, ou seja, pós-*Problemas de gênero* — estamos falando de um autoengano muito mais agoniante e radical. "O endosso da heterossexualidade", escreve Juliet Mitchell, "pode esconder os perigos em algumas de suas práticas". A suposta normalidade pode ser o disfarce para uma infinidade de "pecados". Ela relata o famoso caso psicanalítico do "homem-vagina", tema de um estudo anterior do psicanalista Adam Limentani, que, durante uma relação sexual, fantasiou ser ele mesmo penetrado, o que significava que fa-

---

* "Horsexe" é um termo lacaniano que se aproxima da acepção "fora do sexo", "extrassexo", em uma fusão de "Horla" (personagem fantástico da obra homônima do escritor francês Guy de Maupassant) e "sexe", "sexo" em francês. (N.T.)

zer sexo era ser infiel a si mesmo (ele estava transando com outra mulher) e que ele jamais poderia, psiquicamente, ser pai do próprio filho (de quem seria essa criança?). As mulheres podem partilhar dessa mesma síndrome — uma fantasia de que a vagina não seja realmente sua, mas pertença a outra pessoa —, mas, já que parecem ser "normais", cumprindo o destino biológico e legítimo, ninguém jamais adivinharia.[89] Mesmo com um homem ou uma mulher aparentemente mais héteros, não há como dizer.

Esta é uma seleção de citações de narrativas transexuais que sugerem que, quase sempre, os autores tanto sabem quanto não sabem quem são ou até mesmo — em alguns casos — quem exatamente querem ser:

> Alguns transexuais não ficam mais felizes depois da cirurgia, e acontecem muitos suicídios. Seu sonho é se tornar um homem ou uma mulher normal. Isso não é possível, nunca será possível por meio da cirurgia. Os transexuais não deveriam se iludir a esse respeito.
> Do contrário, estão se encaminhando para uma enorme, provavelmente mortal, decepção. É importante que aprendam a compreender a si mesmos como transexuais.
>
> April Ashley, *First Lady*[90]

> O prefixo "trans-" implica que alguém *cruze* de um sexo para o outro. Isso é impossível [...]. Não fui criado como menino ou rapaz. Minha experiência não pode incluir nem relações heterossexuais normais com uma mulher nem a paternidade. Não partilhei da experiência psicológica de ser mulher nem da física de ser homem.
>
> Mark Rees, *Dear Sir or Madam* [Caro senhor ou senhora][91]

> — Vivo como mulher todos os dias.
> — Você se considera mulher?
> — Eu considero que... Sim, sim, mas *eu sei o que eu... eu sei o que eu sou...* Faço tudo como mulher. Eu ajo como mulher, eu me movo como mulher... Sei que sou gay e sei que sou homem.
>
> Anita, trabalhadora do sexo porto-riquenha transgênero, entrevistada por David Valentine[92]

Meu corpo não pode fazer isso [dar à luz]; nem sequer posso sangrar sem um ferimento, e ainda assim afirmo ser mulher [...]. Nunca poderei ser mulher como outras mulheres, mas nunca poderia ser homem.

Susan Stryker, "My Words to Victor Frankenstein"
[Minhas palavras para Victor Frankenstein][93]

Certamente não ficaria feliz com a ideia de ser homem e não me considero homem, mas não vou tentar convencer ninguém de que seja realmente mulher.

Jayne County, *Man Enough to Be a Woman*[94]

Foi um enorme alívio para mim quando pude parar de fingir ser homem. Bem, foi um alívio parecido não precisar fingir que era mulher [...]. Agora era uma lésbica com namorado, mas não era uma lésbica de verdade e ele não era um rapaz de verdade [...], não importava o que eu comprasse — olharia no espelho e me veria como um homem de vestido. Claro, eu sabia que eu não era homem. Mas também sabia que eu não era mulher.

Kate Bornstein, *A Queer and Pleasant Danger*[95]

Tenho um lado masculino e um feminino [...]. Não sei qual a relação entre eles [...]. Tive de me perguntar: *em que medida eu queria ser trans?*

Juliet Jacques, *Trans*[96]

Conforme o estrogênio começava a transformar o seu corpo, Juliet Jacques se sentia pela primeira vez "sem o fardo daquela desconexão entre corpo e mente". Até mesmo se indagava se, um dia, a desconexão original seria "difícil de lembrar". Mas isso não a impediu de perguntar no mesmo instante: *"Que tipo de mulher me tornei?"*.[97] De fala suave e voz grave, sutil e veemente, Jacques dá a impressão de ser uma mulher que carrega uma ambiguidade que parece não querer ou não se sente capaz de perder por inteiro. Anima-se a falar sobre Norwich City e a cena de contracultura e música underground tanto quanto a contar a história de sua transição — por que é mesmo que se supõe que a transição é tudo sobre o que as pessoas transexuais querem falar? Nenhuma performance (exceto na medida que qualquer um que apareça em público está necessariamente conduzindo uma performance); nenhum regozijo (ela é uma das poucas pessoas transexuais que já li ou ouvi dispostas a investigar a própria depressão); nenhuma chegada definitiva a lugar algum. Ratificada e subjugada pela própria experiência, torna confusa a distinção não apenas entre masculino e feminino, mas também entre atmosferas emocionais a que as diversas identidades transexuais estão predestinadas — instruídas talvez seja a palavra certa — a personificar. Sobre essa questão, o argumento, a insistência em operar de uma forma ou de outra podem ser virulentos.

As declarações que cito não são, portanto, livres de controvérsias. Kate Bornstein foi rotulada de "transfóbica" e tornou-se alvo de protestos de alguns membros da comunidade transgênero por se recusar a reivindicar o gênero masculino ou feminino e pelo posicionamento quanto à questão dos espaços exclusivos para mulheres: "Achava que cada espaço privado tinha o direito de aceitar quem quisesse — disse-lhes que era responsabilidade deles definir a palavra *mulher*. E disse às mulheres trans para pararem de agir como homens com senso de legitimidade". "Tenho ótimas frases de impacto sobre sexo", ela se desculpa com uma furiosa Riki Ann Wilchins, que a havia convidado para falar, "mas sempre ferro com a política."[98] Em uma surpreendente reviravolta, Paris Lees dá crédito a Germaine Greer por tê-la guiado rumo a uma melhor percepção sobre esse assunto:

> Greer me fez questionar minha identidade e formar outra mais complexa. Ela estava certa: não sou uma mulher da maneira que minha mãe é; não vivi uma infância feminina; não menstruo. Não darei à luz. Sim, não tenho ideia de qual é a sensação de ser outra mulher — mas também não sei qual é a sensação de ser outro homem. Como é que alguém pode saber qual é a sensação de ser qualquer outra pessoa a não ser ela mesma?[99]

Nem todas as pessoas transexuais assumem essa posição. No seminário feminista Em Conversa com o Movimento de Libertação das Mulheres, realizado em Londres em setembro de 2013, sentei-me atrás de duas mulheres trans que protestaram quando a historiadora Sue O'Sullivan descreveu como o feminismo dos anos 1970 havia permitido, pela primeira vez, que jovens mulheres explorassem e reivindicassem como companhia íntima a própria vagina. Seu relato foi visto por elas como transfóbico por excluir as mulheres trans, que muito provavelmente não teriam tido essa experiência na juventude, mas que nem por isso eram "menos mulheres". Existem mulheres trans para quem, por razões semelhantes, as palavras "vagina" e "vulva" não deveriam nem mesmo ser usadas. Mulheres trans também fizeram objeção a linhas de investigação intelectual que lhes dão a impressão de colocarem injustamente a vida sob um microscópio (em outubro de 2018, cinquenta acadêmicos escreveram para o *Guardian* descrevendo como se sentiam tolhidos em sua pesquisa por ativistas transgênero).[100] Mas essa não é a história toda — nem mesmo metade dela. Cansei-me daquelas feministas que surgem nesses momentos para desmerecer a voz de mulheres trans sem sequer um aceno para a violência e o preconceito histórico contra elas. Que as pessoas trans se sintam na defensiva a respeito do vocabulário disponível e do que se diz a seu respeito é algo que precisa ser compreendido dentro do contexto. Conforme salientou Susan Stryker, dizem coisas sobre pessoas trans que, se fossem ditas sobre muitas outras minorias, seriam impressas apenas nos jornalecos supremacistas brancos, fascistas e cristãos mais cheios de ódio.[101]

Na verdade, eu diria que, por arrancarem com tanta dor a pergunta "quem é mulher de verdade?", por cumprirem a jornada tão particular, é que as mulheres trans deveriam ser ouvidas. E não apenas por ser tão manifestamente autodestrutivo tanto para o feminismo quanto para o transgênero, dois movimentos que lutam contra a opressão, não conversarem entre si. Para mim, as mulheres trans conquistaram o seu lugar no banquete do feminismo. Deveriam ser bem recebidas no Lago das Mulheres de Hampstead Heath, em Londres, cujo acesso lhes foi permitido numa decisão de maio de 2019 que — após consulta a 21 mil pessoas — encontrou intensa oposição. Sob fortes ecos de Janice Raymond, aqueles que se opunham repetiam a linguagem da violação, caracterizando as mulheres trans como homens que representavam uma farsa — que fingiam ser mulheres, em suma — a fim de invadir o espaço feminino.[102] Por que, poderíamos perguntar, os raros exemplos em que isso poderia ocorrer são explorados como se fossem representativos, como se fossem a única história a ser contada? Não admitir mulheres transgênero em espaços exclusivamente femininos apenas faz aumentar o nível mundial de ódio, que sem dúvida já está suficientemente disseminado. Hoje, o ambiente em torno desses debates pode muito bem ser descrito como tóxico, já que o objetivo fundamental, que certamente deve ser enxergar a aceitação das pessoas trans, mulheres e homens, como uma questão de direitos básicos e de liberdade, está se distorcendo quase a ponto de se tornar irreconhecível. Em um artigo, So Mayer se lembra de ter visitado o lago quando era menininha, num tempo em que a vergonha, a dor e as complicações de seu corpo lhe traziam o desconforto da designação feminina,

> a sensação, nesses dias, é de que até os patos-reais e as galinhas-d'água parecem policiar o gênero com o olhar desconfiado de sua autoridade jesuítica. Manifestantes externos, perturbando uma recente reunião da Associação do Lago das Mulheres de Kenwood sobre permitir que nadadoras trans continuassem a usar o Lago das Mulheres (como o fazem há muito tempo), levavam pendurados no pescoço cartazes com os dizeres "exclusivo para mulheres", uma invocação flagrante dos leilões de escravos [...]. Vejo com reservas o lago enquanto comunidade; me dá, literalmente, uma sensação de naufrágio, pesada como chumbo.[103]

✴

Outra razão pela qual trans e feminismo deveriam ser parceiros naturais é que mulheres transexuais expõem, e nesse caso rejeitam, a masculinidade em seu aspecto mais sombrio. Essa faceta do argumento é perdida por Greer et al., que tendem a desconsiderar que, se a pessoa deseja, mais do que tudo no mundo, tornar-se mulher, então é bem provável que exista, em algum lugar, um homem que, com essa mesma paixão, ela não deseja ser. "Deixei minha vida como homem", escreve Kate Bornstein sobre seu pai no prólogo de *A Queer and Pleasant Danger*, "em grande parte porque nunca quis ser um homem como ele" (reconciliar-se com o fantasma do pai foi um dos motivos para ela escrever suas memórias).[104] Uma das lembranças mais antigas de Nina Arsenault é a de meninos esfaqueando fotos de mulheres em revistas. "Sei que isso é exatamente o que vou ser quando crescer."[105]

Na primeira metade de *Conundrum*, Jan Morris oferece ao leitor um hino à virilidade: a sensação de ser homem "brota especificamente do corpo", um corpo que, "quando está funcionando bem", lembra-se ela, é "algo maravilhoso de habitar [...]. Nele nada cede" (nunca?). Mas essa mesmíssima masculinidade, sintetizada pelo assalto ao Everest programado para coincidir com a coroação da rainha, é como "tentar agarrar o ar", é um "nada", o que deixa Morris descontente, "como acredito", conclui ela, "que deixaria a maioria das mulheres". "Até hoje me desagrada aquele vazio no seu clímax, aquela perfeita inutilidade" (um diagnóstico tão bom da vacuidade do poder fálico quanto se poderia esperar). Os homens podem passar a vida lutando por essa versão de masculinidade sem jamais descobrir o vazio e a fraude em seu núcleo. Apesar de uma educação relativamente humilde no interior galês, em algum ponto Jan Morris é, ou melhor, foi um cavalheiro inglês aristocrata imbuído dos valores de seu sexo e de sua classe — a família pelo lado da mãe descende de "modestos escudeiros ingleses". Quando Jan perde a virilidade, é, portanto, uma identidade patriótica, militarista, com o preconceito imperial que a acompanha, que ela deixa, ao menos em parte, para trás: "Continuava a não querer ser governada por africanos, mas eles também não queriam me governar" (embora isso não leve de fato à questão de quem os africanos poderiam querer ou não que os governasse). Trata-se de um legado difícil de abandonar. Livre de seus "últimos vestígios de virilidade", ela volta do Marrocos, onde fez a transição, "como uma princesa emancipada de seu degradante disfarce ou como algo novo surgindo da África".[106] Jan Morris foi operada pelo dr. Georges Burou, o mesmo cirurgião que conduziu a cirurgia de April Ashley em 1960 e um dos primeiros a realizar esse procedimento. Em 1972, a cirurgia já estava disponível no Reino Unido, mas Jan decidiu ir para o exterior quando se estabeleceu como condição legal que antes se divorciasse da esposa, com quem havia tido cinco filhos.

A questão da masculinidade está, em certos aspectos, mais presente entre os homens transexuais. Após Brandon Teena ter sido assassinado em Nebraska, em 1993, ao lado de Lisa Lambert, na casa de quem Brandon morava, e de Phillip DeVine, um afro-americano deficiente (base para o premiado filme *Meninos não choram*, de 1999), tornou-se tema de debate saber se Brandon deveria ser considerado um homem transexual sem acesso à cirurgia de redesignação ou uma *butch** transgênero que optara por não fazer a transição.[107] Jamais saberemos. O que sabemos, no entanto, é que, logo antes de ser morto, ele foi estuprado pelos mesmos rapazes que, decididos a colocá-lo de volta no corpo que, aos olhos deles, Brandon negava, estavam também enfurecidos com o sucesso que ele fazia com as garotas da região. "Esse caso, em si, é definido pela produção de uma masculinidade 'falsificada'", escreve Jack Halberstam em sua análise aprofundada do assassinato de Brandon Teena em *In a Queer Time and Place* [Em um tempo e lugar queer], "que, embora dependa da enganação e da ilegalidade, acaba sendo mais envolvente, sedutora e convincente que as masculinidades supostamente verdadeiras com as quais compete." Por esse motivo, continua ele, "a contradição do corpo de Brandon não representava absolutamente nenhum obstáculo no que dizia respeito a suas namoradas".[108] Aliás, pode ter sido esse o chamariz. Na cidadezinha rural dos Estados Unidos em que Brandon Teena vivia, a criminalidade masculina passava tranquilamente de geração em geração. "Continuamos vendo os mesmos rostos", observou o juiz Robert Finn ao jornalista John Gregory Dunne. "Já estou na terceira geração de violência doméstica e ordens de restrição."[109] Ele falava de maridos e amantes cujos pais e avós se apresentavam diante dele sob as mesmas acusações ao longo de seus dezesseis anos de tribunal. Brandon oferecia às garotas "sexo sem gravidez nem socos".[110] Skylar, o adolescente cujo perfil foi traçado na *Vanity Fair* em 2015, decidiu não partir para a reconstrução genital por não sentir a necessidade de ser, em suas palavras, um "macho bro".[111] Na tentativa de ser o homem que

---

* Na cultura *butch/femme*, surgida nos anos 1950 e 1960, as lésbicas *butches* adotavam vestuário e comportamento mais associados à masculinidade e as *femmes*, à feminilidade. (N.T.)

era ao nascer, Ann Black serviu na Guarda Negra* por doze anos em Berlim: "Se não me alistasse, provavelmente teria seguido por um caminho que me levaria à prisão". (Ann estava falando no documentário da BBC *Transsexual Stories* [*Histórias transexuais*], de 2015.)[112]

No que você está se metendo ao escolher tornar-se homem? O que acontece? Num estágio importante de sua transição, Raphael diz para a sua analista, Melanie Suchet: "Se quero que me tratem como um cara, preciso ser um cara". "Ele é quieto. Nós dois somos quietos", observa Melanie. "Há uma sensação de mal-estar cada vez maior entre nós. Sinto meu corpo se tensionando. Com quem é que vou acabar me sentando na sala?" "Você realmente acha que tem de ser misógino para ser reconhecido como um cara?", ela lhe pergunta. "Tenho medo de me tornar um completo canalha", responde Raphael. "E se eu for esse desgraçado sexista?"[113]

De fato, acontece que é apenas como homem que Raphael consegue se permitir uma forma de passividade e de abandono que era perigosa demais para ele como garota. Lentamente, ao longo dos anos, a análise revela que, como uma criança do sexo feminino, ele havia sido o receptáculo de cruéis projeções maternas e pode ter sofrido abusos por parte da mãe. Tornar-se homem, portanto, entre outras coisas, faz com que ele possa se tornar a menina que, enquanto estava alojada num corpo feminino, jamais ousaria ser. "Quero que meu corpo diga: 'Aqui, este é o Raphael. Ele é um cara, mas não apenas um cara. É um cara feminino que às vezes quer ser capaz de ser menina'."[114] (Raphael é o paciente que Virginia Goldner descreve como "a menina que tem de ser menino para ser menina".)[115]

✳

Raphael não acolhe bem a ligação que Melanie Suchet propõe entre sua transexualidade e os abusos na infância e se queixa de que ela deslegitima e invalida a sua experiência ao analisá-la como o desequili-

---

* A Guarda Negra, ou Terceiro Batalhão do Regimento Real da Escócia, é um batalhão de infantaria. (N.E.)

brado resultado de um passado traumático (embora, nem é preciso dizer, trauma não seja patologia, mas histórico). Ele não está sozinho nessa argumentação. Ainda que se reconheça que a incidência de distúrbios mentais entre as pessoas transexuais não é maior do que na população geral, as pessoas transexuais têm de lutar contra o estigma da psicopatologia, sobretudo porque qualquer sinal dela durante uma consulta médica tende a desqualificá-las para a cirurgia, quando a única narrativa aceitável é aquela que afirma com segurança que elas sempre souberam quem realmente são.[116] Em 1980, o transexualismo (em adolescentes e adultos) e o transtorno de identidade de gênero (em crianças) entraram para o *Manual diagnóstico e estatístico de transtornos mentais*, da Associação Americana de Psiquiatria — a homossexualidade havia sido retirada do registro em 1973. A luta para que essas categorias também caíssem, justamente por ser deslegitimizante, logo se depara com o problema de parecer sugerir que todos os outros transtornos do manual a ele pertencem legitimamente.[117] O transtorno de identidade de gênero foi posteriormente rebatizado de disforia de gênero, que se pretende com menor grau de patologização. (Estar incluído no manual tem a "vantagem" de permitir que algumas empresas de seguro-saúde cubram o processo de transição.)

Em *Imagining Transgender* [Imaginar o transgênero], um dos principais informantes de David Valentine, Cindy, sofre de depressão. "A história dela", comenta ele, "de abuso infantil, estupro, dependência de drogas, alcoolismo, repressão dos sentimentos, é comum demais entre as pessoas identificadas como transgênero".[118] E, é claro, entre muitas pessoas não transexuais (a questão de classe aqui é gritante). É a ligação, o equilíbrio ou a relação casual entre a angústia íntima e a crueldade do mundo que faz com que seja tão difícil, se não impossível, estimar. "Como", pergunta Virginia Goldner na introdução a *Transsexual Subjectivities* [Subjetividades transexuais], "podemos distinguir o sofrimento 'psicodinâmico' do 'sofrimento cultural' transfóbico causado pelo estigma, pelo medo, pelo ódio?"[119] "Eu sei", escreve Juliet Jacques, "que haverá dificuldades tanto com as coisas que estão na minha cabeça quanto com as pessoas intolerantes que estão no mundo lá fora."[120] Em resposta a essa ambiguidade e ao uso indevido da história pessoal, íntima, para finalmente chegar à pessoa transexual, como antes acontecia à homossexual, alguns argumentam que a etiologia ou a busca por causas deveriam simplesmente ser deixadas de lado. "[Quando] se trata da origem da identidade sexual", escreveu em 1997 o psicanalista americano Ken Corbett (nenhuma relação com Arthur), "estou disposto a viver sem saber. Na verdade, acredito em não saber [...]. [Não estou interessado na] mal concebida questão etiológica de '*por que*', estou interessado em *como* alguém é homossexual."[121] Para mim, no entanto, essa é uma falsa alternativa. Por que, num mundo ideal — em que claramente nenhum de nós vive —, a questão ética de como vivemos deveria ser apartada de um saber a respeito de como acabamos sendo quem somos? Em vez disso, poderíamos perguntar o que é o repertório psíquico, o registro disponível de sentimentos admissíveis, para os oprimidos e marginalizados. Trata-se de um paradoxo de emancipação política, nitidamente colocado em evidência pela luta por liberdade transexual, que a opressão tenha de ser encarada com autoafirmação e nada menos que isso, como em: "Tenho dignidade. Você não vai me ignorar". Vacilar é a morte política. Não se pode hesitar. Não há espaço para dúvidas ou para as aberrações cotidianas de sermos humanos. Juliet Jacques descreve a intensa pressão que sentiu "para pintar minha vida como maravilhosa".[122] Às vezes tinha a sensação de observar a gama de elocuções permitidas à pessoa transexual se estreitando até o estrangulamento: "Sou discriminado". "Sofro." "Estou perfeitamente bem." "Não há nada de errado comigo."

Acho que talvez seja por isso que, ao ler narrativas transexuais, muitas vezes tenho a sensação de uma pulsação psíquica perdida, de haver partes da história que querem e não querem ser contadas, momentos que vêm à tona apenas para serem esquecidos ou postos de lado na marcha progressiva do tempo narrativo. Como se o aspecto pessoal pudesse servir de fachada para o próprio aspecto pessoal, encobrindo o que ele ostensivamente, até generosamente, exibe (ou, conforme disse Juliet Jacques a respeito das fotografias "antes" e "depois", surtindo "o mesmo estranho efeito de mascarar o processo de mudança ao mesmo tempo que parece o revelar").[123] Mark Rees, por exemplo, registrado como menina no nascimento, era um de dois bebês; a irmã gêmea morreu aos cinco dias. Os pais tentaram esconder o desapontamento quando, três anos depois, nasceu outra menina — queriam um menino —, que logo acabou se revelando, comparada a Mark, a criança do sexo feminino "perfeita". Uma mulher transexual que prefere não ser identificada foi diagnosticada com dispraxia quando era ainda um garotinho, nascido de uma mãe que antes teve uma gravidez ectópica e que, depois, deu à luz uma filha sem nenhum indício de deficiência que finalmente realizou o sonho dos pais. Não se deve fazer nenhuma análise "tresloucada" dessas histórias, mas é difícil não ver a sombra da morte e o intolerável fardo da idealização caírem sobre esses jovens corpos e mentes ao longo do rígido e implacável eixo da diferença sexual. Tais momentos são coercivos, mas, uma vez colocados no devido lugar, também ampliam as opções de entendimento. Eles mostram a transexualidade, à maneira de todas as identidades psíquicas: tanto como uma estratégia de saída quanto como uma jornada para casa.

Há uma raiva contra o corpo original em muitas dessas histórias, especialmente nas narrativas que li a respeito da transição do masculino para o feminino. April Ashley, Lili Elbe, Juliet Jacques, todas escrevem sobre o ódio, a repulsa, a aversão (nas palavras delas) com que veem a própria genitália masculina antes da cirurgia. Juliet: "Só quero essa merda fora do meu corpo imediatamente". Depois da operação, ela desperta para a "terrível constatação" — "*Ele ainda está aí!*" —, até que se lembra que outra mulher transexual que passara pela cirurgia antes dela a havia prevenido de que esse é *o* sonho.[124] "Outras forças", escreve Lili Elbe em suas memórias, "começaram a se agitar na minha cabeça e a sufocar qualquer resquício de Andreas que ainda permanecia ali [...]. Andreas foi eliminado de mim — está morto."[125] O corpo pré-cirúrgico, ao que parece, não é passível de luto (Judith Butler escreve sobre "vidas não passíveis de luto" ao se referir aos corpos mortos do inimigo em tempos de guerra, que não contam nem importam).[126] Diante disso, Avgi Saketopoulou, psicanalista radicada em Nova York, tornou um elemento central de seu compromisso clínico com pacientes transexuais fazê-los encontrar um caminho para reconhecer e vivenciar o luto pelo corpo que estão deixando para trás (a única base, recomenda, para uma transição cirúrgica de sucesso): "O corpo que se tem precisa ser conhecido pelo paciente, *de modo que, quando necessário, possa afinal ser abandonado*". Para a psicanálise, trata-se de um gesto radical em si: "Precisamos aceitar", escreve Saketopoulou, "que, no que tange à experiência trans, é em geral o corpo — e nossas velhas teorias — que tem de ceder".[127] Mas, sem respeito pela profundidade do que está em jogo, pelo nível de motivação do impulso, a história se torna mais difícil de compreender. Ela, então, corre o risco de cair diretamente nos braços de uma narrativa maluca, para além de qualquer entendimento humano, com consumada e impiedosa facilidade. Essas percepções também não precisam minar a história mais franca e direta de um erro que é finalmente reparado. Elas raramente caminham juntas, mas nada se ganha com a crença de que as duas formas de entendimento não possam tolerar uma à outra.

Ao dizer isso, percebo que estou repetindo, em termos psicanalíticos, o apelo feito por Sandy Stone já em 1987, em sua famosa resposta a Janice Raymond, "The Empire Strikes Back — A Posttransexual Manifesto" [O império contra-ataca: Um manifesto pós-transexual], em que escreve sobre ter sido pessoalmente atacada por trabalhar num coletivo musical exclusivamente feminino. O processo de "*construir uma história plausível*", em outras palavras, "aprender a mentir de maneira eficaz a respeito do próprio passado", escreve Stone, bloqueava a capacidade das pessoas trans de representarem por completo as "complexidades e ambiguidades da experiência vivida".[128] A coisa mais importante que Dean Spade, teórico e ativista jurídico, aprende nas sessões de aconselhamento é que, "para que seja considerado real, eu preciso querer passar por homem o tempo todo e não me sentir ambivalente quanto a isso".[129] Sandy Stone alertou que "excluímos a possibilidade de analisar o desejo e a complexidade motivacional de forma a descrever adequadamente as múltiplas contradições da experiência individual vivida".[130] "Plausível" é o problema. Ele obriga a pessoa trans, independentemente da complexidade da experiência, a manter-se firme nos trilhos da identidade. Transforma a necessidade de assumir o controle da própria vida, algo que é e tem de ser politicamente não negociável, numa visão em que a mente é subordinada à vontade humana (o oposto do que a vida psíquica da mente jamais poderá ser). E não deixa espaço algum para a sexualidade como realidade e a experiência disruptiva e excessiva que em geral é. Fiquei impressionada com a exiguidade do espaço reservado ao sexo que tantos desses relatos, antes e depois, parecem oferecer. Kate Bornstein é uma exceção (sempre tão extravagante). Numa conversa de Bornstein com Paris Lees em Londres, em fevereiro de 2016, seu mantra, a princípio falado em alto e bom som e logo murmurado praticamente ao longo de toda a interação, foi "sexo, sexo, sexo". Em *A Queer and Pleasant Danger*, ela avisa aos leitores, caso queiram pular diversas páginas perto do final do livro em que relata um intenso, e afinal autodestrutivo, interlúdio sadomasoquista. A própria Kate estabelece a ligação de volta à mesa de cirurgia. No prólogo, descreve como cortou na pele o desenho de um coração bem em cima do seu coração real como modo de lidar com uma dor lancinante. Uma vez derrubada uma barreira, se você resolver parar de se esconder, então, ao menos potencialmente, as outras barreiras cairão também.

✷

A partir de meados da década passada, a questão trans esteve por toda parte, ganhando as bancas de jornais e revistas nos Estados Unidos e no Reino Unido quase diariamente. Não apenas os casos mais fotogênicos, como Caitlyn Jenner e Laverne Cox, ou *A garota dinamarquesa*, ou a edição especial da *Vanity Fair* de agosto de 2015, chamada "Trans America" — coeditada com *GQ*, *New Yorker*, *Vogue* e *Glamour* —, da qual várias das minhas histórias foram tiradas; ou Estrella Vázquez, a primeira mulher muxe (indígena mexicana transgênero) a aparecer numa capa da *Vogue*, em novembro de 2019; mas também, por exemplo, o destaque simpatizante e um tanto improvável na primeira página do *Sun*, em janeiro de 2014, sobre a única oficial transgênero do Exército britânico ("uma oficial e uma dama");* além da série *Trans-*

---

* "*An officer and a gentlewoman*", em inglês, no original. Trata-se de um jogo de palavras com o título do filme *An officer and a gentleman* [literalmente, "um oficial e um cavalheiro"], de 1982, que no Brasil se chamou *A força do destino*. (N.T.)

parent; Bethany Black, a primeira atriz trans da série *Doctor Who*; Riley Carter Millington, de *EastEnders*, o primeiro ator trans a interpretar um personagem transgênero fixo em uma novela de grande audiência no Reino Unido; e Rebecca Root, da série *Boy Meets Girl*, a primeira estrela transgênero de um programa de televisão britânico; ou, ainda, relatos dos primeiros trans como mães e pais adotivos ou como famílias de acolhimento; ou o surto de crianças em busca de mudança de gênero, conforme informado pela clínica Tavistock, em Londres, que, juntamente com o Serviço de Identidade de Gênero do Portman NHS Trust, oferece o único programa de referência para identidade de gênero no Reino Unido. Os encaminhamentos subiram de 97, em 2009, para 697, entre 2014 e 2015. Entre 2015 e 2016, o número de encaminhamentos cresceu para 2016 e, depois, para 2 519 no ano seguinte (embora a taxa de crescimento de um ano para o outro tenha declinado durante esse período).[131]

Com relação a esse crescimento, podemos ver ensaiadas as perguntas que tentei delinear aqui, agora gravadas sobre o corpo da criança. No Reino Unido, as crianças transgênero têm hoje a alternativa de atrasar a puberdade por meio de bloqueadores de hormônios, fazer terapia hormonal cruzada a partir dos dezesseis anos e optar pela cirurgia de redesignação sexual a partir dos dezoito. Melanie, filha de Cassie Wilson, declarou ser Tom com dois anos e meio de idade (aos cinco, deu início às consultas anuais na Tavistock); assim que Callum King começou a falar, disse ser menina e, a partir dos dois ou três anos, recusou-se a responder a qualquer pessoa que se dirigisse a ela pelo nome de nascimento. Em 2004, a instituição beneficente de saúde mental Pace pesquisou 2 mil jovens que questionavam o próprio sexo: 48% haviam tentado o suicídio e 58% se automutilavam. "Eles se matam", comenta a mãe de Julia. "Quero uma filha feliz, não um filho morto." De acordo com um relatório de 2016, as crianças cujo desejo de fazer a transição é apoiado pelos pais apresentam níveis normais de depressão no plano do desenvolvimento e apenas uma elevação mínima da ansiedade.[132] A neuroendocrinologista e psicóloga Vickie Pasterski falou da "melhoria da saúde mental e do bem-estar das crianças" que são "clara e sistematicamente" apoiadas no desejo de ser de outro gênero (em seu

Ted Talk de 2019, Vickie também descreveu o gênero como um "caleidoscópio").[133] Os críticos desse ponto de vista se apegam a estudos que sugerem que 80% das crianças que apresentam disforia de gênero não persistirão na identificação cruzada de gênero conforme ficarem mais velhas, mas os números são enganosos. Baseiam-se em um critério diagnóstico de variância de gênero anterior a 2014, que não exigia que as crianças declarassem querer ser de outro gênero.[134] Julia poderia, na verdade, ser vista como um exemplo. Gosta de perguntar para as amigas na escola se não gostariam de ser menino por um dia apenas para ver qual seria a sensação, e, qualquer que seja a resposta, ela rebate: "Não preciso disso, porque sou os dois".[135]

Embora muitas crianças transgênero se sintam incapazes de conversar com os pais, em alguns casos o desejo pela transição parece partir pelo menos tanto dos pais e de outros adultos quanto da criança. Uma mãe em San Francisco foi informada pelo diretor da escola que o filho deveria escolher um gênero ou outro, pois estava sofrendo assédio. Poderia se livrar do Crocs cor-de-rosa e cortar os longos cabelos loiros ou fazer a transição socialmente e ir para a escola como menina (ele próprio, depois de abandonar os vestidos que costumava gostar de usar, nunca teve problema algum em chamar a si mesmo de menino). A mãe era cautelosa: "Pode ser difícil para as pessoas aceitarem uma criança que está num lugar de ambiguidade".[136] Em um seminário na Filadélfia, ao qual compareceu Margaret Talbot, jornalista que estava escrevendo a respeito de Skylar, uma mulher admitiu que era ela quem precisava de certezas: "Queremos saber. Você é trans ou não?". "Muito pouca informação no domínio público", comenta Walter Meyer, endocrinologista e psicólogo infantil radicado no Texas, "trata da normalidade do questionamento de gênero e da exploração dos papéis de gênero [...]. Deve ser duro viver com a ambiguidade, e apenas esperar e observar."[137] "Como", pergunta Polly Carmichael, da Tavistock, "manter em nossa mente a diversidade de resultados?"[138] Que desejo está sendo colocado numa criança da qual se espera que resolva a questão da transição? Em nome de quem? É melhor uma transição acabada e resolvida, ao que parece, do que adultos tendo de reconhecer, relembrar, reviver a incerteza sexual daquilo que todos nós somos.

Em fevereiro de 2019, a dificuldade dessas questões chegou até um dos dirigentes da clínica Tavistock and Portman, em Londres, quando David Bell, representante do corpo clínico na época, escreveu um relatório altamente crítico, no qual sugeria que terapia hormonal cruzada e bloqueadores irreversíveis estavam sendo muito prontamente ministrados aos adolescentes sem a devida avaliação de quais poderiam ser os fatores psíquicos em jogo; também relatou que a equipe se sentia intimidada ao levantar tais preocupações (em fevereiro de 2020, foi anunciada uma revisão desses tratamentos pelo NHS).[139] A Tavistock rebateu as alegações como infundadas. Dentro dos recursos disponíveis e cada vez mais reduzidos, a clínica insistiu que estava tomando o tempo necessário e os devidos cuidados (por sua vez, um diretor e cinco médicos se demitiram). A manchete do *Times* descreveu o que estava acontecendo como um "experimento com crianças"; outros falaram de crianças em "perigo", termos certamente alimentados por uma reação negativa com carga sexual contra a transgeneridade, embora isso pareça não ter recebido nenhum comentário.[140] Alguns dos entrevistados atribuíram o problema ao lobby de grupos de pressão trans — Mermaids, Gendered Intelligence e a Sociedade de Pesquisa e Educação em Identidade de Gênero —, uma alegação que cada um desses grupos negou (não está claro por que um grupo de pressão que faz lobby, em vez de simplesmente protestar, é de alguma maneira visto como desqualificador da própria reivindicação). Sugeriu-se também que a homofobia na escola desempenhava um papel importante no desejo de fazer a transição. É melhor ser um menino do que uma lésbica, que será objeto de bullying e zombaria. A ideia de que jovens tomariam uma decisão de tamanha importância com base em um cálculo racional das relativas perdas e ganhos sociais parece estar um pouco em desacordo com a noção deles como sujeitos psíquicos complexos, inconscientemente motivados e em conflito.[141] Mas novamente vemos a tensão entre o respeito pela vida íntima e a luta pela liberdade. Como não perder de vista esse respeito ao mesmo tempo que se afirma o direito à transição num mundo ainda predominantemente hostil? Nesse contexto, ser "transafirmativo", expressão usada em referência a médicos e pacientes que atendem a uma criança trans, parece ser visto como algo ruim. Embora seja também verdade que a psicanálise não afirme nada, sendo o único objetivo trazer à luz, sem nenhum tipo de julgamento, tudo aquilo que resiste a atravessar o limiar da consciência humana.

O aumento no número de crianças trans pode estar entre os mais surpreendentes e, para alguns chocantes, novos desdobramentos. Contudo, a transgeneridade não é novidade. Longe de ser uma invenção dos tempos modernos, poderíamos, ao contrário, vê-lo mais como um retorno do reprimido, à medida que os seres humanos, depois de um longo e cruel desvio, lentamente fazem o caminho de volta para onde deveriam estar. Quando soube que eu estava escrevendo sobre o tema, uma de minhas amigas disse que devemos todos aguentar firme, já que, de qualquer modo, o envelhecimento do corpo leva todo mundo a ser trans (respondi que ela não tinha entendido direito). O Talmude, por exemplo, lista seis gêneros (ainda que o versículo 5 do capítulo 2 do Deuteronômio vocifere contra o crossdressing). "Estranho país este", diz Leslie Feinberg a respeito de um homem branco chegando ao Novo Mundo em 1850, "em que homens assumem as vestimentas e as tarefas das mulheres, enquanto as mulheres viram homens e copulam com o próprio sexo." [142] Os colonialistas se referiam a esses homens e mulheres como *berdache*,* e atiçavam cães selvagens contra eles, os torturavam e queimavam. Nas sociedades pré-capitalistas, antes da conquista e da exploração, argumenta Leslie, as pessoas transgênero eram glorificadas e reverenciadas. O ensaio de Leslie Feinberg "Transgender Liberation — A Movement Whose Time Has Come" [Liberação transgênero: um movimento cuja hora chegou], originalmente publicado em 1992, clamava por um guarda-chuva pangênero que cobrisse todas as minorias sexuais. Era o início de um movimento. A primeira *Transgender Reader* buscou lá

---

* Designação dada pelos colonizadores europeus a homens e mulheres de comunidades ameríndias que não estavam em conformidade com as normas ocidentais de sexo e gênero. Trata-se de uma variante ortográfica do francês "bardache", de uso antigo, que significa "homossexual passivo" ou "jovem mantido por homossexual". Termo emprestado do italiano "bardassa", que, por sua vez, tomou-o do árabe "bardag", ou "jovem escravo". Por ser considerado ofensivo por alguns, adotou-se alternativamente, a partir da década de 1990, a designação "dois-espíritos". (N.T.)

atrás, nos arquivos médicos, e depois mais adiante, nos anos 1990: o ativismo dessa década foi base e precondição para o engajamento, o desafio e os manifestos que, diante de um mundo cego e/ou hostil, a *Reader* oferecia. Esses volumes são vastos, contêm multidões, como que para declarar: "Veja quantos somos e o tanto que temos a dizer". Precisamos lembrar que essas intervenções corajosas e sem precedentes antecederam em mais de duas décadas o fenômeno conhecido como "trans" na atual cultura popular.

No fim de seu prefácio à primeira *Transgender Studies Reader*, Stephen Whittle relaciona o direito a reivindicar uma "posição única de sofrimento" como uma das novas possibilidades para a experiência trans abertas pelo pensamento crítico.[143] Mas, como em todos os movimentos políticos, certamente em qualquer um que se baseie em políticas identitárias, há sempre o perigo de que o sofrimento comece a se tornar competitivo, um bem valioso e um objetivo em si mesmo. O exemplo dos *berdache* ou de Brandon Teena, que vivia preso em um ciclo de privação, mostra, no entanto, que a experiência trans jamais pode ser — sem parodiar a si mesma e ao mundo — seu ponto de referência único. Por mais distinta que seja como forma de ser e de pertencer, ela tem afiliações que remontam no tempo e se estendem ao redor do mundo. Concentrei-me principalmente em histórias dos Estados Unidos e do Reino Unido, mas o transgênero é igualmente uma questão em Teerã, onde as pessoas trans tiveram de lutar contra a cooptação por uma pauta anti-islâmica que faz do progressismo sexual propriedade exclusiva do Ocidente (na verdade, a redesignação sexual foi legalizada seguindo uma determinação do aiatolá Khomeini), e na Índia, onde os *hijras* (homens que vestem roupas femininas e renunciam ao desejo sexual submetendo-se à emasculação sacrificial) são reconhecidos e estimados como o terceiro sexo.[144]

Como nas narrativas de vida de qualquer um, todos os relatos que abordei são tomados de histórias em que não houve escolha própria. Essas histórias também precisam ser contadas. April Ashley, por exemplo, uma filha da Segunda Guerra Mundial, vê-se num círculo social que inclui a cunhada de Joseph Goebbels, a qual herdou sua fortuna e suas propriedades depois que ele e a mulher mataram os seis filhos e em seguida se suicidaram. "Eu viria a descobrir", escreve Ashley sobre a crescente amizade entre elas, "que a maioria das pessoas tinha segredos — alguns, ao seu modo, tão delicados quanto os meus."[145] A ligação entre elas é mais profunda do que ela parece ter notado. Magnus Hirschfeld, sexólogo, fundador da primeira organização dos direitos gays e um dos primeiros defensores das pessoas transgênero, foi descrito por Hitler como o "homem mais perigoso da Alemanha": os nazistas destruíram seu instituto e queimaram sua coleção de pesquisas (um capítulo de seu livro sobre travestis foi incluído na primeira *Transgender Reader*).[146] A guerra é sua história. A mãe de Ashley, que a detestava e costumava pegá-la pelos calcanhares e bater sua cabeça no chão, trabalhava na fábrica de bombas Fazakerley e perdeu muito cabelo e todos os dentes por estar perto de TNT (uma de suas amigas queimou-se pela exposição e morreu). "Como uma criança que cresceu durante a Segunda Guerra Mundial", começa April Ashley em suas memórias, "eu costumava ser maltratada por todo mundo." Também sofreu abuso na infância por parte do marido de um casal do qual a família era muito próxima.[147]

Em 2016, Caitlyn Jenner votou em Donald Trump, apesar do péssimo histórico do partido dele nas questões LGBTQIA+, ainda que agora ela tenha retirado seu apoio e diga que foi um erro.[148] Estava, no entanto, sendo coerente com o próprio passado. Na pele do atleta mundialmente famoso Bruce Jenner, lembra Buzz Bissinger, ela já havia sido uma arma durante a Guerra Fria: "Valores tradicionais com uma camada de sorvete de baunilha por cima, para o deleite de um país desesperado por uma imagem assim". "Tinha vencido os desgraçados dos comunistas. Ele era os Estados Unidos." Num artigo do *New York Times*, em 1977, Tony Kornheiser descreveu Jenner como se estivesse "girando a nação como a um bastão; ele e sua mulher, Chrystie, encontram-se tão altos no pedestal do heroísmo americano que seria preciso um guindaste para tirá-los de lá".[149] Quem pode dizer que algo daquela duvidosa aura política não o acompanhou, como um retrogosto, rumo ao fenômeno que é hoje Caitlyn Jenner?

Para Jayne County, por outro lado, ser uma pessoa trans era seu bilhete para o outro lado, para o que ela chama de o "lado flamejante da vida gay". Uma das peças de maior sucesso que ela escreveu e estrelou, *World — Birth of a Nation* [Mundo: Nascimento de uma nação], contava com uma cena de John Wayne dando à luz um bebê pelo ânus (não é a maneira como a maioria das pessoas gosta de pensar no nascimento de uma nação, ou pensar em John Wayne). A crítica do *Village Voice* foi entusiástica. County foi criada em uma América rural, de direita e de profecia bíblica, na qual a Besta assumia a forma de uma Europa unificada, tendo a Alemanha como líder (aparentemente, os alemães se juntariam às nações árabes contra os judeus). Ela atribui a Bill Clinton, nos anos 1990, a promoção de um ambiente em que os Estados Unidos estavam "inteiramente abertos para pessoas de todas as variedades da sexualidade, inclusive travestis de todos os tipos, tamanhos e cores". Mas, em meados da década passada, quando retorna da cena underground de Berlim, a direita conservadora começava a tomar o poder, e os democratas, com a postura liberal a respeito do aborto, dos direitos dos gays e das orações nas escolas, eram considerados discípulos de Satã "pelos batistas desgraçados, republicanos retardados e cristãos de direita" (nada mudou, então). "Isso", assevera ela, "só me faz ser mais desafiadora que nunca. Vou ser cada vez mais ultrajante só para deixá-los em pânico."[150] São essas as últimas linhas de seu livro (antes, ela se planejava para voltar a sua comunidade de origem, vestir-se de maneira mais discreta e assentar). Não fazemos nenhum favor à transexualidade ao ignorarmos esses contextos, atirando a pessoa transexual para as margens da história. Como se, afinal, a realidade trans fosse meramente uma fábula que as pessoas transexuais estivessem contando a si mesmas, apartadas em uma ala de isolamento, levando uma vida estranha só sua (o que deve certamente aumentar o voyeurismo, a berlinda excessivamente intensa em que são colocadas).

✳

Em 1998, teve origem nos Estados Unidos o projeto Recordar Nossos Mortos, em reação ao assassinato de Rita Hester, uma mulher trans afro-americana que foi encontrada morta em seu apartamento no estado de Massachusetts. Até 2007, haviam sido registrados 378 pessoas, e esse número está subindo. Essa homenagem é crucial, mas também arriscada. Há o perigo, escreve Sarah Lamble na segunda *Transgender Studies Reader*, de que "a própria existência das pessoas transgênero seja atestada por sua morte": de que as pessoas transexuais venham a se definir como objeto de violência acima e além de qualquer outra coisa (a violência que as aflige usurparia a identidade que buscam). "Nesse modelo", continua Sarah, "as reivindicações na justiça baseiam-se na prova de que aquele grupo não apenas é o mais oprimido, mas também o mais inocente", o que significa que as pessoas transexuais nunca poderiam ser implicadas na opressão de outras.[151] Aparentemente, a lista de vítimas nos arquivos não fornece nenhuma informação sobre idade, raça, classe ou circunstâncias, embora ativistas sejam predominantemente brancos e as vítimas, conforme observado, quase invariavelmente pessoas não brancas, de maneira que, quando as imagens são justapostas, reproduzem um dos piores tropos do colonialismo: pessoas brancas como redentoras das pessoas negras mortas. No ponto central da cerimônia de recordação, os indivíduos dão um passo à frente para falar em nome dos mortos. O que está acontecendo aqui? Que fetichização — palavra de Sarah Lamble — é essa da morte? O que sobrou dessas vidas complexas que, ao não serem inteiramente relatadas, deixam de ser inteiramente homenageadas?

Estamos testemunhando uma mudança radical, embora isso não chegue ao noticiário. Agora há o apelo não apenas para a necessária catalogação da violência contra as pessoas transexuais e seu reconhecimento como opressão, mas também para que isso se torne parte de uma visão mais ampla e politicamente expansiva. Estamos testemunhando, eu diria com alguma hesitação, o primeiro indício de que a categoria transexual possa, um dia, como supremo ato de emancipação, abolir a si mesma. Em um de seus ensaios mais conhecidos, "Women's Time" ["O tempo das mulheres"], de 1981, a teórica psicanalítica e literária Julia Kristeva argumentou que o feminismo, e de fato o mundo todo, entraria num terceiro estágio com relação à diferença sexual: depois da demanda por direitos iguais e, em seguida, da celebração da feminilidade como o outro da norma, virá um tempo em que a distinção finalmente desaparecerá como relíquia metafísica de uma época passada. Na segunda *Transgender Studies Reader*, Morgan Bassichis, Alexander Lee e Dean Spade pedem por um movimento trans e queer atento sobretudo à pauta neoliberal, que exacerba a desigualdade, consolida a autoridade estatal e aumenta os números do encarceramento ao redor do mundo. Até agora, a resposta oficial dos Estados Unidos à sistemática e fatal violência infligida às pessoas trans e queer tem sido basicamente uma legislação sobre os crimes de ódio, atrelada a projetos de lei de defesa, o que eleva as sentenças de prisão e endurece a lei local e federal. Em 2007, o Projeto de Lei de Não Discriminação no Emprego foi esvaziado da proteção da identidade de gênero. Bill Clinton — perdão, Jayne County — pode até ter liberalizado a vida sexual da nação, mas, sob seu governo, a Lei de Reconciliação de Responsabilidade Pessoal e Oportunidade de Trabalho, de 1996, limitou a ajuda e aumentou as penalidades dos beneficiários da assistência social. Dessa perspectiva, Clinton se torna, assim como o ex-primeiro-ministro britânico David Cameron, um líder cujo liberalismo social, inclusive sobre questões sexuais, foi o que lhe permitiu passar políticas econômicas brutalmente injustas com uma facilidade desconcertante (Cameron vai agora entrar para a história como o líder que precipitou o desastroso referendo do Brexit, de 2016).

"A resistência trans crítica ao poder estatal injusto", assim os editores da *Reader* introduzem seu ensaio, "precisa atacar problemas como a pobreza, o racismo e o encarceramento se quiserem fazer mais do que consolidar a legítima cidadania dos segmentos mais privilegiados das populações trans." Quando se fala de privilégio, tudo adquire outro aspecto. Bassichis, Lee e Spade fazem um apelo para que a transexualidade e o queer se tornem parte de um movimento não mais direcionado apenas às minorias sexuais, mas a um objetivo mais amplo, e agora visto como mais radical, de abolição das prisões nos Estados Unidos. "Não podemos mais", declaram, "permitir que nossa morte seja a justificativa da morte de tantas outras pessoas através das ações policiais, da prisão e da detenção."[152] Há aqui também um vínculo com a questão da agressão sexual e o contra-ataque jurídico contra ela, que foi o tema do primeiro capítulo — entre os acusados desses crimes, o número de homens não brancos é, nas palavras da professora da Faculdade de Direito de Harvard Janet Halley, "assustadoramente alto".[153] Nenhuma luta pela emancipação pode se dar ao luxo de ser cooptada por um poder estatal discriminatório e mortífero. O frequente e fortuito assassinato de homens negros nas ruas dos Estados Unidos vem à mente de imediato como parte desse quadro mais amplo em que, insistem Bassichis et al., as políticas progressistas deveriam ser estabelecidas. Uma realidade e uma demanda que ganharam urgência renovada com o assassinato pela polícia de Minneapolis, em maio de 2020, em meio à pandemia, de George Floyd, ao qual precisamos acrescentar o de Breonna Taylor, de Louisville, no estado de Kentucky, que era mãe de uma criança de oito anos e foi morta em março, enquanto dormia na própria casa. Na *Transgender Reader*, Bassichis e seus colegas editores têm a última palavra (o último ensaio do livro).

A morte não deve ser uma desculpa para mais mortes. Obviamente não cabe a mim fazer esse apelo em nome das pessoas transexuais. Escrevo aqui na posição de uma mulher cis, uma categoria que acredito, como espero que a esta altura esteja claro, ser vulnerável à exposição e à ruína, para dizer o mínimo. Hoje, as pessoas transexuais — homens, mulheres, nenhum deles, ambos — estão tomando a cena pública mais do que nunca. Nas palavras da reportagem de capa da *Time* de maio de 2014, trans é a "próxima fronteira dos direitos civis americanos".[154] Desde então, o mundo retrocedeu e avançou, às vezes, ao que parece, quase em um único passo. Em 12 de junho de 2020, Trump incluiu em sua cruel pauta contra as pessoas trans a retirada dos direitos civis dos transgênero à assistência médica.[155] Três dias depois, em uma vitória inesperada, amplamente acolhida como um revide parcial a Trump, a Suprema Corte dos Estados Unidos invocou a Lei de Direitos Civis de 1964 para garantir à população trans, gay e lésbica proteção integral no trabalho.[156] Assistência médica, proteção trabalhista, direitos civis, encarceramento — cada um deles ressoa na luta pela liberdade trans. Embora nem sempre pareça assim em campo, talvez o ativismo trans esteja — exatamente — em posição de avançar no que muitas vezes se afigura impossível: um movimento político que conte o quanto é único mas não exclusivo, que não separe, num mundo de desenfreada injustiça, uma luta por igualdade e dignidade humana de todas as outras.

Trans e assédio sexual: A história de fundo

Em meados da década de 1890, bem no início da psicanálise, Sigmund Freud encontrou uma jovem numa montanha em Hohe Tauern, uma das partes mais altas dos Alpes orientais. Pelo vestido, julgou que não se tratava de uma empregada, embora tivesse servido o jantar a Freud na pousada em que estava hospedado; era mais provável, presumiu, que fosse a filha da proprietária. No entanto, é a única entre cinco mulheres de seu trabalho inicial *Estudos sobre a histeria* a não ter sido dotada de nenhum título — *Fräulein*, *Frau* ou Senhorita —, sendo simplesmente chamada de "Katharina" (embora Freud cite a si mesmo dirigindo-se a ela como *Fräulein* duas vezes ao longo do relato). Pouco a pouco, ele desvenda uma história de abuso sexual pelo pai, correção feita por Freud em uma nota final de rodapé, substituindo o "tio" que havia sido referido ao longo de toda a narrativa: "A garota adoeceu, portanto, em decorrência de tentativas de sedução sexual que partiam do próprio pai" (o alemão "den sexuellen Versuchungen", que significa "tentações sexuais", mas foi traduzido de maneira um tanto desinteressante como "tentativas de sedução sexual", sugere sedução, mas igualmente abuso).[1] Trata-se do caso mais curto, mais simples do livro, talvez de toda a sua obra. No mínimo, parece justo acreditar que, como observa o próprio Freud, ele só pôde ouvir Katharina completamente porque, em termos de geografia e classe, ele havia se afastado de tudo. Um analista atualmente em atividade sugeriu que Freud cometeu um erro fatal ao descer da montanha, literal e metaforicamente, em que seus pensamentos e o encontro entre "médico" e "paciente" eram tão independentes, fluentes e claros.[2]

Em sua maioria, no entanto, os analistas tendem a concordar que apenas quando Freud passa desse momento — a violação que ele narra — para a esfera mais complexa da fantasia inconsciente é que a psicanálise propriamente dita terá início. Ainda assim, a história da violência traumática e de sua memória acompanha de perto o restante dos escritos de Freud, até mesmo ampliando seu alcance. Isso está no coração de sua grande obra final, *Moisés e o monoteísmo*, como o trauma fundador de um povo, o seu próprio, que enterrou a memória da violência que os constituía enquanto povo (ao sugerir que havia dois homens chamados Moisés, tendo o primeiro deles assassinado os próprios seguidores, Freud insere um ato de violência nas origens do laço social).[3] Está no âmago da segunda tópica, ou estrutura da mente, em que o conceito da pulsão de morte irrompe das entranhas traumáticas da Primeira Guerra Mundial.[4] E está não menos presente, penso, no relato tardio de Freud sobre a sexualidade feminina, que percorre o desastroso caminho da menina selvagem e ativa, para quem todas as opções do mundo estavam, na origem, gloriosamente abertas, em direção à normalidade. Ela precisa subjugar a própria natureza a serviço da espécie, um caminho que ele descreve, no artigo de 1931 sobre o tema, como — em suas palavras — "danificado" ou "catástrofe". (O termo alemão "Umsturz" tem a conotação militar de um putsch, ou golpe de estado, do qual as pulsões ativas da menina são "vítimas": "*geschädigt*").[5] Isso faz da "normalidade" uma distorção e/ou um sacrifício. Como digo a meus alunos, indo contra uma influente análise crítica, a psicanálise nunca afirma que não é verdade que você sofreu abuso ou que, se sofreu ou não abuso, não importa. Em vez disso, afirma que os males da condição humana são genéricos, que, mesmo que não tenha sofrido abuso, *ainda assim importa*.

"A exigência [...] de uma vida sexual uniforme para todos", escreve Freud em *O mal-estar na civilização*, é "fonte de grave injustiça" ("*Ungerechtigkeit*").[6] Para uma mulher, Freud chega quase a dizer, a normalidade é, por si só, uma ferida da qual nenhuma menina se recupera completamente. A notícia de que o bebê é uma menina chegará não como revelação biológica de dentro do seu corpo, como insistem contra Freud os tradicionalistas, mas como uma forma de perplexidade psíquica, quando o mundo exterior impõe a exigência de que ela triture a própria sexualidade até moldá-la. É uma espécie de invasão. Em seu artigo de 1930 sobre o masoquismo na vida mental das mulheres, considerado pelas críticas feministas um de seus mais ofensivos textos, a psicanalista Helene Deutsch faz a notável observação de que é pela via do masoquismo — fantasias de castração ou estupro nas mãos do pai — que uma mulher incorpora seu papel sexual (em outro artigo, ela fala dos "traumas primários" da incipiente vida sexual da menina). Ela não está, a meu ver, autorizando misoginia e agressão, mas fazendo a insinuação muito mais alarmante de que a violência contra as mulheres está fisicamente inscrita no coração da jornada de uma mulher rumo ao seu "destino" sexual.[7] Justamente, quase um século depois, Raphael, o paciente de Melanie Suchet debatido no segundo capítulo, explicará que somente se "menino" estiver inscrito em seu corpo é que ele conseguirá evitar essa ameaçadora cena interna e se permitir ser penetrado sem pavor. "Estar vulnerável na posição de menina", comenta Melanie, "é perigoso demais."[8]

Uma das mais corajosas imagens dos primórdios da obra de Freud é sua descrição de uma paciente histérica a quem alude brevemente no artigo "As fantasias histéricas e sua relação com a bissexualidade", de 1908, que apertava o vestido contra o corpo com uma mão (como uma mulher) enquanto tentava arrancá-lo com a outra (como um homem), o que ele interpreta como uma cena de estupro.[9] E extirpada sua sustentação chauvinista — algo que recomendo fazer com relação a Freud sempre que possível —, o conceito de castração é certamente mais bem compreendido como indicador da brutal realidade da diferença sexual, o machado que deve cair tanto no menino quanto na menina para que sejam empurrados à força para o lugar sexual que lhes foi designado. Poderíamos chamar a isso de selvageria da diferença sexual num mundo dito civilizado.

A psicanálise, então, tem início com o abuso da filha da dona da estalagem pelo pai, uma coerção que em seguida se espalha pelo próprio cerne da norma — daquilo que se está pedindo *das* mulheres ao se pedir que *sejam* mulheres — e, dali, pela belicosa paisagem das nações. À medida que o trauma amplia seu campo de ação, um de seus apelos mais duros e persistentes, afinal, é que as meninas sejam meninas, e uma das mais radicais proposições da psicanálise — para mim até hoje — é que nenhuma menina ou mulher simplesmente é. Poderíamos então especular que o abuso sexual tem como um de seus objetivos marcar o corpo da mulher, eliminar qualquer ambiguidade nesse quesito. (O estupro "corretivo" de lésbicas relatado na África do Sul pós-apartheid seria apenas uma expressão daquilo que sempre está em jogo em algum lugar.) Nem é preciso dizer que, se o abuso é projetado para lembrar a menina ou a mulher daquilo que ela é, ele também se destina a conferir à maioria dos agentes masculinos que o praticam uma autoridade igualmente fraudulenta sobre uma masculinidade não menos instável e descrente por si só. O abuso poderia ser descrito como uma performatividade masculina em seu modo degenerado: "Sou homem". É uma forma de policiamento. "A dor", escreve Sara Ahmed, "envolve a violação ou a transgressão da fronteira entre o interior e o exterior, e é por meio dessa transgressão que sinto a fronteira antes de mais nada."[10] Sara é a filósofa feminista que, em 2016, pediu demissão da Goldsmiths, em Londres, pela incapacidade da instituição de lidar adequadamente com as questões de assédio sexual. Interpreto a partir de sua fala que o abuso estabelece a própria e fraudulenta lei, violando a fronteira ao mesmo tempo que a assegura.

Por trás do problema do assédio sexual, existe, portanto, mal disfarçada, a controvertida questão da diferença sexual. São irmãos de sangue, por assim dizer. E a questão da diferença sexual, que Freud reconhece como "interminável" nas suas últimas obras, leva-nos de volta à voz das pessoas trans. "Todo mundo", escreve Kate Bornstein, "tem de trabalhar no sentido de ser homem ou mulher", mas "as pessoas transgênero provavelmente estão mais cientes de realizarem esse trabalho".[11] Apesar da recente atenção dedicada à experiência trans e da real mudança na consciência pública, essa ideia permanece como anátema para muitos (nenhuma surpresa para a psicanálise, que sabe que a alteração no nível da vida consciente nunca é o bastante). Ou mesmo uma abominação, uma "ruptura impossível na normalidade da vida, como um súbito e cruel assassinato" — palavras usadas por Esi Edugyan em *Washington Black*, um dos romances finalistas do Booker Prize de 2018, para descrever dois botos unidos no útero, fetos a compartilhar um único corpo: milagre e monstruosidade, ambos.[12] De fato, para essa forma de pensamento, a própria ideia de "trabalho" em relação não apenas à identidade trans, mas também à não trans — Kate Bornstein é acima de tudo inclusiva —, seria tão abominável quanto absurda. "Se você quer um país com 63 gêneros, vote em Clinton", dizia um tuite na noite das eleições americanas de 2016. "Se você quer um país em que um homem seja um homem e uma mulher seja uma mulher, vote em Trump."[13]

A isso poderíamos acrescentar, "se você quer um assediador na Casa Branca, vote em Trump" — que, é claro, foi exatamente o que aconteceu, afinal, não somente na Casa Branca, mas também na Suprema Corte, ambas com bravatas e sem desculpas. Quando Brett Kavanaugh, na época indicado para a Corte, testemunhou em defesa própria contra a alegação de agressão sexual de Christine Blasey Ford — uma agressão que na hora ela vivenciou como possivelmente fatal —, sei que não estava sozinha em escutar suas palavras como uma das mais descaradas e estarrecedoras demonstrações de legitimação masculina de que se tem registro, sem nenhuma consciência, ou pelo menos não naquele momento, de que era essa mesmíssima versão de masculinidade que o incriminava e o tornava inadequado para o cargo.[14] A declaração de Trump de que agora todos podiam ver por que havia indicado Kavanaugh continha uma ironia da qual ele também manifestamente não tinha consciência. No auge da campanha eleitoral de 2016, Rudolph Giuliani concordou, na CNN, que os comentários de Trump sobre "agarrar xoxotas" passavam uma imagem de agressão sexual que era "realmente ofensiva num nível humano básico" (embora isso não o tenha impedido de bandear-se para o lado de Kavanaugh alguns anos depois). Trump teria respondido à sua "traição": "Rudy, você é um bebê! Tiraram a sua fralda ali mesmo [...].

Quando é que você vai virar homem?" (o título do livro de Bob Woodward do qual tirei essa citação é *Medo*).[15]

As feministas têm chamado a atenção para essa versão fraudulenta e perigosa da masculinidade desde sempre. Quando comecei a escrever este capítulo, cheguei em casa uma noite e me deparei com o e-mail de uma desconhecida da Pensilvânia relembrando-me e agradecendo-me, em referência ao drama que se desenrolava na Suprema Corte, por estas palavras que escrevi décadas atrás sobre Virginia Woolf: "O que interessava a Woolf era o patriarcado não como autoridade livre de entraves, mas como uma forma de fúria — a autoridade frenética por estar perdendo o controle da situação". Para citar Hannah Arendt mais uma vez, é o poder ilegítimo e/ou decadente que se transforma mais prontamente em violência. "O ego" do paciente narcisista, escreve o analista Benjamin Margolis, "é instável, de contornos cambiantes, incerto quanto às suas funções e inseguro em relação ao mundo exterior."[16] Ele escreveu em 1983, mas bem poderia estar definindo a masculinidade para lá de grosseira de Donald Trump. Poderíamos dizer que tanto a experiência trans quanto o abuso estão em contato com a injustiça da diferença sexual, à qual a primeira responde com um grito pela liberdade e o segundo, com absoluto terror.

Diria que a psicanálise foi a primeira a fazer a conexão, que percorre a obra de Freud de ponta a ponta, do abuso com o mito da masculinidade e da feminilidade num estado puro e genuíno. A psicanálise é, portanto, um dos lugares que precisamos visitar para compreender a linha tensa e potencialmente generativa que corre de lá para cá entre o assédio sexual e a experiência trans. Minha proposição básica é que, psicanaliticamente falando, eles são os dois lados de uma mesma moeda, ou até mesmo, na esfera do inconsciente, uma única e mesma coisa. Ou, dito de outra maneira, para uma cultura não muito simpática à psicanálise — e alguns diriam que a hostilidade vem piorando em um mundo cada vez mais mercantilizado —, a realidade do abuso e a crescente visibilidade da experiência trans, à medida que reclamam mais fortemente nossa atenção, constituem, juntas, o retorno do reprimido psicanalítico. Retornando aqui às vozes e histórias com as quais mais aprendi, meu objetivo é abrir o diálogo, fazer com que conversem entre si.

*

O nome verdadeiro da Katharina dos Alpes era Aurelia Öhm-Kronich. Na verdade, esse caso, ao contrário do que sugeriu o próprio Freud, não é nada simples, e sua complexidade ressoa ainda hoje. Katharina sofria de crises de falta de ar, de tonturas, da sensação de que um peso lhe esmagava o peito. "Sempre acho que vou morrer." Ela tem alucinações com um rosto que, como virá à tona, é o do pai abusivo, um rosto cujas terríveis contorções se devem não apenas à luxúria, mas também à raiva: "Sempre ameaçou me fazer alguma coisa; quando me via de longe, seu rosto se contorcia de raiva e ele avançava para mim com a mão erguida".[17] Esse rosto condensa poder sexual e vingança; o sufocamento experimentado por Katharina mostra que é presa de ambos. Na verdade, a revelação do abuso chega tarde — ou ao final, já que toda a história emerge, de maneira um tanto inacreditável, no decorrer de uma breve caminhada vespertina. Quando isso acontece, é causa de "espanto" para Freud. O que Freud começa a procurar e extrai primeiro de Katharina — embora também admita ser isso pura conjectura — é uma lembrança mais recente de quando ela flagrou o pai com a prima, Franziska, e depois contou para a mãe. Foi o que precipitou a desagregação de sua família e a ira de seu pai. Equivocadamente, Freud acredita que essa lembrança posterior seja a fonte de todos os problemas dela, porque a confronta com toda a verdade do que vivenciou nas mãos do pai mas que mal compreendia naqueles tantos anos anteriores. "Com bastante frequência", afirma ele, "havia identificado a angústia, em moças mais jovens, como consequência do pavor que acomete uma mente virgem quando pela primeira vez se depara com o mundo da sexualidade."[18] Em 30 de maio de 1893, o ano dos *Studies*, Freud escreveu a Wilhelm Fliess: "Vejo uma boa possibilidade de preencher mais uma lacuna na etiologia sexual das neuroses. Creio compreender as neuroses de angústia das pessoas jovens, presumivelmente virgens, que não foram submetidas a abusos". Por trás da sexualidade, escreve ele, há um contexto de coisas "que as pessoas tinham visto ou ouvido e entendido mal". Essa carta, comentam os editores, é o primeiro indicativo de sedução sexual no pensamento de Freud.[19] A história de Katharina sustenta-o até certo ponto, mas apenas até certo ponto. Ela está de fato horrorizada, mal consegue recuperar o fôlego, mas não fica claro se isso é resultado do abuso anterior, de seu despertar posterior e mais completo para a compreensão da sexualidade ou da brutal fúria do pai — muito provavelmente das três coisas.

Para mim, esse caso contém todos os traços do drama que irromperá nos nossos dias em forma de abuso, e indica, em certo nível, que as coisas não mudaram muito. Um pai abusando da filha, fazendo-a sentir que a vida está em risco tanto no ato — pense em Christine Blasey Ford — quanto nas repercussões depois que ela ousa falar. "Isso fica entre nós", responde a mãe de Katharina diante das revelações de abuso feitas pela filha. "Se ele colocar dificuldades, falaremos disso no tribunal, também" (nos restaria torcer para que a audiência fosse melhor do que provavelmente seria hoje).[20] Ao mesmo tempo, em suas tentativas algo desajeitadas de teorizar esse momento, Freud introduz conceitos que progressivamente tomarão lugar central no relato futuro da sexualidade humana: a ação diferida, ou "só-depois", em que a mente leva um tempo para registrar por inteiro aquilo que a confronta e a cena primordial por meio da qual a criança mentalmente representa um ato sexual que permanece além de seu completo entendimento. Para a psicanálise, a sexualidade está vinculada ao tempo do inconsciente e é registrada pela psique primeiro como um drama encenado antes de qualquer outra coisa. (Já podemos ver os contornos da ideia de Judith Butler sobre a dimensão performativa da sexualidade humana, da ideia de que as identidades sexuais que assumimos funcionam apenas se, como fantoches, forem feitas para interpretar a si mesmas.)[21]

A questão passa a ser: o que a descoberta da sexualidade humana, como prazer e/ou perigo, faz à mente humana? Freud vai progressivamente minimizar o fato e a extensão do abuso, assim como vai renunciar à ideia da inocência sexual nas jovens, mas, nesse primeiro dos seus casos, outra percepção me parece estar lutando para nascer. Sexualidade é angústia. Ela irrompe inicialmente em outro lugar — *"ein anderer Schauplatz"* (os termos que Freud usa para o inconsciente). Existe alguma coisa na sexualidade que escapa ao alcance de nossa mente. Reconhecer isso poderia, no entanto, ser um primeiro passo para evitar suas piores consequências — uma identidade sexual que não admite nenhum argumento e sujeita o outro a um poder incessante, seja na forma de pais que abusam das filhas ou de qualquer um que assevere, a despeito de todas as evidências, que não há problema algum, que, no que tange à sexualidade humana, o mundo é exatamente o que deveria ser e sempre será; acima de tudo que, no campo das questões sexuais, sabemos exatamente quem achamos que somos. A experiência trans, sem dúvida, conta outra história. É por isso que não vejo como coincidência que as duas realidades — abuso sexual e cena trans — tenham surgido na consciência pública mais ou menos ao mesmo tempo.

Vale a pena lembrar a perturbação que essas primeiras ideias provocaram. Freud sabotou uma versão de sexualidade, agraciada e imposta por Deus e seus servos, que até hoje persiste, em toda a sua entorpecente coerção. Acrescentou uma dimensão inominável. Basta seguirmos esse percurso um pouco mais adiante e veremos que a questão do assédio se apresenta desde os primórdios da psicanálise. O dr. T. D. Savill, médico e patologista radicado em Londres, estava em atividade no início do século 20, quando as ideias de Freud começavam a circular (assim como Freud, ele também traduzira as *Clinical Lectures* [Lições clínicas] do eminente neurologista Charcot, no hospital da Salpêtrière, em Paris, onde Freud, então um jovem médico, se deparou pela primeira vez com a histeria). Savill foi um dos três membros do Comitê Médico instaurado em 1908 no Hospital de Doenças do Sistema Nervoso, Paralisia e Epilepsia, na região do West End, em Londres, para julgar as acusações apresentadas contra Ernest Jones — figura central na história da psicanálise, colega próximo de Freud e seu primeiro biógrafo — em reação a alegações de comportamento sexualmente impróprio com uma das jovens pacientes sob os cuidados do hospital. A moça reclamou que Jones levantara questões sexuais enquanto conversavam; Jones respondeu que havia sido incentivado a agir assim, em parte para testar a hipótese de Freud, por um dos médicos que trabalhavam no caso. Pediu demissão do hospital e no ano seguinte, sob suspeita, trocou o Reino Unido pelo Canadá.[22]

Nesse estágio da carreira, Jones era conhecido nos círculos psicanalíticos pela reduzida compreensão das ideias de Freud a respeito do lugar da sexualidade na etiologia das neuroses (ele parece ter aludido a essas ideias mais para se safar). Savill, por outro lado, estava atualizado e rejeitou-as completamente. Para Savill, ao escrever para *The Lancet* em 1909, o transtorno histérico era precipitado por alterações fisiológicas no cérebro devido à variação vascular, ou vasomotora. Recusando-se a reconhecer essa realidade, argumentava ele, a psicanálise estava, de maneira desnecessária e destrutiva, pondo "em atividade [...] as lembranças mortas de um passado sexual", revivendo "choques" emocionais relacionados "direta ou indiretamente a questões sexuais" e, por conseguinte, colocando o paciente e o médico em risco: "há uma boa dose de perigo", escreve ele, "tanto para o paciente quanto para o médico, em empreender essas investigações e essa linha de tratamento".[23]

O que está dizendo senão que uma terapia que invoca traumas passados não é melhor, sendo mesmo pior em alguns aspectos, do que o próprio trauma original? ("Arriscada", "prejudicial", "totalmente injustificada".) "Choque" é eloquente, um conceito que Freud emprestou originalmente de Charcot, que o usava para descrever os choques ao sistema nervoso que ele via como causa da histeria. O filósofo judeu-alemão Walter Benjamin dá ao conceito uma dimensão política adicional ao tirá-lo diretamente de Freud para descrever a mente atordoada pela esmagadora modernidade das ruas da cidade: a sexualidade e o capitalismo desenfreado, ambos deixam a psique indefesa. O vocabulário de Savill é revelador: é a própria instituição médica que se torna a "mente virginal" tomada de "horror" diante da sexualidade. Como se a psicanálise fosse uma forma de agressão, como se brincasse levianamente com os corpos e as mentes que deveria curar.

Como hoje se sabe, o caso de Jones não é aberrante nem excepcional. O abuso vai acompanhar a profissão de maneiras certamente não previstas por Freud, embora, para alguns, a análise da própria filha, Anna, dê a sensação de ter sido inadequada e de ter deixado em seu rastro um legado de erros de julgamento. Em seu poderoso livro *Mortal Gifts — Death and Fallibility in the Psychoanalytic Encounter* [Dotes mortais: morte e falibilidade no encontro psicanalítico], a psicanalista radicada em Boston Ellen Pinsky recentemente argumentou que a conduta sexual imprópria é praticamente endêmica na psicanálise. É, no mínimo, latente ao "delírio olimpiano" de domínio que se aninha na cena psicanalítica. Contra delírios assim, a tarefa do analista, sugere ela, é permitir a falibilidade e a morte, até mesmo a mortalidade do analista, no consultório, como o único verdadeiro modo de revogar seus próprios poderes. Nem o recurso ao altruísmo nem os interesses do paciente colocados em primeiro lugar garantem a prevenção do dano: "Quanto mais o terapeuta acredita em uma capacidade heroica para o atendimento altruísta do paciente", escreve Ellen Pinsky, "mais é concebido como estando ele mesmo acima de ser sujeito, maior é o perigo de apagamento da linha que mantém o paciente em segurança".[24]

O apagamento de si é, então, a outra face da tirania: até mesmo, desenvolve ela, "uma visitação como um touro ou um cisne ou uma águia".[25] Fiquei impressionada com aquele touro, aquele cisne, aquela águia, hostis visitantes dos campos, das águas e dos céus (cada um deles extraído das devastações de Zeus, também ele a perfeita evocação do abuso). Talvez esses primeiros médicos tivessem razão. Intimar o choque da sexualidade humana coloca nós todos em perigo mortal. Assim como tudo o mais que é capaz de fazer, a sexualidade ameaça. Desde que acrescentemos que a maior ameaça de todas decorre da crença de que a sexualidade é sua posse, que ostentar a sexualidade — "agarrar xoxotas", por assim dizer — vai nos isentar da falha humana, em vez de exemplificá-la em sua pior forma. Um abusador na Casa Branca é previsível e assustador, porque dá vida à fantasia da sexualidade como um poder irrestrito. A "fantasia" é fulcral. Para Juliet Mitchell, esses homens se enquadrariam na categoria de "histéricos masculinos", outra figura do início da psicanálise que, insinua ela, perdeu-se, embora seu reconhecimento nunca tenha sido tão necessário quanto hoje.[26] ("Talvez tenha sido muito emotivo", disse depois Brett Kavanaugh a respeito do próprio depoimento, como se ele mesmo, sem explicitamente o reconhecer, estivesse tentando evitar o insulto.) Tal como entendo, a uma tal fantasia de poder ilimitado tudo o que é criativo na psicanálise se opõe. Precisamos, então, agarrar-nos a duas percepções, ainda que no atual clamor do assédio elas pareçam às vezes estar em desacordo. A primeira, mais óbvia: o abuso sexual é real, seja ele cometido por pais, terapeutas, acadêmicos, presidentes ou juízes da Suprema Corte. A parte queixosa deve ser ouvida — o grito de alerta do #MeToo. O escárnio público de Trump ao testemunho de Christine Blasey Ford para a debochada aprovação de seu público no Mississipi — eles entoaram "Prisão para ela!" —, e depois a rejeição das acusações como sendo uma farsa, mostram o quanto ainda temos de avançar nessa premissa básica (desnecessário dizer que outro testemunho apresentado contra Kavanaugh de seus tempos de estudante não fez diferença alguma).[27] E então: a sexualidade é aberrante. Não é serva de nenhum homem.

✳

Em certo sentido, aquele tuite da noite das eleições — "Se você quer um país com 63 gêneros, vote em Clinton. Se você quer um país em que um homem seja um homem e uma mulher seja uma mulher, vote em Trump" — estava certo. A diferença sexual, em sua versão homologada, e a experiência trans pertencem a mundos diferentes (um endurecimento das artérias versus uma abertura dos poros). E, ainda assim, claro que não é verdade que, para uma pessoa transexual, a sexualidade esteja fora da esfera da lei. De fato, esse assunto passou para o centro do debate, por vezes virulento, sobre as questões transgênero no Reino Unido. Em janeiro de 2016, o relatório *Transgender Equality*, da Câmara dos Comuns, considerou que o certificado médico exigido para o registro legal de um novo gênero patologizava a transexualidade e era "contrário à dignidade e à autonomia pessoal dos transexuais".[28] Como resposta, encomendou-se e publicou-se, em julho de 2018, uma consulta a respeito da reforma da Lei de Reconhecimento de Gênero, de 2004. A nova lei proposta faria com que o reconhecimento legal de uma pessoa transgênero não mais fosse dependente de aprovação médica, mas de uma autodeclaração da pessoa em questão. Em junho de 2020, Boris Johnson engavetou as alterações indefinidamente por meio de um anúncio à imprensa, sem dúvida imaginando que poderia evitar controvérsias e escapar do assunto até o último minuto da pandemia.

A ideia da autodeclaração tem espantosas e, sem dúvida, involuntárias ressonâncias com a fórmula do psicanalista francês Jacques Lacan para a formação psicanalítica, "*l'analyste ne s'autorise que de lui-même*", quase intraduzível, mas que, grosso modo, significa: "o/a analista toma sua autoridade apenas de si mesmo/a", ou "apenas o/a analista pode autorizar a si mesmo/a como analista" —, um experimento progressista, afinal fracassado, que veio em resposta a uma formação psicanalítica praticamente inalterada desde 1923.[29] Em relação ao transgênero, o que impressiona a respeito da mudança legal proposta é que, assim como no experimento de Lacan, a lei praticamente propõe eliminar a si mesma. Nessa questão, o Reino Unido não poderia estar mais distante dos Estados Unidos, onde, como vimos no segundo capítulo, o governo Trump propôs definir os sujeitos transgênero como legalmente inexistentes.

A alteração apresentada para a legislação do Reino Unido não foi recebida de forma alguma pela comunidade trans como um inequívoco ímpeto pela liberdade. A certificação médica pode até ser uma afronta à dignidade e à autonomia da pessoa trans, mas também pode ser a única base, nos Estados Unidos, por exemplo, para garantir o seguro-saúde para o processo de transição. Mas as divergências também vão muito mais fundo. Entre as muitas objeções à proposta legal no Reino Unido, uma delas, vinda de dentro da comunidade trans, chamou minha atenção. Em uma carta ao *Guardian*, em maio de 2018, um grupo de signatárias trans argumentou que uma linha pode e deve ser traçada entre uma pessoa trans que tenha passado por cirurgia e outra que não tenha. A proposta, escrevem elas, "nubla a distinção entre nós e as pessoas transgênero que permanecem fisicamente intactas".[30] Para as signatárias, o risco é que "pessoas de corpo masculino", entre elas fetichistas sexuais, usem a lei para exigir acesso a espaços exclusivos para mulheres. Claramente não consideram essas mulheres como mulheres "de verdade" — "de corpo masculino" é o sinal revelador. Porém, não reproduzem a pior versão desse argumento: que, ao invadir os espaços femininos, as mulheres transexuais são a pior corporalização do poder fálico (elas mesmas não estariam imunes a tal acusação).

O medo delas não é infundado. Em setembro de 2018, a detenta transgênero Karen White, uma pedófila com histórico de lesão corporal e múltiplos estupros, agrediu sexualmente outras prisioneiras após ter sido transferida para New Hall, um presídio feminino em Wakefield, no condado de West Yorkshire, na Inglaterra (depois foi condenada à prisão perpétua). O Ministério da Justiça emitiu uma declaração de que, antes de qualquer transferência desse tipo, antecedentes de natureza semelhante passariam dali em diante a ser levados em consideração.[31] Precisamos, contudo, ter cautela com a publicidade gerada por esses casos. Exemplos como o de White, afirmou Jenny-Anne Bishop, do grupo pelos direitos transgênero Transforum, são raros.[32] Na maioria das vezes, a violência corre na outra direção. Sabemos que indivíduos trans são regularmente objeto de violência sexual (um fato que aqueles que se opõem à Lei de Reconhecimento de Gênero mal mencionam, quando o fazem). As mulheres trans são alvo rotineiro nas prisões masculinas, assim como quando são forçadas a usar banheiros masculinos. No entanto, o argumento dominante é o de que mulheres trans em dependências femininas são uma ameaça para outras mulheres. Como já vimos, essa ideia se inscreveu com renovado veneno por todo o país sob Trump, em uma legislação que, desprezando — na verdade, cortejando — o perigo enfrentado pelas mulheres trans em instalações masculinas, insiste em que as pessoas trans devem usar banheiros que correspondam ao gênero com o qual nasceram.

O que me impressionou no fraseado daquela carta no *Guardian* — que a proposta "nubla a distinção entre nós e as pessoas transgênero que permanecem fisicamente intactas" — são as palavras "fisicamente intactas". Isso sugere que a transição genuína depende da insígnia da mutilação ou do dano físico. Somente um corpo inscrito com a marca da diferença sexual é que é verdadeiro. A identidade trans deve se basear num ferimento. A lei procura abster-se da esfera da vida sexual. A resposta é apelar a uma versão da diferença sexual fundada na dor. Essa lógica tampouco está de todo distante de um outro lado, não menos eloquente, desse debate. Kate Bornstein é uma das ativistas trans com quem mais aprendi sobre a ideia de uma vida trans não como transição, mas como uma aparentemente infinita pletora de formas e comportamentos sexuais. Em vez de pôr um fim a sua jornada, passar pela cirurgia de redesignação de homem para mulher abriu caminho para uma infinidade sexual. Suas memórias, como vimos, começam com ela talhando no peito o desenho de um coração em cima do próprio coração, um ato que ela mesma relaciona com a cirurgia de redesignação de gênero.[33] Mas, para Bornstein, o ferimento não fundamenta nada em termos de diferença sexual. Ao contrário — às vezes dolorosamente —, ele intensifica as possibilidades sexuais à disposição (as páginas sobre sadomasoquismo que ela aconselha os leitores a pular, caso prefiram). E, como vimos no segundo capítulo, Kate Bornstein também declarou publicamente — para a irritação de outras pessoas da comunidade trans — que as pessoas deveriam ser livres para convidar quem quisessem para seu espaço privado e que as mulheres trans que se opõem a isso deveriam "parar de se comportar como homens com senso de legitimidade".

Sei que a ideia de um ferimento autoinfligido ou livremente escolhido é uma das principais causas de repulsa em relação às pessoas trans no chamado mundo hétero ou "cis" ("Como podem?" é o bordão; "Como não poderíamos?", a resposta). Também isso tem sido um desafio para a psicanálise. Para Melanie Suchet e Sandra Silverman, em sua complexa, aberta e profunda interpretação do trabalho com pacientes trans, a perspectiva de se submeter a uma transição cirúrgica completa representa um ponto de passagem que ambas, como analistas, pelo menos a princípio, sentiam-se incapazes de apoiar totalmente.[34] Ainda que, no capítulo anterior, tenhamos também nos deparado com a analista Avgi Saketopoulou, que vê como sua tarefa clínica primordial com pacientes que vão passar pela cirurgia de redesignação sexual ajudá-

-los a descobrir uma maneira de reconhecer e vivenciar o luto da realidade do corpo que estão deixando para trás.[35] Por mais inquietante que essa perspectiva sem dúvida pareça a muitos, será que esses atos simplesmente não trazem à superfície da consciência, ou recriam em tecnicolor, uma violência latente em todos nós, conforme descreve Helene Deutsch, no modo com que a sexualidade inconscientemente se organiza? "Acredita-se que a palavra 'sexo'", escreve André Green em seu ensaio de 1973 sobre o gênero neutro, "venha de *secare*: 'cortar, separar'." Uma vez unidos, os dois sexos tiveram de ser separados: "Onde existe uma diferença", prossegue Green, "existe um corte, uma cesura".[36]

Há pouco mais de um século, a ideia de que abrigássemos no inconsciente os resíduos de uma perversidade polimorfa bissexual era inassimilável para a maioria (mais uma razão para que o movimento de Freud do abuso para a fantasia inconsciente dificilmente possa ser interpretado como se ele estivesse evitando se arriscar ou tentando restaurar sua credibilidade com a ordem instituída). Afinal de contas, é certamente fundamental para a psicanálise que os componentes mais problemáticos da vida sexual sejam algo com que todos estaríamos melhor se reconhecêssemos estarem eles escondidos dentro de nós. Para dizer da forma mais simples possível, a psicanálise, a meu ver, apresenta-nos — apresenta ao mundo — duas proposições incontestáveis: as coisas são mais difíceis do que desejaríamos, e somos mais estranhos do que gostamos de nos imaginar. Ambas, é claro, atravessam as pretensões e as iniquidades de nosso mundo neoliberal, que finge que, se nos esforçarmos o bastante para comprá-la, a perfeição está à disposição de todos. Nas palavras de Moustapha Safouan, em seu livro sobre a civilização pós-edipiana, "nada é tão distante da sexualidade quanto o capital".[37]

É certo que o corte não é um desejo compartilhado por muitos. A não ser, talvez, em alguns de nossos sonhos. Para relembrar um dos momentos mais impressionantes com que Vanessa Grigoriadis se deparou em sua pesquisa sobre o assédio sexual no campus nos Estados Unidos: o aluno que explicou como ele veio a compreender que as supostas fantasias de estupro das mulheres não eram reais porque "os homens não querem que cortem seu pênis, mas sonham com isso mesmo assim" (ainda que seja um tanto inacreditável, ele foi um dos alunos do sexo masculino mais solidários que ela conheceu ao longo da apuração).[38] Lacan certa vez afirmou que, no caso de pessoas histéricas, a membrana entre o ego e o inconsciente é fina como papel, permitindo assim que vislumbremos aquilo que costuma permanecer invisível. Quem sabe, então, colocando o *agone* da diferença sexual em plena luz, o mundo trans esteja falando a verdade em nome de todos. No mínimo, o discurso trans traz à superfície da consciência o dano e a injustiça no coração da norma, algo que a comunidade trans vivencia talvez mais intensamente que a maioria. Nas palavras de Susan Stryker:

> Uma violência da generificação é a condição fundadora da subjetividade humana; ter gênero é a tatuagem tribal que torna cognoscível uma individualidade. Fiquei por um momento entre as duas violações, a marca de gênero e a inviabilidade de viver na sua falta. Saberia eu dizer qual delas era pior? Ou saberia apenas dizer a qual delas eu sentia que poderia melhor sobreviver?[39]

Sabemos que a existência trans é uma questão de vida ou morte: o índice de assassinatos de pessoas transexuais é significativamente maior do que entre a população não trans e está em crescimento, assim como a taxa de suicídios e tentativas de suicídio. "Todos precisam votar no dia 6 de novembro como se vidas dependessem disso", declarou o ativista LGBTQIA+ Diego Sanchez, da organização Pais, Parentes e Amigos de Lésbicas e Gays (Parents, Family, and Friends of Lesbians and Gays, PFLAG), pouco antes das eleições legislativas americanas de 2018, em reação à proposta de Trump de abolir a existência legal de pessoas transgênero, "porque, de fato, dependem".[40] Em seu ensaio na primeira *Transgender Reader*, Dean Spade cita uma mulher trans que se dirige aos terapeutas em um momento no qual as triagens clínicas eram obrigatórias: "Que direito têm vocês de determinar se vou viver ou morrer?" (O artigo se chama "Mutilating Gender" [Mutilação de gênero].)[41] "Fomos criados", escreveu Audre Lorde em seu artigo "Os usos da raiva", de 1981, "para enxergar qualquer diferença para além do sexo como um motivo para destruição."⁴² Ela se referia, sem dúvida, às diferenças de idade, classe e raça — sobretudo raça. Parecemos, no pior sentido, ter percorrido um longo caminho desde então. Hoje, o racismo violento ainda permanece entre nós, enquanto a sexualidade se tornou uma das realidades mais violentamente contestadas do mundo moderno.

Em polos opostos do espectro político, o abuso e o transgênero nos confrontam com as mais perturbadoras dimensões da sexualidade humana (um pouco como um impasse, ao que parece). Sob a condição de reconhecermos, como Freud começou a reconhecer nos Alpes, que esses aspectos da sexualidade não são suplementares à sexualidade humana, mas residem em seu próprio núcleo. De maneiras completamente diferentes, tanto o abuso quanto o transgênero nos alertam de que nossos arranjos sexuais não são inocentes. Acreditar no contrário é realmente voltar à era anterior a Freud. A sexualidade é manchada pela mesma tinta da violência, é o membro fantasma da normalidade que, despreocupada e ilusoriamente, é esperado de nós compartilhar.

Ao longo da vida, notadamente diante das trevas que se abateram sobre a Europa por toda a década de 1930, essa era uma questão com a qual Freud se preocupava cada vez mais, mobilizando seus melhores esforços pela lucidez. Em sua segunda tentativa de mapear a mente humana, ele dividiu a vida psíquica entre Eros e a destrutividade, como se fossem contrários, ou diametralmente opostos. Esse dualismo veio logo depois do binarismo de seu primeiro esquema mental — realidade versus o princípio do prazer, ou as pulsões do ego versus as do objeto —, mas, como todos os grandes binarismos, esse também fracassará. "A mescla desses impulsos destrutivos", admite ele em sua famosa correspondência com Einstein sobre a guerra, "com outros eróticos e ideais, facilita naturalmente sua satisfação."⁴³ Longe de subjugar o pior do coração humano, Eros pode alimentar sua crueldade. Freud avançou muito com relação aos seus ensaios de 1914 sobre a guerra, em que havia proposto com mais segurança que os impulsos eróticos eram os mais apropriados para manter ao largo a destrutividade do ego. Mas agora estamos em 1932. Freud está lutando para preservar Eros como força inequívoca para o bem em um mundo cada vez mais perigoso.[44] Hitler será eleito chanceler no ano seguinte.

Não desejo percorrer o fio de Trump a Hitler — como faz Michael Moore em *Fahrenheit 11/9*, que em determinado ponto enxerta a voz de Trump numa sequência em que Hitler discursa num comício nazista. Não acredito que hoje (já) estejamos lidando com o fascismo, ainda que o Brasil, a Hungria, a Turquia, a Índia estejam se aproximando dele. Mas esses dois líderes certamente têm em comum a capacidade de mobilizar e autorizar, por puro prazer, a muito bem guardada obscenidade do inconsciente. Pense no impulso dado à base eleitoral republicana imediatamente após o caso Kavanaugh: a "turba virtual que nos atacou ao longo desse processo", observou o senador Mitch McConnell, líder da maioria republicana, depois da homologação, "incendiou nossa base".[45] Apenas o sexo bruto era suficientemente empolgante, ao passo que a redução nos impostos e uma economia "pujante", até aquele momento, provocavam indiferença. Para simplificar, sugeriria que, se não reconhecermos que Eros vem alimentando o perigo presente, ficaremos cada vez mais impotentes para detê-lo. Estamos sujeitos, sempre, a ficar impotentes mesmo assim.

✸

Então, onde está a esperança? Em alguns momentos, certamente, está no consultório, onde as defesas mais angulares, os muros que obstruem uma existência plena e dolorosamente vivida, podem por vezes, tanto para o paciente quanto para o analista, desmoronar. Ainda que, mesmo no consultório, os poderes de resistência ao mundo interior desconheçam limites (outra triste descoberta do final da vida profissional de Freud). Mesmo assim, por muitos anos, como uma espécie de introdução à conversa, pedia que meus alunos, vez por outra hostis à psicanálise, identificassem os lugares, no espectro cultural mais amplo, em que uma mulher podia declarar livremente não ser uma mulher ou um homem não ser um homem, sem nenhum perigo de serem ridicularizados ou mandados embora. Um dos meus momentos preferidos em toda a obra de Freud é uma nota de rodapé de 1915, no livro *Três ensaios sobre a teoria da sexualidade*: "Na concepção da psicanálise, portanto, também o interesse sexual exclusivo do homem pela mulher é um problema que requer explicação (*"ein der Aufklärung bedürftiges Problem"*), não é algo evidente em si, baseado numa atração fundamentalmente química".[46] "*Um problema* que requer de explicação" — imagine-se por um segundo indo ao médico para dizer que você tem um problema, que você só se sente atraído por pessoas do sexo oposto (pensando bem, não seria nada mau).

Eu sugeria que a resposta à minha pergunta era, portanto, primeiro a psicanálise e, depois, mas não menos importante, a escrita literária — onde, naturalmente, uma escritora está autorizada a entrar sem inibições no corpo e na mente de seus personagens masculinos, e também o contrário. Como no discurso do paciente analítico, a literatura também é mais bem registrada com a atenção flutuando livremente do que Freud certa vez descreveu como o "terceiro" ouvido. De maneira que minha última deriva neste capítulo será para a ficção literária, uma companhia constante ao longo deste livro. Especialmente porque, com renovada convicção depois de ler os 171 livros inscritos no Man Booker Prize de 2018, a literatura permanece para mim o lugar em que, como parte da tentativa cada vez mais urgente de mudar o mundo, o impensável ainda pode ser escrito e escutado: "coisas indizíveis não ditas", nas palavras de Toni Morrison. Logo no início da psicanálise, em *A interpretação dos sonhos*, Freud insistia que os poetas e os escritores, a quem ele tantas vezes apelou, chegaram lá antes dele, que eles eram os únicos que realmente sabiam do que ele estava falando. Nesse mesmo sentido, Lacan certa vez afirmou que apenas estudantes e entusiastas da literatura conseguiriam porventura apreender o conceito do inconsciente, porque, ao contrário dos positivistas científicos e históricos, não ficavam desconcertados com a ideia de que uma palavra, um sinal, um gesto, um fragmento de sonho — numa trilha potencialmente infinita de significações — pudesse, num exato momento, significar mais de uma coisa (como a identidade sexual, por assim dizer).

Dois romances finalistas do prêmio de 2018 colocam o leitor cara a cara com o abuso e a questão trans como incontestáveis verdades de nosso mundo. Cada um deles faz isso de uma maneira que responde ao que venho tentando explorar neste capítulo e ainda vai além. Então, primeiramente, e se Édipo fosse trans? E se Tirésias tivesse entrado no corpo de Édipo, usurpado sua pele? Essa é a aposta de *Everything Under* [Tudo debaixo], de Daisy Johnson, que tentou escrever esse romance três vezes e destruiu cada uma das versões anteriores até chegar a essa narrativa final.[47] *Everything Under* se desenrola nas vias navegáveis da Inglaterra, em canais e barcas, uma vida que mergulha sob as superfícies sólidas do mundo. Descreve a angustiada busca da jovem Gretel pela mãe que, depois de terem vivido juntas pelos rios, desapareceu de sua vida quando ela tinha treze anos. Acontece que isso é um padrão. A mãe havia abandonado o primeiro bebê, também originalmente chamado Gretel, cuja família adotiva, que lhe deu o nome de Margot, a narradora consegue rastrear. Eles não a viam desde que ela havia partido, repentinamente e sem nenhuma explicação, no início da adolescência. Aos poucos, vamos descobrindo que a vizinha da família, uma vidente trans, a única pessoa em quem Margot já confiara, disse a ela que fosse embora, depois de alertá-la de uma ameaçadora sina edipiana. Fugindo de seu destino, Margot começa a própria transição e se torna Marcus, despojando-se das insígnias da identidade sexual que havia sido levada a temer (mais uma guinada na tentativa não menos fracassada de Édipo de poupar a si mesmo).

O que acontece em seguida é evidentemente previsível. Passando pelo rio, Marcus é acolhido por um velho que, sem que ele tenha conhecimento disso, é seu pai (ainda chorando o desaparecimento de seu bebê e da mãe dele muitos anos antes), a quem Marcus mata acidentalmente. Horrorizado com seu ato, segue rio abaixo, onde encontra a segunda Gretel com a mãe, sem, é claro, nenhuma consciência do parentesco com elas. Ele e a mãe se tornam amantes. Em algum lugar, a mãe sabe, como acabaria por descobrir, que ele já havia um dia sido menina e também que — talvez — fosse seu primeiro bebê, desaparecido havia muito tempo. Como até esse ponto Marcus é retratado como um jovem adolescente, o romance levanta a questão de saber se a mãe, consciente ou inconscientemente, teria abusado sexualmente da própria filha (uma ideia que não havia ocorrido a nenhum de nós, jurados do Booker, até que o presidente do júri a apresentasse em nossa reunião final de maneira chocante).

Acredite ou não, *Everything Under* é uma leitura fácil, quase sempre prazerosa, em que cada passo dessa torturada e tortuosa trama complicada, como as águas nas quais está ambientada, flui bela e sem esforço. Trata-se de uma releitura de Édipo para nossos tempos. Desloca a figura de Tirésias — o homem-mulher, cegado por contar a verdade sobre o prazer sexual feminino — das margens do conto clássico para o coração da história em que as posições sexuais do homem e da mulher são embaralhadas para além da possibilidade de reconhecimento ou reparação. Com isso, o romance aniquila de uma vez por todas as normatividades que, na interpretação psicanalítica, esse conto mítico — apesar da catástrofe que atesta, infalível — está de alguma forma destinado a encarnar como uma lição para nós. É uma espécie de jogada imaginativa: e se Édipo fosse trans? O que isso faria da história em que nós, sujeitos ocidentais, fomos convidados a nos reconhecer? "Tudo o que tratamos na análise, seja a terapêutica ou a chamada análise de formação", escreve Safouan, "são os Édipos fracassados (*des Œdipes échoués*)."[48] Esse romance sugere que, quaisquer que sejam nossas afinidades ou identidades sexuais, não existe nenhum lugar confortável para se estar sexualmente no mundo moderno. Ele faz essa aposta na inconsolável porém mágica sociedade de desajustados, seres periféricos cuja existência marginal é intensificada, mas de forma alguma reduzida, pelo tema da experiência trans, que corre tão irretocavelmente ao longo do livro (o romance oferece uma história exemplar que é tão plenamente social quanto sexual).

Everything Under é agonizante. No final, Marcus se afoga, a mãe se enforca. Daisy Johnson dá adeus, assim, à alegação comum de que as pessoas trans vivem uma existência de delírio mercantilizado que coloca a ideia de livre escolha no reino da identidade sexual contra a história psíquica e a dor inconsciente. A experiência trans é outra forma de ser, mas — como se revela em praticamente todas as narrativas trans que abordei até aqui —, como em Édipo, não é de modo algum uma solução feliz para tudo. Pressupor isso seria alinhar os indivíduos trans à falsa perfectibilidade de uma cultura de consumo que nega a si mesma, colocando sobre eles um não menos injusto fardo de felicidade.[49] Como se qualquer pessoa, trans ou não trans, solucionasse completamente a vida sexual inconsciente, uma tentadora perspectiva a que o próprio Freud não estava de maneira alguma imune. Em seu artigo "A dissolução do complexo de Édipo", de 1924, ele sugere que a masculinidade emerge quando o desejo edipiano no menino é reduzido a ruínas e todos os vestígios são eliminados. Conforme assinalado por mais de um crítico, ele não apenas está oferecendo uma falsa imagem da masculinidade isenta de conflitos (que os céus nos ajudem), mas, já que nada nunca perece no inconsciente, também está indo contra toda percepção fundamental da própria psicanálise. Interpretei o romance de Daisy Johnson como se colocasse duas tarefas — permitir a fluidez do mundo, a liberdade trans, como poderíamos chamá-la. Mas reconhecer que não somos donos do nosso destino. Manter a complexidade da psique em cena.

✳

Terminemos, então, com o romance vencedor de 2018, *Milkman* [O leiteiro], de Anna Burns, cuja aclamação e notoriedade foram absolutas. Os leitores ficaram atônitos com sua presciência tanto com relação ao #MeToo quanto à questão da fronteira irlandesa, que tem sido tão central à disputa do Brexit no Reino Unido, tendo mais de uma vez levado as negociações a uma completa paralisia. De fato, Burns terminou seu romance em 2014, antes que qualquer um desses assuntos fosse notícia, e depois levou quatro anos para encontrar um editor. *Milkman* tem sido proclamado *o* romance da geração #MeToo. É uma história de "ocupamento", um termo que gostaria de ver passar ao léxico comum.* A ocupação é infligida por um paramilitar de quarenta e poucos anos à narradora de dezoito, cuja voz ininterrupta conta a história. Ele é sinistro, invasivo, ameaçador e, mesmo sem contato

---

* No original, em inglês, "encroachment", o ato de tomar direitos ou propriedades aos poucos, discreta ou secretamente. (N.T.)

físico, solapa o corpo e a alma dela. O romance oferece, assim, a resposta definitiva àqueles que tentam derrubar o movimento #MeToo com o argumento de que qualquer coisa que não seja uma agressão sexual violenta, cujas provas forenses a querelante deve esquadrinhar o mundo todo e o próprio corpo para apresentar, não conta (o evangelista Franklin Graham e vários republicanos defendem que, como Kavanaugh não estuprou efetivamente Christine Blasey Ford, mas só a agrediu e depois parou, seu "honroso" caráter se mantinha intocado).[50] A agressão violenta contra as mulheres também está presente desde a primeira página desse romance, que começa assim: "O dia em que Alguém McAlguém colocou uma arma no meu peito".[51] Em *Milkman*, não há nomes próprios. A voz que conta a história é a "irmã do meio", o ocupador é simplesmente o leiteiro, o que, de fato, ele não é. Dessa forma, o romance se torna genérico para qualquer mundo sectário, ainda que seu espaço e tempo sejam inequivocamente a Belfast da década de 1970, em meio ao que ficou conhecido como *The Troubles* [Os conflitos]. Para os que pensavam que os conflitos terminaram com o Acordo da Sexta-Feira Santa, de 1998, a questão que o romance levanta, a questão que o Brexit tem levantado com a ameaça de uma nova e dura fronteira entre o Norte e o Sul, é se de fato os conflitos realmente desapareceram (um dos piores desastres potenciais do Brexit é aquilo que pode reacender na Irlanda).

O leiteiro vale-se da violência do âmbito urbano. Segue a narradora, a assombra, aparece do nada em lugares onde nem deveria saber que ela poderia estar, ameaça fazer com que seu "talvez-namorado" seja morto. Primeiro para ao lado dela numa van, enquanto ela caminhava e lia, uma atividade que aproveita como uma janela de liberdade em meio a um mundo repleto de violência. Conforme argumenta Christopher Bollas em seu artigo sobre o incesto, o que o abuso destrói acima de tudo é a capacidade da vítima para o devaneio.[52] Até o leiteiro entrar em cena, essa jovem florescia em sua aptidão para viajar no tempo dentro de sua mente (ela lê principalmente livros do século 19 porque, com razão, não gosta do século 20). O leiteiro acaba com tudo. "Meu mundo interior", diz ela no meio da história, "desapareceu." Ele lhe provoca "entorpecência" [*numbance*], outra palavra que precisa passar para o léxico comum. "Ele tinha se infiltrado na minha psique [...]. A sensação era de injustiça."[53]

Na verdade, seu amor pela leitura durante as caminhadas sempre foi visto como indício de uma arriscada independência de espírito. É rotulada de louca ou de alguém "de comportamento inaceitável" pela comunidade, que agora começa, com base na observação casual — ou seja, sem absolutamente nenhuma prova —, a agitar rumores de que ela é amante do leiteiro. Qualquer respeito de que ela antes desfrutasse passa a definhar à medida que vai sendo confinada num sufocante mundo psíquico e social. "Vim a entender", comenta ela, "o quanto tinha sido trancafiada, o quanto eu tinha sido tolhida num nada cuidadosamente construído por aquele homem." Qualquer prazer sexual que ela tivesse tido em sua jovem vida é destruído. As tão desejadas atenções físicas de seu "talvez-namorado" (nada de "talvez" nesse quesito) começam a ser "repulsivas".[54] Cada tentativa com qualquer pessoa, até sua mãe, de descrever o que está lhe acontecendo é recebida com descrença e mais uma saraivada de insultos de conotação sexual contra ela. Somente sua própria voz contando a história, com profusa resiliência e humor diante de todas as adversidades, é que a salva. É o monólogo interior como cura pela fala. É também um tributo ao poder da escrita para fomentar a resistência e criar um mundo mais justo.

Para voltar ao lugar onde este capítulo começou: trata-se de uma garota que tem aproximadamente a mesma idade de Katharina quando conheceu Freud nos Alpes, na virada de outro século. Ficamos tentadas a lamentar como as coisas mudaram tão pouco de lá para cá quando se trata de abuso de jovens mulheres. Mas, ainda assim, *Milkman* também permite que fiquemos maravilhadas com a engenhosidade que essas mulheres, em sua luta para serem ouvidas, estão hoje reivindicando para si mesmas. Numa importante cena, ela é confrontada por um bando de tietes dos paramilitares, que abominam a "bolha segura, protegida, a bolha acomodada, decente" em que as mulheres estão destinadas a querer existir e deleitam-se com os dramas potencialmente fatais da vida com liberdade (Eros e Tânatos juntos). Ao mesmo tempo, vendo-se encurralada, ela começa a sentir que está sendo induzida a uma trágica forma de conhecimento sexual que chegou cedo demais (lembre-se de Freud a respeito de Katharina). "Essas mulheres", lamenta ela, "ameaçavam apresentar o sexo para mim como uma coisa desestruturada, uma coisa incontrolável, mas será que eu não poderia ter mais de dezoito anos antes de a consciência da confusão do imenso subtexto e dos contrários do sexo se abater sobre mim e me irregular?"[55] Ao lado de "ocupamento" e "entorpecência", o livro sem dúvida leva o prêmio pelo uso de "irregular" como verbo: "se abater sobre mim e *me irregular*".

Assim como no caso de Katharina, somos confrontados com a questão daquilo que o choque da sexualidade faz a uma mente despreparada; somos também confrontados com a possibilidade — que, conforme sugeri, não é menos central para a psicanálise — de que a sexualidade seja a única coisa para a qual a mente nunca estará preparada por completo. Em *Milkman*, a violenta realidade do abuso e os "incontroláveis" "contrários" do sexo subsistem, textualmente, lado a lado: "meus irreconciliáveis", "aquelas incontroláveis irracionalidades", "as ambivalências na vida" ou "o estranho algo da psique", para pinçar outras de minhas frases favoritas do livro.[56] Como já vimos, um dos maiores desafios de nosso tempo é certamente chamar a atenção para algo sem sentir que seja preciso silenciar ou sacrificar a complexa e incerta verdade de outro. Lutar pelos direitos das mulheres, dos destituídos e impotentes, ou de qualquer um que sofra discriminação, e, ao mesmo tempo, reivindicar um mundo com uma melhor compreensão psicanalítica.

Milkman não trata da experiência trans, mas, sem a menor dúvida, trata de fronteiras. Todos no romance vivem no limite, uma fronteira policiada por bombas, explosões, matanças e atrocidades que parecem ser indiscriminadas e precisas na mira. Ninguém escapa. Enquanto eu acompanhava essa fronteira colher seus efeitos mortais ao longo de todo o romance, era impossível não pensar naquela outra fronteira, a do *gênero*, que hoje é guarnecida de modo não menos feroz e com efeitos não menos letais. Então, para retomar a questão anterior, onde está a esperança? Como pensar diferente? Ou, nas palavras da narradora, "como viver de outra maneira"? Em seu mundo autocegante, formular tal pensamento já basta para enlouquecer qualquer um. Mas "não era esquizofrenia", ela insiste. "Era viver de outra maneira. Era, sob o trauma e a escuridão, uma normalidade tentando acontecer."[57] ("Normalidade" é uma das palavras de que menos gosto, mas, nesse caso, acolho-a com prazer.)

O que nos traz, finalmente, às "mini irmãs". Desafio qualquer leitor desse romance a não se apaixonar pelas irmãs menores, que, em sua divertidíssima personificação e espírito, permitem que retomemos a ideia de trans. Filósofas, lexicógrafas, classicistas, poliglotas, pensadoras políticas e humoristas muito adiante de seu tempo, não há limites para a sua amalucada, precoce "sede de conhecimento e aventura intelectual" (elas têm sete, oito e nove anos, respectivamente). Chamá-las de geniais não é exagero. São, para mim, as heroínas de *Milkman*. Perto do fim do romance, elas anunciam à irmã do meio que quaisquer cortes ou contusões que possa ver no corpo delas são resultado de se vestirem com as roupas de um casal adulto — famoso por ter abandonado os quatro filhos adolescentes em Belfast para seguir carreira internacional de dança — e andarem de nariz empinado pela rua. E "não apenas na nossa rua, mas em todas as ruas da região — até mesmo do outro lado da estrada de interface* em áreas de defesa, pois dei uma espiada e reparei nelas um dia enquanto andava e lia a caminho da cidade".[58]

As "mini irmãs" desprezaram as fronteiras, voando diante das piores defesas do mundo. Assim como sujeitos transgênero, transformaram a fronteira em algo a meio caminho entre uma piada e uma pergunta sagaz sobre si mesmas. "Elas alcançaram aquela excepcional condição de transitar entre os dois lados da divisão sectária", declara a irmã do meio, transbordante de admiração, "um feito que provavelmente não significava nada fora das áreas sectárias em questão, mas que, lá dentro, equiparava-se à mais rara e promissora ocorrência do mundo."[59] Trata-se do "brincar", aquilo que o psicanalista britânico

---

* Em Belfast, as áreas de interface são aquelas em que há a intersecção de zonas residenciais segregadas da classe trabalhadora, nas quais se opõem violentamente os republicanos nacionalistas católicos e os unionistas protestantes leais à Inglaterra. (N.T.)

D. W. Winnicott notoriamente atribuiu aos espaços transicionais da mente humana como fonte de toda a criatividade (de transicional para trans já seria um tópico completamente diferente).[60] Quando encontramos esses espaços — na sessão de análise, na página, nas ruas —, eles sem dúvida merecem ser classificados entre "as mais promissoras ocorrências do mundo". Mesmo que nunca tenham parecido mais difíceis de alcançar nem mais urgentemente necessários do que nestes tempos abusivos em que vivemos.

O feminismo e a abominação da violência

Quando estava escrevendo sobre Sylvia Plath, mais de vinte anos atrás, descobri que, quase simultaneamente, a ilustre crítica e biógrafa Diane Middlebrook escrevia sobre Anne Sexton. Concluídos os livros — pegamos o mesmo trem pelo menos uma vez a caminho de leituras pela Inglaterra —, ambas estávamos em um estado não apenas de euforia, mas também de choque. As duas poetas exigiram — uma solicitação que sentimos como um convite pessoal e exclusivo — que mergulhássemos naquilo que significava sofrer como mulher na década de 1950 e início dos anos 1960. Mas elas o fizeram com extremo vigor e estardalhaço, de modo a nos privar da narrativa mais óbvia de subordinação que se poderia esperar que tal sofrimento evocasse ou, no mínimo, a ir além dela. Sexton e Plath estavam com raiva — e tinham muitos motivos para estar. Mas, em ambos os casos, a raiva não impediu, como facilmente pode acontecer, o complexo ajuste de contas interno que, como mulheres, elas faziam consigo mesmas.[1]

Se essa realidade central unia nossos projetos e alimentava nosso respeito e amor pelas duas poetas, também anulava a mais impressionante discrepância entre as experiências de cada uma de nós na escritura do próprio livro. A cada passo, enfrentei — como tantos estudiosos de Plath — obstruções por parte dos executores do seu espólio literário, primeiro Olwyn e depois Ted Hughes, que detestaram meu livro e insistiam que era uma biografia, o que não era.[2] Achavam que eu havia transgredido os limites entre a crítica literária e a história de vida, uma história de vida cuja verdadeira versão sabiam estar, sem reservas, em sua posse exclusiva. O problema de Diane foi o oposto. Os executores do espólio de Sexton, ao contrário, cooperaram demais, inundando-a com o que hoje chamamos de "informação em excesso", seja na forma da liberação pelo analista de Sexton das fitas que, instruída por ele, ela gravava após as sessões para evitar que se apagassem de sua mente, seja nas revelações da filha de Sexton, que insistiu em fazê-las a Diane, de ser intimamente invadida pela mãe.

Se esse momento ficou na minha memória, é por causa do dilema ético que ambas enfrentamos. Nem Sexton nem Plath viveram para ver o nascimento da segunda onda do feminismo. É tentador, e não de todo impróprio, pensar que, tivessem elas usufruído da vantagem da percepção e da solidariedade feministas, talvez hoje as duas estivessem vivas. Certamente, a angústia delas como mulheres estava enraizada nos perigos da vida doméstica e da criação dos filhos, que eram o alvo daquela onda inaugural do feminismo e de sua denúncia mais ruidosa, para a qual figuraram entre as primeiras a elaborar uma linguagem poética, a lhe dar voz. Mas isso não era tudo. Sexton era um furacão emocional. No olho desse furacão, há uma história de violência doméstica — pelo pai, possivelmente pela tia amada, depois pela própria filha. Na medida em que essa narrativa migra entre gêneros e gerações, não há uma versão precisa a contar. Ela engole gente demais e regurgita através da vida e da escrita de Sexton (essa regurgitação é, sem dúvida, reconhecida hoje como a marca distintiva do abuso). Plath, por sua vez, sentia-se apanhada na armadilha de um desejo que a afundava em sua intensidade e a deixava presa à praia distante de um ideal doméstico que era um arremedo do próprio feroz e expansivo alcance imaginativo.

O que partilhávamos era o nosso respeito pelos riscos psíquicos que a condição de poeta permitia a essas duas mulheres assumirem, juntamente com a convicção de que a energia com que ambas o faziam é mais importante que o evento de sua morte. "O que mais desejo saber sobre a mulher do passado" não é, portanto, como quer a teórica jurídica e feminista Catharine MacKinnon em um artigo de

2006, "como ela morreu". Minha questão é, antes: "como ela viveu?".[3] E também desejo que essa questão seja capaz de reunir tudo que puder encontrar em seu caminho, por mais confuso e inesperado que seja. Trata-se de uma proposição central deste livro que o feminismo não tem nada a ganhar enxergando as mulheres somente ou predominantemente como vítimas da própria história.

Se cito Catharine MacKinnon não é apenas porque ela representa um ponto de vista do qual discordo nem porque sei que há muitas acadêmicas feministas que aproveitam o trabalho dela de maneira produtiva. É também porque, conforme tem nos alertado com veemência e regularidade, os tempos em que vivemos obrigam qualquer feminista a lidar com a crescente ou, sem dúvida, a crescentemente visível violência contra as mulheres que hoje testemunhamos. Em março de 2014, Gayatri Spivak deu uma palestra no programa Juliet Mitchell, em Cambridge, a respeito do estupro tanto como um — se não *o* — crime de identidade quanto como a "indestrutível incondicionalidade" do humano: "Somos — homens e mulheres — estuprados para dentro da humanidade", afirmou ela. "Essa é a condição humana."[4] O que, é claro, não a impediu de apontar o estupro como o crime que é, em geral contra as mulheres. Em 2018, o médico congolês Denis Mukwege recebeu o prêmio Nobel da Paz juntamente a Nadia Murad, uma jovem *yazidi* que havia sido capturada pelo Estado Islâmico como escrava sexual. No hospital de Panzi, em Bukavu, no leste da República Democrática do Congo, onde ele trabalhava, ao menos 50 mil vítimas de estupro foram atendidas ao longo dos últimos vinte anos.[5] O feminismo, hoje, não pode *não* falar desses crimes, seja o estupro como crime de guerra, seja a mutilação genital feminina, seja a violência doméstica. Para selecionar apenas alguns exemplos de uma enxurrada de dados e relatórios em constante crescimento na última década: uma pesquisa com 42 mil mulheres nos 28 Estados-membros da União Europeia, divulgada em março de 2014, revelou que a violência contra as mulheres é um abuso generalizado dos direitos humanos por toda a Europa, e uma em cada três mulheres relatam alguma forma de abuso físico ou sexual a partir dos quinze anos de idade. O Reino Unido teve a quinta maior incidência conjunta de violência física e sexual.[6]

Em abril de 2019, um relatório especial do Banco Mundial, *Gender-Based Violence (Violence Against Women and Girls)* [Violência de gênero (Violência contra mulheres e meninas)], descreveu essa violência como uma "pandemia global".[7]

Segundo ativistas dos direitos das mulheres no Reino Unido, o estupro foi efetivamente "descriminalizado".[8] O Relatório Anual de 2019 do Serviço de Promotoria da Coroa (Crown Prosecution Service, CPS) do Reino Unido sobre violência contra mulheres e meninas informou um declínio nas ações judiciais por esse crime, com queda de 32% no ano anterior, para o nível mais baixo em dez anos, apesar de o número de denúncias de estupro ter dobrado em seis anos, chegando a quase 600 mil.[9] Desde então, veio à tona que dezenas de milhares de casos podem ter sido abandonados por causa de metas secretas implementadas pelo Ministério do Interior, que incentivava os promotores a retirar os "casos fracos" do sistema. Em uma declaração à *Law Society Gazette*, o CPS admitiu que essas metas eram impróprias e podem ter funcionado como um "desincentivo perverso" em relação a casos que não fossem "claros e diretos" (termos que poderiam ser aplicados a quase todos os casos de estupro, dado o problema da ausência de testemunhas, como vimos no primeiro capítulo).[10] Em setembro de 2019, o grupo End Violence Against Women entrou com uma contestação judicial contra o CPS por sua incapacidade de dar sequência aos casos de estupro devido a uma mudança velada nas diretrizes.[11] Em agosto de 2020, diante da incontestável evidência de uma queda nos processos ao seu nível histórico mais baixo, Boris Johnson anunciou novas metas de condenação para casos de estupro — desastradamente equivocado para variar, como se o estabelecimento de uma meta nesse campo fosse solucionar o problema (um pouco parecido com compromissos anteriores, que se provaram inúteis, para diminuir as filas de espera no NHS).[12] Mais uma vez, o problema não é de modo algum exclusivo do Reino Unido. Nos Estados Unidos, um relatório de outubro de 2018 informava que menos de 1% dos estupros e tentativas de estupro acabaram em condenação criminal.[13]

A maior parte da violência contra as mulheres é praticada por um companheiro atual ou antigo, e quase uma em cada quatro mulheres em um relacionamento relataram abuso por parte do companheiro em uma pesquisa na União Europeia. Em 2019, os homicídios domésticos de adultos no Reino Unido atingiram o nível mais alto em cinco anos, e três quartos das vítimas eram mulheres (94% das mulheres assassinadas por homens em 2018 conheciam o agressor).[14] Em fevereiro de 2020, divulgou-se que o número de mulheres mortas por um companheiro atual ou antigo subira um terço, alcançando o nível mais alto em catorze anos.[15] Um relatório de outubro de 2018 concluiu que mais de 40% de todos os homicídios em quinze estados americanos envolviam mulheres assassinadas por parceiros íntimos. O "saldo" de gênero é gritante. Entre 2003 e 2012, 65% das mulheres vítimas de crime violento nos Estados Unidos conheciam o agressor, em comparação com 34% dos homens: "Uma proporção espantosa da violência contra as mulheres é fatal", relatou em 2014 o Centro para o Progresso Americano, "e um dos principais fatores para esses homicídios é o acesso às armas" (o título do artigo era "Women Under the Gun" [Mulheres sob o cano de uma arma]).[16]

De modo perturbador, a incidência do abuso contra as mulheres não parece declinar com um aumento da igualdade. A violência contra as mulheres na Dinamarca, Finlândia e Suécia, países enaltecidos pela igualdade de gênero, supera as taxas do Reino Unido. É central ao problema que a violência doméstica seja um dos crimes menos denunciados.[17] Conforme vimos no capítulo sobre o assédio sexual, os abrigos estão repletos de mulheres que, até um ponto de ruptura final, consideravam impossível contar a própria história ou abandonar um lar violento. As estatísticas são, portanto, como sempre, enganosas e talvez, no caso desse tipo de abuso, ainda mais que o habitual. Raramente ouvimos falar dos obstáculos que entulham o caminho entre a violação sexual e a linguagem (em que não se trata apenas de ter coragem para falar) — acrescidos, é claro, da recusa institucional, por parte daqueles em postos de autoridade, em ouvir. Tudo isso foi intensamente agravado durante a pandemia, quando o confinamento encurralou as mulheres em casa com companheiros abusivos (um fenômeno global que se estendeu do Reino Unido e dos Estados Unidos até a China e a Espanha). Embora fundos emergenciais tenham sido afinal liberados pelo governo britânico, a crise também deveria ser vista como de sua própria responsabilidade, uma vez que foram os cortes governamentais que reduziram o número de abrigos e refúgios. Ainda hoje o efeito desses cortes se faz sentir, já que os abrigos com vagas, mas sem verbas para tradutores, não estão aceitando mulheres imigrantes que não falem inglês.[18]

Esses dados são assustadores. Mas não quero seguir listando todas as formas de violência global contra as mulheres, que é uma tática feminista. O feminismo não se beneficia ao transformar a violência numa ladainha, como se a única maneira de nos fazer pensar sobre essa violência fosse enfatizá-la verbalmente. Quando olhamos para a foto de uma mulher que morreu no Onze de Setembro, a primeira e única pergunta feminista não deveria ser, na minha opinião — Catharine MacKinnon, de novo —, "quem fez mal a ela antes?"; também não quero, quando olhamos para os ossos de uma mulher de uma antiga civilização, que olhemos a ela e ao povo como destruídos.[19] Essa estratégia não nos ajuda a pensar. Trata-se de um argumento central a este livro que a violência contra as mulheres é um crime do mais profundo descaso. É um indício de que a mente bloqueou a si mesma de maneira brutal. Defendo, ao longo destas páginas, que o melhor caminho para o feminismo combater a violência contra as mulheres é falar da extraordinária, quase sempre dolorosa e em geral menosprezada gama de capacidades da mente humana, é preservá-la, é levá-la em consideração. O título deste capítulo é "O feminismo e a abominação da violência". A violência, para mim, é parte da psique. É um crime a ser detestado e rechaçado, mas também algo que um tipo de feminismo, na força mesma desse gesto — ainda que necessário, ainda que justo em algum nível —, logo repudia, torna impensável, evita além da esfera do humano (precisamente, abomina). Nesse momento, o feminismo se vê replicando aquela parte da mente que não consegue tolerar a própria complexidade. Transforma-se, assim, em cúmplice dos processos psíquicos que levam à adoção da violência em si. Para mim, torna-se, então, devastador — ou, dito de forma mais crua, fere a si mesmo tentando ferir o outro.

✷

Tomo minha ideia de descaso a partir de Hannah Arendt, a quem — juntamente com Melanie Klein — apelo aqui para oferecer uma nova forma de pensar sobre a violência contra as mulheres em nossos tempos. Seguindo e antecipando Sexton e Plath, tanto Arendt quanto Klein sugerem haver alguma coisa no processo do pensamento humano que é com frequência intolerável, sobretudo porque o pensar age como um freio na fantasia de que o mundo está aí para ser dominado, de modo a evitar, assim, que essa perigosa fantasia cause danos indizíveis por perder o juízo ou o controle de si mesma. Para Arendt, a violência é uma forma radical de autoengano — ou "a impotência da grandeza", para lembrar sua frase evocativa — que pune o mundo, que pune as mulheres, pode-se dizer, pelas limitações do poder humano (as implicações de gênero de sua frase "impotência da grandeza" são gritantes, ainda que a própria Arendt não as extraia por completo).[20] Cito novamente aquela que é para mim uma de suas declarações fundamentais: "O que proponho, portanto, é muito simples", escreve ela no início de *A condição humana*, sua reflexão sobre as condições da existência humana no mundo moderno, "trata-se apenas de refletir sobre o que estamos fazendo". Como costuma acontecer em relação a Arendt, tal simplicidade é ilusória. O pensamento como processo é algo pelo qual é preciso lutar. É ameaçado de todos os lados, pelo pseudoconhecimento moderno, que nos deixa à mercê de cada engenhoca tecnicamente possível, "por mais assassina que seja", e pelo mutismo da pura violência: "Somente a pura violência", escreve ela, "é muda" (no reino da política, todas as outras formas de comportamento são negociadas em palavras).[21] Para Arendt, portanto, a mente está sitiada, e o pensamento é a única contenção contra a perícia assassina e o silêncio cruel da violência total que emudece tanto a si mesma quanto a suas vítimas.

Arendt escreveu *A condição humana* na década de 1950 (a publicação ocorreu em 1958) — o momento de Sexton e Plath —, quando o poder da tecnologia mortífera havia atingido novos patamares: do genocídio industrial à bomba atômica. "O desenvolvimento técnico dos implementos da violência", diz ela em seu estudo posterior, *Sobre a violência*, de 1970, "alcançou agora o ponto em que nenhum objetivo político poderia presumivelmente corresponder ao seu potencial de destruição, ou justificar seu uso efetivo no conflito armado." O desenvolvimento "suicida" das armas modernas envolve "uma intromissão massiva da violência criminosa na política".[22] Por trás dessa análise, está seu indiciamento do mito do progresso que os Estados Unidos, quando ali chegou como refugiada do nazismo nos anos 1930, acreditavam encarnar para além de qualquer outra nação. Para Arendt, o "progresso" é uma impiedosa ilusão, uma profecia autorrealizada, que não oferece para si nenhuma cláusula de escape a não ser a adoção cada vez mais violenta de si. Em outras palavras, o suposto progresso conduz diretamente aos corpos queimados do Vietnã.

Arendt não é, para dizer o mínimo, conhecida por sua contribuição ao feminismo, como tampouco Melanie Klein, sobre quem falaremos mais adiante, embora a contribuição de Arendt tenha sido fortemente defendida por estudiosas como Seyla Benhabib e Mary Dietz, cujas interpretações são o ponto de partida da minha.[23] Mas há uma importante dimensão de gênero no trabalho dela (e, como vou demonstrar, no de Klein). Está ali, naquela "impotência da grandeza" — uma frase no coração deste capítulo. Mas, quase sem querer, Arendt pode ser vista como precursora de uma análise feminista que localiza a origem da subordinação das mulheres e a violência que tantas vezes é dela resultante, em primeiro lugar, na divisão do trabalho no lar ou, melhor dizendo, na consignação das mulheres *ao* lar. O ideal político de Arendt é o espaço grego da pólis ou cidade-estado. De fato, tamanho é o seu envolvimento com o modelo ateniense de democracia que ela tem sido com frequência acusada de ignorar, ou pior, reforçar a condição das mulheres e escravizados em cujo corpo e costas se ergueu. Mas Arendt deixa claro que, se o lar e a vida doméstica são pré-políticos, é porque são lugares "em que o chefe da casa imperava com poderes incontestes e despóticos". É em função de o *paterfamilias* governar com esse poder tão absoluto que o ambiente doméstico permanece fora do domínio da política: "Até mesmo o poder do tirano não era tão grande nem tão 'perfeito' quanto o poder com que o *paterfamilias*, o *dominus*, reinava na casa onde mantinha os seus escravos e seus familiares".[24]

A consequência desse modelo é a violência no lar. A liberdade pertencia exclusivamente ao âmbito político, enquanto o ambiente doméstico era o lugar da necessidade — leia-se o desordenado ambiente-base da vida das criaturas (ou trabalho doméstico, como o chamamos hoje em dia). É esse território que precisa ser dominado para que o homem seja livre. Dessa discriminação forçada certamente resulta a violência. Visto que, no pensamento grego, "todos os seres humanos são sujeitos à necessidade", explica Arendt, e "têm o direito de empregar a violência contra os outros". A violência, então, torna-se "o ato pré-político de libertar-se da necessidade da vida para conquistar a liberdade no mundo". É por isso que ser escravizado significa não apenas perder a liberdade, mas estar sujeito à violência provocada pelo homem. E é também por isso que não há uma verdadeira divisão sexual do trabalho — nem nada que alguém possa agraciar com o epíteto de "duas esferas" —, já que essa noção se assenta em um pressuposto formal de igualdade entre homens e mulheres, quando tal pressuposto não existia. Mulheres e escravizados — difícil crer que Arendt aprovasse essa equação — ocupam e servem o lugar em que a necessidade do mundo está sujeita ao domínio bruto. Ainda que o antigo chefe de família possa, sem dúvida, impor um regime mais brando ou mais severo, ele não conhece "leis nem justiça".[25] Ou, em outras palavras, é por serem solicitados a redimir a fragilidade da vida humana, corpórea — o que Judith Butler chamaria de "vida precária" —, que mulheres e escravizados são objeto, na verdade *têm* de ser objeto, de violência.[26]

A palavra-chave é "domínio". Trata-se, para Arendt, no mundo exterior e interior, de uma ilusão. Assim, quando ela faz sua famosa distinção entre violência e poder, que está no centro de *Sobre a violência*, o que importa é que um governo recorrerá à violência em proporção direta ao declínio de sua autoridade e poder, um declínio que essa violência está desesperada para reverter (a violência é sempre desesperada). "O domínio pela pura violência", escreve ela, "advém de onde o poder está sendo perdido."[27] A violência de Estado, pode-se dizer, é o último recurso do criminoso (como vimos tão cruamente na repressão nas ruas do Egito, na resposta do governo à manifestação na praça Tahrir em 2012, e pelo mundo todo desde então). Quando um Estado "inicia a devoração de suas próprias crias", observa Arendt, "o poder desaparece por completo" (pense na Síria). "Mas sabemos ou deveríamos saber", insiste ela, "que cada diminuição no poder é um convite à violência — quando menos já simplesmente porque aqueles que detêm o poder e o sentem escapar de suas mãos [...] têm sempre achado difícil resistir à tentação de substitui-lo pela violência." E completa: "A impotência gera violência, e psicologicamente, isto é verdadeiro".[28]

A distinção de Arendt entre violência e poder é importante em relação a um feminismo que deseja alinhar a violência ao poder masculino, do qual então se torna expressão inevitável (o que faz do poder feminino, conforme disse certa vez Catharine MacKinnon em célebres palavras, "uma contradição em termos").[29] Em vez disso, Arendt permite que vejamos essa equação como a mentira que a violência *perpetua a seu próprio respeito*, já que fará qualquer coisa — destruir as mulheres e o mundo — para não admitir que seu poder é incerto. As mulheres se tornam bode expiatório para o saber inconsciente do homem sobre a própria e humana fragilidade. Fragilidade portanto, compartilhada — ou seja, *compartilhada com as mulheres*. ("A fragilidade dos negócios humanos" é o título de uma seção de *A condição humana*). Ela nos leva aos mais sombrios corredores da vida e da mente, ao "lar do nascimento e da morte", que deve ser excluído da esfera pública por "abrigar coisas ocultas aos olhos humanos e impenetráveis ao conhecimento humano. É oculta porque o homem não sabe de onde vem quando nasce, nem tem conhecimento do lugar para onde vai quando morre".[30] A violência, assim, é a resposta do homem à fraudulência do seu poder e aos limites do seu conhecimento. "Impotência da grandeza", de fato.

Em seu constante retorno ao que não pode ser dominado nem conhecido em sua totalidade pela mente, Arendt, na minha interpretação, margeia — perigosa ou brilhantemente, a depender do ponto de vista — o campo da psicanálise, pelo qual sua antipatia declarada é famosa. Mas é um tanto difícil não ver em seu relato das coisas impenetráveis à mente humana muito em comum com o conceito freudiano de inconsciente, que sinaliza — para além dos escombros sexuais de seus conteúdos — os limites da cognição do homem em relação ao mundo e a si mesmo. Na exposição de Arendt, esses limites atingem o corpo político tanto quanto o coração humano. Este é o vocabulário dela para esses dois reinos: "tendência de violar todos os limites", "imprevisibilidade" e "a treva do coração humano". Vivemos, afirma ela, num "oceano de incertezas", contra o qual não há reparação. É a condição humana. Os homens são fundamentalmente não confiáveis, já que "jamais podem garantir hoje quem serão amanhã". E como se pode ver ou prever, pergunta ela, as consequências de um ato "numa comunidade de iguais, onde todos têm a mesma capacidade de agir"? Fazer parte do corpo político significa renunciar ao próprio controle sobre o futuro — o seu e o do outro, que é seu igual, *porque* ele é seu igual. "O fato" de que o homem "não pode contar consigo mesmo nem ter fé absoluta em si próprio", e ela insiste, "e as duas coisas são uma só", é "o preço que os seres humanos pagam pela liberdade". Ao mesmo tempo, "a impossibilidade de permanecerem como senhores únicos do que fazem" — leia-se subordinando o outro ao seu poder — "é o preço que pagam pela pluralidade e pela realidade".[31] Se Arendt descreve essa participação tão aberta, igualitária, na imprevisível realidade do mundo como uma "alegria" (palavra dela), também expõe com impressionante lucidez a indesejável natureza da própria percepção e, por conseguinte, até que ponto os homens irão para negar essa percepção e subordinar o mundo, no qual incluo as mulheres, ao seu propósito.

Em *A vida do espírito*, última obra de Arendt, ela leva isso mais adiante. Agora, o pensamento aparece ainda mais claramente como o outro lado do falso domínio e do conhecimento. É por isso que ela, por exemplo, insiste que a correta tradução do *Verstand* do filósofo Immanuel Kant não seria "entendimento", mas "intelecto" ou "cognição", pois representa o "desejo de conhecer", distinto de *Vernunft*, que vem da "necessidade urgente de pensar". "Esperar que a verdade derive do pensamento", escreve ela, "significa confundir a necessidade de pensar com o impulso de conhecer", uma necessidade "que nunca pode ser mitigada." Ambas são angustiantes, mas uma a serviço de colocar o mundo no lugar certo a marteladas e a outra, por meio do próprio e interminável processo, que não tem um fim em que possa inscrever o seu nome. Apenas o intelecto ou a cognição acredita ser capaz de responder a perguntas sem respostas, ser capaz de apreender o mundo em sua espiral mental. Filósofos dessa convicção, ela nos conta, são "como as crianças que tentam agarrar a fumaça com as mãos".[32]

Contra esse falso e vão conhecimento, Arendt coloca, de maneira ainda mais surpreendente nessa última reflexão, um ego pensante que se move por entre essências "invisíveis", ou seja, falando estritamente em "lugar algum", "[que] não tem lar, no sentido forte da expressão", o que levou, sugere ela, ao precoce surgimento do "espírito cosmopolita" entre os filósofos.[33] Muito à frente de sua época, Arendt evoca sua resposta à violência dos tempos nos termos — que não tem lar, lugar algum, espírito cosmopolita — que serão bastante centrais à teoria literária e cultural que a seguirá, ainda que raramente o reconheça. A isso podemos hoje acrescentar a natureza migratória de nosso mundo, indeterminada e dominada pelo fluxo, à qual os Estados modernos reagem com impiedosa violência. Arendt toma seus termos da história dos refugiados e exilados, dos sem Estado, cujo apuro havia sido o próprio e pelo qual ela tanto fez para articular e dignificar.[34] O pensamento verdadeiro, portanto, é uma forma de memória que não exerce nenhuma dominação, não expulsa ninguém do próprio espaço, já que se lembra de que está ou alguma vez esteve radicalmente sem lar. Não poderíamos estar mais distantes do despótico governante da casa ateniense, que distribui violência entre suas mulheres e seus escravizados porque isso está no âmbito do próprio poder ou, antes, porque é sua única maneira de lutar para exercer controle sobre as aviltantes necessidades corporais da vida. Ou do Estado moderno, que recorre à violência para escorar um poder que perdeu toda a legitimidade. A vida do espírito de Arendt não aponta, pois, para qualquer reino de contemplação abstrata — seu apelo por pensamento é fruto do seu tempo.

Talvez não devêssemos ficar surpresos, embora eu admita que fiquei, ao encontrar Arendt avançando muito lentamente em direção ao mundo do sonho — a "estrada real para o inconsciente", como Freud o chamava (até o fim da vida, ele via *A interpretação dos sonhos* como sua obra mais importante). Quaisquer que sejam as realizações do ego pensante, ele nunca será capaz, escreve Arendt, de "convencer a si mesmo de que algo realmente existe e de que a vida, a vida humana, é mais do que um sonho".[35] Para ilustrar essa suspeita — entre as mais características da filosofia asiática —, ela então escolhe a história taoista de Chuang Tzu, que sonhou que era uma borboleta, mas acabou despertando não para a infalível certeza de quem ele realmente era, mas para a constatação de que ele talvez fosse uma borboleta que sonhava ser Chuang Tzu (o mesmo exemplo é usado por Jacques Lacan para evocar o desaparecimento do sujeito humano em relação ao inconsciente).[36] Mas Arendt, é claro, sendo quem é, não para por aí. O sonho retorna na conclusão de *A vida do espírito* como o grande equalizador na forma do rei que sonha que é um artesão (já que seu quociente de vida nesse momento não é diferente daquele do pobre artesão que sonha que é rei). Além disso, escreve ela, "já que 'frequentemente se sonha estar sonhando'" (está citando a crítica de Pascal a Descartes), "nada pode assegurar que aquilo a que chamamos nossa vida não seja um completo sonho do qual despertaremos na morte".[37] A ressonância pessoal de tais momentos nesse que foi seu último e inacabado livro é certamente impressionante. Arendt está explorando e renunciando aos próprios poderes.

Algo está lentamente voltando à escrita de Arendt. Lembre-se do cidadão grego que se misturava livremente na pólis sob a condição de governar seu lar com mão de ferro. Lembre-se também de que, se as mulheres tinham de ser subjugadas, é porque eram obrigadas, por sua vez, e em nome dele, a subjugar as desordenadas fragilidades corpóreas da vida, o reino do nascimento e da morte que "abriga as coisas escondidas dos olhos humanos e impenetráveis ao conhecimento humano". O que parece estar acontecendo aqui, portanto, é que esse território banido, oculto, desprezado da ordenação greco-romana está, nessa obra final, vingando-se da assassina e tecnocrática perícia do mundo moderno, à medida que lenta mas firmemente pavimenta o caminho para a modernidade como sua única esperança. Creio estarmos falando do retorno do reprimido. As alternativas são duras. A violência ou os mais íntimos e obscuros recessos do lar e da alma, onde todo conhecimento acaba em dor. A violência ou o mundo do sonho.

É a deixa para Melanie Klein. Mas, antes de partimos de Arendt para Klein, há um vínculo crucial a se fazer com Rosa Luxemburgo, por quem o entusiasmo de Arendt não tinha limites. A dívida é profunda e plenamente reconhecida. Em todas as obras de Arendt discutidas até agora, a espontaneidade — conceito central de Luxemburgo e outro humilde lembrete da imprevisível realidade do mundo — é um bordão.[38] Mas há um momento em que Arendt recorre a Luxemburgo que é particularmente valoroso para aquilo que estou buscando evocar aqui. Ela está falando de amor. Em sua mais alta manifestação, escreve Arendt, quando o ego volitivo pronuncia "*Amo: Volo ut sis*", o que isso significa é "Eu te amo; quero que sejas". Não, prossegue ela, "quero ter-te" ou "quero mandar em ti".[39] Amor sem tirania. Compare com Rosa Luxemburgo essa versão livre, não controladora, de amor. "Bem-aventurados os que não têm paixão", escreveu ela a seu último amante, Hans Diefenbach — um relacionamento mantido por correspondência de dentro da prisão —, "se isso significa que eles não vão dilacerar como uma pantera a felicidade e a liberdade dos outros." E logo especifica: "Isso não tem nada a ver com a paixão [...]. Tenho dela o suficiente para incendiar uma pradaria e ainda considerar sagrada a liberdade e os simples desejos das outras pessoas".[40] A verdadeira paixão não reivindica nada. Assim como a democracia, não possui, não controla nem domina o outro. Deixa que o outro seja. A linha entre o pessoal e o político — famoso mantra feminista — não poderia ser mais clara, desde que reconheçamos que possa ser cruzada nas duas direções. Com Luxemburgo, basta apenas arranhar de leve a superfície. Estamos falando de política sexual.

Toda vez que abordo o tema da violência contra as mulheres, sempre me perguntam sobre os meninos. Se tantos deles, como homens, acabam sendo tão abomináveis, onde é que tudo começa? Imagino que a psicanálise, notadamente nos escritos da psicanalista pioneira Melanie

Klein, poderia lançar alguma luz nessa questão. Em meio à Segunda Guerra Mundial, Klein se vê diante de uma oportunidade inesperada: analisar um menino de dez anos conhecido como Richard ao longo de um período que, ambos sabem de antemão, será restrito a quatro meses. Ela faz anotações depois de cada sessão — muitas delas descritas em detalhes — e em seguida as reúne num de seus primeiros relatos completos daquilo que seu editor, Elliott Jaques, descreve em seu prefácio ao volume publicado como uma "análise completa".[41] Que isso seja possível apenas devido às condições da guerra — evacuação de Londres —, uma guerra que vai influenciar a análise a cada passo, é algo visto não como um obstáculo, mas como o cerne do processo. A angústia de Richard é multifacetada e sobredeterminada. Isso, por si só, demonstra a inutilidade de tentar localizar a ansiedade infantil dentro da mente ou fora dela, no mundo (como se um excluísse o outro). Ele acompanha avidamente a guerra — lê três jornais por dia, ouve todas as notícias no rádio e ameaça suicidar-se na queda de Creta caso a Grã-Bretanha seja derrotada. Mas seu medo de Hitler é sobreposto — motivado, talvez, não temos como definir o que vem antes —, certamente equiparado, ao medo que tem do pai. Os dois são inseparáveis. E o que ele mais teme em relação ao pai é o que ele faz, ou é capaz de fazer, a sua mãe.

"Agora mesmo ele tinha falado das coisas terríveis que o austríaco Hitler fizera aos austríacos. Com isso, ele queria dizer que Hitler, de certa forma, estava maltratando seu próprio povo, incluindo Mrs K., da mesma forma que o Papai mau maltrataria a Mamãe." Ou ainda: "Mrs K. interpretou que ele desejava a paz e a ordem na família, reconhecendo a autoridade do Papai e de Paul, como uma forma de refrear seus ciúmes e seu ódio. Isso significava que não haveria um Papai-Hitler, e que a Mamãe não seria transformada numa Mamãe 'chiqueiro', pois não seria ferida nem bombardeada pelo pai mau". Hitler-Papai. As interpretações de Klein são famosas por serem contundentes, alguns diriam coercivas. Mas essa mesma contundência, diria eu, servia para obscurecer algo que também nos encara de frente. "Maltratar", "ferir", "bombardear"; Mamãe como um "chiqueiro" para o lixo do mundo e da alma. Assim como Arendt, Klein não é particularmente conhecida como uma pensadora feminista. Apesar disso, quando ela examina o mundo fantasioso de Richard, o que vê ali — o que ela o incita a ver — é uma cena de violência doméstica. A certa altura, Richard pergunta obsessiva e solicitamente quantos eram os outros pacientes de Klein, especialmente crianças. Interpretando isso como a rivalidade e o medo de deslocamento que claramente é, ela então também sugere que ele talvez deseje que ela tenha outros pacientes infantis da mesma maneira como desejava que Mamãe tivesse outros bebês, porque *"eles eram menos perigosos que os homens"*.[42]

É elementar a um radical argumento feminista que os mundos da guerra e da paz não sejam diferentes. Para Catharine MacKinnon, a agressão na década de 1990 às mulheres bósnias e a resistência delas desafiam "as linhas entre o genocídio e a guerra e, em última instância, entre a guerra e a paz".[43] A relevância do Onze de Setembro, que ela descreve como um "dia exemplar de violência masculina", é que o número de pessoas mortas nas torres gêmeas e no Pentágono naquele dia tenha sido quase idêntico à média de mulheres assassinadas por homens, em sua maioria companheiros, nos Estados Unidos ao longo de um ano. MacKinnon questiona, com razão, a indiferença da lei nacional e internacional em relação à violência contra as mulheres quando comparada à resposta militar aos ataques de Onze de Setembro. Mas, quando ela pergunta se "essas mulheres não contam como vítimas de alguma guerra", se "os fuzileiros navais não vão desembarcar por elas",[44] me retiro. No meu entender, a última coisa que as feministas deveriam estar exigindo é que as forças armadas americanas desembarcassem ou atacassem em qualquer lugar do mundo mais do que, em geral desastrosamente, já o fazem.

Mas o que nunca é discutido nesse argumento, que assume um perfeito ajuste ou continuidade entre a masculinidade e uma violência da qual se torna a suprema e fatal realização, é o terreno em que os homens, e antes deles os meninos, travam uma batalha psíquica. Fundamentalmente, no relato de Klein, esse terreno não está livre de violência. Está inundado dela. Klein é a arquiteórica da violência psíquica, em particular do matricídio, conforme aponta Julia Kristeva em seu estudo sobre ela.[45] No caso de Richard, a linha entre a guerra e a paz é de fato tênue a ponto de se partir. Diferenciá-las é sua tarefa mais urgente.

É o trabalho a ser feito. O desafio de Richard, como o de muitos garotos, é resistir à atração das mais mortais identificações masculinas que a guerra tem a oferecer. Se essa não fosse uma alternativa disponível para ele, na verdade para os homens de maneira geral, então o feminismo certamente estaria fadado ao fracasso, estaria em uma batalha perdida — para sempre. Se a criança é o pai do homem, então, sugere o trabalho de vida de Melanie Klein, o significado disso está sempre, urgente e dolorosamente, em aberto. Tudo está sempre ainda em disputa.

Se, para mim, há uma profunda ligação aqui com as ideias de Hannah Arendt, ela vem pela categoria do pensamento. Richard é um menino que *"knows his blows"* "sabe os golpes que o atingem", um lapso de linguagem para *"blows his nose"* "ele assoa o nariz" que ele teve no começo da análise e que é tão fatídico quanto maravilhoso (ele indica o caminho para lidar com a violência que estará em seu cerne). Goebbels e Ribbentrop se tornam objeto intenso de ódio quando ousam dizer que a Grã-Bretanha é o agressor na guerra. Nesse flagrante ato de projeção, estão muito atrás do próprio Richard, já que a totalidade de sua análise é uma negociação interior com a violência da qual ele mesmo se sente capaz. Ele conhece seus golpes. Lembre-se de que a mentira era o alvo de algumas das mais ferozes críticas políticas de Arendt ("A mentira na política", que deu origem a sua ideia de grandeza impotente, foi o título de sua denúncia da Guerra do Vietnã, em 1971). A mentira, como sabemos, é o dano colateral do conflito, cuja primeira vítima é a verdade. Klein fornece o pano de fundo psíquico para o protesto de Arendt contra a corrupção e as decepções da vida política, que, certamente nos Estados Unidos e no Reino Unido, são hoje até mesmo mais flagrantes. Na narrativa de Richard, a mentira é uma forma de automutilação, um ato de cegueira que logo se torna gatilho para uma crescente violência contra o outro. Quando Klein sugere que o ultraje moral de Richard em relação às mentiras de Ribbentrop poderia se dever ao fato de ele também ser capaz de agressão, considero que é como se ela dissesse que aquele que engana a si mesmo nessas questões se transforma no próprio e pior inimigo — ainda que de maneira alguma apenas seu. A mentira aciona a agressão mais profundamente, não lhe deixando afinal nenhuma outra saída a não ser a destruição de tudo que estiver atravancando seu caminho (Hitler-Papai agride Mamãe chiqueiro). Diante dessa interpretação oferecida por Klein, Richard permaneceu em silêncio, "obviamente pensando sobre a interpretação, depois sorriu". Quando ela lhe perguntou por que ele sorriu, "disse que gostava de pensar". Isso não significa que ele se submeta mentalmente a ela ou que lhe falte a própria liberdade psíquica: "Como", insiste ele por um momento, "a senhora pode realmente saber o que eu penso?".[46]

Para a psicanálise, pensar, é claro, não é exatamente pensar da forma mais comumente entendida. Voltando à insistência de Arendt na diferença kantiana entre a "urgência de saber" e a "necessidade de pensar", poderíamos dizer que a psicanálise se coloca firmemente ao lado desta última. O pensamento inconsciente desconhece os próprios fins. O termo "epistemofilia", o mais forte impulso da criança, foi introduzido por Klein no léxico psicanalítico. Ansiamos por saber (*Sehnsucht*, ou "anseio", era a palavra preferida de Rosa Luxemburgo). Movida pela curiosidade sexual, a criança é arremessada a um mundo escuro, sombrio, no qual lutará para encontrar um lugar e sobre o qual não poderá exercer controle total, um "oceano de incertezas", como diria Arendt. Tal controle seria tão mortal quanto falso. É a violenta solução do pai malvado que ataca a mãe como forma de se livrar daquilo que não consegue tolerar em si mesmo.

Nesse sentido, Melanie Klein pode ser vista como a parceira psicanalítica silenciosa de Hannah Arendt, e ambas, juntas, como parceiras na investigação do crime. Klein explora as entranhas, dá carne e sangue ao "amor pelo lar" proscritas da pólis pela cidade-Estado grega. E para Klein, assim como para Arendt, o que está em questão é, mais uma vez, o que poderíamos chamar de grandeza impotente. "O amor de Richard era genuíno", ela comenta, "quando sua atitude predominante era de proteger-me do pai mau, ou quando se sentia perseguido pelo pai interno e esperava que o protegesse" — ou seja, quando Richard recusa o convite a se identificar com o pai violento em sua cabeça. "Tornou-se artificial e insincero", prossegue ela, *"quando se sentiu possuidor do pênis poderoso com o qual poderia aliar-se de forma hostil e perigosa contra mim"*.[47] Somente um menino que renuncie à fantasia do poderoso pênis poderá impedir a si mesmo de atacar a mãe. Abandonar sua onipotência no exato momento em que é mais compelido por ela é o único caminho para uma masculinidade viável — expondo o blefe da grandeza impotente, digamos. Certamente essa é a única maneira pela qual esse rapazinho, à beira da puberdade, pode se comportar como um cavalheiro em relação a sua analista. A violência contra as mulheres é o desejo mais profundo e a pior fantasia do menino. Mas, se ele souber disso, se puder pensar a respeito, então ela se transforma numa fantasia sobre a qual é menos provável que ele aja.

Se Klein é essencial para o meu entendimento da violência, é por ela ter consciência do quanto está em jogo, de como é traiçoeiro o terreno sobre o qual ela se movimenta. Ela lida com a ansiedade psicótica, que é muito mais perturbadora que a neurose e da qual acredita que os seres humanos tenham seu quinhão. A maior ansiedade que aflige a criança, menino ou menina, é ter destruído o objeto; um medo que Klein distingue fundamentalmente da ansiedade de ser capaz de fazê-lo (o que, ao menos, deixa aberta a possibilidade de que nós e o mundo possamos sobreviver). É dessas distinções psíquicas tão finamente graduadas que depende a saúde de seus pacientes. Hitler-Papai segue matando porque não tem mais nada a perder. Para Klein, esquivar-se ou passar à margem desse perigoso território no encontro analítico seria, portanto, um paliativo a um mundo em negação ou uma conivência com ele (as mentiras de Ribbentrop). As implicações de sua prática — o que fez com que ela fosse e ainda seja, acredito, tão controversa e vital — residem nesse argumento. Isso esteve também no cerne de seu famoso conflito com Anna Freud, que queria colocar o analista do lado do ego de seus pacientes, de seu mais fervoroso desejo de acreditarem em seu melhor eu.[48] Numa prolongada nota de rodapé à vigésima primeira sessão com Richard, ela explica por que vai tão longe e por que acredita que isso faz com que seus pacientes melhorem:

> É de fato surpreendente como interpretações muito dolorosas — e estou particularmente pensando nas interpretações que se referem à morte e aos objetos internalizados mortos, o que é uma ansiedade psicótica — podem

ter o efeito de reavivar a esperança e fazer com que o paciente sinta-se mais vivo. Minha explicação para isso seria que o fato de trazer uma ansiedade muito profunda para mais perto da consciência em si produz alívio. Mas também acredito que o próprio fato de a análise colocar o paciente em contato com ansiedades inconscientes muito profundas dá a ele o sentimento de ser compreendido e portanto reaviva a esperança. Encontrei muitas vezes em pacientes adultos o desejo intenso de que tivessem sido analisados quando crianças. Isso não se devia apenas às vantagens óbvias da análise de crianças, mas veio à tona, retrospectivamente, o anseio profundo de ter o inconsciente compreendido. Pais muitos compreensivos e empáticos — e isso também pode se aplicar a outras pessoas — entram em contato com o inconsciente da criança, porém continua existindo uma diferença entre isso e a compreensão do inconsciente que acontece na psicanálise.[49]

Nesses momentos, Klein está fazendo um apelo — um apelo que eu gostaria de endossar — por um mundo em maior sintonia psicanalítica.

Portanto, em que, então, poderia consistir a renovação da esperança (que deve ser a única questão)? Ao final do tratamento, cujos efeitos de longo prazo Klein não está em posição de prever, Richard começa a sentir compaixão pelos inimigos. Estamos na última página: "Outro sinal [...] era o fato de não mais precisar se afastar dos objetos destruídos e ser capaz de sentir compaixão por eles. Referi-me ao fato de Richard, que tanto odiava os inimigos que naquela época ameaçavam a existência da Grã-Bretanha, ter-se tornado capaz de sentir compaixão pelo inimigo destruído".[50] Esse também é um ponto político tanto quanto é psíquico. Antes de descartá-lo como irrealista ou sentimental (ou ambos), poderíamos relembrar que, tivessem os Aliados demonstrado alguma solidariedade pela Alemanha derrotada ou sido menos punitivos em relação a ela após a Primeira Guerra Mundial, talvez não houvéssemos testemunhado a Segunda Guerra.

Em um importante ensaio sobre a fraternidade e a lei da guerra, Juliet Mitchell sugere existir uma contradição irreconciliável na maneira como as mulheres são vistas na guerra.[51] São ao mesmo tempo derrotadas e protegidas — estão duplamente em perigo. O estupro como crime de guerra pertenceria, assim, ao polo psíquico oposto ao que Richard chega aqui. Nenhuma compaixão. Provavelmente nenhum reconhecimento do que se fez. Certamente nenhum lugar para os próprios objetos mortos dentro da mente. Em vez disso, o inimigo derrotado tem de ser destruído e degradado sem cessar. A esse respeito, para mim, a Mamãe chiqueiro bombardeada e machucada de Klein e o descaso de Arendt estão interligados. Klein não era uma crítica social, mas descreveu um mundo que reiteradamente condena a si mesmo à violência, no qual as mulheres pagam o preço pelo impulso, compartilhado por tantos homens de nossos tempos, em direção a um repúdio da vida do espírito em uma cegueira autoinfligida.

*

Retornemos, finalmente, à escrita literária, que foi onde este capítulo começou. Não a Plath e Sexton, mas a duas escritoras atuais que, penso, levam o que as mulheres são capazes de fazer com as palavras, de maneira perturbadora, a outra fase, a esses nossos tempos em que a violência contra as mulheres parece ter alcançado um novo patamar. Primeiro, Temsüla Ao. Depois, a escritora irlandesa Eimear McBride. Temsüla é do povo *naga*. Originária daquela parte da Índia que recebeu, do ímpeto de uma nação com a independência recém-conquistada, o fardo de esmagar qualquer coisa que pudesse macular a imagem de unidade nacional em que tanto precisava acreditar e que tanto precisava projetar para o mundo exterior. Na verdade, a rebelião *naga* precedeu a independência, já que o Conselho Nacional Naga foi formado em 1946. A violência na Nagalândia não é amplamente conhecida. Gandhi havia declarado que, depois de lutar pela liberdade, é claro que a Índia respeitaria o desejo de independência de quaisquer de seus povos. Talvez seja por ele ter prometido o que não poderia cumprir que o Estado tenha então atacado com tamanha crueldade os separatistas *naga*.[52]

Temsüla dá a sua seleção de contos o título de *These Hills Called Home — Stories from a War Zone* [Essas colinas chamadas lar: histórias de uma zona de guerra]. Ela fala a sério. *Não poupa o leitor*. Nenhuma das minhas duas escritoras poupa seus leitores — de fato, não poupar o leitor é o ponto, de modo que esse desvio final para a literatura não pretende ser um pouso suave. Como afirma Temsüla no prefácio — "Para que não esqueçamos" —, seu objetivo é sondar como as atrocidades daquele tempo "reestruturaram ou mesmo 'revolucionaram' a psique *naga*".[53] As forças governamentais adentravam os povoados com a intenção de degradar, humilhar e mutilar. Em um dos contos — "The Last Song" [A última canção] — uma garota, Apenyo, que começa a cantar praticamente desde o nascimento e se torna a soprano principal da escola, renomada em toda a região, segue cantando enquanto um soldado do governo a arrasta até a igreja local, onde ele e os companheiros de farda estupram a ela e à sua desesperada mãe e depois as matam. A canção de Apenyo ecoa então através do povoado por muitos anos, enquanto "mais uma aldeia *naga* chora pelas filhas destruídas e arruinadas".[54]

O conto em que brevemente me deterei aqui é "An Old Man Remembers" [Um velho se recorda]. Para mim, é um dos contos mais corajosos da seleção, primeiro por entrar com tanta ousadia na mente de um homem; depois, pelo que encontra ali. Sashi fez parte da resistência *naga*, embora aquilo que ele se lembra não seja a luta heroica, mas um momento de violência que o assombra desde então. A história é, portanto, um contramito. É também uma cura pela fala. Seu corpo envelhecido está devastado pela dor, ao menos em parte, sugere o conto, por ele não conseguir contar ao neto, que cuida dele tão amorosamente, a verdade sobre a guerra. "Avô, é verdade", o menino lhe pergunta, "que o senhor e o avô Imli mataram muitas pessoas quando estavam na selva?". Ele fica completamente aturdido; nunca falou sobre seus dias na selva: "Era como se aquela época de sua vida estivesse relegada a um canto escuro do coração para ser enterrada com ele quando chegasse a hora. Mas então a pergunta de uma criança aflita atiçou antigos fantasmas e o emudeceu por um longo tempo". Uma pergunta foi lançada "do outro lado da história". Quando Sashi começa a falar, é "como o copioso jorro de uma cachoeira que agora ameaça afogar quem conta a história e quem ouve".[55]

O que importa não é tanto o principal incidente que ele rememora, que expressa brutalmente "o modo com que rapazinhos como Imli e ele foram transformados naquilo que se tornaram na selva". O fundamental é que, na manhã seguinte ao ato, os jovens Sashi e Imli decidiram, ansiosa e hesitantemente, voltar para ver o que haviam feito à noite. Eles, e o leitor, têm de olhar para aquele que destruíram. Encarar a própria violência constitui, portanto, o cerne do conto bem como seu quadro narrativo. Conforme conta a história, o avô começa a chorar. O garoto fica desconcertado — "afinal, eles eram soldados inimigos, não eram?". Por que você choraria por seu inimigo? "Uma vez na vida", diz o avô ao menino, "é preciso enfrentar a verdade." Retratar a resistência *naga* como agente em vez de vítima da violência é algo que vai contra a natureza de como essa comunidade, mais do que justificadamente, enxerga a si mesma, por ter sido, afinal, alvo do mais violento bombardeio do poder estatal. Mas, para Temsüla Ao, o futuro de seu mundo depende de que assim seja feito. "E a terra continuou sendo" são as últimas palavras do conto.[56]

Finalmente, Eimear McBride, que estourou na cena literária em 2013 com a publicação de seu primeiro romance, *A Girl Is a Half-formed Thing* [Uma garota é uma coisa semiacabada], vencedor do prêmio Baileys de 2014, antigo prêmio Orange para autoras de ficção. Segundo sua já mítica trajetória, o romance jazia inédito havia nove anos quando a editora independente Galley Beggar assumiu o risco de publicá-lo. "Estávamos dispostos a ir à falência se fosse o caso", escreveu o editor Sam Jordison.[57] Os comentários se concentraram, acertadamente, no estilo da escrita, sobretudo na brevidade das frases e na ausência de vírgulas — embora isso não seja exato. Há vírgulas, mas são usadas com muita parcimônia e para efeito dramático. Mas a impressão geral é de uma voz que começa e para, quase sufocando na própria respiração, como nestas hoje conhecidas primeiras frases: "Pra você. Você vai logo. Vai dar o nome dela. Nos pontos da pele ela vai vestir a sua palavra. Mamãe eu? Sim você. Balance a cama, eu diria. Eu diria que foi isso que você fez. Depois deitaram você. Eles cortaram você. Espera e hora e dia".[58]

Que estejamos, como logo descobrimos, dentro do útero só faz aumentar o efeito de sufocamento. Trata-se de uma voz — a única e não nomeada voz no romance de Eimear McBride — subitamente interrompida por diversas vezes (uma espécie de falta de ar que coloca a escrita no limiar entre a vida e a morte). A ruptura da linguagem e o quase desmembramento do corpo da mulher são inseparáveis (a linguagem consegue ser tão desenfreada e livre quanto fraturada e recortada). É uma história de abuso sexual — pelo tio e, então, como nos contam depois, da mãe pelo próprio pai: "Deitados na cama um do outro nos dizemos toda sorte de coisas. É isso que faz de nós amigos tão íntimos. Sem pedacinhos que ficam por dizer. E a verdade agora conta a verdade que dizemos. O pai dela a apalpou. Isso a fez ruborizar e chorar. Papai ainda a ama mais que tudo, mas não queria que ninguém mais tentasse. Isso é amor".[59] O abuso passa de geração em geração. Pense em retrospecto até os avós, como diria alguém, desvirtuando Virginia Woolf. É dela a famosa hipótese de que as escritoras alimentam sua imaginação através das gerações de suas antepassadas: "Quem", perguntou Woolf, "pode medir a fúria e a violência do coração de um poeta quando preso e emaranhado em um corpo de mulher?".[60]

No polo oposto do trauma como inominável, que é uma narrativa popular do trauma, *A Girl Is a Half-formed Thing* é o discurso traumatizado sem saída. "Fora da minha boca como uma coisa louca tresvariando arrancando meus olhos com as garras." Uma vez que se começa a falar, nunca mais se para (McBride também parece estar imitando e sabotando a confissão católica). Como leitora, não lhe é dado nenhum abrigo. Não há outro lugar para ir senão para a cabeça da narradora. O irmão dela está morrendo — ela sabe disso desde antes de nascer (de dentro do útero, onde o romance começa). Quando criança, é estapeada, golpeada, machucada e ensanguentada pela mãe, que ela também descreve como sua "amiga íntima".[61] Seu tio a estupra quando ela é uma menina de treze anos. Ela responde com uma forma de promiscuidade alucinada que permite que os homens, até mesmo o tio, recorrentemente a estraçalhem. Trata-se de modernismo como marcha das vadias, a linguagem como um tipo de abuso sincopado — a constante ruptura da linha como a forma literária da lesão ou da automutilação (conforme escreveu Anne Enright em sua resenha, "você quase pode escutar os golpes no ritmo das palavras").[62] Para tomar somente um exemplo, uma rara sentença com vírgulas:

"Conheci um homem. Conheci um homem. Deixei que me jogasse pela cama. E deu um tapa, em mim, no baseado e me estrangulou até eu dizer que morri".[63] Que isso também possa ser lido como uma canção de ninar apenas intensifica a violência.*

No final do romance, quando seu irmão já morreu, ela sai da piedosa cerimônia fúnebre que reúne os parentes e segue para o bosque, onde ela sabe — é o que procura — que vai em direção a um violento encontro sexual, um encontro de um percurso que atravessou todo o romance, mas que, em termos de como isso afetou a ela e à linguagem do texto, faz com que tudo que o precedeu pareça — quase — inofensivo. Esse trecho, que não é o pior, vem depois do próprio encontro quando, quase se pode dizer, ela está se recompondo. Toda vez que apresentei Eimear McBride em público, sempre projetei esta passagem para que o público a lesse silenciosamente, já que não consigo suportar fazer essa leitura em voz alta:

> Deito nessecerto lugar pra mim com os dedos enfiados nocorpo Meu é Deito no chão rostoOnde eu Direto pros meuzolhos. Penso no seu rosto. Alguma coisa. Silêncio agora. Agora mesmo. CheiodegosmaAli melhor agora. E eu já. Terminei com isso terminei. Preencho o ar. Lambuzo o sangue há algum não nã o meeeeeeesmo. Meu trabalho é. Fiz o meu eu deveria fazer. Fiz o dessa vez muito bem. E o melhor de. Foi o melhor de. Como. Pronta agora. Estou gritando na escuridão. Gritar até terminar com o meu corpo. Cheia de nada. Cheia de terra o. Estou. Meu eu consigo. Pronto pronto respire isso. Onde está seu rosto por aí em algum lugar. Onde é que estou ponho essa ferramenta. Eu caio eu derrubada. Bati o rosto cabeça eu acho. Tempo pra algum lugar. Staindo pra casa.[64]

Quase nenhum dos primeiros comentadores e críticos desse romance se deteve na violência sexual que está em seu cerne.[65] Adam Mars-Jones, que escreveu uma das primeiras resenhas, na qual previa seu extraordinário sucesso, disse-me ter deixado isso de fora por medo de afastar

---

* No original o trecho tem rimas "I met a man. I met a man. I let him throw me round the bed. And smoked, me, spliffs and choked my neck until I said I was dead." (N.T.)

os leitores. Esse momento conduz, em alguma medida, ao afogamento dela, que é como termina o romance. Mas há duas coisas a respeito dessa passagem. Primeiro, o "você" — como quase que constantemente ao longo de todo o texto — é o irmão (desde antes do próprio nascimento dela até depois da morte dele): "Penso no seu rosto". A destruição de si mesma é, portanto, seu amoroso retorno a ele e um tipo de carinho: "Pronto pronto". É por isso, aliás, que descrever esse texto integralmente como um monólogo interior não é de todo correto. Ela está quase sempre, de algum modo, falando com ele. Em segundo lugar, a narradora sai à procura do encontro violento e sabe onde buscá-lo. Além de tudo o mais que monstruosamente é, também é a realização dela: "Meu trabalho é. Fiz o meu eu deveria fazer. Fiz o dessa vez muito bem. E o melhor de. Foi o melhor de". Fundamentalmente, portanto, é agente de si mesma. A violência é procurada. Não é apenas cruel o que os homens fazem com ela, mas também é um componente de sua dor. Nada disso atenua coisa alguma; o protesto contra a violência não é reduzido, mas intensificado. Para mim, a genialidade do romance de Eimear McBride está em conseguir concentrar tudo isso em uma mesma página ou linha ou palavra, na estrangulada sintaxe de sua prosa.

Se Eimear nos mergulha no pior — e não transmiti nem a metade disso —, ela também, assim como Sexton e Plath, nos entrega uma voz que orquestra brilhantemente o seu sofrimento e a sua raiva. A revanche está nas palavras, naquilo que uma mente — a vida do espírito, nada menos — pode fazer da própria história. Paralelamente à necessária luta pelo reconhecimento público e jurídico da violência contra as mulheres, essa continua a ser, em meu ponto de vista, uma das melhores armas das mulheres contra a crueldade e a injustiça. Como feministas, não temos de escolher entre uma e outra — e não deveríamos ser solicitadas a fazê-lo —, pelo menos não no mundo em que quero viver.

A escrita da violência: Do modernismo a Eimear McBride

Qual poderia ser a relação entre a experimentação na linguagem e a violência do mundo moderno, entre uma frase truncada e uma vida truncada? O que conduz à sintaxe retorcida, o que faz a linguagem estancar completamente ou entornar para fora de seus limites adequados, desordenar a si mesma? Acostumamo-nos a pensar o modernismo como uma crise europeia de representação, no início do século 20, provocada pelo colapso de impérios e pela guerra iminente, quando as barreiras aparentemente fixas de privilégio de classe, gênero e raça começaram a implodir. Na verdade, segundo uma influente versão desse relato, a crise tem início antes, em 1848, quando revoluções por toda a Europa esfacelaram a crença da burguesia de que era a classe do progresso. Até então, era possível considerar a linguagem imune às contradições sociais e políticas, senhora de tudo o que contemplava, cega ao papel que desempenha na configuração de um mundo que alegava mera e inocentemente refletir. A escrita modernista, notoriamente difícil, é a forma adequada para essa crise. De maneira muito simples, põe fim à ilusão de que tanto a linguagem como o mundo possam ser seguros.

Nos últimos anos, o ressurgimento da discussão sobre a dificuldade do modernismo e sua relação com a violência do mundo assumiu duas conformações que poderiam parecer, à primeira vista, discordantes. Na primeira versão, há uma espinhosa dificuldade no modernismo, explorada por seus principais escritores e artistas, que consiste numa recusa a se submeter às normas de representação.[1] Se essa recusa foi histórica, ligada às primeiras décadas do século 20 — 1910 e 1922 competem pelo momento chave —, foi por ter nos alertado para uma crise de autoridade. Um mundo fraturado arrancou de escritores e artistas a confiança de que a realidade poderia ser apreendida, ou simplesmente registrada, numa obra. Tudo que a obra poderia fazer, ou que qualquer obra viável poderia fazer — ainda que isso fosse uma enormidade —, era registrar a noção de fragilidade da própria compreensão daquilo que lutava para representar. Que isso fosse acompanhado, alguns diriam fosse precipitado, pela perda da crença na coesão de (qualquer) consciência artística é algo central ao argumento. Os mais importantes modernistas da literatura — Joyce, Woolf, Proust, Kafka, digamos — roubaram-nos uma dupla ilusão: de que o mundo e a subjetividade humana pudessem algum dia ser plenamente conhecidos. A forma de sua escrita, precisamente sua dificuldade, era, portanto, o desfecho lógico de um dilema que persiste nos nossos tempos, a menos, é claro, que acreditemos que o mundo agora é uma perfeita unidade coerente (o argumento do fim da história, sobre o qual hoje há um consenso generalizado de que caiu por terra). Ao mesmo tempo, e isso é fundamental para a versão mais recente dessa polêmica, a maioria dos escritores contemporâneos parece seguir alegre e ingenuamente, como se nada do gênero jamais tivesse acontecido.

A outra conjectura para a dificuldade do modernismo foi expressa com contundência pelo filósofo John Gray.[2] Para Gray, o moderno está contaminado por um sonho iluminista do qual nunca se emancipou inteiramente. Sua história é o oposto da que acabou de ser descrita, ou melhor, do seu subtexto. De acordo com Gray, o moderno — à diferença do modernismo literário — é herdeiro da crença iluminista na perfectibilidade do mundo, uma crença que gerou o nazismo e que dá origem ao terror revolucionário do tipo representado pelo Onze de Setembro. Segundo ele, a intenção que une esses dois momentos hediondos é produzir um novo ser humano, um objetivo inequivocamente moderno (não podemos, portanto, enxergar a Al-Qaeda como um incivilizado retrocesso no tempo). O que Gray quer é um modo de pensamento que abdique dessa fantasia e permita que o mundo prolifere em toda a sua incontrolável diferença. Crucialmente, esse desejo não é utópico. A utopia está do lado errado desse argumento. Trata-se de um tipo de perversão que visa subordinar o mundo à própria vontade. É aqui, no meu modo de entender, que Gray se junta ao primeiro argumento. Em ambos os casos, anseia-se por um mundo que tenha se desfeito do mito da perfeição, da unidade, do autodomínio harmonioso que autorizou algumas das piores atrocidades dos tempos modernos. Melhor a hesitação do que uma crença absoluta de qualquer tipo, e melhor um mundo que desmorona sob a pressão das próprias clivagens já existentes do que um capitalismo aparentemente sem fissuras, tão resiliente quanto cruelmente injusto, alastrando-se pelo mundo sem controle nem inibição.

Se esses dois argumentos parecem contraditórios, é apenas porque Gray descreve a persistência do mito do Iluminismo com o qual o modernismo deveria ter rompido. Por trás dessa discussão está a "dialética do esclarecimento" de Adorno e Horkheimer — e título do famoso livro de 1944 —, onde, insistem eles, a natureza decaída do homem não pode ser separada do progresso social e da crença na razão do mundo que o sustenta. Eles se referem ao antissemitismo, à facilidade com que a "civilização esclarecida" retorna à "barbárie", a qual o nazismo oferecia um exemplo tão flagrante. "A tendência não apenas ideal", escrevem eles no final da introdução, "mas também prática à autodestruição caracteriza a racionalidade desde o início e de modo nenhum apenas a fase em que essa tendência evidencia-se sem disfarces." Em um mundo assim, a linguagem está continuamente em perigo de se tornar "escola apologética" ou "história motorizada", de perder sua dissonância. "Não há", afirmam eles, "mais nenhuma expressão que não tenda a concordar com as direções dominantes do pensamento, e o que a linguagem desgastada não faz espontaneamente é suprido com precisão pelos mecanismos sociais."[3] Para Adorno e Horkheimer, escrevendo no rescaldo do nazismo, apenas uma reavaliação radical da linguagem que usamos nos salvará da mortal plenitude da razão falsa, instrumental, e das devastações do capitalismo que a acompanham.

Se quisermos captar a interface entre a escrita literária e o pior do mundo, tanto no modernismo literário quanto depois dele, então, a meu ver, essas ideias vão longe demais e não longe o suficiente. Longe demais no sentido de que hoje quase não há escritores que permaneçam fiéis à visão modernista, como se houvesse apenas algumas poucas pessoas selecionadas, ou escritores, que levassem vidas livres de ilusões, apenas um punhado consciente da facilidade com que a linguagem pode se tornar serva de um mundo corrupto. Toni Morrison — fiquei desapontada ao vê-la sumariamente desconsiderada em função disso por Gabriel Josipovici em seu estudo sobre o modernismo — será convocada a seguir como vital contraexemplo, como uma das diversas escritoras abordadas nestas páginas que levam a ligação entre violência e escrita a uma nova fase.[4] De todo modo, essas desconsiderações são puro elitismo, uma acusação regularmente lançada contra o modernismo, mas, nesse caso, ainda mais verdadeira em relação a seus fervorosos defensores, para quem tão poucos escritores — tão poucas escritoras — qualificam-se. Mas essas mesmas ideias também não vão longe o suficiente. Precisamos nos deter na ideia de fragmentação, de perda de coesão, e perguntar onde isso poderia nos levar. O que significa para uma mente, com relação à angústia, perder o rumo, renunciar à autoridade sobre si mesma? E de qual história ou histórias poderia ela ser testemunha nesse processo?

Para responder a essas perguntas, temos de penetrar nos mais profundos recessos da mente, primeiro através de Sigmund Freud, cuja obra foi um dos mais importantes pontos de partida desses debates; depois, no coração do modernismo literário; e, finalmente, nos textos mais recentes escritos por mulheres. É para arrancar a linguagem da violência histórica da escravidão que Toni Morrison desvia a própria linguagem em direção a um propósito. E Eimear McBride, conforme já abordamos, cria uma nova forma de escrita para corresponder à violência dos nossos tempos. É, segundo ela mesma, a desrespeitosa filha do modernismo que estraçalha a linguagem diante do abuso sexual de mulheres e meninas.

*

Comecemos, então, com Freud. Se 1922 é um dos anos cruciais do modernismo — *Ulysses*, *A terra devastada* —, *Além do princípio do prazer*, de Freud, veio apenas dois anos antes (em 1922, foi publicado pela primeira vez em inglês). *Além do princípio do prazer* é o texto que marca a divisão entre a primeira e a segunda tópica de Freud, ou esquema da mente, anuncia o conceito da pulsão de morte, que aponta para a tendência humana à destruição, o princípio demoníaco do mais profundo relacionamento da mulher e do homem com os outros e consigo mesmos. Nesse texto, Freud introduz algo radicalmente indominável a respeito da subjetividade humana, algo que vai além do conceito do inconsciente, sobre o qual sua obra anterior, e de fato a própria fundação da psicanálise, havia se baseado. Essas novas ideias foram precipitadas pelas consequências traumáticas da Primeira Guerra Mundial — que levou a uma série de artigos sobre luto e melancolia, sobre guerra e morte, todos escritos durante o conflito. Conforme observou Eric Hobsbawm, o século 20, que deu à luz o modernismo, inaugurou novas formas de prosperidade no mundo ocidental, mas também testemunhou morticínios numa escala jamais vista.[5]

Freud morreu algumas semanas depois da eclosão da Segunda Guerra Mundial, de modo que não viveu para ver o pior. Mas, em uma de suas mais pungentes reflexões, "Um distúrbio de memória na Acrópole", escrita em 1936, quando a Guerra já estava no horizonte, é quase como se tivesse visto. No mínimo, esse breve trabalho sugere um pressentimento dos extremos a que a mente chegará em seus esforços para dominar a si mesma. Assim como os escritos sobre a pulsão de morte, esse texto força os limites da psique para além de onde ele já os havia levado. É uma história sobre memória. Freud, um homem de 48 anos, chega à Acrópole com o irmão e é tomado de espanto pela realidade do monumento que vê diante de seus olhos: "*Então tudo isso existiu realmente, tal como nós aprendemos na escola?!*" Ele não acreditava que aquilo existisse de verdade, porque, agora se lembra, quando menino, oprimido por um pai que não havia andado pelo mundo, ele nunca imaginou que ele mesmo iria, ou deveria, chegar ali. Muito simplesmente, portanto, trata-se de uma história de um filho que não consegue suportar superar o pai — uma versão clássica, ainda que um tanto restrita e bem-comportada, do drama edipiano —, mas que consegue apenas reconhecer o conflito interno a que esse sofrimento o sujeitou quando era jovem agora que a própria "capacidade de produção", como ele diz, "se esgotou".[6] Freud está perto do fim da vida. Ele dedica essa memória — uma memória de uma perturbação de memória — ao amigo Romain Rolland, por seu septuagésimo aniversário, embora ela possa igualmente ser interpretada como o ambíguo presente de Freud para si mesmo, por seus oitenta anos.

O que faz com que esse texto se destaque para mim é o efeito do conjunto de recordações tensas e momentos de desencantado reconhecimento na mente de Freud. Ele chama a isso de "estranhamentos" ("*Entfremdungsgefühl*"), um termo que quase nunca tinha usado antes, para indicar que algo não apenas está sendo reprimido, mas apagado — escotomizado — como se não estivesse, nunca tivesse estado, nunca pudesse estar ali. Esses "estranhamentos", comenta ele, são estruturas mentais "de estrutura anormal", "fenômenos muito curiosos ainda pouco compreendidos".[7] Muito além da fantasia criativa do histérico, dos elaborados rituais do obsessivo, da artística noctambulação do sonhador, ele está, portanto, falando sobre o que a mente fará para evitar aquilo que não suporta saber sobre si mesma. O mundo desvanece e se apaga, desaparece da página. Há uma violência nessa história. É melhor ver o mundo ou esse pedacinho de mundo deixar de existir do que ser confrontado com aquilo que eu, um sujeito humano falho, dividido, não suporto contemplar.

Se enxergo essa obra tardia como perpassada pela guerra no horizonte, é porque esse aniquilamento, esse cruel ego destruidor de mundos fará todo o possível para afastar qualquer contestação ao próprio e iludido conforto. Nesse ponto, guarda certamente uma semelhança com o relato de John Gray da falsa unidade do mundo pós-Iluminismo e do potencial para o terror que contém — com isso, refiro-me tanto ao terror do totalitarismo e à violência de Estado, desencadeados na época em que Freud escrevia, quanto ao terror no sentido em que o termo é mais comumente utilizado, e mal utilizado, hoje em dia. Trata-se de um daqueles momentos no pensamento de Freud em que o limite entre a história e a psique é fino como papel. Freud sabe que sua tentativa de interpretar aquele momento em virtude da culpa em relação ao pai não é tão clara. Sabe que é um caso em que a lei do pai não funciona de todo (ainda que ele a ofereça como chave do mistério). Em vez disso, pairando no limite daquela interpretação edipiana tão previsível, há um mundo que desaparece, carregando consigo o símbolo supremo da civilização grega, tudo por causa de algo que uma mente por demais defensiva simplesmente não consegue tolerar.

Isso sugere uma maneira muito específica com a qual a questão do modernismo e a da memória estão inextrincavelmente vinculadas. O modernismo não é um conjunto de fórmulas sobre os modos de escrita que melhor correspondem ao desencantamento do mundo. Não é apenas uma maneira de registrar esse mundo na forma de seu desencantamento, uma espécie de deposição de armas diante da relutância do mundo em ser subjugado pelo pensamento. Mais do que isso, é um modo de registrar [*record*] — ainda que essa não seja exatamente a palavra certa — uma falha da memória histórica na formação da própria memória. A meu ver, é isso que o artigo de Freud aborda. Em outras palavras, uma importante questão motriz do modernismo é: como pode a mente avaliar a história quando a história não se submete nem à razão do mundo nem à mente que a confronta?

Tomemos outro momento, dessa vez do próprio núcleo do cânone modernista, quando a referência à Segunda Guerra Mundial é explícita. O último romance de Virginia Woolf, *Entre os atos*, narra a encenação de um espetáculo em uma casa de campo inglesa no verão que antecede a Guerra. O programa da peça de Miss La Trobe anuncia: "O presente. Nós mesmos". O narrador então questiona: "'Nós mesmos...' Voltaram aos programas o que podia ela ver a respeito de 'nós mesmos'? Os elisabetanos, sim; os vitorianos, talvez; mas nós mesmos, sentados aqui num dia de junho de 1939 – era ridículo. E 'mesmos' era algo impossível".[8] O romance foi em grande parte escrito, nas palavras de Frank Kermode em sua introdução à edição de 1992 da Oxford World's Classics, em "tempos desesperadores, quando a França havia sucumbido e a Grã-Bretanha estava sob forte ataque aéreo". Mas, como ele também sugere, o verão de 1939, no qual o livro é ambientado, foi talvez o verdadeiro momento de crise, o momento em que a guerra se tornou inevitável: Barcelona tomada por Franco, a Áustria e a Tchecoslováquia engolidas por Hitler, e a Polônia sob ameaça — "inequivocamente", escreve Kermode, "os derradeiros momentos do velho mundo". De modo que Woolf situa seu romance não em plena guerra, o momento da escrita, mas no limiar "entre um passado conhecido e um futuro desconhecido, mas provavelmente aterrador".[9] Ampliando ligeiramente esse ponto, poderíamos dizer, então, que ela faz do tempo do romance o futuro perfeito, tal como definido por Lacan. Não o que eu era naquilo que ainda sou (repetição) nem o que já fui mas não sou mais (repressão), *mas o que terei sido no processo daquilo em que estou me tornando*.[10] Para Lacan, esse é um tempo analítico. Se é o tempo da esperança, é também fantasmagórico: o futuro na penumbra de um passado que ainda está lutando integralmente para nascer. Em *Entre os atos*, Woolf revela seu potencial gótico de modo bastante apropriado a um momento histórico em que não está claro se o que se era "no processo de se tornar" é algo a que ela ou qualquer outra pessoa poderia, ou iria, sobreviver.

A violência daquele momento por vir, ou das alusões a ele, também pode ser encontrada na narrativa do romance de Woolf. Em meio a essa história de gramados ingleses e esplendor, o sangue mancha a página. Uma notícia de jornal fala de uma menina estuprada por um soldado; uma cobra sufocada com um sapo na boca é pisoteada por uma das pessoas do grupo que estava no jardim e que depois caminha a passos largos até o celeiro com sangue no sapato: "Agir", somos informados, "deixou-o aliviado".[11] Assim, Woolf nos lembra que a violência da guerra iminente não é estranha ao país que terá a razão ao seu lado, mas também tem seu lugar no coração da Inglaterra (o escandaloso argumento de Woolf em *Três guinéus*, seu ensaio sobre as mulheres e a guerra, escrito dois anos antes).[12] Virginia Woolf não é a única escritora a trilhar esse caminho. Há ressonâncias aqui dos escritos de Rosa Luxemburgo sobre a ética da violência: "um homem que se apressa a realizar um ato importante e irrefletidamente pisa numa minhoca no caminho está cometendo um crime".[13] Nas mãos de

Woolf, o mundo desmorona e precariamente se restabelece, em resposta a uma história à qual não teria como saber se a literatura continuaria a se igualar (até a própria pergunta não faz de todo sentido). A história não é pano de fundo. Está mais para um visitante indesejado, que reduz todas as certezas a pó; ou uma cobra sufocando com a própria presa. Essa imagem poderia funcionar como uma versão menos lírica, profana, de *O anjo da história*, de Walter Benjamin, com o rosto voltando-se para o passado conforme os escombros da história se acumulam sob seus pés.[14] Em Woolf, a crise histórica e o colapso da crença na integridade do eu são inseparáveis: "'Eu mesma' — era impossível". Trata-se de uma obra tardia de Woolf, mas que projeta sua sombra através do século. O que ela sugere é que a famosa perda de autoridade proclamada pelo modernismo é visceral, nem comedida nem educada, e inseparável das formas de violência histórica pelas quais somos responsáveis, mas que a mente considera quase impossível avaliar ou plenamente assumir (esses pontos são os dois lados de uma mesma moeda).

Um exemplo notável daquilo que estou procurando dizer se encontra em *What Ever Happened to Modernism?* [Afinal, o que aconteceu com o modernismo?], de Gabriel Josipovici, em que ele lamenta o fim do modernismo. Ele comenta a interpretação de Rosalind Krauss das colagens de 1912 de Picasso, em que desenhos de um violino são entrecortados por pedaços de jornal. Os fragmentos estão repletos dos horrores da Guerra dos Bálcãs, que se iniciara naquele ano. Depois de Krauss, Josipovici conclui que não podemos interpretá-las nem como uma declaração do pacifismo de Picasso nem mesmo, conforme sugeriram alguns críticos, como peças de conversação com amigos esquerdistas que partilhavam de sua antipatia pela guerra. "Ambas", assegura Josipovici com desalentadora autoridade, "são falsas conclusões, ambas negam a radical multivocalidade da colagem de Picasso."[15] Mas, se voltarmos a *The Picasso Papers* [Os papéis de Picasso], de Rosalind Krauss, a ruptura do espaço visual e a atrocidade balcânica estão muito mais profundamente conectadas do que isso poderia sugerir. Diz Rosalind: "Outra camada fala também através da própria superfície do fragmento de papel-jornal [...]. É a 'camada, a profundidade' — histórica, imaginativa, política — de um lugar ao qual a palavra "Tchataldja" [que se destaca na página] se refere, o nome do local da batalha nos Bálcãs de onde foi enviado esse comunicado".[16]

Na época das colagens, André Tudesq, editor da revista de vanguarda *Les Soirées de Paris* e um dos amigos de Picasso, transmitia informações sobre a guerra. Num de seus comunicados, ele conta a história de uma batalha em que os turcos foram derrotados. "Um sérvio em perseguição", prossegue Rosalind Krauss, "obedecendo às regras do combate, pergunta a um soldado ferido: 'Cristão ou muçulmano?'. Não obtendo resposta, ele decapita o soldado."[17] Krauss fica de fato impaciente com aqueles que, valendo-se da história que ela própria tão meticulosamente documentara, concluiriam que o que estamos escutando são as crenças de Picasso — inclusive, supõe-se, seu ódio pela guerra. Essas pinturas não são declarações. Mas o que parece se perder nessa discussão é a possibilidade de haver a relação mais íntima entre, de um lado, a forma em desintegração e, de outro, a história, densa a ponto de ser ilegível, que está sendo oferecida no papel, mas também sendo ali despedaçada. Picasso é multivocal. Evidentemente. Mas como e por quê? Um soldado ou não responderia a uma pergunta fatal ou estaria momentaneamente incapaz de buscar a força e a voz da própria fé. O que a sua decapitação — o esmagamento de cobras — tem a ver com a dificuldade do modernismo? Tudo, eu diria. O episódio de Freud na Acrópole e a cobra de Woolf no jardim estão nos contando que o esforço para tentar compreender a história tem um custo potencialmente mortal. É por isso que descrever o modernismo em termos da perda de autoridade literária ou como uma incapacidade de submeter a história à palavra me parece insuficiente. O que venho descrevendo é mais delirante que isso. Se resistimos ao conhecimento da violência da história, então o que essa violência, quando chega ao papel, faz à escrita literária? Não se pode esperar que ela permaneça recatadamente no lugar.

De dentro de outra história suprimida, o romance de Toni Morrison vencedor do prêmio Pulitzer de 1996, *Amada*, torna palpável esse delírio. Isso deveria bastar para garantir o lugar dela em qualquer concurso de escrita conturbada, já que ela testemunha a nossa incapacidade de confrontar um dos piores capítulos da história ocidental. Morrison intima os Estados Unidos a relembrarem a escravidão. Em entrevistas, ela declarou explicitamente ser essa a sua intenção. Ela, então, oferece-nos essa história não como documento nem na forma de uma narrativa realista, mas como uma assombração transgeracional alucinógena sobre a qual o enredo, o leitor, os personagens não conseguem ter absolutamente nenhum controle. "As noites estão ficando insones", escreve sobre o romance. Ela está tirando do escuro o trauma racial, já que "raça", diz ela, é ainda "uma coisa sobre a qual praticamente não se pode falar".[18] O livro conta a história de Sethe, que mata a filhinha para impedir que seja levada de volta à escravidão e passa a ser visitada por essa criança na figura de uma jovem fantasma. Estamos já num mundo que desafia a compreensão e cuja história mal pode ser contada. O livro começa assim: "O 124 era rancoroso. Cheio de um veneno de bebê".[19] Num brilhante artigo sobre a própria escrita, Morrison comenta por que escolheu abrir seu romance com números em vez de palavras: "números não têm adjetivos, nenhuma postura de aconchego ou imponência, nem o arrogante anseio dos arrivistas e criadores de patrimônio pelo embelezamento paralelo da nação que deixaram para trás, reivindicando histórias e lendas instantâneas".[20] Nada de embelezamento, nada de história instantânea, nada de aconchegante ou imponente. Se essa história vai ser contada, não pode ser nos antigos formatos. É a questão modernista desviada através dos anais da raça. Nessas primeiras palavras — "o 124 era maldoso" —, a escritora assumiu o risco, segundo ela, de confrontar o leitor "com o que precisa ser imediatamente incompreensível". Esse "precisa" ["*must*"] é maravilhosamente ambíguo: "deveria ser" ou "não pode evitar de ser". É como dizer: isso você não pode, não deveria tentar entender, mas, mesmo assim, vou levá-lo até lá.

A certa altura do romance, Sethe está conversando com a outra filha, Denver, que está viva. Denver teve alucinações com outra jovem, Amy, que, havia muito tempo, certa vez resgatara Sethe. Sem nenhum conhecimento prévio de quem é essa mulher ou do acontecimento perdido no passado da mãe, Denver a vê, num vestido branco, envolvendo a mãe em seus braços, massageando suas pernas e pés inchados. Como pode ser? Como se pode ver o que não está ali? Do lado de lá da memória reprimida. *Amada* nos apresenta a memória na cara. Não pouca memória, memória demais. Memória que, assim como o bebê assassinado, insanamente se torna carne. Como pode você, como pode qualquer um, compreender isso? Longe de ser descartada da escrita contemporânea, essa questão fundamental do modernismo, sob a pressão de uma indizível história de violência, foi elevada por Toni Morrison a um novo patamar. Diz Sethe:

> O que eu lembro é um quadro flutuando fora da minha cabeça. Quer dizer, mesmo que eu não pense, mesmo que eu morra, a imagem do que eu fiz, ou do que eu sabia, ou vi, ainda fica lá. [...] E vai pensar que está imaginando. [...] Mas não. É quando você topa com uma rememória que é de alguma outra pessoa. [...] se você for lá — você nunca esteve lá —, se você for lá e ficar no lugar onde era, vai acontecer tudo de novo; vai estar ali para você, esperando você. Então, Dener, você não pode ir lá nunca. Nunca. Porque mesmo agora que está tudo acabado — acabado e encerrado —, vai estar sempre lá esperando você.[21]

A escrita de Morrison costura no tecido das palavras a questão daquilo que pode ser verbalmente transmitido através das gerações. Hoje, dado o retorno do trabalho escravo, sabemos que essa herança da escravidão ainda está conosco, seja na forma de pescadores tailandeses submetidos a um tratamento desumano e degradante, cuja pesca fornece os camarões que desembarcam em mesas de jantar do Ocidente; seja nas trabalhadoras imigrantes, que, atraídas para a Grã-Bretanha com a promessa de liberdade e salários, se encontram trancadas em porões de lares em Knightsbridge e Kensington — numa das denúncias, dobrando a esquina de onde já morou Virginia Woolf.[22] Em 2016, a University College London lançou o projeto Legacies of British Slave-ownership [Legados da Propriedade de Escravos Britânica], conduzido pela historiadora feminista Catherine Hall, que rastreou a herança material e financeira da escravidão na Grã-Bretanha. Ele foi recebido por um coro de desmentidos ("não no Reino Unido, certamente que não, certamente era um problema dos Estados Unidos") ao mesmo tempo que alcançava 2 milhões de acessos nos dias em que foi ao ar.[23] Depois do assassinato de George Floyd pela polícia em Minneapolis em plena pandemia e do renovado enfrentamento com a escravidão que isso provocou, os organizadores se viram bombardeados com demandas midiáticas, à medida que o site adquiria nova e urgente relevância.

✱

Conforme vimos no capítulo anterior, Eimear McBride é hoje a escritora do abuso sexual. Ela retomou a trilha do modernismo literário e empurrou-o, a gritos e pontapés, para uma nova fase de evisceração. Quando surgiu pela primeira vez, em 2013, com *A Girl Is a Half-formed Thing*, nesse seu despertar ela seguia orgulhosamente o rastro de James Joyce, declarando sua lealdade ao modernismo europeu. Com isso, ela dá adeus ao argumento de que o modernismo foi traído pela ficção atual (como se, com referência ao Reino Unido, a literatura tivesse tomado prematuramente o caminho do Brexit). Eimear manifestou firmemente seu desejo de ser considerada uma escritora europeia: "Gostaria de me estabelecer como escritora europeia [...]. Provavelmente, pertenço ao conjunto da diáspora, porque só consigo ter clareza à distância".[24] Sua maior dívida é para com *Ulysses*. Ele revirou seu universo, transformando tudo o que ela já havia compreendido a respeito do que a linguagem era capaz de fazer. Quando na casa dos seus vinte anos, já com a intenção de ser escritora, ela o abriu na primeira página num ônibus em Tottenham, no norte de Londres, e, ao desembarcar na Liverpool Street, "não acho que seja exagero dizer que o curso da minha vida tinha mudado".[25] Nas mãos de Eimear, o modernismo está vivo e passa bem (embora estar vivo e bem seja precisamente o que *A Girl Is a Half-formed Thing* joga na questão mais profunda).

Um crítico chegou até mesmo a pegar uma passagem do monólogo de Molly Bloom e reescrevê-lo com pontos finais do começo ao fim para expressar como a alienação opera nos dois registros: fluxo interminável que nada pode controlar (Molly) e uma voz que constantemente estremece e estaca. É Molly Bloom despojada de qualquer resquício lírico. Para mim, também evoca outras grandes mulheres modernistas, tal como Elizabeth Bowen, de quem Eimear McBride parece emprestar, conscientemente ou não, o desconcertante hábito de colocar preposições no final das frases, deixando o leitor numa espécie de suspense frenético e vulnerável. É uma das melhores formas de *não* terminar uma frase: "Que nuvens e areia patinando no vento pulverizem flutuações dela para"; ou "Café tranquilo novo começo é a chaleira fervente tigela de"; ou "Onda e onda disso hormônio sobre"; ou "Fétida asfixiada pela vida pela".[26] Conforme fica claro nestas duas últimas frases, Eimear eleva a temperatura dessa movimentação sintática (como se o corpo sexual fosse deixado pendurado na própria borda, o que seria uma definição de sexo). Outra ligação seria com May Sinclair, cujo *Life and Death of Harriett Frean* [Vida e morte de Harriett Frean] gira em torno do que acontece, ou deve ter acontecido, com Harriett Frean, quando criança, na viela atrás de sua casa, onde era proibida de ir. No romance de May Sinclair, não se consegue afinal saber o que realmente ocorreu ou quais foram as consequências. "O homem saiu e foi até o portão e ficou parado ali. *Ele* era a coisa assustadora."[27] Esse "*ele* era a coisa assustadora" pode ser lido tanto como a criança vitoriana perplexa e muito coagida tentando descobrir qual poderia ser o perigo quanto enxergando o perigo por aquilo que ele brutalmente é. Não se sabe. A incerteza, no entanto, não para de se espalhar por todo o texto, como as flores da viela que se fundem com a boca de sua mãe, parecendo quase manchá-la de vermelho-sangue: "Ela segurava as flores na altura do rosto. Era horrível, porque dava para ver a boca dela engrossar e se avermelhar sobre as próprias bordas e tremer". Com Eimear, ao contrário, os encontros sexuais são tão cruéis quanto explícitos. Ela nos leva de volta à viela e esfrega o vermelho-sangue na nossa cara.

Com *A Girl Is a Half-formed Thing*, Eimear McBride conduziu Gerty MacDowell e Molly Bloom, de *Ulysses*, ao século 21. O leitor não é confrontado, como na sequência de Gerty MacDowell, de Joyce, com um homem na praia se masturbando ao ritmo da melodia mental de uma mulher que manca. O livro também não é uma provocação, que poderia ser uma maneira de descrever o monólogo eroticamente carregado de Molly Bloom que encerra *Ulysses* e que levou Carl Gustav Jung a escrever a famosa carta a Joyce para parabenizá-lo: "Suponho que a avó do diabo saiba tanto assim da verdadeira psicologia da mulher. Eu não sabia".[28] (O que, como uma amiga querida ironicamente observou muito tempo atrás, simplesmente mostra o quanto Jung sabia pouco sobre as mulheres.) Precisamente por ser tão denso em alusões ao modernismo, o romance *A Girl Is a Half-formed Thing* se propõe, eu diria, como o retorno do reprimido do modernismo. Para ter uma noção do que aconteceu linguística e sexualmente, eis Leopold Bloom, personagem central de *Ulysses*, meditando na praia enquanto observa Gerty, que está ao mesmo tempo perdida nos próprios pensamentos e brincando com os olhares dele:

> Ah lindinha toda a tua brancurinha menina até em cima eu vi liga suja me obrigou a fazer amor grudento nós dois levados Graça querida ela nele cama e meia mete em si e cose mimos para Raoul para perfumar a sua esposa cabelo preto ofega por baixo carnes *señorita* olhos jovens Mulvey anos roliços sonhos volta lado de trás fim Agendath extático amorzinho me mostrou seu ano que vem de calçolas voltar no próximo no próximo dela próximo dela.[29]

Notoriamente, essa passagem condensa mais ou menos todo o romance até esse ponto, ou, mais precisamente, todas as mulheres de Bloom: Gerty MacDowell, a atriz Anne Bracegirdle, Molly, Martha Clifford, ad infinitum, alguém diria. É a escrita que palpita sensualmente sob seu próprio peso, volume, sua corpulência, suas cintas e seus desfalecimentos. Quase temos a sensação de que a única reação possível ao leitor seja aplaudir ou cair aos pés dele (ainda que, como o romance impiedosamente narra, ele seja corno).

Se voltarmos à passagem de *A Girl Is a Half-formed Thing* citada no capítulo anterior (p. 181), ela deveria ser suficiente para se obter a medida da diferença, não apenas como testemunho dos perigos do abuso sexual, mas agora como engajamento radical com toda uma história de escrita modernista que ela submete, infalivelmente, a seus propósitos.

É a linguagem como uma enorme confusão, quase nada mas sempre minimamente inteligível, conforme Eimear vai juntando e despedaçando as palavras: "Deito nessecerto lugar pra mim com os dedos embriagados docorpo Meu é Deito no chão rostoOnde eu Direto pros meuzolhos. [...] Lambuzo o sangue há algum não nã o meeeeeeesmo". Eimear McBride está apresentando o desencantamento com o mundo em nome das mulheres — "Cheia de nada. Cheia de terra o. Estou. Meu eu consigo." — sem jamais perder a fé na capacidade da linguagem de reelaborar o pior da história: "Pronto pronto respire isso. Onde está seu rosto por aí em algum lugar. Onde é que estou ponho esse instrumento. Eu caio eu derrubada. Bati o rosto cabeça eu acho. Tempo pra algum lugar. Staindo pra casa".[30]

Quase imediatamente depois, a garota entra no lago. À medida que vai afundando devagar, levando consigo o leitor para dentro da água, é impossível não ler Eimear como prestando uma homenagem a Virginia Woolf, que se afogou em meio à Segunda Guerra Mundial (um ato que, dada a real ameaça da invasão nazista, foi muito mais calculado e sensato que insano, como costuma ser visto). Como escrever o modo com que se sentiria e se veria o mundo ao se afogar?

✳

Conforme sugeri no quarto capítulo, é a energia da escrita que impede *A Girl Is a Half-formed Thing* de se aproximar minimamente de uma crônica do desespero, mesmo quando a agonia do romance nos deixa com o problema — como, aliás, faziam Woolf e Morrison — de como sobreviver às crueldades do mundo. Em todos esses livros, a literatura aparece repetidas vezes como o lugar de nossa cultura em que o pior da história, especialmente em relação às mulheres, pode ser representado à medida que penetra fundo no espaço da mente. Conforme escutamos em relação às revelações diárias de abuso sexual, contar a história, por mais insuportável e terrível que seja, é uma das maneiras de sobreviver. Mas, tendo projetado sua sombra mortal sobre a página, a violência em tal nível de intensidade também nos confronta com a questão de onde e como esses horrores podem ser suportados e/ou combatidos. No final de *Entre os atos*, Woolf restitui uma representação pouco plausível da Inglaterra em que ela mesma claramente não acredita. Morrison encerra *Amada* de forma célebre, com o bordão e/ou injunção: "Esta não é uma história para passar adiante" — através de gerações ou por cima? Preservar ou rechaçar? Ou ambos? Em *The Lesser Bohemians* [Os boêmios menores], seu segundo romance, Eimear McBride apresenta sua resposta para a mesma pergunta. O romance tem sido criticado por novamente destruir a sintaxe — como se essa experimentação fosse algo que só se pudesse fazer uma vez e as desarticulações linguísticas de *Girl* fossem um tique que ela deveria superar (um pouco como aqueles que reagem às crescentes denúncias de assédio sexual com a prestativa sugestão de que as mulheres deveriam simplesmente lidar com isso e seguir em frente).

Diria que, ao contrário, *The Lesser Bohemians* leva a exploração da forma literária a um novo território. O abuso sexual ainda é um perigo eternamente presente, mas, apesar de tudo, a possibilidade do amor, do contato sexual e humano, não é vista como arruinada para sempre. O romance pode ser interpretado como a própria e precária cura, apenas parcial, já que qualquer redenção é conturbada e incompleta. Em *The Lesser Bohemians*, a violência do mundo moderno se alastra pela paisagem psicológica. Ninguém está isento. É impossível descartar a turbulência como expressão de uma alma anormal, deteriorada. Ao mesmo tempo, o livro explora o tipo de comunicação humana necessária para que o pior dos tempos modernos se dê, ainda que com cautela, entre as pessoas individualmente e dentro da cabeça de cada uma delas. E vai além do que foi *Girl* ao se atrever a misturar a realidade do abuso sexual com os prazeres e os desprazeres, com o deleite e o perigo potencialmente mortais do sexo (talvez desde a escrita de Georges Bataille, os dois não tenham aparecido em uma proximidade assim tão íntima).

Ao falar do romance, Eimear McBride lamentou a escassez, na ficção passada, de qualquer coisa que se aproximasse de uma exploração adequada da experiência sexual, até mesmo na tradição modernista que ela reintegra e celebra, especialmente em relação às experiências sexuais das mulheres. Somente quando descobriu Edna O'Brien foi que ela compreendeu que "havia uma parte da vida das mulheres que estivera ausente de tudo que eu havia lido".[31] Enfadada (palavra dela) com o modo como geralmente se escreve sobre o sexo, agora nos deu dois romances em que a linguagem desmorona sob a pressão do sexo. E da violência. Afinal, sexo e violência são duas experiências que tendem a deixar as pessoas sem palavras (lembre-se de que Hannah Arendt descreveu a violência como "muda"). Nas mãos de McBride, eles reencontram sua afiliação natural, precipitando juntos uma crise do discurso. Com *The Lesser Bohemians* na esteira de *Girl*, Eimear McBride se estabeleceu definitivamente como a mais importante escritora sobre abuso sexual, hoje reconhecido como uma das marcas distintivas do século em que vivemos.

Há, é claro, traços de abuso vagamente relembrados em Virginia Woolf, visões fantasmagóricas em corredores, sombras que se projetam através da página. A mulher que fala em *Não eu*, de Beckett, é assombrada por um acontecimento horroroso, não exatamente dito. E, como já mencionado, algo que nunca se nomeia acontece com Harriett Frean na viela. Com Eimear McBride, tudo está à vista. Sob essa luz, os primeiros relatos do modernismo, com os quais começou este capítulo, mais uma vez parecem um pouco limitados, embora dessa vez não apenas psicologicamente anódinos em demasia, mas tímidos ou austeros. O que fode a linguagem, sugere *The Lesser Bohemians*, é a foda — boa, ruim ou indiferente. Não há quase nenhuma página do romance que tenha permanecido intocada pelas repercussões linguísticas do sexo. Joyce pode ter mostrado a McBride que "você poderia fazer o que quisesse com a linguagem e que as regras não se aplicavam", mas ele não chega até aqui.[32] Por esse prisma, a eufórica autoafirmação de Molly Bloom parece lírica demais; as alusões de Gerty MacDowell à menstruação, excessivamente decorosas e pitorescas. Eimear McBride disse que seu objetivo é "fazer com que a linguagem enfrente e descreva mais integralmente aquela parte da vida que é destruída assim que começa a ser colocada numa linguagem gramatical clara e direta".[33] "Destruída" é crucial. Quase todas as personagens estão em recuperação. Nem todas conseguem. Em contraposição a *Girl*, *The Lesser Bohemians* tem um final otimista, mas, dado tudo o que veio antes, deixa o leitor inseguro. O que, diante da mínima oportunidade, são capazes os corpos de fazer uns aos outros? Praticamente sozinha, McBride nos fez retomar a experimentação do modernismo e o introduziu em uma nova e visceralmente angustiante fase: "Entranhas a devorar", "Carne raspando medo contra o Fazer do meu cérebro". "Depois estou de volta ao mundo e tenho de entender novamente como cobrir os meus ossos com a minha pele."[34]

The Lesser Bohemians é uma história de amor narrada do ponto de vista de uma moça de dezoito anos de Dublin que vai a Londres para ocupar uma vaga na escola de teatro e se apaixona perdidamente por um ator consagrado que tem mais que o dobro da sua idade. Os leitores de *Girl* estariam perdoados por não esperar que uma narrativa de paixão heterossexual fosse o movimento seguinte de Eimear McBride, especialmente uma narrativa que corteja mais de um clichê — homem que inicia uma garota no sexo, homem mais velho com uma garota que tem idade para ser a filha, mulher que sente prazer na dor: "Gosto dele em cima de mim, quaisquer que sejam as marcas que ele deixe" (no início do relacionamento, ele se recusa ao pedido de sodomizá-la e, depois, acaba por ceder).[35] Ou mesmo por ver nisso uma traição ao primeiro romance, sobretudo ao final, quando a narradora, depois de uma vida inteira de abusos e de decorrente autoflagelação sexual, vai embora para o rio depois do enterro do amado irmão e se afoga; como diria o paradigma feminista: o abuso de meninas por homens leva à morte. O sofrimento é fundamental, e ocupa seu lugar ao lado do sexo e da violência como outra experiência que leva a uma pausa da linguagem exaltada (engasgamos com o sofrimento). Eimear McBride descreve a si mesma como feminista — "Decididamente".[36] Alguém de treze anos permitindo que outro alguém de 41 "faça o que quiser com ela provavelmente se sentirá cúmplice do ato, mas não é e não pode ser". Mas a narrativa da vítima é enganosa. A garota também escolhe seu destino. McBride insiste que ela exerce a capacidade de escolha: "O leitor pode, então, não achar que a garota se tornou — e tremo ao dizer isso — 'uma pessoa melhor' ao final do livro, mas, incontestavelmente, tornou-se ela mesma".[37] No entanto, nem com muito esforço imaginativo a conclusão do primeiro romance poderia ser vista como um final feliz. A última frase de *Girl* é: "Meu nome se foi".

Por sua vez, desde a primeira página, *The Lesser Bohemians* faz a cadenciada aposta na vida: "Aqui está para ser já que sua vida é a mordida e seria começo meu". Essas linhas seguem pela primeira parte do romance como um bordão: "Vou fazer-me da vida aqui já que a vida é este lugar e seria começo meu"; "o que falta neste prazeroso presente. Eu o serei, eu o esperarei e sonharei. Boa minha vida será quando chegar. Quando eu estiver certa. Quando eu tiver feito a mim mesma. Quando eu tiver. Quando eu."[38] Londres é o cenário, particularmente as ruas, os pubs, os inferninhos e as casas de aluguel do noroeste da cidade nos anos 1990 (com referências ocasionais ao IRA, aos paquistaneses e aos pobres do East End). Uma maneira de ler *The Lesser Bohemians* seria como a história de uma garota que tem uma segunda chance: do sufocante e fraudulento moralismo da vida familiar católica em Dublin para a descontraída Londres, onde a promiscuidade, em vez de incorrer em danação, é praticamente a norma. Essa mudança de lugar, de tom e de disposição põe fim à ideia de que, em seu segundo romance, Eimear McBride estaria se repetindo.

O que é constante é o inabalável compromisso de McBride com uma sintaxe desconectada conforme oscila entre o senso comum e o incomum. Mas, enquanto *Girl* era praticamente nenhuma vírgula e todos os pontos, as vírgulas proliferam em *The Lesser Bohemians*, no qual uma das características sintáticas mais marcantes são os espaços alongados, não preenchidos, entre as palavras. É a diferença entre uma voz que não faz pausas para respirar, começando e parando no meio do caminho, e as lacunas como forma de registrar o que mal pode ser dito. Nesses momentos, as reticências mais convencionais teriam, ao que parece, atravancado demais os espaços: "como se não estar bem fosse certo   fosse bom   fosse como deveria ser" (a reiteração — "certo", "bom", "como deveria ser" — sublinha claramente que nada estava bem). Ou ainda: "Mas não ache isso não pergunte. Especialmente a respeito da menininha que não é. E essa bandagem maior que ela atravessa pela vida dele, o que é o seu   o que isso pode significar?". (Nesse ponto da narrativa, ela não sabe quase nada sobre o relacionamento dele com a filha.)³⁹ À pergunta de *Girl* — como falar quando o pior aconteceu? —, *The Lesser Bohemians* acrescenta outra: para quem contamos nossas histórias, sobretudo aquelas que não suportamos contar para nós mesmas? Como vimos, *Girl* é um tipo de monólogo interior (com a ressalva de que ela está quase sempre se dirigindo ao irmão). Como se, em parte, respondesse, *The Lesser Bohemians* estabelece um desafio diferente: como é possível qualquer pessoa conseguir falar com outra? Até que ponto, na linguagem, você poderia ou deveria tentar se aproximar? A questão da proximidade sexual e a da proximidade linguística acabam sendo uma única e mesma coisa. Eimear McBride disse que, enquanto escrevia e reescrevia o romance, estava preocupada principalmente com a representação do sexo: "Na verdade", ela então especifica, "tratava-se realmente de tentar manter a conexão entre a vida interior e a vida física".⁴⁰ O que torna esse romance tão poderoso é a maneira como imbrica os corpos no discurso (nunca antes o sexo nos foi dado assim). O sexo é apresentado como intensamente prazeroso, mas nunca inocente. McBride não tem interesse algum em purgar as personagens do próprio potencial para a violência, um movimento que — conforme sugiro ao longo deste livro — é precondição, sob a proteção de um mundo falsamente arregimentado, para projetar a violência nos outros e, então, praticá-la.

Quase na metade de *The Lesser Bohemians*, Stephen conta sua história a Eily (o que leva setenta páginas). Como eles são nomeados pela primeira vez depois disso, a mensagem parece ser que somente quando você consegue se decidir a falar com outra pessoa é que pode algum dia ter a esperança de encontrar a si mesma. Os críticos que contestaram a maneira como a voz do romance se divide nesse ponto ou que viram o relato de Stephen como "sequestrando" a narrativa ou sendo incoerente com a forma do romance não entenderam, portanto, o principal. Para o leitor de *Girl*, o único lugar a ir era para dentro da mente da narradora. *The Lesser Bohemians*, por sua vez, propõe que, para sobreviver, é preciso ser mais do que um. Ao contrário do contínuo presente de *Girl*, os protagonistas de *The Lesser Bohemians* chegam a uma espécie de momento da verdade, quando "o passado se apresenta e o frio chega em profusão". Cada um deles evitava esse momento por motivos próprios, mas ele marca a mudança entre o sexo casual, que desfrutavam e não desfrutavam até então, e o verdadeiro caso de amor. Poderíamos dizer que esse é o acordo inconsciente entre eles (como, de fato, entre muitos casais). É com esse intuito que se preparavam — e quem lê é preparado para esperar — desde o início: "Caos é porque estamos aqui". "Como é que te ferraram? Vou contar as maneiras!".[41]

De acordo com uma teoria psicanalítica, o incesto entre mãe e filho é pior que entre pai e filha, pois, em algum lugar no grande esquema cósmico e social das coisas, as meninas estão destinadas a serem cortejadas pelo pai em direção a uma heterossexualidade para a qual os próprios e mais profundos impulsos de outro modo não as conduziriam. A medonha visão heteronormativa do destino das mulheres, tão frequentemente atribuída a Freud, é assim impregnada de um traço radical, conforme sugeri com relação ao abuso e à questão trans no terceiro capítulo (a natureza não tem nada a ver com isso, as meninas têm de ser praticamente forçadas ao papel). O incesto entre mãe e filho, por sua vez, é catastrófico (indutor de psicose), tirando os meninos completamente do radar social, já que a tarefa psicológica deles é se separar da mãe se quiserem ter alguma chance de se tornarem "homens". Que fique claro que isso não significa que seja bom para meninas de treze anos serem seduzidas por homens de 41, nem mesmo as de dezoito por homens de 38. Se a distância entre treze e dezoito de *Girl* para *The Lesser Bohemians* faz toda a diferença, Eimear McBride deve ter tido consciência de que dispõe as idades das protagonistas nos dois romances perigosamente próximas entre si. Como a garota do primeiro romance, Eily foi vítima de abuso ainda menina, nesse caso por um amigo da mãe, que permanece em estado de negação mesmo quando Eily a confronta perto do final do livro. Por um momento, ela também experimenta a mesma reação da garota ao trauma buscando sexo como degradação e terror: "Diabo no meu umbigo. Diabo no meu seio". "E por que eu não deveria rejeitar minha história livre da escumalha e, onde quer que me queiram, ir?" "E quanto já sei eu que posso aguentar."[42]

Mas, paralelamente ao passado de Eily, existe a história chocante de Stephen, repetidas vezes seduzido quando menino por uma mãe violenta que ocupa quase todo o espaço (chocante não no sentido de pior, mas menos habitual ou relatada com menor frequência). Ainda que bastante fora de si a maior parte do tempo, a mãe sabia exatamente o que estava fazendo: "Acho que ela pensava, depois de fazer isso, que eu nunca iria embora". Ele quase enlouquece: "E ela não tinha contado com o fato de que   ali, no corpo todo fodido sendo fodido, havia uma pessoa começando a ganhar vida, começando a querer machucá-la e a fazer ao corpo dela todas as coisas que ela havia feito ao seu. Fazer pior. Querendo pra caralho atirá-la ao chão e enfiar o pé na cara dela   eu sabia que estava começando a perder a cabeça".[43] Ele, afinal, escapa, mas acaba destruindo de início a si mesmo (quase) e depois seu relacionamento com a mãe de sua filha, de quem ele está completamente afastado quando se encontra pela primeira vez com Eily (a mãe leva a filha para o Canadá para ficar longe do alcance dele). Mas o modo como essa história irrompe no meio do romance, tão inesperadamente e tão extensa, é, na minha interpretação, uma forma de questionar: essa história pode ser contada e, como o incesto que ela narra, uma vez contada, algum dia cessar?

Há uma questão formal — nuances de Próspero contando a Miranda a história do passado deles na abertura de *A tempestade*, o que prolonga a crença do leitor de que Stephen nunca antes tivera a oportunidade de contar a Eily. Mas, num toque de gênio, Eimear McBride transpõe essa dificuldade antiga em um dispositivo para expressar a resistência da mente ao horror: "Ele vomita seco mais uma vez. Você está bem? Ele faz que sim com a cabeça, mas seus olhos cinza se enegrecem e a parede através da qual miram aquele passado se tornou tão misteriosamente fina que quase posso vê-la também". "Até aqui tudo horrível. Mas não você digo Isso." "Sinto muito que tenha se transformado numa noite épica. Eu não, digo."[44] Os críticos que rejeitam ou encobrem a história de Stephen são, portanto, em minha opinião, cúmplices de um silêncio desgastado pelo tempo que faz com que o abuso de meninos seja inaudível. O problema é global. Em 2019, um estudo que examinou leis sobre estupro em quarenta países revelou que quase a metade das jurisdições precisavam de proteções legais para os meninos e, em muitos casos, as leis específicas para meninas não reconheciam os meninos como vítimas.⁴⁵ O que McBride fez não foi apenas passar do monólogo para a conversa uma garota vítima de abuso. Ela também parece dizer que o mundo continuará a correr rumo ao fim se as mulheres contarem apenas as histórias dos próprios danos e se recusarem a ouvir os relatos dos traumas vividos pelos homens. É preciso dizer que as mães não acabam bem em *The Lesser Bohemians*. A segunda história impressionante que Stephen tem para contar é o ponto a que chegou Marianne, mãe de sua filha, para fazer com que a menina o odiasse, inclusive, num último lance de crueldade, relatando-lhe o incesto a que o pai era submetido quando criança. A violência se volta contra ela, como costuma acontecer; a raiva da filha volta-se para a mãe e faz apenas com que ela sinta ainda mais pena, amor e saudade do pai desaparecido.

Há, portanto, um tipo de redenção, embora o romance diligentemente evite qualquer devoção à cura. "Detesto moral da história", afirmou McBride, "e também não estou muito interessada em uma narrativa inspiradora de sobrevivência que vá contra todas as expectativas."⁴⁶ Depois que Stephen conta sua história, as coisas melhoram entre eles, depois pioram — "Esse é o início do estranho para nós, da história daquela longa noite fazendo o seu trabalho de uma maneira que agora consigo enxergar"; "Todo o passado agora confrontado em vez de esquecido. De repente uso mal o melhor de mim, permitindo um muito pior em" — antes de melhorar de novo.⁴⁷ Parecemos estar vivendo, assim, um tempo cíclico. Evocando o título do famoso artigo de Freud "Recordar, repetir e elaborar", *The Lesser Bohemians* embaralha a ordem do jogo ("elaborar" costuma ser evocado clinicamente para sugerir a conclusão do processo psíquico, como se as questões se deslocassem psiquicamente em direção a sua resolução ao longo de uma linha mais ou menos reta). Apesar do desfecho eufórico, tem-se a certeza de que os destroços e os vestígios dessas histórias vão acompanhar a vida daqueles que continuarão a lutar contra eles. Como nos romances com final feliz, *The Lesser Bohemians* deixa você se perguntando se o fecho está à altura da magnitude daquilo que o antecedeu.

Antes de ser romancista, Eimear McBride foi aspirante a atriz parecida com a que ela retrata em seu livro. Seus dois romances são repletos de marcas autobiográficas (ela descreveu a morte do irmão como o acontecimento mais devastador de sua vida). Os "boêmios menores" do título se referem à vida do ator de contratos ocasionais, à vida artística menos celebrada, àqueles que nunca chegam ao estrelato e que lutam para pagar as contas, seguindo adiante simplesmente porque amam o que fazem. Mas atuar é também um caminho para escapar do medo, atuar fornece uma rota de fuga de uma vida para outra: "Convertendo o eu em salpicos de forma e reforma. Ela. Nela. Em outra pessoa". "Desculpada de mim mesma pelo com sem palavras."[48] Ao atuar, trazemos o outro para a vida. Trata-se, digamos, de contexto e moldura perfeitos para um romance cujo principal impulso é fazer com que duas pessoas, finalmente, falem uma com a outra. Podemos notar, de passagem, o quanto isso está distante de um atual sistema de valores em Hollywood: "Não acho que, como um ser criativo, você tenha tanto assim a contribuir quando suas experiências de vida são limitadas às que você tem enquanto está emulando outra pessoa",[49] explicou Renée Zellweger em uma entrevista recente. Na verdade, ela estava tentando se desfazer da ideia de que ela *seja* Bridget Jones, mas a recusa fortuita à concepção de emular alguém, de entrar em seu corpo e alma, é impressionante.

Tamanho é o compromisso de Eimear McBride com esse projeto que, em certos momentos, ele leva a escrita a uma dimensão alucinante que, como vimos em *Amada*, de Toni Morrison, intensifica o espaço mental para além do suportável. Como que para corresponder à violência do mundo moderno, McBride tem de dar mais uma volta no parafuso da desorientação linguística do modernismo. Não é coincidência que, para Morrison em relação à escravidão e para McBride em relação à violência sexual, a linguagem saia dos trilhos. Em um dos mais excêntricos momentos formais do romance (não há nada parecido em *Girl*), por exemplo, a filha de Stephen, conhecida apenas por uma fotografia no quarto, começa a se dirigir a Eily quando ela está em pleno sexo: "É o meu pai". "Ele me fez fazendo isso, o que ele vai fazer com você." "Mas ele é o meu pai. E o seu pai me ensinou isso, me mostrou como, até que eu adorasse fazer isso e o conhecesse como você nunca poderá conhecer. É o meu pai. Tirando minha calcinha." Quanto a essas duas últimas frases, é apenas depois de olhar duas vezes e distinguir as vozes para além daquilo que a escrita permite — estão falando em turnos — que o leitor consegue salvar do incesto a filha (embora a forma certamente também convide à outra interpretação). E apenas se interrompermos o fluxo é que reconheceremos que Eily, competitiva ao extremo, está também tentando desviar a filha dele do perigo: "É bom ser machucada por ele de uma forma que você nunca será" (a fantasia parece ser a de que se submeter ao sofrimento sexual seja um modo de salvar uma criança).[50] A pontuação fornece uma orientação mínima. Você tem de resolvê-la por si só; juntamente com os espaços em branco em suspensão, essa é outra reiterada peculiaridade do livro. Em seguida, quando Stephen fala a Eily sobre o encontro com Marianne, a voz começa a se estilhaçar ao infinito: nas palavras de Marianne — embora seja Stephen falando — nos é dado o relato do padrasto de Stephen, conforme contado a Marianne, da confissão da mãe de Stephen, em seu leito de morte, daquilo que ela havia feito ao filho. Diante de tudo isso, qualquer leitor estaria perdoado por pensar que eles estavam enlouquecendo, mas eu diria que esse é o ponto. O decoro formal não é exatamente adequado, ou tem os seus limites, numa narrativa sobre como as pessoas se encontram e se forçam a entrar no corpo e na cabeça do outro. Em um mundo de tão desenfreada licenciosidade, por que é que você esperaria saber quem você é ou onde você está?

Eimear McBride disse que seu objetivo nos romances é "se aproximar tanto quanto o leitor permitir" — uma perfeita fórmula estética para o problema sexual que assombra seu livro. Em um raro distanciamento de Joyce, descreve *Finnegans Wake*, ao lado de *The Making of Americans* [A feitura dos americanos], de Gertrude Stein, como "obscuros" e "obtusos" para o leitor não especialista ("missões camicases"). Ela, ao contrário, usa o vocabulário mais simples na esperança de que isso permita aos leitores se apropriarem das complexidades da sintaxe como se a narrativa estivesse fluindo dentro da mente deles: "de dentro para fora, e não de fora para dentro".[51] Assim, não é nada surpreendente que o abuso, o incesto, a paixão tenham sido seus temas até o momento. Em cada caso, a proximidade é a questão candente: seja ela desejada, mortal, muito pouca ou demasiada. A forma estética e a história estão irmanadas. "O pavor", diz Eily quando as coisas estão indo mal, "vai para todo lado, como o sangue que se esvai". Às vezes, tem-se a impressão de que, como escritora, Eimear McBride está perseguindo o próprio medo. Sem jamais fazer julgamentos, *The Lesser Bohemians* se situa naquele ponto de incerteza moral, sexual e gramatical em que, novamente nas palavras de Eily, "o puro é indivisível de seu reverso".[52] Se temos de confrontar a realidade da violência dos nossos tempos, a violência encravada nas profundezas da vida do espírito, eu diria que esse é o único ponto de partida.

O assassinato de Reeva Steenkamp, o julgamento de Oscar Pistorius: Sexo e raça no tribunal

Em 3 de março de 2014, primeiro dia do julgamento do campeão paraolímpico Oscar Pistorius pelo assassinato da bacharel em direito e modelo Reeva Steenkamp, a juíza Thokozile Matilda Masipa adentrou a Sala de Audiências GD do Tribunal Superior de North Gauteng, em Pretória — um espaço usado para casos de alta visibilidade, que envolvam segurança intensa, por ser mais próximo da saída. Debilitada por uma grave artrite, embora esse fato tenha recebido pouca atenção na época, durante o julgamento ela se sentou numa cadeira ortopédica muito menor que as amplas poltronas de couro dos dois assessores, um de cada lado. A juíza Masipa atravessou a sala do tribunal lenta e titubeante, com dificuldade ainda maior que a do réu que estava ali para julgar.[1] Segundo um observador, Pistorius "avançou a passos largos" até o banco dos réus.[2]

A depender da opinião que se tem sobre a decisão final, a juíza Masipa era ou particularmente qualificada ou inadequada para a tarefa. Ela declarou Pistorius inocente da acusação de homicídio doloso e culpado da acusação de homicídio culposo, ou homicídio involuntário. Quando a decisão foi anulada em segunda instância pela Suprema Corte da África do Sul, ela aumentou a sentença em um ano, uma determinação que, assim como a decisão original, foi descrita pelos promotores como "escandalosamente leniente" e recebida com generalizada consternação (após um recurso subsequente por parte dos promotores em novembro de 2017, a sentença foi dobrada para treze anos e cinco meses, isto é, quinze anos menos o tempo já cumprido).[3] Depois do veredito original, Masipa foi alvo de cáustica misoginia e condescendência; foi chamada de "negra incompetente", insultada como "cega e surda" e obrigada a receber proteção dia e noite da segurança do tribunal.[4] Muitos dos que a acusavam falavam em nome da justiça para as mulheres.

A juíza Masipa chegou tarde ao direito, tendo completado a formação na casa dos quarenta anos. Admitida como defensora em 1991 — era uma das apenas três mulheres negras da ordem dos advogados de Johanesburgo —, foi indicada para o cargo de juíza da Divisão Provincial de Transvaal do Tribunal Superior da África do Sul em 1998, tendo sido a segunda mulher negra a assumir esse posto. Apesar de suas decisões no caso Pistorius, a juíza Masipa é conhecida pelas severas sentenças máximas que impõe em casos envolvendo violência contra as mulheres. Em 2009, ela condenou à prisão perpétua um policial que atirou contra a esposa e a matou: "Você merece ir para a prisão pelo resto da vida", disse na sentença, "porque você não é um protetor, você é um assassino".[5] Em maio de 2013, condenou um estuprador em série a 252 anos — quinze anos para cada uma das onze imputações de roubo, doze anos por tentativa de homicídio e prisão perpétua para cada uma das três acusações de estupro. A juíza Masipa conhece bem a violência. Nascida em Soweto, ela vem de uma família de dez filhos, quatro dos quais morreram jovens, um deles aos 21 anos de idade, esfaqueado até a morte por agressores desconhecidos.

Tal como acontece com muitos personagens dessa narrativa, a vida da juíza Masipa percorre a trilha da violência desde o apartheid até as suas consequências, revelando a realidade dos crimes velados ou notórios da África do Sul. Ela, por assim dizer, já cumpriu a sua pena. Sabe o que significa estar do lado errado da lei (embora fosse a própria lei na África do Sul do apartheid que estivesse errada). Na década de 1970, era repórter policial do *World*, um jornal banido em 1977 pelo ministro da Justiça Jimmy Kruger, cuja equipe foi detida. Antes de liberar os prisioneiros para uma audiência, quatro carcereiros brancos ordenaram que limpassem os banheiros (eles se recusaram). Em 1964, ela marchou, ao lado de diversas colegas, em protesto contra a prisão de repórteres, todos homens negros, do jornal de propriedade branca *Post*. Quando cinco dessas mulheres, entre elas Masipa, foram detidas, trancadas numa cela e levadas ao tribunal, elas se recusaram a se declarar culpadas ou inocentes sob a alegação de que não reconheciam a autoridade do Estado do apartheid. No *Post*, ela lançou e dirigiu um suplemento sobre mulheres.[6]

A juíza Masipa é "compassiva" — palavra dela. Carrega a própria história, a história racial da África do Sul, para dentro do tribunal. Você enxerga a lei, disse em uma entrevista, "com outros olhos", "porque você é compassiva". Diante de uma mulher negra sendo julgada, prossegue, "você pode facilitar as coisas para ela, explicando os detalhes e não sendo tão dura. Mas nem todo mundo entende isso".[7] Nem todo mundo entende o cuidado com viés racial que, como uma das primeiras juízas negras da África do Sul, Masipa traz ao direito. Em outro de seus julgamentos, ela decidiu a favor de um grupo de posseiros de Johanesburgo com o argumento de que a cidade não cumprira com as obrigações de assistência: a cidade, disse, estava tentando "se distanciar" dos ocupantes.[8] "De certa forma, consigo me identificar com o que essa mocidade está atravessando", comentou ela a respeito de jovens infratores que passam pelo tribunal, "porque é de onde venho."[9] Pode-se avaliar o quanto isso é admirável pela comparação com as instruções dadas por Susan Shabangu, ministra de Minas na época do massacre policial de 34 trabalhadores que participavam de uma greve por aumento salarial na mina de platina de Marikana, que ocorreu em 2012. Como ministra adjunta de Segurança, falou em uma reunião com policiais sobre como lidar com infratores: "Vocês têm de matar os desgraçados se eles ameaçarem vocês ou a sua comunidade. Não precisam se preocupar com as normas. Isso é da minha responsabilidade".[10]

Alguns argumentaram que a compaixão de Masipa nublou seu julgamento: que ela se solidarizava muito estreitamente com Pistorius e sua deficiência. Assim como um psicanalista, ela deveria ter colocado seus sentimentos e preferências, até mesmo a própria história, de lado (embora se possa questionar se é isso que um psicanalista consegue, ou deveria, fazer). Ao longo de todo o julgamento, a voz de Masipa manteve-se estável, ao contrário da do réu, que falhava a cada vez. Mas o que significa falar da voz suave e tranquila da lei em condições de desenfreada desigualdade e violência sexual e racial?

✳

Na África do Sul, a cada quatro minutos, conforme as notificações, uma mulher ou menina — em geral uma adolescente, às vezes uma criança — é estuprada, e a cada três horas uma mulher é assassinada pelo companheiro (este segundo dado, de um relatório de 2019, mostra com que velocidade essa violência está avançando, já que era a cada oito horas de acordo com informes da época do julgamento de Pistorius).[11] O fenômeno tem um nome na África do Sul: "feminicídio íntimo" ou, conforme Margie Orford se refere aos recorrentes assassinatos de mulheres pelo país, "feminicídio em série". Segundo Cyril Ramaphosa, eleito presidente em 2018, a África do Sul é "um dos lugares mais inseguros do mundo para ser mulher".[12] Em 2 de fevereiro de 2013, menos de duas semanas antes de Reeva Steenkamp ser morta, Anene Booysen foi estuprada e assassinada em Cabo Ocidental. Se as duas mortes são mencionadas juntas é principalmente pela cruel disparidade entre o corpo negligenciado da mulher negra e o da sua glamorosa correspondente branca (racismo de cemitério, pode-se dizer). Steenkamp via as coisas de um modo bem diferente. Para ela, a violência contra as mulheres não conhecia limites raciais. Uma semana depois do assassinato de Booysen, ela tuitou um relato do enterro e publicou no seu Instagram uma imagem que mostrava a mão de um homem que calava o grito de uma mulher e os seguintes dizeres: "Acordei esta manhã num lar feliz e seguro. Não foi assim com todo mundo. Manifeste-se contra o estupro de indivíduos".[13]

Em seu último ano de graduação em direito, Steenkamp fraturou a coluna numa queda de cavalo. Recuperada, voltou para terminar a faculdade e decidiu ir atrás de seu sonho de se tornar modelo na cidade grande. "Acredito", disse ela em entrevista a um blog, "ter a capacidade de voltar à minha mente jurídica sob a pressão do meu desejo de ser bem-sucedida."[14] Sua mente jurídica estaria sempre ali, ainda que, na superfície, Steenkamp começasse a parecer e logo a ser tratada como uma modelo e nada mais. O direito se tornaria o pano de fundo ou a companhia invisível da ambição dela, o revide conjunto a uma vida que poderia ter sido — quase foi — passada em uma cadeira de rodas. Esse não foi seu primeiro contato com a fratura. De acordo com um primo dela, Kim Martin, na declaração da sentença de Pistorius (o único momento durante todo o julgamento em que os Steenkamp puderam falar), quando Steenkamp ainda era pequena, o poodle de estimação da família ficou paralítico e seria sacrificado. Ela salvou o cachorro, "tornou-se as pernas dele", conforme disse Martin, e passou a carregar o animal consigo para todo lado.[15] Teria Steenkamp sido vítima de uma identificação fatal? Teria seu compadecimento por aquele que sofria como o cão — literalmente, nesse caso — desempenhado algum papel em sua morte? Uma das coisas mais impressionantes sobre esse julgamento é que, para onde quer que se olhasse, viam-se corpos fraturados. Perto do fim do processo, antes dos argumentos finais, o irmão mais velho de Pistorius, Carl, envolveu-se numa colisão frontal de carro que esmagou suas duas pernas abaixo do joelho — a associação com o irmão foi tão óbvia quanto não comentada —, não ficando claro se ele viveria ou se um dia voltaria a andar. Na verdade, recuperou-se rápido o suficiente para comparecer ao tribunal numa cadeira de rodas, a tempo do veredito.

Juíza, vítima, agressor: as linhas do caso, as posições, não poderiam ter sido mais claramente desenhadas. Nunca se questionou se Oscar Pistorius havia disparado os quatro tiros que mataram Reeva Steenkamp. Não havia juízo a ser feito a respeito de ele ter cometido o crime. Ele o cometera. Em vez disso, a questão era, segundo a própria Masipa, inteiramente "subjetiva".[16] O que passou na cabeça de Pistorius quando atirou através da porta do banheiro? Tudo dependia dessa pergunta. Ele sabia que estava atirando em Reeva Steenkamp? Ou acreditava que fosse um invasor, conforme alegou praticamente desde que tudo se deu e, sem dúvida, para os amigos e a polícia, que foram os primeiros a chegar ao local do crime? E, *se* acreditarmos nele, então ele sabia que poderia matar a pessoa do outro lado da porta e mesmo assim atirou? Nas palavras de Masipa, "teria o acusado previsto a possibilidade da morte resultante, porém persistido em seu ato sem se preocupar se ocorreria ou não uma morte?".[17] Se foi assim, ele seria culpado, sob a lei sul-africana, do crime de dolo eventual, que não se caracteriza pela premeditação, mas que ainda configura assassinato por haver a previsão da possibilidade de morte. A rejeição de Masipa a essa possível acusação contra Pistorius esteve no cerne das disputas legais em torno do seu veredito e compôs a base do recurso subsequente.

Esse famoso julgamento repousa no âmago da violência dos nossos tempos. Primeiro, porque uma mulher foi assassinada por um homem na privacidade do lar. Trata-se, portanto, de um caso de justiça para as mulheres. Depois, porque contém em seu núcleo questões de raça e deficiência, que têm sido o ponto de convergência de tanta discriminação e ódio. E, por fim, porque o julgamento girou, de maneira crucial, em torno da intenção — segundo a própria Masipa, daquilo que pode ser apenas "subjetivo" —, forçando a lei a penetrar nos recessos mais profundos, mais intransigentes e, às vezes, mais mortais da mente.

✷

Uma semana antes do assassinato de Reeva Steenkamp, estive na Cidade do Cabo, onde me peguei lendo *A Bantu in My Bathroom* [Um banto no meu banheiro], um livro de ensaios de Eusebius McKaiser, teórico político e social sul-africano e apresentador de um programa de rádio.[18] É famoso por ser provocador. Gosta de desafiar os sul-africanos a confrontarem seus pensamentos mais sombrios (sua seleção de ensaios tem como subtítulo *Debating Race, Sexuality and Other Uncomfortable South African Topics* [Debate sobre raça, sexualidade e outros incômodos temas sul-africanos]).[19] Em 2012, dezoito anos depois do fim do apartheid, ele estava à procura de um quarto para alugar e se deparou com o anúncio de uma mulher disposta a compartilhar a casa, mas apenas, estipulava o informe, com uma pessoa branca. Pelo telefone,

McKaiser a levou a ponto de fechar o negócio antes de declarar que não era branco (ela desligou quando ele insinuou que a escolha dela poderia ser racista). Ao apresentar a questão à audiência de seu programa semanal, Politics and Morality, na Talk Radio 702, duas reações predominaram. Ou os ouvintes tomavam o partido da dona da casa (a propriedade é dela, a preferência é dela, o que não difere de "não fumantes apenas"), ou faziam uma distinção mais sutil, embora inquietante: se o quarto fosse em instalações dentro da propriedade dela, a escolha seria racista, embora ela claramente tivesse o direito de dividir a casa com quem bem entendesse.

Por mais "razoável" que a segunda reação possa parecer, admite ele — voltaremos à categoria do "razoável" mais adiante —, para McKaiser ela não é menos "moralmente execrável", menos "produto de nosso passado racista":

> Esse ponto de vista é o reconhecimento (na verdade, a expressão) de uma profunda angústia racial. Por qual outro motivo você ficaria bem com Sipho [o nome que McKaiser atribui ao fictício inquilino negro] dormindo num apartamento lá fora, mas Deus o livre de acordar de manhã e a primeira coisa a caminho do banheiro ser o espetáculo, capaz de lhe causar um infarto, de Sipho lhe sorrindo, um horror que poderia extrair um grito das proporções do apartheid, "Socorro! Tem um banto no meu banheiro!".[20]

"Nem um único ouvinte", comenta McKaiser, "enfrentou a questão de que, depois de dezoito anos da nossa jornada democrática [...], não se ousa falar sobre o alcance e a tenacidade do racialismo dentro das casas e dos corações." Nem um deles evitou o clichê — na verdade, eles o ensaiaram à perfeição — de que a vida privada é privada, e cabe a cada um decidir o que fazer na própria casa (um clichê cujas consequências potencialmente letais foram, é claro, há muito tempo destrinchadas pelo feminismo). Ao não fazer isso, eles "delataram obscuros segredos sobre si mesmos e sobre o seu país" e "uma trágica ausência de autoanálise". McKaiser desenterra a sujeira. Ele gosta de contar as coisas como elas são. Em outro ensaio, refere-se aos *coloureds* da Cidade do Cabo — ele mesmo é um *coloured* — como "o segredinho sujo" do local (o termo "coloured" é usado para se referir aos sul-africanos de ascendência mista europeia e asiática ou africana, sobretudo de Cabo Ocidental). "A Cidade do Cabo, vocês sabem", ele explica, "trata as pessoas *coloured* como se fossem sujeira". "Os segredos sujos ['sujos' novamente] tanto de Jozi [Joanesburgo] quanto da Cidade do Cabo são uma mancha na imagem desses dois lugares, como lama na calça branca nova de uma criança."[21]

Logo ficou claro que uma estranha distinção, racialmente carregada e legalmente confusa, estaria no cerne do julgamento. Se Pistorius não soubesse, quando disparou os tiros, que Reeva Steenkamp estava no banheiro, mas acreditasse estar atirando num invasor, então a acusação de premeditação cairia por terra. Não havia dúvidas de que a segunda possibilidade era vista — ou melhor, seria apresentada pelo advogado de defesa Barry Roux — como um delito menor, e não apenas devido à categoria de "legítima defesa putativa" (defender-se contra um agressor presumido, mesmo que a presunção seja equivocada), segundo a qual os tiros eram uma resposta legítima ao medo. Na verdade, essa seria uma opção em meio a uma "pletora de defesas" propostas por Pistorius, para usar a reveladora expressão de Masipa, à qual retornarei.[22] O que em grande medida ficou por dizer, no entanto, é que no segundo caso podemos estar praticamente certos de que a pessoa morta no banheiro teria sido — só poderia ter sido — imaginada como negra. "Como a juíza não terá deixado de registrar", escreve o jornalista sul-africano John Carlin, "se essa história fosse verdade — e mesmo se não fosse —, o invasor sem rosto da imaginação dele tinha de ter um rosto negro, pois a realidade era que, para os brancos, o crime tinha mesmo, em geral, um rosto negro."[23]

Margie Orford foi uma das poucas a extrair as implicações racistas do caso. "Trata-se", escreveu ela num artigo para o *Sunday Times* da África do Sul, "do corpo ameaçador, sem nome e sem rosto, de um invasor negro armado e perigoso", naquilo que ela chama de "versão contemporânea dos *laager*",* "nada mais do que a recuperação do ve-

---

* Termo africânder provavelmente de origem alemã, "*laager*" designa um acampamento protegido por carroças dispostas em círculo ao redor. (N.T.)

lho medo branco do *swart gevaar* (perigo negro)". Para Margie, havia alguma coisa profundamente errada — moralmente, sem dúvida, e talvez legalmente — se fosse essa a principal linha de defesa de Pistorius. Ela prossegue: "Se Pistorius não atirou para matar a mulher com quem tinha acabado de dividir a cama, ainda assim aquelas quatro balas indicam que não existe terreno neutro. Pois, quem quer que Pistorius imaginasse estar atrás daquela porta, atirar de tão perto significava que, quando ele terminasse, haveria um corpo no chão daquele banheiro".[24] Um banto no banheiro. Ou, para desenvolver o argumento de McKaiser: na imaginação racista branca, o único banto que se permite num banheiro branco é um banto morto. Qualquer que seja a perspectiva, o assassinato de Reeva Steenkamp foi um crime ou sexual ou racial.

Se o raciocínio de Margie Orford estiver correto, o que isso também significa é que a acusação de dolo eventual — dar sequência a um ato violento sem se preocupar se "ocorreria ou não uma morte" — deveria, desde o início, ter sido mantida (Pistorius seria culpado de assassinato). De fato, a rejeição dessa acusação por parte de Masipa depende de uma distinção que ela mesma não foi muito capaz de fazer: "Como", pergunta ela em sua sentença, "poderia o acusado razoavelmente ter previsto que os tiros que disparava matariam a falecida? É evidente que ele não previu isso subjetivamente como uma possibilidade de que mataria a pessoa atrás da porta, muito menos a falecida, já que pensou que ela estivesse no quarto naquele momento". Para mim, a questão aqui não é que ela tenha optado por acreditar nele — conforme a juíza acertadamente aponta na lei, o contrário não pode ser provado. É mais propriamente o deslize entre o invasor e Reeva Steenkamp que se constitui revelador: com efeito, é claro que ele não teria como prever que poderia matar Steenkamp se "pensou que ela estivesse no quarto naquele momento". Mas como pode isso também se aplicar à "pessoa atrás da porta", quem quer que fosse, dado que ele atirava naquela porta com uma pistola 9 milímetros?[25] De acordo com Masipa, no entanto, se ele não sabia que estava matando Reeva Steenkamp, então não é culpado de assassinato. Ninguém mais importa. O banto desliza sintaticamente por baixo da porta do banheiro.

*

O texto de Eusebius McKaiser me fez pensar sobre o julgamento — também sobre banheiros — no contexto do passado da África do Sul.

Sob a lei do apartheid, as regras para residências privadas eram explícitas: os aposentos dos criados tinham de ser do outro lado do pátio, "miseráveis quartinhos com uma pia e um vaso sanitário", nas palavras do jornalista sul-africano Mark Gevisser em seu livro de memórias *Lost and Found in Johannesburg* [Achados e perdidos em Joanesburgo], de 2014. Nenhuma parede compartilhada entre o patrão branco e o criado negro, sobretudo nenhuma instalação sanitária compartilhada entre raças, o que sugere que, para o apartheid, antes de mais nada, são os fluidos e as matérias corporais das raças que não devem se misturar, especialmente se levarmos em conta a proibição de relações sexuais inter-raciais, muito mais conhecida e da qual seria de fato mais fácil, no sentido de mais limpo, falar. Os exigentes participantes do programa de McKaiser, que fariam das preferências sanitárias de um racista branco não mais que uma questão de gosto pessoal e de etiqueta, estão assim adotando uma forma de memória tão subterrânea quanto historicamente precisa. O mundo branco, escreve Mark Gevisser, era definido "por aquilo contra o qual ele havia se murado".[26] Para ilustrar até que ponto insano esse projeto poderia ser levado, Gevisser dá o exemplo da cerca de três metros de altura, construída pelas autoridades do apartheid, que cruzava o promontório rochoso ao largo da costa de Joanesburgo onde homens gays de diferentes raças se reuniam na década de 1960. Para garantir que os *coloureds* não atravessassem para a região das residências brancas de Clifton, onde a família dele morava, a cerca foi estendida seis metros para dentro do oceano Atlântico. Assim como o famoso e malfadado rei, o apartheid acreditava poder controlar as ondas (ao contrário de Canuto, rei que se torna humilde na desventura, o apartheid terminaria por se afogar).

Há uma política da água, há uma política da merda. Lembre-se de Masipa e de seus colegas jornalistas na cela da prisão, chamados a limpar as privadas antes de comparecer ao tribunal. Na *township** negra de Alexandra, onde não havia rede de esgoto, os residentes tinham de deixar seus excrementos do lado de fora da porta todas as noites para a coleta (a base de um poema de protesto de Mongane Wally Serote — "What's in This Black 'Shit'?" [O que há nessa 'merda' negra?]). Ainda mais impressionante, além disso, conforme observa Gevisser, eram aqueles que carregavam a luta antiapartheid não apenas para a intimidade do lar, mas também para dentro da água, permitindo que os corpos nadassem, se tocassem e se misturassem contra a mão bruta e melindrosa da lei. A piscina de Bram Fischer, na Beaumont Street, era lendária por suas festas com crianças, mulheres e homens negros e brancos, amorosamente fotografados pela revista *Drum* nos anos 1960, época em que Fischer apresentava seus argumentos finais no famoso julgamento por traição de 156 membros do Congresso Nacional Africano (African National Congress, ANC).** Ou a casa oferecida por um dos amigos de Gevisser, Roger, e seu amante negro, para meninos e homens gays inter-raciais, uma casa protegida dos olhares indiscretos da lei por altaneiros ciprestes, onde uma banheira estava sempre cheia, de modo que se podia lavar os fluidos corporais de outra pessoa em caso de batida policial. O julgamento de Pistorius, escreve Gevisser, "atravessou a temporada eleitoral como um rio imundo e arrastou em sua correnteza os legados de medo e violência do país".[27] A analogia é eloquente. Assim como um rio imundo, que traz pestilência em seu rastro, o assassinato no banheiro tanto representou quanto trouxe à superfície da psique nacional seus mais profundos temores raciais. O que é, pergunta Orford, esse "medo irracional que se embrenhou tão profundamente na psique"? Ou, nas palavras de McKaiser, "lama na calça branca nova de uma criança".

---

* Na África do Sul do apartheid, as *townships* eram regiões de subúrbio ou cidades designadas pelo governo como áreas residenciais de segregação racial e social urbana, sobretudo da população negra. (N.T.)

** O ANC é um movimento e um partido político da África do Sul. Fundado em 1912, originalmente em defesa do voto da população negra, operou na clandestinidade entre 1960 e 1990 pela igualdade e pelos direitos dos negros. Seu líder histórico é Nelson Mandela. (N.T.)

Não se trata, obviamente, de uma exclusividade da África do Sul. O insulto racial corporal é algo em que os regimes desde o fim do apartheid — regimes que poderiam parecer estar no extremo oposto do espectro político — se superaram. Quando Barack Obama ficou a par de um relatório da CIA de 2015 sobre tortura, registrou-se sua expressão de mal-estar com a "imagem de uma pessoa detida acorrentada ao teto, vestindo uma fralda e sendo obrigada a fazer suas necessidades em si mesma".[28] Os comentaristas foram rápidos em apontar que aquilo ampliava a crença de que de fato ele ainda não sabia. O Estado detém o monopólio da violência e domina à perfeição as artes do corpo. É perito em derrubar as estruturas corporais (o afogamento simulado seria, então, apenas a mais óbvia dessa forma de abuso). Trata-se de um habitual tropo racista enxergar o corpo negro — e a maioria dos corpos em Guantánamo e Abu Ghraib são evidentemente não brancos — como sempre já maculados. A condição negra, escreveu Toni Morrison em 1991, na época das audiências do caso Clarence Thomas/Anita Hill, "já é uma mácula e é, portanto, imaculável". Se Thomas deveria ascender à magistratura da Suprema Corte, se a magistratura deveria ser imaculada, "esse mais novo juiz deve ser branqueado, livre de raça". O Estado, por outro lado, é traiçoeiro e dissimulado, dedicado ao bom funcionamento da própria máquina: "Colocar em movimento qualquer descoberta a respeito do que aconteceu", observa Morrison, "é estar consciente do suave óleo viscoso e brilhante que é derramado diariamente para evitar que a máquina do Estado chie alto demais ou se quebre completamente à medida que revira a terra do próprio sulco, cavando cada vez mais fundo nos alicerces da vida privada, enterrando-se pela invisibilidade, pela proteção, pelo sigilo".[29]

Pistorius certamente não sabia, ao menos não conscientemente, quando insistia que a pessoa em quem atirou no banheiro era um invasor, que ele estava novamente pondo em prática um componente do mais cruel passado de sua nação. Bela desculpa, alguém diria. No mínimo, mesmo que essa linha de defesa se sustentasse, o que afinal não aconteceu, ele dificilmente poderia ser considerado inocente. "Pois", para repetir Margie Orford, "quem quer que Pistorius imaginasse estar atrás daquela porta, atirar de tão perto significava que, quando ele terminasse, haveria um corpo no chão daquele banheiro." A arma de Pistorius estava carregada com balas expansivas Black Talon, que assumem a forma de um cogumelo ao atingir o tecido humano (foram retiradas do mercado e depois rebatizadas com o nome de Ranger). Conforme apontam Mandy Wiener e Barry Bateman em seu livro sobre o caso, trata-se de "munição assassina projetada para causar o maior dano possível ao alvo".[30]

✳

Pistorius sabia então que era Reeva Steenkamp quem estava no banheiro? É aqui que entramos no reino da especulação e do sonho, no qual a lei se choca contra o fato de que algo grita por nossa atenção, mas não conseguimos saber o que é. Quando propus à escritora Rachel Holmes que esse era um caso em que o saber e o não saber entravam em colisão — sabemos que ele sabia que era Steenkamp no banheiro, só que, é claro, não sabemos, podemos achar que sabemos, mas nosso saber tem limites, nosso saber, poderíamos dizer, não está alinhado com o nosso desejo —, ela sugeriu que a distinção mais correta e muito mais simples a ser traçada nesse caso é entre saber e não ter provas. Legalmente, sem dúvida, ela está certa, já que Masipa rejeitou a acusação de assassinato premeditado com o argumento de que a intenção dele de matar Steenkamp não havia sido provada além da dúvida razoável. Mas, qualquer que seja a interpretação, é evidente que, nas palavras de Masipa, "há diversos aspectos no caso que não fazem sentido". Ela, então, prosseguiu relacionando as questões que, declarou, vão "infelizmente permanecer objeto de conjecturas".[31] Por que, quando ouviu a janela do banheiro se abrir, conforme alega, Pistorius

> não se certificou com a falecida [...] se ela também não havia escutado alguma coisa? Por que ele não se certificou de que a falecida o havia escutado, já que ele não obteve resposta da falecida antes de se dirigir ao banheiro? Por que a falecida, dentro do banheiro e a apenas alguns

metros do acusado, não se comunicou com o acusado nem telefonou para a polícia conforme solicitado pelo acusado?[32]

"Não faz sentido", observou Masipa, "dizer que ela não o ouviu gritar 'saia'", visto que "foi versão [do] acusado ter gritado com toda a força." Por que o acusado disparou não uma vez, mas quatro, antes de correr de volta para o quarto para tentar, conforme alega, encontrar a falecida?[33] A essas perguntas, podemos acrescentar as de Gerrie Nel ao conduzir o processo pela acusação, e as do juiz da audiência inicial de fiança. Por que alguém que dormia com uma arma embaixo da cama e que aparentemente tinha medo de algum crime adormeceria com a porta de correr que dava para o quarto escancarada? Embora Pistorius tenha afirmado já ter sido vítima de violência e assaltos, não havia nenhum registro policial de que algum dia tivesse aberto um processo em que fosse vítima de um crime.[34] Por que ele não viu que Steenkamp não estava na cama no momento em que sacou a arma? Por que ele não se certificou de onde estava a namorada quando saiu da cama? Por que não verificou quem exatamente estava no banheiro? Por que, nas circunstâncias em que acreditava que um invasor havia entrado no banheiro, não escapou pela porta do quarto em vez de se aventurar pelo corredor? E por que, se sabia que um invasor estava no banheiro, iria se lançar ainda mais ao perigo, expondo-se a um ataque antes que pudesse atirar?

Nenhuma dessas perguntas jamais foi plenamente respondida (ainda que a defesa de Pistorius trabalhasse duro para derrubá-las uma a uma). Os policiais que estiveram no local do crime falaram sem rodeios que acreditavam que a história do invasor fosse falsa. A história não faz sentido — conforme admitiu Masipa, ao mesmo tempo que argumentava que o testemunho confuso, evasivo e mentiroso de Pistorius não constituía, em si, prova de culpa, o que é sem dúvida correto do ponto de vista legal. Samantha Taylor, ex-namorada de Pistorius, disse com enorme simplicidade: "Definitivamente, não fazia o menor sentido para mim. Eu iria... Não sei, acho meio estranho, eu definitivamente não fecharia a porta, especialmente por ela nem ser ligada ao quarto. Não sei por que alguém trancaria a porta, mesmo estando na casa do namorado".[35] Seus comentários têm toda a carga adicional de uma arriscadíssima empatia — ela está pronta para imaginar a si mesma onde poderia ter acabado, ou seja, no lugar de Reeva Steenkamp.

Para quem quer que faça uma leitura desse assassinato pelo prisma da violência doméstica, e em nome das legiões de mulheres que dela foram alvo, uma questão certamente se destaca de todo o resto. Por que Steenkamp não falou ou gritou, nem do quarto, se era onde estava, nem do banheiro? Por que, durante todo o tempo em que o acusado ficou gritando, mesmo quando estava no banheiro, ela não emitiu uma só palavra? Disse Pistorius em sua declaração final: "Cheguei até a entrada do banheiro, no final da passagem, onde parei de gritar". "Nesse momento, comecei a gritar de novo para que Reeva ligasse para a polícia." "Continuei gritando." "Berrei por Reeva... Fiquei berrando por Reeva."[36] Por que ela não respondeu nem buscou ajuda? Uma mulher morta se torna uma testemunha silenciosa no tribunal, não tem voz agora, não tinha voz antes. Por duas vezes seguidas, Pistorius silenciou Reeva Steenkamp, transformou-a num fantasma.

Vale a pena permanecer um pouco nessa questão da voz, porque ela produziu uma das mais extraordinárias e inesperadas reviravoltas no julgamento. Quatro testemunhas — Michelle Burger e o marido, Charl Johnson, Estelle van der Merwe e o dr. Johan Stipp — atestaram ter ouvido a inconfundível voz de uma mulher antes que os tiros fossem disparados: uma mulher, mais de um deles insistiu, que soava como se temesse pela própria vida. No banco das testemunhas, cada um deles estava convencido de que a voz da pessoa "gritando histericamente" era uma voz feminina.[37] Esses testemunhos foram finalmente rejeitados como inconclusivos (em grande parte devido a inconsistências nos horários). O argumento da defesa foi de que os gritos que ouviram vieram depois, e não antes, de os tiros fatais terem sido disparados e que eram de Pistorius, quando se deu conta do que havia feito: o estabelecimento de uma linha do tempo entre os gritos e os tiros era, portanto, crucial para a defesa, assim como a afirmação categórica de que Reeva Steenkamp teria sido tão instantânea e mortalmente ferida depois do primeiro tiro que teria sido incapaz de produzir qualquer som.

Os gritos, de homem ou de mulher, vieram depois. Masipa parecia não ter registrado que a alegação do próprio Pistorius de que ele gritava "com toda a força" ao avançar pelo corredor era inconsistente com seu argumento de que os gritos ouvidos pelas testemunhas vieram depois de os tiros terem sido disparados: "Na versão [do] acusado, ele gritou com toda a força ao ordenar que os invasores saíssem".[38] Quando se lê a declaração de Pistorius, parece bastante claro que sua reiterada insistência no fato de ter gritado era o meio — sob instrução dos advogados, sem dúvida — de se contrapor às testemunhas que afirmavam ter ouvido a voz de uma mulher aos gritos antes do disparo dos tiros (nesse caso, todo o tempo gasto tentando estabelecer que os gritos haviam acontecido depois dos disparos e poderiam, portanto, não ser de Reeva era um total desperdício).

Mas, se houve gritos antes dos tiros, como afastar a acusação de que pudesse ter sido a voz dela? A essa altura, o julgamento subitamente se tornou surreal, virando de cabeça para baixo a narrativa heterossexual perfeita responsável em grande parte pela sedutora atratividade do caso. Quando ele grita, afirma a defesa, Oscar Pistorius — Blade Runner, garanhão, herói —, *soa como uma mulher*. Num dado momento, para sustentar esse argumento, Roux pediu que as duas testemunhas femininas imitassem o grito que haviam escutado: de maneira nada surpreendente, soaram como mulheres, assim como soaria qualquer mulher que soltasse "dois longos lamentos" (de maneira nada surpreendente, ele não repetiu o experimento com nenhuma das testemunhas masculinas, que presumivelmente teriam soado como homens). Ele também anunciou que testes de decibéis e o testemunho de um perito comprovariam que, quando Pistorius fica ansioso, ele grita como uma mulher. Na verdade, nenhum testemunho desses jamais foi apresentado ao tribunal e nenhum áudio de Pistorius gritando jamais foi reproduzido. Samantha Taylor declarou que, quando ele gritava, "soava como um homem". Roux rejeitou seu testemunho com o argumento de que ela nunca o ouvira em situações em que ele considerasse que sua vida estivesse em perigo, com o que ela teve de concordar.[39]

Melhor soar como uma mulher do que ter matado uma. Melhor uma identificação cruzada de gênero do que uma masculinidade assassina (o feminismo, e não apenas o feminismo, certamente estaria de acordo com esse argumento). Para salvar a própria pele, Oscar Pistorius fez-se ventríloquo de uma mulher ou foi levado a se fazer, conduzido por sua assessoria jurídica. Ele tomou o lugar dela. Por trás do que poderia ser visto como um momento de inesperada e bem-vinda confusão de gênero — já que a confusão de gênero deve sempre, ou quase sempre, ser bem-vinda —, poderíamos também, em vez disso, ver um homem que ia até onde era possível ir, inclusive sacrificando sua imagem de homem, para ter certeza absoluta de que ninguém ouvirá a voz de uma mulher gritando de medo pela própria vida.

✳

Os problemas de gênero se tornaram um dos mantras teóricos da atualidade. Mas há formas de incerteza de gênero que pioram as coisas, e um dos exemplos mais flagrantes com que já me deparei esteve certamente à mostra nesse julgamento. Sabemos que, para as mulheres do ANC que protestavam do lado de fora do tribunal e para as mulheres de todo o mundo, esse caso continha todos os sinais de violência doméstica letal (ainda que Steenkamp e Pistorius rigorosamente não compartilhassem uma casa). Sabemos que o que muitas vezes parece ser, e de fato poderia ser, um relacionamento íntimo e amoroso nem sempre garante proteção. Sabemos que o apego apaixonado pode ser o leito de um rio de ódio e que, como muitas mulheres descobrem tarde demais, o sexo é com frequência companheiro de cama do crime — embora, conforme deixo claro ao longo deste livro, não seja uma feminista que acredita que todos os homens, simplesmente por serem homens, são violentos com mulheres. Também observamos, como a jornalista britânica Suzanne Moore foi mais ágil em apontar, depois da primeira sentença imposta por Masipa, que Pistorius recebeu uma pena menor por assassinar Reeva Steenkamp do que se tivesse matado um rinoceronte (cinco anos com direito à possibilidade de liberdade condicional após dez meses).[40]

Mas o fato de esse ser um caso em que um homem matou a namorada não impediu a defesa de argumentar — de maneira inacreditável e ofensiva — que, devido a sua deficiência, quando Pistorius atirou por aquela porta, ele poderia ser mais bem compreendido se fosse comparado a uma mulher vítima de abuso, que, após anos de pressão, afinal estoura e mata o abusador. Quando, como seria de esperar, a analogia foi contestada por Masipa — "como isso [a situação de uma mulher vítima de abuso] se aplica ao acusado neste caso?" —, Roux, na minha opinião, só fez piorar as coisas:

> Não estou falando de abuso aqui. A senhora sabe que não posso fugir. Não posso fugir. Não estou tendo uma reação de fuga [...]. A experiência dele com essa deficiência, com o tempo se torna uma exagerada reação de luta [...]. É o efeito da "combustão lenta". Não o abuso... Aquele lembrete constante, não tenho pernas, não posso fugir. Não sou o mesmo... Ele pode fingir... pode fingir estar bem [...] por causa da ansiedade [...], é nesse sentido que digo que o abuso é diferente, mas é a mesma coisa. Sem pernas, abuso, abuso, abuso. Então, em última instância, quando aquela mulher pega aquela arma de fogo... Podemos usar a expressão comum, não aguento mais, não estou atirando em você porque acabou de me agredir, não por causa de um soco na minha cara. Eu nunca teria atirado em você por causa de um soco em minha cara, mas, se você tivesse feito isso sessenta, setenta vezes, o efeito disso ao longo do tempo, encheria o copo até a borda que é... nesse sentido, Meretíssima.[41]

Agora Pistorius não apenas soa como uma mulher, mas ele *é* uma mulher. Isso quase desafia qualquer comentário, mas não totalmente. Há um pingo de verdade aqui, ao qual voltarei, sobre o fato de Pistorius ter de fingir estar bem quase toda a sua vida. Mas essa imitação de mulher, essa afirmação, mais uma vez, de estar falando com uma voz de mulher — "Não aguento mais" —, uma mulher que, devemos imaginar, acabou de ser, pela sexagésima ou septuagésima vez, alvo de abuso físico, ao mesmo tempo que está claramente além dos limites do aceitável, poderia também ser interpretada como uma confissão velada, o reconhecimento inconsciente, por parte da defesa, da versão da história que eles se ocupam em repudiar com as capacidades mais elevadas: de que se trata da história de um homem que adota a violência contra uma mulher, uma mulher que — se as declarações de amigos e familiares de Steenkamp servirem de referência — não aguentava mais.

Aqui está um trecho de uma mensagem de WhatsApp com 518 palavras que Steenkamp enviou a Pistorius dezoito dias antes de morrer, lida no tribunal, um dos raros momentos em que as palavras dela foram ouvidas: "você tem implicado comigo sem parar desde que voltou de CT,* e eu entendo que esteja no limite, mas é detestável [...]. Tenho medo de você às vezes e da rispidez com que me trata e de como vai reagir comigo [...]. Não sou outra vagabunda, você sabe, tentando acabar com o seu astral".[42] "Relacionamentos normais", comentou Masipa em sua sentença, "são dinâmicos e imprevisíveis na maior parte do tempo, ao mesmo tempo que os seres humanos são volúveis. Nem as evidências de um relacionamento amoroso nem as de um relacionamento que tenha azedado podem ajudar esta corte a determinar se o acusado tinha a intenção necessária para matar a falecida. Por essa razão, a corte se abstém de fazer inferências de uma forma ou de outra a esse respeito".[43] Mais uma vez, ela está correta — certamente sobre relacionamentos. Contudo, para mim, esse talvez seja o momento mais sombrio do julgamento, quando a lei, quando uma juíza, deixa de dar a devida importância a outra mulher, uma mulher que não sobreviveu. Pois, embora não acredite que as mulheres corram risco com relação a todos os homens, acredito, sim, que uma mulher não diz ter medo de um homem sem nenhum motivo e que, quando faz, precisamos ouvi-la. É o "como *vai* reagir comigo" — "Tenho medo de você às vezes [...] e de como *vai* reagir comigo" —, o medo no tempo futuro que, para mim, clama desesperadamente por nossa atenção. Em africânder, "vai reagir" também pode ser entendido como um presente contínuo, do mesmo modo que "como você reage comigo", o que só piora ainda mais as coisas.[44]

Nada disso, é claro, exclui a presença de amor, conforme qualquer mulher vítima de abuso poderá atestar (o medo dela não é incompatível com lhe deixar um cartão do dia dos namorados). Pelo mesmo mo-

---

*Cape Town, ou Cidade do Cabo. (N.T.)

tivo, a dor de Pistorius pela morte de Steenkamp — que deve incluir seus repetidos episódios de prantos, regurgitações e vômitos no tribunal — certamente não pode ser tomada como prova de que ele não tinha a intenção necessária para matá-la. Como se a culpa não pudesse intensificar a dor. Como se alguém não pudesse se arrepender do fundo do coração daquilo que era seu mais fervoroso desejo alguns segundos antes. Como se o amor e o caráter homicida fossem incompatíveis. Em vez disso, Masipa argumentou que a dor de Pistorius teria de ser falsa, o que claramente não era, se ele tivesse desejado matar a namorada — apenas mais um momento durante o processo em que, para mim, precisávamos tremendamente de Freud. Aqui está outro. Questionado por Nel sobre as razões pelas quais ele acredita que Steenkamp não tenha gritado, Pistorius responde: "Suponho que ela tenha achado que o perigo estava se aproximando. Então, por que gritaria?".[45] Outra confissão velada — ainda que a ocasião pareça não ter suscitado nenhum comentário — na qual Pistorius, tentando não ficar encurralado em um canto (por que ela não gritou?) acaba ficando em outro ao corretamente, ainda que não de propósito, identificar-se como o perigo iminente do qual Steenkamp estava se protegendo ("o perigo estava se aproximando").

E mais outro. Quando Nel lhe perguntou por que ele ficou gritando depois de disparar os tiros, Pistorius disse: "Voltei lentamente, tentei chamar por Reeva gritando". "Por que você gritou?" "Eu queria perguntar para Reeva por que ela estava ligando para a polícia." A essa altura, Reeva Steenkamp estava morta. A declaração teria sido ainda mais incriminatória se ele a tivesse feito com referência ao momento anterior aos disparos, quando ele se aproximava do banheiro. Seja como for, isso nos dá, no mínimo, a confissão de Pistorius de que Steenkamp estava telefonando para a polícia, conforme insiste em ter pedido a ela para fazer, o que significa que podiam escutar um ao outro e que ela, na verdade, não fazia aquilo instigada por ele, mas porque tinha suas próprias razões para chamar a polícia. Os dois motivos evidentemente se anulam: ele pediu a ela que ligasse para a polícia, ele não sabia por que ela estava ligando (o que Freud chamaria de "lógica da chaleira" do inconsciente). Surpreendentemente, a escolha de palavras — "por que ela estava ligando para a polícia" — não foi captada pelo promotor nem por mais ninguém.[46]

✳

Sexo, raça, deficiência — e isso não é tudo, ainda que seja demais ou certamente mais que o bastante. Então, voltemos ao comentário de Roux: "Ele pode fingir estar bem". Eles eram naturalmente o casal perfeito. Ambos aprimoravam o corpo. Em seu tornozelo esquerdo, Steenkamp tinha uma tatuagem com a palavra "Leoa" (ela era de Leão), que explicou no Twitter: "A abundância e o poder são teus, pois que és a leoa".[47] Ela havia treinado a si mesma para uma "impecável supercondição física", relembrou Hagen Engler, editor da revista *FHM*, em uma coluna do *Daily Maverick* poucos dias depois de ter sido morta.[48] Na parte superior das costas de Pistorius estão tatuadas estas palavras dos Coríntios:

> *Não corro como quem corre sem destino.*
> *Não luto como quem esmurra o ar.*
> *Executo cada golpe com intento.*
> *Esmurro meu corpo e faço dele meu escravo.*
> *Coloco-o sob minha completa sujeição*
> *Para evitar ser eliminado*
> *Tendo chamado outros para a disputa.*

A frase sobre fazer do meu corpo meu escravo não aparece na maioria das traduções dos Coríntios, tampouco a sujeição descrita como "completa". Pistorius estava subindo as apostas. Estava também punindo, ou mesmo acusando, a si mesmo. "Para evitar ser eliminado", revela isso. Em 2007, passou por uma investigação da Associação Internacional das Federações de Atletismo (International Amateur Athletic Federation, IAAF), o órgão regulador do esporte, para determinar se suas próteses lhe davam alguma vantagem competitiva desleal. (Acabou ganhando o processo e foi autorizado a competir nas Olimpíadas de Pequim, em 2008.) Podemos comparar esse episódio com o parecer de maio de 2019 da IAAF contra a atleta sul-africana intersexo Caster Semenya, que determinou que ela reduzisse o nível de testosterona para poder competir, uma decisão vista como "discriminatória" e recebida com indignação.[49] Como se, embora bem-aceitos à primeira vista, houvesse sempre uma aura de desconfiança pairando sobre os corpos deficientes e trans, uma demanda tácita para que não se superem além da conta.

Comentando a respeito de uma entrevista que conduziu com Bill Schroeder, diretor da Pretoria Boys High School, Carlin observa que os ensinamentos que a mãe transmitiu a Pistorius "se resumiam todos a uma mesma coisa [...], correr o mais rápido que pudesse". Não precisamos de Freud para constatar a ambiguidade e o impossível peso da imposição: correr para vencer, sair fora a qualquer custo. Schroeder lembra que, quando perguntou hesitante à mãe de Pistorius sobre o filho de treze anos — "Mas... ele vai dar conta?" —, referindo-se às pernas protéticas, ela trocou olhares com o filho e deu de ombros: "Acho que não estou entendendo [...]. O que é que o senhor está dizendo?". E logo observou: "Não há problema algum. Ele é absolutamente normal".[50] Na primeira página de sua autobiografia, escrita antes do assassinato de Reeva Steenkamp, Pistorius explica a atitude intrínseca à filosofia de sua família: "Eis Oscar Pistorius, exatamente como deveria ser. Perfeito em si mesmo".[51] Na verdade, sua mãe era uma pessoa depressiva que morreu de intoxicação alcoólica quando Pistorius tinha quinze anos. Conforme salienta Carlin, "minha mãe" foram as duas palavras que Oscar Pistorius mais repetiu em seu depoimento (sua mãe dormia com uma arma de fogo debaixo do travesseiro, Pistorius dormia com uma arma de fogo debaixo da cama).

Para os estudos sobre deficiência — aliás, para qualquer pessoa envolvida com alguma deficiência —, a descrição que Sheila Pistorius fazia do filho e a filosofia da família Pistorius certamente seriam corretas — aos olhos de qualquer filosofia humanizada, todos os corpos são como "deveriam ser". Hoje, sob um governo conservador no Reino Unido, cuja reafirmada severidade com relação à deficiência parece não ter limites, pode ser mais importante que nunca insistir nesse ponto. Conforme observou vinte anos atrás a crítica literária feminista Cora Kaplan, o discurso da responsabilidade fiscal, tanto nos Estados Unidos quanto na Grã-Bretanha, há tempos tem a deficiência na mira como um fardo econômico intolerável aos supostos cidadãos "normais".[52] O "ele é absolutamente normal" de Sheila Pistorius poderia, então, ser interpretado como uma reação socialmente adaptada. A única resposta para tamanha desumanidade burocrática tem de ser o argumento de que a necessidade ou a fragilidade, juntamente com a dignidade humana — na verdade, a "normalidade" — dos deficientes, deveriam ser reconhecidas. Estamos falando de justiça e direitos humanos (que são os termos com que muitos estudos recentes sobre deficiência definem sua tarefa).

Mas isso, em si, é uma espécie de duplo vínculo. Insistindo na dignidade e na normalidade, o risco é que tanto o sofrimento físico quanto o psíquico se tornem invisíveis, negados, e tenham, pois, de negar a si mesmos (ele é perfeito). O pior é que tal negação se aproxima perigosamente do repúdio à fraqueza e ao sofrimento que historicamente autorizou a crueldade, às vezes genocida, direcionada aos próprios deficientes: porque você sofre, porque temos de ver você sofrendo, não vamos sofrer em ter você. "No contexto da recente teoria da deficiência", escreve Hilary Clark, "[a] experiência da escuridão — do sofrimento na deficiência e na doença crônica — não é muito enfatizada [...], falar do que alguém sofreu e perdeu já não parece muito decente."[53] Ela escreve isso num livro de ensaios sobre a vida e a escrita da poeta e crítica literária Nancy Mairs, que foi afligida pela esclerose múltipla e cujo ensaio mais conhecido é "On Being a Cripple" [Sobre ser aleijada], agora uma palavra indizível, mas que ela reivindica para si. "A sociedade não está mais bem preparada para aceitar o aleijado", escreve Nancy, "do que para aceitar a morte, a guerra, o sexo, o suor ou a doença."[54] Para Nancy Mairs, é emancipatório, não opressivo, e o oposto de desumano, falar abertamente de um corpo que falha.

Quanto a essas questões, o julgamento de Oscar Pistorius é um manual de referência. A professora Merryll Vorster, psiquiatra forense chamada pela defesa, não tinha dúvidas de que a amputação de ambos os membros inferiores de Pistorius quando era ainda uma criança pré-verbal, com menos de um ano de idade, teria sido vivenciada como uma agressão traumática, de que a atitude da família significara que a ele nunca seria permitido se enxergar como deficiente e que isso teve um considerável impacto negativo em seu desenvolvimento: "Esconder sua deficiência tornava-o menos capaz de acessar o suporte emocional de que necessitava".[55] Em um círculo vicioso, argumentou ela, sua vulnerabilidade física levava-o a ficar mais ansioso, o que, por sua vez, deixava-o mais determinado a ocultá-la do mundo. Poderíamos dizer que a deficiência se tornou o segredo cifrado de seu corpo e de sua vida.

Quando a promotoria constatou que os comentários de Vorster poderiam levar a uma defesa baseada no transtorno de ansiedade generalizada, Nel imediatamente exigiu que Pistorius passasse por uma avaliação psiquiátrica completa. Foi um momento altamente dramático — que resultou na suspensão de um mês no processo. Nel assumiu um risco. Na esperança de eliminar uma possível defesa para Pistorius, ele poderia, em vez disso, estar abrindo a porta para a absolvição com base em incapacidade mental. Quando o julgamento foi retomado, no entanto, a decisão foi inequívoca: Pistorius não sofria de nenhuma forma de deficiência mental e não demonstrou nenhuma incapacidade que o impedisse de saber as consequências de seu ato ou de fazer a distinção entre certo e errado. "Não houve", comenta Masipa em sua sentença, "nenhum lapso de memória nem confusão alguma por parte do acusado."[56]

Estranhamente, e sem que ninguém parecesse notar, a batalha no tribunal repetia agora o dilema interno do próprio Oscar Pistorius, já que se dividiu ao meio entre as duas formas de enxergar a deficiência hoje: Pistorius como inválido e vulnerável, Pistorius como perfeito e empoderado. No primeiro caso, ele teria, então, atirado em Reeva Steenkamp em virtude de seus medos mais arraigados; no segundo, porque sua destreza física e a aclamação que a acompanhava lhe permitiam nutrir a ilusão de que governava o mundo e podia fazer justiça com as próprias mãos. Ironicamente, foi a promotoria que teve de acreditar de maneira incondicional em Pistorius nos seus próprios termos, que teve — com efeito — de se alinhar a ele. "Para que a promotoria tivesse êxito", escreve Carlin, "ela precisava que Pistorius fosse visto pela juíza do mesmo modo pelo qual ele sempre retratara a si mesmo antes do julgamento [...]. Nel tinha de negar a existência do amputado secretamente vulnerável e assolado pelo medo tão vigorosamente quanto o próprio Blade Runner havia procurado fazer ao longo de toda a vida até a noite dos tiros."[57] A defesa, por outro lado, só poderia prosseguir desmantelando impiedosamente a autoimagem que ele mesmo havia alimentado com tanto cuidado por toda a sua existência: "Sem pernas, abuso, abuso, abuso".

Foi, portanto, a defesa que mutilou as próprias defesas de Pistorius, à medida que seguia revelando sua deficiência aos olhos do mundo. Em duas ocasiões durante o processo, ele foi obrigado a expor seus cotos ao tribunal (alguém também poderia enxergar nos prantos, nas regurgitações e nos vômitos na corte o seu corpo extravasando para além dos limites e revelando a si mesmo). Na verdade, ele próprio estava mais do que pronto a adotar essa linha de defesa: "O disparo da minha arma de fogo foi precipitado por um barulho no banheiro que eu, em estado de medo, sabendo que estava sobre os meus cotos, impossibilitado de sair correndo ou de me defender fisicamente de maneira adequada, achei que fosse o invasor ou os invasores saindo do banheiro para atacar a Reeva e a mim".[58] Note-se: "o disparo da minha arma de fogo foi precipitado" — nenhum sujeito da ação, nenhum agente, nenhuma responsabilidade, como se a arma tivesse disparado totalmente sozinha.

A perfeição é fatal. Precisamos perguntar se fazer do deficiente um herói — o que sem dúvida, no caso de Pistorius, na verdade em todos os casos, é de alguma maneira correto — não poderia, ao mesmo tempo, exacerbar a angústia e a violência da alma. Em alguns cartazes nas Olimpíadas de Londres, em 2012, lia-se: "Paraolímpicos. Somos os super-humanos".[59] Não inválidos, mas gladiadores, conforme observou um dos comentaristas. Pistorius era a "bala no tambor" (o slogan do emblema em seu website oficial). Entre Pistorius, seu pai, dois de seus tios e seu avô, sua família possuía 55 armas. Num episódio notório, Pistorius atirou pelo teto solar de um carro depois de uma altercação com um policial a respeito de sua arma, quando foi parado por excesso de velocidade: "Não se pode simplesmente encostar na arma de outro homem", disse ele para explicar a sua raiva — sua arma, um pedaço do corpo, sua parte mais íntima. Samantha Taylor falou da arma dele como um "terceiro" em seu relacionamento. Ele mantinha uma bala Luger 9 milímetros na vertical sobre o balcão da cozinha. Na época do assassinato, Pistorius estava aguardando a entrega de seis armas de fogo, entre elas uma semiautomática, a mesma usada pela Força Policial Sul-Africana, além de 580 cartuchos de munição.[60]

Há, mais uma vez, uma história da África do Sul a ser contada aqui. O africânder havia conquistado o extremo sul da África com armas, uma herança da qual, observa Carlin, o clã Pistorius tinha orgulho.[61] No romance de Zakes Mda *Black Diamond* [Diamante negro], de 2014, uma magistrada branca é ameaçada por causa de suas medidas repressivas contra o crime. Quando ela insiste com o agente de segurança negro que lhe foi designado que ela não quer armas em sua casa, ele responde com um sorriso afetado: "A senhora não quer armas? [...] Que espécie de africânder a senhora é?".[62] Conforme disse Gillian Slovo, em maio de 2014, em sua palestra no programa Ralph Miliband da Escola de Economia e Ciência Política de Londres, as armas que sustentaram o apartheid e as que a ele se opuseram ainda estão por demais presentes na atual África do Sul.[63] "Nesta vasta e bela terra da África do Sul pós-apartheid", Jonathan McEvoy escreveu sobre o julgamento para o *Daily Mail*, "é frequente demais que haja uma arma no fim do arco-íris."[64] Pistorius temia o crime — nenhum sul-africano branco, na verdade nenhum sul-africano, pode evitar temer o crime. Os roubos a propriedades residenciais cresceram 70% entre 2003 e 2012, embora em nove a cada dez ocorrências as vítimas desses assaltos saiam ilesas e sejam os pobres o alvo mais habitual de crimes violentos. Na verdade, a imensa maioria dos sul-africanos não possui armas de fogo (nem 5% da população, um número que se mantém praticamente estável).[65]

A esse respeito, Masipa não hesitou. As ações de Pistorius não poderiam ser justificadas por seus temores. "Adianto-me em acrescentar que o acusado não é único nesse quesito", afirma ela, no que foi para mim um dos melhores momentos de sentença. "Mulheres, crianças, idosos e todos aqueles com capacidades limitadas se enquadrariam na mesma categoria." "Mas", pergunta ela, "seria razoável se, sem mais delongas, eles se munissem de uma arma de fogo quando ameaçados por um perigo?" "Muitos foram vítimas de crimes violentos, mas não recorreram a dormir com armas debaixo do travesseiro."[66] A vulnerabilidade não é uma licença para a violência. Você pensa ser o único nesse aspecto? Pense melhor. A deficiência ou a fraqueza é algo que se pode sofrer, mas nunca possuir. Não é desculpa. Por essa razão, não fui convencida por aqueles que argumentam que a simpatia de Masipa pela deficiência de Pistorius interferiu na decisão dela, embora seja certamente verdade que ela se recusou a aderir ao ódio direcionado contra ele.[67] Ela é universalista, movida por uma compaixão que consegue ser específica à África do Sul ao mesmo tempo que acolhe os vulneráveis — mulheres, crianças, idosos, todos aqueles com capacidades limitadas — em toda a parte. Tampouco estou convencida de que ela tenha sido conduzida sobretudo pelo desejo de evitar ser vista como alguém que aplicava uma justiça vingativa — isto é, uma justiça negra — a um homem rico e branco (embora seja certamente verdade que ela, como juíza negra, também estivesse sendo julgada).

✳

Sexo, raça, deficiência, o que resta? Resta a vida do espírito, os limites do conhecimento humano, o imperativo psíquico e político do pensamento. Há armas, e há o pensar. Em seu depoimento, Pistorius insistiu reiteradamente não ter pensado ao disparar quatro tiros pela porta:

> [Em] uma fração de segundo, achei que alguém estava saindo para me atacar. Foi o que me fez atirar. Não tive tempo para pensar.
> Não atirei em ninguém. Eu não tinha a intenção de atirar em alguém. Atirei por medo.[68]
> Disparei minha arma antes que eu pudesse pensar.[69]

Ou, conforme Masipa reproduz em sua súmula daquilo que o escutou dizer: "Sou um apaixonado por armas. Não tive tempo para pensar".[70]

Mas, se ele não tinha a intenção de atirar em ninguém e não estava pensando, então não pode contar com o argumento da legítima defesa putativa (de que atirou em reação a uma ameaça identificada). Ao passo que, se atirou porque pensou estar em perigo, então claramente teve tempo para pensar. Conforme ele mesmo explica, apenas piorando consideravelmente as coisas, caso quisesse matar um intruso, teria atirado mais alto, na direção do peito. "Faço uma pausa para afirmar que", comenta Masipa, "essa afirmativa é incoerente com alguém que atirou sem pensar."[71] A "pletora de defesas" de Pistorius obedece a uma lógica do inconsciente, cada qual anulando a seguinte. Ele foi julgado segundo seu comportamento ter sido ou não o de uma pessoa razoável, mas aquilo com que a lei se confrontou é algo além da razão. "O que é esse medo irracional que se embrenhou tão profundamente na psique?", foi a pergunta de Margie Orford. "Nesse inexorável construto de ameaça e perigo", desenvolve ela, "da sua morte ou da minha, não há meio-termo, não há conciliação e não há espaço para o pensamento ou a linguagem."[72] O não pensar não torna uma pessoa inocente, tampouco o medo. É na fração de segundo entre o pensamento e o não pensamento que se mata.

Lembrando que, em sua recusa do dolo eventual, Masipa argumentou que Pistorius não poderia "razoavelmente ter previsto" que os tiros que disparou poderiam matar "a pessoa atrás da porta, muito menos a falecida, já que pensou que ela estivesse no quarto naquele momento". E, mesmo considerando-o responsável por homicídio culposo, ela pergunta: "Teria uma pessoa razoável, nas mesmas circunstâncias que o acusado, previsto a possibilidade de que, caso disparasse quatro tiros contra a porta do banheiro, quem quer que estivesse atrás da porta pudesse ser atingido por uma bala e consequentemente morrer? Teria uma pessoa razoável tomado medidas para se precaver contra essa possibilidade? A resposta para ambas as perguntas é sim".[73] É a razão tentando se libertar da própria coleira: o acusado não poderia ter razoavelmente previsto a morte da falecida, uma pessoa razoável teria tomado medidas para se precaver contra a morte da pessoa atrás da porta. Quem é a pessoa razoável? Se Masipa estiver errada — conforme a Corte Constitucional decidiu após recurso —, talvez seja porque a lei não é capaz de avaliar integralmente as complexidades da alma humana, embora irracionalmente esperemos dela que seja uniforme. Pode ser também porque sua categoria de razão, sobretudo no reino dos crimes violentos, assuma outras formas. "O homem razoável", observa Masipa, citando um precedente legal, "sem dúvida evolui com o tempo. O que era razoável em 1933 não seria necessariamente razoável hoje."[74]

Há também uma questão de linguagem envolvida, já que a atribuição da culpa depende das mais finas discriminações linguísticas, particularmente do verbo auxiliar. Alguns exemplos: "Não estou convencida de que uma pessoa razoável, com as deficiências do acusado e nas mesmas circunstâncias, *teria* disparado quatro tiros naquele pequeno cubículo do banheiro".[75] A responsabilidade penal é atribuída levando em consideração se "ele *deveria ter* previsto a possibilidade da morte resultante".[76] A corte, comentou Masipa, citando outro julgamento anterior com relação à acusação de homicídio, "deveria se precaver para não passar de '*deveria ter* previsto' para '*deve ter* previsto' e, por conseguinte, para 'por necessária inferência, *de fato previu*' as consequências da conduta que está sendo investigada".[77] "[A inferência] da previsão subjetiva não pode ser extraída se houver uma possibilidade razoável de que o acusado não tenha previsto, ainda que ele *devesse razoavelmente tê-lo feito* e mesmo que *provavelmente* o tenha feito."[78] Nessa altura, parecemos ter entrado no mundo daquele primeiro grande romance experimental de Laurence Sterne, *A vida e as opiniões do cavalheiro Tristram Shandy*, de 1759. Como, pergunta o tio de Tristram, Toby, pode alguém falar sobre um urso branco se nunca tiver visto um? Ao que o pai de Tristram produz esta ode ao verbo auxiliar e ao seu poder de invocar diante dos nossos olhos o que não está lá:

UM URSO BRANCO! Muito bem. Alguma vez já vi um? Poderei alguma vez ter visto um? Alguma vez verei um? Deveria alguma vez ter visto um? Ou posso alguma vez ver um?

Teria eu visto um urso branco! (senão, como posso imaginá-lo?)

Se eu vier a ver um urso branco, o que deveria dizer? E se eu nunca vier a ver um urso branco?

Se eu nunca tiver visto, puder ver, precisar ver ou vier a ver um urso branco vivo — alguma vez já vi a pele de um? Já vi um pintado? — descrito? Nunca sonhei com um?

Meu pai, minha mãe, meu tio, minha tia, meus irmãos ou minhas irmãs já viram alguma vez um urso branco? O que fariam? Como se comportariam? Como o urso branco teria se comportado? Ele é selvagem? Manso? Áspero? Macio?

— Vale a pensa ver o urso branco?
— Há algum pecado nisso? —
É melhor que um *preto*?[79]

Trata-se da linguagem como decadência especulativa, que perde o controle sobre a realidade que — como sabemos desde o linguista suíço Ferdinand de Saussure (e Sterne) —, de qualquer modo, ela nunca teve.

✳

"O que é esse medo irracional que se embrenhou tão profundamente na psique?" (a pergunta de Margie Orford). Voltemos aos banheiros. Afinal, não é apenas no imaginário sul-africano que eles são a cena do crime — a cena do chuveiro em *Psicose*, de Hitchcock, é a que sem dúvida mais vem à mente. Numa das passagens mais famosas de *Em busca do tempo perdido*, de Proust, o narrador — com um risco físico nada desprezível — ergue-se numa escada e espia, através de uma claraboia, na alfaiataria por onde o barão Charlus e o alfaiate Jupien desapareceram depois de uma mútua sedução no pátio, quando então escuta sons tão violentos que, "se não tivessem sido sempre repetidos uma oitava mais alta por um gemido paralelo, eu poderia julgar que uma pessoa degolava outra perto de mim, e que, a seguir, o assassino e a vítima ressuscitada tomavam um banho para apagar os sinais do crime".[80] Um banheiro é lugar de pureza e perigo. Não apenas o cenário de um assassinato, mas o primeiro lugar aonde alguém vai para limpar os vestígios de um crime.

Na cultura ocidental, os banheiros são locais em que submetemos as fibras de nosso mundo interior e exterior ao regime do controlado e do limpo. "Não é fácil manter a limpeza", lamenta Junichirō Tanizaki a respeito do banheiro ocidental em seus ensaios de *Em louvor da sombra*, de 1977; "com quatro paredes de puro branco". No entanto, "[a] limpeza do que vemos nos leva a pensar naquilo que não vemos". "Seja como for", continua ele, "as coisas que apreciamos como belas e requintadas têm em sua composição parcelas de sujeira e desasseio, não há como negar. Em contraposição ao ocidental, que renega o sebo e tudo faz para livrar-se dele."[81] Assim como os *nyakyusa*,* descritos por Mary Douglas em *Pureza e perigo* (a primeira e ainda a última palavra nessas questões), que incluem em seu ritual de luto venerar os próprios detritos e varrer o lixo para cima dos enlutados, "para acolher a limpeza". Uma cultura obsessiva, por outro lado — a cultura ocidental —, carrega culpa e inquietação nas discriminações que mais fervorosamente deseja policiar (a discriminação entre homens e mulheres ou entre negros e brancos). Conforme também salienta Mary Douglas, é apenas em torno de normas e comportamentos contraditórios ou instáveis — tal como a tentativa de sujeitar as mulheres numa cultura que reconhece parcialmente sua autonomia como ser humano — que os temores quanto à contaminação tendem a se agrupar, sendo raramente independentes do sexo (ela dá o exemplo de um marido "que tem necessidade de ser convencido da sua própria virilidade e de ser informado sobre os perigos que daí resultam").[82] No caso de Pistorius, não era apenas o corpo — "Esmurro meu corpo e faço dele meu escravo" —, mas também a mente que ele queria sujeitar: "Cada corrida se ganha ou se perde na cabeça, então é preciso usar a cabeça direito", respondeu ele, numa entrevista ao *Financial Times*, a uma pergunta sobre suas obsessivas anotações. "Anotar as coisas ajuda a controlar os próprios pensamentos."[83]

Mas há um limite para esse controle. Depois de Mark Gevisser ter sido atacado numa residência particular com duas amigas íntimas, ele primeiro pensou que a vida deles havia sido salva pelo respeito com que trataram os invasores negros. No final do processo, ele já

---

* O povo *nyakyusa* é um grupo etnolinguístico banto originalmente do sudoeste da Tanzânia. (N.T.)

entendia as coisas de uma maneira bem diferente: "Você não tem nenhum controle sobre o que vai lhe acontecer. É aleatório e caótico, e, mesmo que o seu comportamento razoável diminua as chances de ser ferido ou morto, não lhe garante nada. Você não tem nenhum controle sobre quando nem como vai morrer. Assim que compreende isso, você aceita que a vida é uma dádiva".[84] Trata-se do oposto do pensamento obsessivo, que, segundo Freud, retorna indefinidamente — por ser incapaz de se conformar aos — "temas em que a incerteza é humanamente universal, em que nosso saber ou nosso juízo está necessariamente exposto à dúvida"; uma forma de pensamento que, acima de tudo, não suporta a ambivalência humana.[85] Nesse ponto, o relato de Gevisser é exemplar. Ele sentiu genuína empatia por seus invasores, mas isso não o impediu de levar um deles à justiça, um imigrante zimbabuense cuja história — alguém que mal conseguia sobreviver na cidade — ele revela com extremo cuidado. E ele também o odeia: "Eu o odiei por ter me tornado odiento e odiei a mim mesmo por odiá-lo".[86] Essa narrativa aparece no início e no final de *Lost and Found in Johannesburg*. Sua complexidade psíquica é certamente o contraponto perfeito para a ideia de que a única maneira de lidar com um invasor na atual África do Sul é atirar quatro vezes contra uma porta trancada.

Mais de 25 anos depois do fim do apartheid, a África do Sul está permeada pela violência e ainda sofre o legado de sua história, "aquele assunto inacabado enterrado no corpo político sul-africano" que o super-herói paraolímpico Oscar Pistorius foi convocado para ajudar a nação a negar e a transcender.[87] Poderíamos dizer que a sua tragédia, embora bem mais a tragédia de Reeva Steenkamp, foi ele ter tentado, à mercê de uma fantasia de onipotência para a qual o mundo inteiro conspirou, assumir o controle de tudo que pudesse: seu corpo, sua mente, suas mulheres, suas armas. Se há uma lição a tirar de tudo isso é que mantemos a injustiça e o sofrimento humano à vista ao mesmo tempo que compreendemos que também somos criminosos, que não deveríamos expelir nossos ódios num esforço inútil para nos tornar — para tornar o mundo — limpos. "O buraco escuro no chão", observa Rebecca West a respeito de uma latrina na antiga Sérvia, em sua extraordinária viagem nos anos 1930 através da Iugoslávia, "fazia parecer que o excremento, tendo sido expelido pelo homem, constituía-se por si mesmo um novo, hostil e poderosamente mágico elemento capaz de cobrir toda a Terra".[88] Expelir a sujeira é tão autodestrutivo quanto mortífero. Alguém — uma raça, um sexo — tem de levar a culpa. A meu ver, nossa tarefa premente é olhar para aquilo que se encolhe com medo da luz, mas sem nos iludir de que possamos dominá-lo, sem jamais ter a pretensão de saber demais.

Protesto político e a negação da história:
A África do Sul e o legado do futuro

Dado o horror do momento político, as medonhas fantasias coletivas de caráter nacional com livre curso pelos Estados Unidos e pelo Reino Unido, parece urgente recorrer a exemplos de ativismo político em que um coletivo ou um grupo, juntamente com a raiva que os acompanha, tenha sido engendrado em nome da justiça social e racial. Ainda mais quando esse mesmo movimento tiver sido carregado com uma energia visceral, afetiva, que o tenha transformado em alvo de críticas. Os protestos estudantis que se iniciaram na África do Sul em 2015 têm implicações que vão muito além da queixa original: a derrubada da estátua do traficante de escravos Edward Colston, em Bristol. E a retomada do movimento Rhodes Must Fall, em Oxford, testemunham o seu ressurgimento após o assassinato de George Floyd por forças policiais em maio de 2020. Neste capítulo, proponho que, longe de ser uma explosão de desordem a ser enfrentada com uma resposta estatal "adequadamente" firme e coerciva, esse momento, em toda a sua intensa volatilidade, deve ser compreendido como o fator que traz de volta à vida uma história violenta que a nação estava, e está, tentando transcender e esquecer. Há, sem dúvida, uma longa tradição de lutas políticas emocionalmente carregadas sendo mobilizadas em favor dos oprimidos: feminismo, direitos civis, Black Lives Matter e, foco recorrente aqui, #MeToo e #AmINext. Mas o que acontece quando o movimento carrega um fardo psíquico adicional, quando surge em nome de um projeto emancipatório radicalmente incompleto que se encontra sob o risco de ser desfeito?

Ao longo do período compreendido aproximadamente entre 2015 e 2017, recebi um fluxo constante de informações — reportagens, comentários, folhetos, declarações oficiais e oficiosas, refutações —, da Universidade da Cidade do Cabo e além, sobre os movimentos de protesto que vinham acontecendo em universidades por toda a África do Sul desde março de 2015 (Rhodes Must Fall e, depois, Fees Must Fall). Em março de 2017, cheguei à Cidade do Cabo vinda da Grã-Bretanha, que, como metrópole predominantemente branca do império no século 19 e início do século 20, tem muito a responder pelo esgarçado tecido da história sul-africana. A Lei de Terras Nativas, de 1913, uma lei de puro roubo instaurada pelos britânicos, que lançou as bases para a segregação e, em seguida, o apartheid, seria um ótimo começo, sobretudo porque a questão mal resolvida da terra — sua distribuição ainda cruelmente desigual — está no cerne da contínua luta na África do Sul, sendo um dos mais duradouros e preocupantes legados do passado. Na verdade, minha família é toda de judeus imigrantes da Polônia que viajaram, sob várias formas de perseguição e coação, para o Reino Unido, que era então considerado um refúgio. Contudo, foi com esse distanciamento e esse senso de responsabilidade e privilégio histórico que me encontrei imersa nas histórias dos protestos que irromperam pelo cenário educacional da África do Sul — protestos que inicialmente surgiram nas universidades, mas que, a reboque da educação, abordaram muitos outros temas.

À medida que eu lia o *Daily Maverick*, o *Daily Vox* e o *Conversation*, eles me pareciam constituir um espaço universitário alternativo próprio. Dessas páginas, ouvi vozes falando, analisando, protestando, vozes pedindo por colóquios, diálogo, oficinas, debates, por uma forma de entendimento radical que pudesse ser politicamente transformador sem, nas palavras de Dudu Ndlovu, feminista negra radical e *fallist* (ativista dos movimentos Rhodes/Fees Must Fall) que presidiu diversos encontros, "fazer o espaço entrar em colapso".[1] Essa sugestiva formulação me fez parar para pensar. Interpretei sua fala como a exigência de um espaço que de alguma maneira se sustente nas fraturas e clivagens que também deve expor e criar, um espaço que emerja de uma mensagem de ruptura tanto no modo declaratório quanto no imperativo, uma afirmação de fato e intenção: isso *já está* fraturado, *tem de* ser rompido. Ou, nas palavras de Petrus Brink, trabalhador rural e ativista de Citrusdal, uma *township* de Cabo Ocidental, entrevistado por Simon Rakei no panfleto *Pathways to Free Education* [Caminhos para a educação gratuita], publicado pelos estudantes, "isso... isso... isso realmente não está funcionando".[2] Brink é membro da Campanha pela Soberania Alimentar e do Fórum dos Migrantes, Habitantes e Trabalhadores Rurais, apenas dois dos grupos aos quais os protestos estudantis estenderam a mão e que, por sua vez, estenderam-lhes a mão de volta. Fiquei impressionada com o quanto a construção de solidariedade, nacional e internacionalmente, entre as lutas se destacou como um dos objetivos centrais dos protestos: a campanha contra a terceirização, a contestação da hierarquia entre trabalho manual e intelectual, o apelo, feito por Brian Kamanzi, entre outros estudantes, por uma universidade socialmente receptiva, que ofereça asilo a colegas africanos e a diásporas de todo o mundo — um apelo que, diante do ataque de Trump a imigrantes e refugiados, para não falar das próprias políticas desumanas do Reino Unido, nunca pareceu mais relevante.[3]

Então, como avançar sem renunciar à força disruptiva da declaração enganosamente simples de Brink ("isso realmente não está funcionando") nem ao espaço para o diálogo e o entendimento — sem colapsar o espaço? Ou, dito de outra maneira, pode a raiva politicamente motivada ser generativa, pode ela, a um só tempo, irromper e nos levar adiante? Em sua palestra sobre violência e raiva no programa em memória de Ruth First, em agosto de 2016, Leigh-Ann Naidoo falou da "violenta, patológica" desigualdade que deixava marcas na nação.[4] Quando Lovelyn Nwadeyi se dirigiu aos duzentos sul-africanos de destaque selecionados pelo *Mail & Guardian* em junho daquele mesmo ano, ela descreveu a época como "desarticulada, dessincronizada, assolada por uma clivagem geracional que embaralha a historicidade".[5] "Patológica", "assolada" — são palavras poderosas, evocativas, ainda mais por ressoarem a atual crise de Covid-19. Meu argumento neste capítulo é que os protestos sul-africanos — hoje atenuados, mas de forma alguma silenciados —, juntamente com a efusão de comentários, foram um momento político único que elevou o relacionamento entre afeto e política a um novo patamar.

Quando jovem, no final dos anos 1960 e início da década de 1970, participei dos protestos estudantis em Oxford e Paris. Na verdade, pouco antes de ir para Oxford como aluna universitária, tomei o último avião de volta para casa; saí de Paris em maio de 1968, antes de os aeroportos serem fechados, acompanhada das manchetes: "*La France s'écrase*" ("A França se esfacela"). Ainda que os movimentos na África do Sul evocassem para mim lembranças daqueles momentos — a mesma hipérbole de destruição lançada contra os protestos (afinal, a França não se esfacelou nem desmoronou em 1968) —, esses mundos também não podiam ser mais diferentes. Até aquela época, Oxford havia sido um local de privilégio autêntico, quase intocado pelas questões de raça, gênero e classe. Hoje parece justo perguntar se, ou em que medida, alguma coisa realmente mudou num nível mais profundo. Seguindo o exemplo da Universidade da Cidade do Cabo, em 2015 os estudantes de Oxford deram início ao próprio movimento Rhodes Must Fall ao exigirem antes de mais nada a remoção da estátua de Cecil Rhodes da posição de destaque no Oriel College como pai fundador e benfeitor. Tendo a princípio concordado em considerar essa demanda, a direção da faculdade voltou atrás depois que vários ex-alunos ameaçaram suspender doações e/ou retirar a instituição de seu testamento. Um importante doador, cujo legado os rumores colocavam na casa de 100 mil libras, teria ficado "furioso". "Rhodes Não Vai Cair" foi a manchete da primeira página do periódico de direita *The Daily Telegraph*, que mal podia disfarçar sua euforia diante desse recuo.[6] Quando, em resposta à retomada dos protestos, em maio de 2020, os dirigentes finalmente votaram para que a estátua fosse removida, Husan Kuyai, empresário do ramo de tecnologia e ex-aluno de Oxford, comprometeu-se a reconstituir os fundos que "quaisquer doadores racistas sacassem".[7]

Há uma ironia aqui. Afinal de contas, a Grã-Bretanha foi um dos primeiros países a importar para o continente africano a força bruta do capital cuja contínua preponderância na África do Sul pós-apartheid é a causa de muitas das atuais fraturas. Foi, então, ironicamente apropriado de algum modo que, diante da petulante onipotência do dinheiro, a administração da Universidade de Oxford tão pronta e covardemente cedesse, num primeiro momento, sem o menor traço de constrangimento histórico. Aqueles que defendiam a presença da estátua alegando que deveria permanecer como parte do debate histórico ou os que argumentavam, sem rodeios, que os estudantes que queriam derrubá-la em vez de se envolver em tão civilizada discussão não tinham lugar em Oxford e deveriam buscar sua formação educacional em outro lugar (ninguém menos que o reitor de Oxford, Sir Christopher Patten), ou que um dos principais líderes estudantis desqualificava a si mesmo para qualquer protesto, já que, como bolsista com fundos legados por Rhodes, estava em dívida com ele, claramente nunca, nem por um minuto, levantaram a questão das histórias de exploração material em curso, do capital global desviado num mundo cada vez mais desigual, onde o dinheiro, diante do qual eles se prostraram, poderia estar incrustado.

Na juventude, fui beneficiária da educação gratuita provida pelo Estado. Assim como muitos no Reino Unido, assisti estarrecida ao direito pela educação superior gratuita, uma demanda central dos protestos na África do Sul, ser sistematicamente desmantelado, enquanto uma versão de aprendizado cada vez mais instrumental, aferrado a formas de conhecimento "impactantes" e quantificáveis em sintonia com os cálculos do capital, espalhava-se pelas universidades. Nem é preciso dizer que esses custos afetam desproporcionalmente os menos favorecidos (um financiamento administrável para a classe média é uma dívida insuperável para os pobres). Parecia-me, então, crucial começar a expressar a minha solidariedade para com a demanda básica pela extinção das taxas de ingresso na universidade — seja na forma de educação gratuita para todos ou educação gratuita para os pobres, o que também foi objeto de debates quase sempre acirrados. Testemunhei os efeitos deletérios na casa do pensamento crítico de qualquer redução desse direito fundamental do chamado mundo livre. Sem dúvida, no Reino Unido, a introdução de taxas de ingresso na universidade foi acompanhada de uma crescente impaciência, no limite do desprezo, por parte do governo conservador, com a atitude questionadora que é a força vital das humanidades.[8] Na África do Sul, a demanda pela educação universitária gratuita pareceu, por uma fração de segundo, ter sido atendida, um gesto progressista de despedida do então presidente Zuma, embora depois tenha se revelado que nada aconteceria e que ele não havia nem mesmo consultado o Tesouro. Marchando nos prédios do governo para fazer essa reivindicação, em outubro de 2015, os estudantes entoavam uma das famosas "canções revoltosas" da era do apartheid, uma canção que eles lançavam "como uma pedra na casa de vidro agora dirigida por aqueles antigos radicais das décadas de 1970, 1980 e 1990".[9]

✷

A pergunta deste capítulo, na qual a realidade da África do Sul tão incisivamente me ajudou e me forçou a me concentrar, é: o que, em momentos de crise histórica, passa de uma geração a outra? Numa luta que também é um acerto de contas com o passado — como todas as lutas políticas podem ser, e essa certamente era —, o que é que se pode e o que não se pode suportar? O que é que não queremos saber a respeito do passado? O que é que não queremos saber a nosso próprio respeito? Que formas de raiva e recriminação poderia uma geração carregar em nome da geração que a precedeu, uma geração que acreditava e ainda acredita num mundo — pelo qual sobretudo anseia — que possa corrigir as injustiças do passado e colocar um fim à violência? Em tudo que li sobre a situação na África do Sul, a palavra "livre" era central, primeiro no contexto da demanda por uma educação livre de taxas e, depois, novamente no conceito de "nascido livre", expressão aplicada à geração nascida após o desmantelamento jurídico e político do apartheid, em 1994. Quando a jornalista Eve Fairbanks visitou a África do Sul para investigar os protestos para o *Guardian*, em novembro de 2015, foi conduzida do aeroporto até UCT por um homem negro de cinquenta anos da *township* de Langa, que espontaneamente lhe contou como havia reagido quando o filho de catorze anos lhe perguntara o que o apartheid havia feito com ele: "'Não quero que você saiba sobre o passado', ele respondeu irritado, 'você está livre de tudo aquilo!'". O sociólogo Xolela Mangcu disse a ela que tenta evitar conversas sobre a história negra com a filha, que frequenta uma escola abastada de maioria branca: "Tenho medo de como ela vai processar isso. De como ela vai se relacionar com os amigos. Então não tive coragem de falar". A histórica e persistente divisão entre negros e brancos não deve ser mencionada. Suponho que ele tema que, se lhe contasse, a partir daquele ponto ela enxergaria os colegas brancos apenas pelas lentes do apartheid e teria ódio deles.[10]

Do modo mais simples, esses pais meramente expressavam o desejo de todos os pais de que seus filhos tenham uma vida melhor, um desejo elevado ao nível máximo na África do Sul. Mas eles também carregam uma instrução ou mensagem subliminar: essa não é a sua história; não volte a ela nem pense a respeito; esqueça. Para qualquer ser humano, tal injunção é impossível de ser obedecida e, na verdade, enreda o destinatário ainda mais estreitamente no rechaçado legado do passado. No decorrer de sua investigação, Eve descobriu que muitas pessoas que expressaram revolta diante do massacre policial de Marikana, em 2012 — em que agentes atacaram mineiros em greve, matando 34 deles —, estavam mais reticentes e cautelosas em reação aos protestos estudantis, uma diferença que ela interpretou não apenas em termos do maior grau de violência do primeiro caso, mas também em termos geracionais. Há um histórico com relação aos mineiros, cujas demandas relembravam os tempos do apartheid, quando a exploração brutal era marca distintiva do regime (que a condição deles seja ainda tão chocante ressalta as persistentes desigualdades de classe e de raça da nação). Para muitos, Marikana foi um ponto de inflexão, o momento em que ruiu a crença na nova ordenação — lembre-se da ministra Susan Shabangu instruindo os agentes policiais a respeito de como lidar com os infratores: "Vocês têm de matar os desgraçados se ameaçarem vocês ou a sua comunidade".[11] Ao passo que os estudantes, os "nascidos livres", em geral de classes privilegiadas — para começar, assim como no Reino Unido, os mais desfavorecidos nunca chegam à universidade —, estavam destinados a vir de um novo lugar. Eles "não deveriam sentir esse grau de dor histórica". "How South Africa's Youth Turned on Their Parents' Generation" [Como os jovens da África do Sul se voltaram contra a geração de seus pais] era o título do artigo de Eve Fairbanks.[12] "Um tipo de botão pungente havia, portanto, sido acionado", observa Neo Muyanga, músico e ativista cultural, "transpondo um novo bando de revolucionários — nesse caso, os *filhos* — para o lugar onde os *pais* uma vez se revoltaram".[13]

A crise na África do Sul parecia, portanto, ser conduzida por uma lógica geracional ou pela falta dela: desarticulada, dessincronizada. Segundo Lovelyn Nwadeyi, o termo "ilógico" foi mais de uma vez lançado contra os estudantes em protesto a fim de desacreditá-los. "O desafio de ser jovem na África do Sul", observa ela, "talvez seja ter um passado do qual nunca se sabe o suficiente e ter um futuro que lhe foi prescrito por aqueles que nem mesmo tinham certeza de como seria esse futuro".[14] Essa formulação me saltou à vista. Ela desafia o estado temporal das coisas como normalmente o compreendemos ao mesmo tempo que também toca os limites do conhecimento humano. Nem o passado nem o futuro podem ser plenamente conhecidos. A passagem de um para o outro, que é o tempo que estamos vivendo, pode assim ser apenas hesitante, desordenada e insegura (a palestra tinha como título A geração antiapartheid passou a ter medo do futuro). Por mais que desejemos conhecer o passado, poderíamos dizer que o nosso legado, assim como o inconsciente psicanalítico, escapa ao nosso alcance mental. O problema, pois, não é apenas a negação, mas o falso domínio que tentamos exercer sobre o que virá e sobre o que já passou.

No entanto, embora o passado não seja plenamente cognoscível — ou talvez justamente por isso —, ele não é menos importante naquilo que nos constitui, espreitando o futuro que o acena. Não se pode controlar o futuro, assim como não se pode deixar o passado para trás. Não podemos, jamais, simplesmente dar por vividos os eventos da história e seguir em frente. Nas palavras de Lovelyn mais uma vez, "os sul-africanos, jovens e velhos, são agora obrigados a lidar com os fantasmas do nosso passado tão presente".[15] O legado dos nascidos livres é o "passado presente". Sua tarefa, embora não lhes tenham agradecido por isso, foi trazer de volta à superfície aquilo que a geração anterior, sob a influência de uma indizível angústia, pensava, orava, aquilo com que se enterrou e que já lhe bastara. Em seus escritos dos anos 1970, o psicólogo Chabani Manganyi já havia descrito sua "crônica, silenciosa, secreta angústia". Tendo-lhe sido negado trabalho em universidades sul-africanas por uma questão de ativismo político, Manganyi deixou a África do Sul para assumir um posto na Universidade Yale, nos Estados Unidos. "Você e a sua sociedade", disse ele ao abandonar seu terapeuta na época, "esgotaram as possibilidades revolucionárias da sua vida." "Vocês nunca saberão pelo que meu povo tem de passar na terra em que nasceu." Manganyi foi um exilado do apartheid. Descreveu a si mesmo como um "peregrino convertido em refugiado em busca de uma cova aberta".[16]

Sem dúvida, agora é diferente — a questão é o quanto, até que ponto e de que maneira é diferente. Mas essa nova geração não estava destinada a se insurgir contra as iniquidades de hoje:

— a ordenação racialmente injusta;

— o esmagamento dos pobres sob o peso de um capitalismo sem lei, criminoso, cuja origem Sampie Terreblanche identifica nas licenças para empresas transnacionais concedidas por Reagan ao redor do mundo na década de 1980, que lhes oferecia entrada no Sul Global (atitude que ele descreve como "insanidade pura");[17]

— o estrangulamento do Complexo de Minerais e Energia, que engloba os setores de mineração e energia, em prejuízo do desenvolvimento econômico da África do Sul, que, conforme apontaram os estudantes, estende o alcance até vários departamentos universitários de engenharia elétrica;

— a ambiguidade — embora isso seja contestado — da cláusula da propriedade na Constituição a respeito da questão fundamental da redistribuição de terras;[18]

— o pacto firmado pelo ANC para garantir a vitória política, que, como muitos argumentam, se deu à custa de uma agenda econômica potencialmente mais radical e mais justa; uma agenda que teve de ser excluída do acordo histórico com o Partido Nacional em 1994 (segundo me disseram mais de uma vez durante minha visita, um exército branco pronto para provocar uma guerra civil já estava aguardando na porta).

Finalmente, de maneira crucial para as universidades, há o projeto incompleto de decolonização que a democratização não assegurou (tem sido uma premissa central do movimento estudantil a ideia de que a decolonização mal começou). "A neoliberalização das universidades", escreve a acadêmica sul-africana Victoria Collis-Buthelezi, "gerou um conjunto de silêncios na produção de suas histórias." Ela estava fazendo suas considerações em reposta a este capítulo quando ele foi apresentado pela primeira vez na Aula Aberta do Vice-Reitor da Universidade da Cidade do Cabo, em 2017. O sofrimento negro, prossegue ela, citando a romancista e filósofa jamaicana Sylvia Wynter, "raivosamente negado por muitos", tornou-se "vítima de um tipo de amnésia histórica e de má-fé". Foi esse o pacto que os estudantes quebraram. Para Victoria, o problema é, portanto, "o como do fazer histórico"; o desafio é, portanto, não tanto o futuro ("um precário continuum no qual fixar nossa esperança") mas o *aqui* e o *agora*.[19] Muito simplesmente, a geração seguinte não estava destinada a denunciar malfeitos ou afirmar que o apartheid não havia acabado ou que o seu futuro estava arruinado por um passado que não desaparecera. Estava destinada a incorporar o novo ideal de progresso; embora, sem dúvida, não a versão distorcida de progresso, em contraste com a chamada "barbárie", com a qual se justificou historicamente a colonização da África. Nada disso deve minimizar a radical e, em muitos aspectos, revolucionária transformação constitucional, política e jurídica de 1994 nem as lutas humanas daqueles que a tornaram possível.

Para Hannah Arendt, a ideia de progresso era perigosa na medida em que permite que os dirigentes da ordenação presente finjam que tudo está muito bem quando, na verdade, não está, e autoriza aqueles que estão no poder a governar o mundo (uma crítica que ela constrói veementemente em seu ensaio "A mentira na política").[20] Isso também pode ser dito para roubar do povo seu direito inalienável à história, relegando-a à estagnação, lançando uma cortina de fumaça sobre o passado. Em seu artigo para o *Guardian*, Eve Fairbanks relatou que, em meados dos anos 1990, os comitês governamentais para a reforma curricular eliminaram a história como disciplina autônoma, integrando-a às "ciências humanas e sociais". Durante uma visita anterior à UCT, em

2013, Jane Bennett, do Departamento de Humanidades e do Instituto de Gênero, disse-me que, mesmo nos departamentos de humanas, a história — sobretudo a história imediata e ainda premente da África do Sul — estava se tornando cada vez mais difícil de ensinar. Ainda hoje essa narrativa é incômoda. Foi apenas recentemente que alguns dos relatos ocultos, quase sempre horrendos, do apartheid — de agentes da polícia secreta e espiões do Estado — começaram a ser contados.[21] Esses protestos diziam respeito à persistente discriminação racial, à pobreza e à desigualdade. Mas também me surpreendeu que tenha sido esse pacto, ou não pacto, com a história, uma história que envolve os jovens tão profundamente e não vai desaparecer, que tenha aumentado a temperatura, que tenha precipitado a raiva, que tenha feito a situação parecer, em alguns momentos, inadministrável.

*

Precisamente na África do Sul, essa maneira de lidar com o passado, sem dúvida, não faz o menor sentido. Os ancestrais reverenciados na cultura africana estão ali para nos lembrar que ninguém nunca nasce livre — algo que eles compreendem muito melhor e mais profundamente que o mundo metropolitano ocidental. Em seu artigo "An African Perspective on Justice and Race" [Uma perspectiva africana sobre justiça e raça], de 2001, o filósofo sul-africano Mogobe B. Ramose descreveu a vida comunitária africana como "uma estrutura triádica dos vivos, dos mortos-vivos (as forças sobrenaturais) e dos ainda por nascer".[22] Observe que os ainda por nascer não surgem do nada, como visitantes de um novo mundo, mas são ciclicamente integrados à tríade. Não se pode resgatar o passado, assim como também não se pode transcendê-lo ou esquecê-lo. A filósofa feminista Drucilla Cornell descreveu brilhantemente os extraordinários e complexos acertos de contas, as formas de obediência e desobediência, de raiva e humor provocador com que a *sangoma*,* curandeira e adivinha transgênero

---

* *Sangoma* é uma espécie de xamã, indivíduo que, nas etnias zulus, é eleito pelo espírito dos ancestrais para cuidar da sua comunidade. (N.T.)

Nkunzi Zandile Nkabinde, a quem conheceu em KwaZulu-Natal, conduz com seus ancestrais femininos e masculinos.[23] As implicações legais, especificamente em relação à temporalidade, dessa forma de pensamento entre pessoas de gerações diferentes — que tanto ela quanto Ramose extraíram da ética coletiva africana do ubuntu, para a qual ser humano é existir através dos outros e pelos outros — são de grande alcance. "Para os africanos", escreve Ramose, citando Kéba M'Baye, da Corte Internacional de Justiça, "não há nada tão incompreensível ou injusto em nosso sistema legal quanto a prescrição, e eles sempre se ressentem diante de uma recusa de nossa parte em arbitrar um processo em função de ele ser antigo demais".[24] Pode um ancestral que sobreviveu à morte do corpo ser antigo demais?[25] A prescrição é injusta por consagrar na lei o repúdio ao passado (seu uso para obstruir denúncias de estupro sob a alegação de que aconteceram muito tempo antes se tornou parte notória do cenário jurídico nos Estados Unidos e no Reino Unido). "Os africanos acreditam", insiste M'Baye, "que o tempo não é capaz de mudar a verdade."[26] Nada acaba. Prestamos homenagem ao passado e inauguramos o futuro permanecendo abertos a uma conversa, por mais difícil e irascível que seja, com aqueles que estiveram aqui antes. Na verdade, ordenam que se faça isso. Embora receba muito menos atenção, essa dimensão temporal de reverenciar os antepassados é a companhia e o complemento da abertura em direção aos outros, que é o entendimento mais habitual do termo "ubuntu".

 Talvez, então, fosse justo concluir que a pobreza de insight da cultura ocidental, como em relação a essas formas frágeis mas indomáveis de vínculos através do tempo é que pode ajudar a explicar por que a psicanálise surgiu, indesejada, no pensamento ocidental, que é tão menos sintonizado com a ideia de que somos abençoados pelas vozes de nossas antepassadas e antepassados ainda a nos guiar e a nos repreender em nossa cabeça — ideia essa que, ao contrário, na verdade costuma patologizar. Para a psicanálise, nada perece na mente. Como indivíduos, somos sempre assombrados. Lutando por uma analogia adequada, Freud comparou a mente a uma cidade cujas camadas históricas existem todas simultaneamente, sendo que cada estágio anterior persiste junto do estágio seguinte, que parece tê-lo enterrado ou deixado para trás.[27] Vista nesse contexto, a psicanálise é uma contra-história, e canaliza aquilo que reprimimos do passado na direção de um futuro que se esforça para encontrar o próprio conhecimento. Freud sempre insistia em que o paciente, e não o analista, tem a chave para a sua verdade inconsciente. Em seus escritos pós-Segunda Guerra Mundial, nos anos 1950, Winnicott descreveu um paciente que havia ido buscar no futuro um pedaço de seu passado perdido, o único lugar em que ele talvez pudesse esperar encontrá-lo.[28] Trata-se do tempo do futuro perfeito, no qual, para Lacan, a experiência da psicanálise se desdobra, como já vimos antes com relação à escrita modernista, que também solapa a lógica temporal ocidental dominante: o que terei sido no processo daquilo em que estou me tornando.[29] Diria que essa formulação de temporalidade desarticulada, generativa, poderia também servir para a época política que a África do Sul tem vivido. Acima de tudo, nosso eu mais ferozmente guardado é um palimpsesto, povoado por aqueles que tocaram profundamente uma fibra sensível, para o bem ou para o mal, em nossa cabeça.[30] É tarefa primordial da análise desvelar essas histórias ocultas que nos habitam incitando nossa consciência e, num só fôlego, dela escapando. Para a psicanálise, para o ubuntu — por um momento, para permitir a ponte —, a ideia de nascer livre é desprovida de sentido. Nascer livre é simplesmente não nascer.

No ensaio de abertura de sua antologia *Breaking Intergenerational Cycles of Repetition: A Global Dialogue on Historical Trauma and Memory* [A quebra de ciclos intergeracionais de repetição: um diálogo global sobre trauma histórico e memória], a psicóloga sul-africana Pumla Gobodo-Madikizela conta um aflitivo caso que pode esclarecer essa ideia da história no tempo (o Centro de Trauma Histórico e Transformação dirigido por ela é o tema do próximo capítulo).[31] Um grupo de meninas com idade entre sete e dez anos, "*ainda não nascidas* quando o evento que estavam representando aconteceu", encenaram um "micro-ondas" ocorrido na África do Sul dos anos 1980, na *township* de Mlungisi, em Cabo Oriental. "Micro-ondas" foi o método usado para matar supostos colaboradores, circundando o corpo deles com pneus em chamas. Tratava-se de um ato que as meninas não poderiam ter testemunhado e sobre o qual seus pais muito provavelmente não teriam conversado. "Foi estranho, até mesmo surreal", ela escreve,

> ver um grupo de menininhas de sete a dez anos rindo e saltitando nas ruas de Mlungisi, a mesma *township* que, entre 1986 e 1988, foi palco de muita miséria, um barril de pólvora de emoções inflamadas contra as desumanidades do apartheid. *Mas isso foi antes mesmo que as crianças tivessem nascido.* Os gritos e berros eram a própria personificação da alegria. Elas pareciam pequenos e ternos brotos de folhagem — pequenas lâminas de vida — despontando de baixo da lava arrefecida da *township* que antes já havia sido totalmente devastada pelo vulcão do apartheid.[32]

Observe a repetição: "ainda não nascidas", "antes mesmo que as crianças tivessem nascido". Somente a ideia de um legado inconsciente transmitido através das gerações — que a psicanálise denomina "fantasma transgeracional" — pode, imagino, ajudar-nos a apreender o que então se desenrolou de forma tão chocante diante dos olhos dela.

Conforme Pumla observava, a líder do grupo assumia um a um todos os papéis dessa saga — espectadora, motorista do veículo do qual o pneu foi tirado, agressora e vítima. Então, pouco a pouco, ela foi abandonando todos os papéis, exceto o último, e fingiu riscar um fósforo, como se a turba uivante de executores a tivesse forçado a atear fogo em si mesma, debater-se e agitar os braços, até que seus gritos se esvaíram num gemido e ela se abaixou até o chão, onde "morreu". Foi uma performance macabra, uma memória de violência — da qual essa criança pode, de fato, não ter tido nenhuma lembrança — representada com deleite. Pumla sugere que as crianças, de uma maneira consagrada pelo tempo, estavam usando a brincadeira para tentar dominar algo tão intolerável quanto tácito (a violência como brincadeira de criança). O que me impressionou foi, primeiro, a absoluta minúcia da representação, como se cada componente da horrenda memória oculta tivesse sido transportado para os recônditos do corpo dessa menina. De fato, isso está em concordância com o atual conceito neurocientífico da epigenética, que permite que a experiência vivida por uma geração, mesmo quando não verbalizada, passe para a corrente sanguínea da seguinte.[33] E, depois, que, em meio ao frenético rodízio de papéis, tenha sido a personagem da vítima prestes a morrer que afinal ela reclamou para si. Qualquer domínio era, portanto, tão perverso quanto autodestrutivo, já que poderia prosseguir apenas extinguindo a vida da líder da brincadeira, a mestre de cerimônias de seu próprio jogo mortal. Então, o que essa história parece contar é que, quando a memória é enterrada ou silenciada por uma geração, ela irrompe na geração seguinte de forma mais virulenta. Não se pode "gramar o passado": uma expressão *xhosa* também dos escritos de Pumla Gobodo-Madikizela.[34] Esses tenros brotos de folhagem despontando da lava arrefecida de uma história devastadora foram confrontados com apenas duas opções: acabar com a própria vida ou matar; atear fogo a si mesmos ou colocar um pneu em chamas no pescoço de outra pessoa.

Críticos do Rhodes Must Fall e do Fees Must Fall que acusaram os protestos universitários de serem demasiadamente "viscerais" fariam bem em dar uma olhada aqui. Assim como, também, aqueles que acusaram o movimento de falta de lógica ou de ser irracional ou de rejeitar as noções convencionais da razão, de ir longe demais, de não respeitar as regras do jogo (que jogo? jogo de quem?, poderíamos perguntar). É como se os afetos, ou a irracionalidade, em vez de parte constituinte de sermos humanos, fossem um insulto no cenário político, como uma mancha suja em um prato branco escrupulosamente limpo. Não há, no entanto, nada de razoável na ordenação do mundo em que hoje vivemos, um mundo em que Michael Flynn, antes de ser obrigado a renunciar ao cargo de conselheiro de segurança nacional de Trump, em fevereiro de 2017, pôde tuitar que "o medo de muçulmanos é racional", um tuíte que não apagou depois de sua nomeação (nem, até onde eu saiba, depois de sua subsequente renúncia). No entanto, uma amiga palestina, horrorizada como muitos com a presidência de Donald Trump nos Estados Unidos e com o Brexit no Reino Unido, observa que as pessoas que não queriam reconhecer a situação terrível e cada vez pior do seu povo oprimido há décadas pelo menos agora estão se dando conta de que há algo errado no mundo. Para repetir as palavras de Petrus Brink, "isso realmente não está funcionando".

O que é razoável num mundo irracional? Um mundo em que — para citar Manganyi novamente — se espera que os oprimidos exibam uma "máscara" de sanidade para encobrir a desumana realidade de sua subordinação, enquanto fingem que o futuro e a prosperidade da máscara "dependem de uma negação do passado"?[35] Ele escreveu na década de 1970, mas bem poderia estar falando de hoje. Quanto mais nos pretendemos donos da razão num mundo injusto, mais alto e atribulado será o clamor que se seguirá. Manganyi está interessado no que a exploração, a desigualdade racial e a opressão sob o colonialismo fazem com a experiência de sermos humanos, especialmente na forma de sua negação. Em sua extraordinária reflexão *Mashangu's Reverie* [O devaneio de Mashangu], de 1977, em parte memórias, em parte ficção, Manganyi, em resposta a tamanho esmagamento do corpo e da alma, invoca um espaço psíquico de "devaneio violento" — dois termos que normalmente não se encontram juntos, mas que poderiam ser a perfeita descrição do jogo das meninas de Mlungisi. Trata-se de um espaço de profundo autoconhecimento, no qual ele se depara com os mais assustadores aspectos de si mesmo: a "fera incubada", um "assassino [...] exigindo reconhecimento", a fantasia de "matar e ser morto" (mais uma vez, a ressonância com o faz de conta representado pelas meninas em Mlungisi é impressionante).[36]

Manganyi compartilha com o psiquiatra e filósofo político Frantz Fanon uma crença na infinita complexidade daquilo que somos (Fanon, figura essencial aos estudos pós-coloniais em todo o mundo, foi bastante debatido nos campus sul-africanos durante os protestos). Sob condições de extrema opressão, Fanon escreveu, em *Os condenados da terra*, "Inevitavelmente ferimo-nos a nós mesmos". "Nossos atos não cessam nunca de nos perseguir [...]. Mas poderemos escapar à vertigem? Quem ousaria supor que a vertigem não assedia toda a existência?" Comprometidos como eram ambos com a mais inflexível reparação da injustiça, nem Manganyi nem Fanon estavam interessados na falsa inocência, num branqueamento da mente. Em meio à guerra de independência da Argélia, Fanon tratava a vítima e o torturador da mesma maneira. "Cumpre, portanto, que pesemos da maneira mais opressiva possível sobre o corpo do nosso carrasco", escreveu ele no capítulo sobre os transtornos mentais do colonialismo, "para que seu espírito extraviado reencontre enfim sua dimensão universal."[37] Em discussões sobre Fanon como o pensador revolucionário que ele certamente é, esse apelo pela empatia radical raramente é abordado.

Há uma violência no coração humano, talvez implantada, mas sem dúvida imensamente agravada, pela injustiça social e pela crueldade. E há uma violência no mundo que enterra a sua própria lógica implacável profundamente na norma, e em nenhum lugar com mais força do que quando alardeia — vaidosamente, num mundo violento, cativo — seu próprio compromisso com a liberdade. No final de seu prefácio a *Mashangu's Reverie*, Manganyi, com impressionante clarividência, cita o filósofo francês Maurice Merleau-Ponty: "Precisamos lembrar que a liberdade se transforma numa falsa insígnia — um 'solene complemento' da violência — assim que se torna apenas um ideal e começamos a defender a liberdade em vez de defender homens livres". Ele então prossegue citando palavras que assustadoramente antecipam e ressoam a ordem neoliberal sob a qual grande parte do mundo, inclusive a África do Sul, continua a sofrer: "Existe um liberalismo agressivo", afirma Merleau-Ponty, "que é um dogma e uma ideologia de guerra [...]. Sua natureza é violenta, e ele também não hesita em se impor através da violência, em consonância com a velha teoria do braço secular".[38] Em vez de apelar para a razão como a única face aceitável de protesto, deveríamos, portanto, expor como a razão, disfarçada de sanidade, pode ela mesma ser uma forma de violência, detentora de crimes inomináveis. Em plena Guerra da Argélia, Fanon tratou de uma estudante de 21 anos cuja lucidez, ele percebeu, "precisamente por seu racionalismo", era um engodo. Uma máscara de sanidade foi sua maneira de tentar encobrir a angústia que sentiu no enterro do pai, um funcionário público de alto escalão que havia se lançado "à caça aos argelinos com uma raiva furiosa".[39] A morte dele permitiu-lhe, ou melhor, forçou-a a arrancar a capa da própria ilusão racional e a reconhecer plenamente a violência do poder de Estado.

Chega um momento, sugere Freud no meio da Primeira Guerra Mundial, em que o povo se dá conta de que o Estado proibiu a violência aos seus cidadãos não porque a queira abolir, mas porque desejava monopolizá-la, "como fez com o sal e o tabaco".[40] Margie Orford apareceu no capítulo anterior como uma das jornalistas que mais vigorosamente escreveu sobre o julgamento de Oscar Pistorius. Conhecida na África do Sul como a "rainha" da ficção policial, ela declarou publicamente que, depois do massacre dos mineiros de Marikana, em 2012, ela se sentia impossibilitada de escrever nesse gênero, já que a literatura policial depende da capacidade de ao menos alimentar a ilusão de que o braço da lei esteja do lado da justiça. Cria-se uma "trama muito diferente, um país muito diferente", escreve Margie, "quando o centro moral do seu mundo só pode existir fora das instituições de Estado". Em seu romance policial *Daddy's Girl* [A garota do papai], de 2009, ela já se via explorando uma "sociedade selvagem [...] na qual as próprias instituições e os indivíduos que deveriam proteger os vulneráveis são criminosos".[41]

Foi Margie Orford quem também chamou a violência sistêmica contra as mulheres na África do Sul pós-apartheid de "feminicídio em série". A questão de gênero era objeto de discussões às vezes cáusticas durante os protestos, inclusive com a marginalização e o isolamento de blocos de organização feminista negra e, num caso para o qual chamaram a minha atenção, agressão sexual.[42] Em seu discurso, Lovelyn Nwadeyi começou direcionando seus comentários para aquelas pessoas negras premiadas "que se identificam como mulheres": "Não podemos viver nossa vida com medo de estupradores nem devemos vivê-la no tipo de reducionismo que nos força a sermos menores". Existe o vínculo mais profundo entre a opressão racial e a sexual. Em *Mashangu's Reverie*, que é também uma espécie de história de amor infeliz, Manganyi segue a trilha da própria raiva e impotência política — sua "crônica, silenciosa, secreta angústia" — até a obsessão, a superexcitação, o menosprezo casual e a depreciação com que as mulheres são tratadas por ele e por seus amigos africanos do sexo masculino exilados nos Estados Unidos, onde "se prostituir" é um substituto para a luta perdida. Mesmo a milhares de quilômetros de distância, "as trevas sul-africanas se reúnem lentamente ao redor delas. Como um sonho ruim".[43] Não há luta política que não seja alimentada pelos arranjos sociais de gênero e sexualidade e que neles não repercuta — enfrentar a opressão das mulheres não pode nunca ser algum tipo de consideração política a posteriori. Não há política sem afeto e fantasia. A ideia de que a luta dos estudantes "reciclou" emoções, trazendo-as de volta à política, à qual não pertencem, é, para mim, desprovida de sentido, por mais que a temperatura tenha subido (o silenciamento do afeto é a causa, e não a solução do problema). Não há política que não toque o núcleo subterrâneo daquilo que somos, não há política sem o pesadelo e o sonho.

✴

Para a África do Sul, o sonho era, evidentemente, não apenas a liberdade, mas a reconciliação, a ser efetivada por meio dos múltiplos caminhos da verdade.[44] Eram esses o desafio e a ordenação pretendidos para a construção de um mundo melhor. A resposta protestada foi que não se pode ter nem liberdade nem reconciliação num mundo que ainda oprima desproporcionalmente pessoas negras e pobres (a esse respeito, as páginas e páginas de estatísticas divulgadas pelos manifestantes eram realmente eloquentes). Mas há outro elemento — não menos poderoso e, afinal, não destacável do resto —, que é a persistente renitência com que a injustiça histórica é registrada nos mais profundos anais da mente. Ao longo deste livro, a escrita literária tem sido apresentada como o lugar em que esses anais foram armazenados, um registro da história profunda e uma refutação daquilo que o pior da história pode fazer, da Nagalândia a Belfast, ao Haiti e ao Reino Unido. Então, finalmente, volto-me aqui para dois textos literários que me ajudaram a refletir a respeito desses dilemas, primeiro ampliando a minha rede, longe da África do Sul, para que depois eu ali retornasse.

Publicado em 2016 com enorme sucesso, vencedor do prêmio Pulitzer de 2017, *The Return — Fathers, Sons and the Land in Between* [O retorno: pais, filhos e a terra entre eles], de Hisham Matar, narra sua busca para saber o que aconteceu ao pai, que desapareceu em 1995 e, quase indubitavelmente, foi morto por asseclas do líder líbio, o coronel Kadafi, no famigerado massacre de dissidentes na prisão de Abu Salim em 1996. A busca parece interminável, incessantemente frustrada pelos remanescentes do regime deposto de Kadafi — nenhuma comissão da verdade para solucionar o enigma ou para sepultar, ou ao menos tentar sepultar, o fantasma histórico. O que importa, no entanto, não é o resultado da busca, que de fato permitiu algum tipo de encerramento no final do livro, mas o processo e aquilo que ele ensina a respeito do estratagema ardiloso dos agressores, da aposta que fazem na maleabilidade do espírito humano diante das mais corruptas e mortais formas de poder político. Quando as notícias do massacre começaram a vazar publicamente, o sofrimento que se anunciava era tão intenso que ninguém queria realmente saber (incansável em sua busca, Hishan Matar se dá conta de que isso não é menos verdade para ele). "O poder", ele escreve, "deve saber disso [...]. O poder deve saber que, no fundo, preferiríamos não saber." "O poder deve acreditar, considerando como as coisas se dão, que o mundo foi mais bem feito para o agressor do que para aqueles que chegam depois do fato consumado, em busca de justiça, responsabilização ou verdade." Essa foi uma das críticas à Comissão da Verdade e da Reconciliação da África do Sul: que tantos agressores não tenham perdido nada e que tenham saído impunes. A esse respeito, Matar é eloquente. Enquanto eles tentam "justificar o diabólico desastre", o enlutado, a testemunha, o pesquisador e o cronista correm de um lado para outro, "como formigas depois de um piquenique, ocupando-se das migalhas".[45]

E, ainda assim, conforme o tempo passa e as chances de compreender plenamente o que aconteceu diminuem a cada dia, alguma coisa acontece para trazer o malogrado e agonizante passado — um passado à beira da extinção — de volta à vida: "o ponto a partir do qual a vida muda irrevogavelmente passa a se assemelhar a uma presença viva, com força e temperamento próprios".[46] Para mim, essa é uma das mais poderosas evocações daquilo que Lovelyn Nwadeyi descreveu como os "fantasmas do nosso passado tão presente". Diante do conhecimento impossível, a mente recua. Mas essa mesma mente é também o lugar onde tal conhecimento encontra sua encarnação mais palpável, eternamente palpitante. Hisham Matar escreve sobre as formas de resistência psíquica, para o bem ou para o mal, às quais nenhuma comissão da verdade poderia esperar se igualar. E ele escreve a respeito do agressor, para quem — contra cada fibra de nosso ser, cada ímpeto de justiça — o mundo, e é o que nos dizem de maneira chocante, é "mais bem feito" ("O mundo foi mais bem feito para o agressor do que para aqueles que chegam depois do fato consumado, em busca de justiça, responsabilização ou verdade.").

É essa aposta mortal do agressor que conduz a *Atos humanos*, da premiada escritora sul-coreana Han Kang, também publicado em inglês em 2016, e que inesperadamente me permitiu fazer a conexão de volta à África do Sul. Li esse livro por indicação da romancista e dramaturga sul-africana Gillian Slovo, depois que lhe contei da minha visita à Cidade do Cabo e da minha dificuldade em pensar sobre o processo de reconciliação e se, conforme os protestos poderiam servir para atestar, ele afinal fracassara. Ela sugeriu que o romance de Han Kang poderia ser útil nesse tema no que tange à cicatrização do passado. O que se seguiu foi algo para o qual eu estava absolutamente despreparada. *Atos humanos* é um dos mais perturbadores romances sobre atrocidade — se não *o* mais perturbador — que já li (*The Stone Virgins* [As virgens de pedra], da escritora zimbabuense Yvonne Vera, seria outro).[47] Ele conta a história do massacre dos estudantes na cidade sul-coreana de Gwangju, no verão de 1980, sob o comando de Chun Doo-hwan, general do exército que havia substituído o ditador Park Chung-hee no ano anterior. Usando como desculpa rumores de uma infiltração norte-coreana, Chun havia estendido a lei marcial por todo o país, fechado as universidades, banido os partidos políticos e restringido ainda mais a liberdade de imprensa, provocando manifestações estudantis em massa como resposta.

É um romance que não poupa seus leitores de nada — a tradutora [da edição britânica], Deborah Smith, descreve a imensa dificuldade que enfrentou com o resvalar constante entre "cadáver", "morto", "defunto" e "corpo".[48] O livro começa com um garoto se oferecendo para organizar os corpos — cadáveres, defuntos — para identificação no necrotério. Ele está procurando por seu melhor amigo, fingindo que ele está entre as centenas de estudantes que desapareceram, embora, conforme vamos aos poucos descobrindo, o garoto estivesse com ele quando o mataram a tiros na manifestação e o tenha visto morrer. Um dos piores momentos do romance acontece quando uma pesquisadora acadêmica pede, delicada e coercivamente, a uma jovem vítima de tortura sexual — é crucial que seja um livro escrito por uma mulher — que ela "confronte aquelas memórias [se lembre]", que "dê seu testemunho", para que ela, a pesquisadora, possa escrever seu relatório. A vítima responde repetindo a pergunta, se seria possível dar o testemunho do fato, antes de relatar em lancinantes detalhes o que lhe fizeram.[49] Com esse formato de perguntas e aterradoras réplicas, Han Kang parece ter encontrado a forma literária perfeita para o conhecimento relutantemente revelado, para a memória e sua repressão vividas em um mesmo instante.

Lentamente, fui me dando conta de que não havia entendido o que Gillian Slovo me dizia e de que reconciliação e cicatrização eram as últimas coisas de que esse romance tratava: "O que é ser humano?". "Certas memórias não cicatrizam." "'Assim como nós perdoamos a quem nos tem ofendido, Deus perdoará as nossas ofensas' Eu não perdoo nada, e não sou perdoada por nada."[50] Quando expressei a minha perplexidade, ela me direcionou para uma carta aberta que ela, em parte como reação ao romance de Han Kang, havia escrito recentemente à mãe, a ativista anti-apartheid Ruth First, que fora assassinada com uma carta-bomba em Maputo, Moçambique, em 1982.[51] O romance de Han Kang fez com que ela confrontasse o agressor. Ela, então, conta uma história que ouviu muitos anos depois da morte da mãe sobre uma jovem que, como First, havia sido presa e torturada, nesse caso não apenas psicologicamente, mas também fisicamente e por períodos mais longos. Ao chegar a Maputo, a jovem descreveu sua experiência a First, a quem procurou por sua capacidade única de escuta e pela maneira de fazer perguntas (ao contrário da brusca pesquisadora do romance de Han Kang). E, depois, quando a mulher ponderou que não era possível que seus torturadores soubessem o que tinham feito e ainda fossem humanos, Ruth First respondeu sem hesitar: "Eles sabiam exatamente o que estavam fazendo". Compreendi, assim, que a questão do romance de Han Kang, aquilo que eu deveria ter captado além de tudo o mais, era o título — *Atos humanos* —, a sua resoluta representação do que os seres humanos, no mais pleno conhecimento do que estão fazendo, são capazes. Conforme o próprio romance nos conta, é esse o ponto mais difícil a enfrentar, não apenas pessoalmente, mas também politicamente: a pergunta — "O que é ser humano?" — aparece em um livro sobre o movimento estudantil em linhas que foram riscadas pelos censores.[52] "Você foi capaz", Gillian Slovo se dirige à mãe, "de dizer a essa vítima que os torturadores fizeram o que lhe fizeram deliberadamente, e as suas palavras ajudaram-na a se libertar do jugo deles." Não se trata de reconciliação, mas de uma maneira de confrontar o conhecimento impossível. Foi isso, ela me disse, que tinha visto no romance de Han Kang. "Você me deu a minha palestra", eu disse.

E, no entanto, há um fio percorrendo todo o romance, e ele abre uma possibilidade imaginativa diferente, não contrária ao horror, mas que cresce a partir dele, como ternos brotos de folhagem ou lâminas de vida despontando da lava arrefecida de uma história atroz, para evocar mais uma vez a poética descrição que Pumla Gobodo-Madikizela fez das meninas de Mlungisi. Estamos dentro da mente e do corpo do amigo agonizante, despejado da traseira de um caminhão com uma pilha de outros cadáveres — é aqui que a ambiguidade entre "cadáver, "corpo", "defunto" atinge seu potencial máximo —, quando ele sente uma presença, "aquele deslizamento, suave como um sopro, de algo incorpóreo, aquela sombra sem rosto, sem sequer linguagem agora para lhe dar corpo". Trata-se de uma forma de conexão intangível, quase inimaginável, entre dois corpos, um morto, outro não de todo vivo: "Sem a proteção familiar da linguagem, ainda assim sentíamos, como uma força física, nossa existência na mente do outro". "As bordas da minha sombra tomaram consciência de um toque silencioso; a presença de outra alma." Isso não é uma fuga para um falso lirismo nem um sentimento religioso. É antes uma forma de ligação através do espaço, dos corpos e do tempo (mais uma vez, os "fantasmas do nosso passado tão presente" de Lovelyn Nwadeyi ou, quem sabe, ancestrais na iminência de nascer). Talvez, num mundo de tamanha crueldade, humana e inumana, o único lugar em que poderemos conceber esse ser utópico — a ideia de realmente existir, sem impedimentos nem discriminações, na mente do outro — seja o mundo dos mortos. Ou, então, nos fugazes momentos de reconhecimento entre aqueles que sobreviveram, mas apenas se forem capazes de se olhar plenamente, sem a mais pálida intenção de apagar as sombras do rosto do outro: "Enquanto cada um perguntava como havia estado o outro, alguma coisa como antenas transparentes esticavam-se hesitantes para fora dos nossos olhos, confirmando as sombras contidas no rosto do outro, as marcas do sofrimento que nenhuma dose de alegria forçada poderia encobrir".[53] Vejo essas antenas transparentes, o deslizamento suave como um sopro, o toque nas bordas de uma sombra como a resposta desse romance à rigidez dos corpos no necrotério. Nesses momentos, somente se acolhermos os nossos fantasmas é que teremos alguma remota chance de avançar para o próximo estágio do tempo histórico.

Então, para concluir, qual é a mensagem experimental deste capítulo? É reter na mente aquilo que é mais difícil. É reconhecer que o passado não se foi. Escreva-o, respire-o, porque *já estamos* fazendo isso. Olhe diretamente nos olhos do agressor, ainda à solta, que sabe o que fez, mas que não assume nenhuma responsabilidade por isso (pese sobre o corpo do torturador, como diria Fanon). Sobretudo, não culpe aqueles que entram em erupção por estarem sobrecarregados com a obrigação de transcender a história, uma exigência impossível que não cabe em nenhuma tentativa de construção de um mundo melhor. No fim, o que ouvi soar mais alto nos protestos estudantis foi um apelo à geração anterior, algo mais ou menos assim: Reabram sua mente, mesmo se — talvez especialmente se — isso significar voltar a um lugar em que vocês jamais gostariam de pisar de novo. Sobretudo porque é onde nós, a geração seguinte, ainda estamos vivendo. Nada disso se foi. Esse saber é a única via para o entendimento, o único caminho para a justiça.

Um longo grito: Trauma e justiça na África do Sul

Na vida após a atrocidade, duas faces da injustiça pedem por reparação. Os manifestantes dos protestos estudantis do capítulo anterior estavam "alertando" a nação a respeito da contínua desigualdade, da persistência do racismo, do fracasso do governo em acabar com a corrupção. Ao derrubar estátuas, eles lançavam por terra as ilusões: para muitos, o tão apreciado conceito da "nação arco-íris" — ou mundo "pós-racial" — era uma afronta, um mantra de esperança a encobrir as cruéis cisões da nova África do Sul. Alguns declaram, numa imagem ressonante da atrocidade do apartheid, que é ainda mais pungente que o cadáver da justiça esteja plenamente à mostra, à beira da estrada, para quem quiser ver. Ao mesmo tempo, os estudantes apresentavam às autoridades um tipo de raiva política, tanto mais poderoso por trazer de volta à tona a dor do passado. Eles carregavam um duplo fardo. Como reconhecer a dor e gritar pela liberdade?

Em dezembro de 2018, voltei à África do Sul para um encontro entre sobreviventes e perpetradores do apartheid, psiquiatras e pensadores para tentar entender mais profundamente a persistência do trauma entre pessoas de gerações diferentes, até que ponto e de que maneiras insidiosas ele se entranha no corpo e na alma. Nesse percurso, aprendi que assumir uma posição política no presente pode ser um jeito de relembrar, que a cura é um processo interminável que nunca pode ser dado como certo, que a luta política e a psíquica podem ser uma mesma e única coisa. Aceitar a reponsabilidade pelo passado é angustiante. Não devemos nunca menosprezar até onde podem ir seres humanos, governos e nações para dar as costas a uma história violenta e silenciar o desastre.

Em 27 de junho de 2016, Lukhanyo Calata deu uma declaração pública sobre a corrupção na Corporação de Radiodifusão da África do Sul (South African Broadcasting Corporation, SABC), onde havia trabalhado por muitos anos como jornalista. Ele sabia que isso provavelmente resultaria na sua demissão. A corporação havia sucumbido ao que ficou conhecido no país como "captura de Estado": trabalhar pelos interesses do governo de Jacob Zuma, por si só à mercê das grandes empresas. Zuma tinha laços particularmente estreitos com os famigerados irmãos Gupta, que enfrentam uma possível extradição dos Emirados Árabes Unidos para responder a acusações criminais na África do Sul. Calata havia ousado se pronunciar contra o "domínio despótico" do diretor de operações, Hlaudi Motsoeneng. No dia de sua audiência disciplinar, ele também participou de um piquete do lado de fora da SABC contra a decisão da corporação de não noticiar uma onda crescente de violentos protestos contra a "prestação de serviços" por todo o país. O objetivo dos protestos era garantir melhores condições de moradia, oportunidades de trabalho, serviços sociais e de gestão municipal, e forçar o governo do ANC a reverter políticas — distantes da visão que a princípio o levara ao poder — que estavam manifestamente deixando de atender aqueles cidadãos, em sua maioria negros, mais socialmente vulneráveis. Na verdade, os sinais já eram evidentes para Calata desde fevereiro de 2014, quando o chefe da redação, Jimi Matthews, puxou-o pelo colarinho depois do Pronunciamento Oficial à Nação feito anualmente por Zuma. Matthews disse a Calata que não o metesse "na merda" e lhe ordenou que cortasse as falas positivas das reações dos partidos de oposição ao discurso de Zuma. Calata se recusou (mesmo que quisesse, dificilmente poderia ter cumprido a ordem, já que esses trechos simplesmente não existiam). Motsoeneng foi demitido da SABC em seguida. As ressonâncias com a época do apartheid eram, no entanto, assustadoras. Sob o regime de P. W. Botha, a SABC era conhecida como "a voz do dono".[1]

Calata escolhera o seu momento cuidadosamente. O dia em que se pronunciou era o 31º aniversário do assassinato, por ordem do Estado, em 1985, dos ativistas anti-apartheid de Cabo Oriental conhecidos como os "Quatro de Cradock" — o pai dele, Fort Calata, além de Matthew Goniwe, Sparrow Mkonto e Sicelo Mhlauli. Na África do Sul, o assassinato dos Quatro de Cradock é lendário. Sua brutalidade — tortura com maçarico, assim como inúmeras punhaladas — provocou comoção nacional e internacional. Os dedos da mão esquerda de Fort Calata foram decepados. Ele estava usando a aliança de casamento de sua mulher, Nomonde, que ela havia tirado quando os dedos ficaram inchados durante a gravidez do terceiro bebê deles. Não se tratava de tortura, relembrou o ativista anti-apartheid Allan Boesak, mas de uma "demonstração".[2] Muito provavelmente, os agressores eram da Polícia de Segurança, em particular da famigerada "Unidade Martelo", cujos membros usavam armas pessoais e, segundo eles mesmos, entravam nas *townships* "vestidos como kafires, com o rosto e a cabeça enegrecidos".[3] Sessenta mil pessoas desafiaram as ordens que proibiam o comparecimento ao enterro, ao lado de dignitários do mundo todo. Como resposta, o presidente Botha declarou estado de emergência nacional, concedendo ao Estado e a todos os funcionários "indenização integral contra quaisquer processos civis ou criminais". Advogados que trabalhavam em Londres com a Frente Democrática Unida, anti-apartheid, e a Associação de Moradores de Cradock emitiram uma declaração para alertar a comunidade internacional: o fracasso do governo sul-africano "em conter a raiva do povo", disseram eles, "deu origem a uma nova fase de terror contra o povo".[4] Hoje, costuma-se reconhecer que essa medida de Botha foi um ato de desespero que sinalizou o começo do fim do apartheid.

Lukhanyo Calata tinha três anos na época dos assassinatos; sua irmã mais velha, Dorothy, tinha dez; a irmã mais nova, Tumani, nasceu algumas semanas depois do sepultamento. Embora Lukhanyo tenha crescido sem nenhuma memória consciente do pai, ele está convencido de ter se tornado o jornalista que é hoje como resultado de anos assistindo a repórteres afluírem à casa de sua família na tentativa de descobrir a verdade por trás do assassinato dos Quatro de Cradock. A história completa nunca foi contada. No final de *My Father Died for This* [Meu pai morreu por isso], o extraordinário livro que escreveu com a mulher, Abigail Calata (eles se revezavam para escrever diferentes seções), Lukhanyo pode oferecer apenas uma reconstrução imaginária dos assassinatos. Ele recompõe a história a partir de registros parciais, de conversas com pessoas que tinham conhecimento de primeira mão a respeito do aparato de segurança e de audiências jurídicas inconclusivas que impediram tanto a família quanto a nação de chegar a algum tipo de encerramento desse caso. No primeiro inquérito judicial, em 1989, foi negado qualquer envolvimento do Estado, mas, em 1992, o jornal *New Nation* publicou na primeira página uma cópia do "sinal" enviado pelo coronel Lourens du Plessis ordenando a "remoção permanente da sociedade" de Matthew Goniwe, Fort Calata (dois dos Quatro de Cradock) e Mbulelo Goniwe (outro ativista do ANC). Du Plessis agora diz que, quando foi chamado a Pretória depois que a história vazou, teve a impressão de que os procuradores do Estado queriam que ele "dissesse o que eu não achava que fosse verdade".[5] No segundo inquérito, em 1994, o juiz Zietsman decidiu que os assassinos eram membros das forças de segurança, mas declarou-se incapaz, com base nas provas, de identificar o assassino ou assassinos, que nunca foram nomeados.[6] Tornou-se lugar-comum na África do Sul pós-apartheid dizer que, para assegurar a transição para a democracia, a nova nação optou pela verdade em lugar da justiça. No caso dos Quatro de Cradock, não houve nem uma nem outra.

Conheci a família Calata em dezembro de 2018, na conferência Reconhecimento, Reparação e Reconciliação, em Stellenbosch, organizada por Pumla Gobodo-Madikizela no Centro de Trauma Histórico e Transformação, que ela preside, na Universidade de Stellenbosch.[7] Tendo colaborado com a Comissão da Verdade e da Reconciliação da África do Sul, Pumla, apresentada no capítulo anterior, trabalhou incessantemente ao longo das duas últimas décadas para manter vivo o seu melhor espírito.* O título da conferência acena para a cicatrização, mas um olhar mais detido sugere que os três termos tocam em uma ferida aberta. Qualquer chamado ao reconhecimento tem de partir da premissa de que existem coisas que não suportamos saber nem ver. A reparação permanece um dos pontos sensíveis em relação à comissão, já que reparações significativas por infrações passadas ficaram de fora do dossiê (o governo Thabo Mbeki efetivamente rejeitou as recomendações feitas). E quais são as chances de reconciliação em condições de desenfreada desigualdade racial, que mal foi reduzida — alguns diriam que aumentou — desde as primeiras eleições democráticas de 1994? Nas palavras de Mark Solms, psicanalista, neurocientista e proprietário de uma fazenda nas imediações de Franschhoek que também participou da conferência, a questão para os beneficiários brancos do apartheid é "como é que, de certa forma, nos safamos" (não exatamente o resultado que ele pessoalmente havia buscado, já que nos últimos dezessete anos vinha tentando implantar um modelo de propriedade de terra racialmente inclusivo na fazenda vizinha a dele).

Na verdade, a história de Calata, conforme narrada em *My Father Died for This*, sugeriria que, na transição para a democracia, a verdade não era a alternativa à justiça, mas igualmente uma vítima. O "outrora glorioso movimento de libertação do ANC", conclui Lukhanyo num amargo último capítulo, "A Life Betrayed" [Uma vida traída], "não honrou em sua política a dor do nosso povo". Entrevistado por Lukhanyo em setembro de 2017, John Jeffrey, atual vice-ministro da Justiça, admitiu que fechar os olhos para o assassinato dos Quatro de Cradock e de outros, como Steve Biko (Bantu Stephen Biko), "era o preço a ser pago". Em parte devido a razões orçamentárias, explicou, não haveria mais investigações, já que ele tinha de priorizar os crimes atuais. Essa admissão tão franca é certamente rara, tendo sido extraída de Jeffrey

---

* O Centro estendeu seu dossiê à consideração de traumas por toda a África e além, incluindo Zimbábue, Nigéria/Biafra, Ruanda e Israel-Palestina. Após objeções à sua presença por parte do Comitê de Solidariedade à Palestina em apoio ao BDS (a campanha Boicote, Desinvestimento e Sanções contra governo israelense), os participantes de Israel se retiraram da conferência. (N.A.)

mais provavelmente como uma maneira de honrar Lukhanyo Calata na condição de filho de Fort. Mesmo aqueles que veem a renúncia à justiça criminal por parte da comissão como um erro histórico ou que argumentam, diante dessa crítica, que a anistia era o único caminho para evitar uma guerra civil não colocam as coisas desse modo. Para Allan Boesak, antigo camarada e amigo da família, não pode haver nenhuma dúvida de que os Quatro de Cradock foram parte das negociações secretas entre o ANC e os líderes do apartheid: "Os generais e os idealizadores do apartheid negociaram para serem isentados de assassinato". O que faz com que o caso dos Quatro de Cradock venha a se chocar diretamente com o presente. "Os perpetradores", escreve o pastor Paul Verryn em seu prefácio ao livro, "deveriam se encontrar frente a frente com essa família". "Não sei", disse Boesak a Calata, "como qualquer líder no ANC pode olhar a mãe nos olhos sem sentir que está condenado ao inferno pelo que fizeram e pelo que continuam a fazer... Como podem as pessoas andar por este país, como podemos nós andar por nossas ruas, como podemos atravessar nossas *townships* e não enxergar o sangue ainda na terra?"[8]

Calata devotou uma parte importante de *My Father Died for This* ao seu bisavô Canon James Calata, presidente do ANC no Cabo e secretário-geral nacional de 1936 a 1949, que notoriamente levou sua política ao púlpito e foi fundamental em fazer de Cradock a comunidade politicamente consciente e ativa que ainda continuava a ser punida por isso no início dos anos 1990 (ele também foi um dedicado músico que fez como parte de sua política infundir com canções os duros primeiros anos do apartheid, na década de 1950). O nome de Fort, neto de James Calata, veio do presídio de Old Fort, onde James foi encarcerado por traição em 1956. O livro alimenta as vozes do passado através da nova geração como forma de colocar em prática sua crença central — hoje compartilhada por muitos em toda a África do Sul — de que o passado não foi apaziguado e de que a presente ordenação ou composição social é um tipo de traição. A África do Sul foi transformada sobretudo jurídica e constitucionalmente, mas a necessidade de vigilância é eterna, já que alguns aspectos da era do apartheid começam a se repetir. Naquilo que deve ser uma alusão deliberada aos Quatro de Cradock e aos Sete de Gugulethu (outro grupo de ativistas do ANC, assassinados pelas forças de segurança em março de 1986), os manifestantes da SABC passaram a ser conhecidos como os "SABC8". Depois de terem sido demitidos da corporação por "desrespeito" e por comprometerem "a autoridade" de sua administração, foram finalmente reintegrados via recurso (exceto um deles, por um detalhe técnico, embora, pelo recurso, a corporação tenha tido que pagar suas custas legais). "Como é que", pergunta Lukhanyo nas primeiras páginas do livro, os antigos líderes do movimento de libertação "ficam assistindo enquanto os direitos e a liberdade [pelos quais] os 'Quatro de Cradock' foram brutalmente assassinados estão sendo sistematicamente destruídos?"[9]

Conforme a história da SABC deixa claro, a liberdade é indivisível, não faz sentido sem liberdade de expressão e de conhecimento. Ao se recusar a noticiar os protestos, a corporação tentava tornar silenciosas e invisíveis as clivagens na África do Sul pós-apartheid (outro exemplo histórico da violência daqueles que estão no poder protegendo-se de vir à luz). O piquete do lado de fora da corporação foi organizado pelo grupo de defesa Right2Know [Direito de Saber], da Cidade do Cabo. Silenciar protestos sociais e não apontar o nome dos funcionários públicos que assassinaram os Quatro de Cradock são dois lados de uma mesma moeda (a verdade e a redistribuição social não são moeda de troca a serem colocadas em uma balança). Ambos são atos de censura, formas sinistras de apatia negando a capacidade de julgar da mente, numa tentativa de fazer com que o mundo se sinta mais confortável consigo mesmo. No ano anterior à conferência, eu havia assistido a uma palestra pública de Pumla Gobodo-Madikizela no Instituto Gordon de Artes Cênicas e Criativas da Universidade da Cidade do Cabo, na qual ela usou a palavra "perpetradores" para se referir aos beneficiários do atual regime econômico. Pouco antes de ela concluir a sua fala, uma integrante do Fundo Helen Suzman, uma ONG sul-africana de direitos humanos, pôs-se de pé para protestar. Mas a alusão feita por Pumla não havia sido casual nem descuidada. Ela sabe mais do que a maioria com o que um perpetrador se parece. Fora da África do Sul, Pumla é mais conhecida por seu livro de entrevistas com Eugene de Kock, chefe do esquadrão da morte do apartheid que era chamado de Mal Supremo por seus próprios homens e que ela acreditava ter sido ao menos parcialmente reumanizado por esse encontro.[10] Chamar os atuais beneficiários de "perpetradores" era uma maneira de trazer violentamente à tona, com deliberada provocação, imagino, o fracasso e a corrupção da presente ordem social da África do Sul. "Insistir que o público não deveria ver os efeitos da raiva dos protestos contra a prestação de serviços", escreve Verryn, "mas deveria, de alguma forma, ser protegido daquilo que é a nossa realidade constitui-se uma negação do nosso direito fundamental de saber."[11] Isso também tem seu eco histórico. Na noite dos assassinatos, Fort Calata e seus camaradas quase certamente teriam sido conduzidos ao famoso instituto municipal de formação chamado uMtombolwazi, que significa "a fonte do conhecimento".[12] O título do livro — *My Father Died for This* — é irônico. Sublinhe "isso", acrescente um ponto de interrogação, e seu desespero se torna *palpável*.

✵

Pareceu ao mesmo tempo estranho e adequado que essa conferência acontecesse em Stellenbosch, cuja ressonância na história sul-africana não poderia ser mais diferente que a de Cradock. Por muito tempo, Cradock foi um pequeno centro de serviços relativamente pobre para as fazendas da vizinhança, de propriedade de brancos, antes de se tornar eixo de migração negra diante das remoções forçadas, e sinônimo de constante agitação política e resistência ao regime do apartheid. Cradock é reconhecida como o "Berço da Carta da Liberdade", uma ideia originalmente cogitada numa conferência do ANC realizada ali em 1953 (na verdade, considera-se, em geral, que seu histórico de resistência política à injustiça racial remonte a um tempo ainda anterior, com a chegada de Canon James Calata à cidade, em 1928).[13] Hoje o desemprego em Cradock está acima de 50%, a pobreza é endêmica, especialmente nos acampamentos de ocupações irregulares que circundam as *townships*, e a educação é subfinanciada, sendo que os residentes negros que podem pagar enviam seus filhos para escolas antes exclusivas para brancos.[14] Stellenbosch, por outro lado, é um feudo de riqueza africânder e, cada vez mais, expatriada. Aninhada no coração da região vinícola, a cidade tem uma aura de irrealidade. Cafés e restaurantes chiques, com uma clientela majoritariamente branca de língua inglesa ou africânder, espalham-se pelas calçadas de ruas repletas de lojas de arte e joias, roupas e cachecóis de *mohair*, bolsas de antílope. Os produtos africanos pairam na penumbra ou estão atulhados em bancas pelas ruas. Conforme ressaltou Pumla Gobodo-Madikizela em suas observações iniciais na conferência, as moradias em locais de ocupação, hoje principalmente erguidas pela geração mais jovem, estão aumentando em número e se alastrando pelas áreas próximas às vinícolas de Stellenbosch. É desnecessário dizer que a nova geração de africanos não deveria estar vivendo em ocupações.

Em uma dessas vinícolas, Lanzerac, descrita em seu website como "a experiência definitiva nos Vinhedos do Cabo", houve uma comemoração na última noite da conferência para marcar os vinte anos da publicação do *Relatório da Comissão da Verdade e da Reconciliação* e para homenagear o arcebispo Desmond Tutu e a mulher, Leah Tutu, ambos presentes, juntamente com comissários, representantes da conferência, ativistas da Irlanda e a família Calata. Quem quisesse podia sair numa foto atrás das cadeiras de rodas de Desmond e Leah Tutu, que generosamente sorriam para a câmera, embora não houvesse nenhuma razão para que eles soubessem quem muitos de nós éramos.

No início da semana, havíamos nos reunido ao cair da tarde em Dornier, outra vinícola, onde Albie Sachs, combatente do ANC pela liberdade e juiz aposentado que desempenhou papel fundamental na elaboração da nova Constituição, fez um discurso de improviso ao pé da encosta. Ele nos lembrou por que a "vingança suave", termo cunhado por ele mesmo — a conquista de uma democracia não racial —, tinha de ser a prioridade, ao mesmo tempo que reconhecia as duras injustiças ainda por resolver que hoje confrontam a nação.[15] Sachs é um eterno otimista. Talvez seja por isso que a paisagem lindamente incompatível e o seu discurso afinal não tenham se chocado. Ele defende a Constituição, ferozmente criticada por deixar de cumprir sua promessa, como uma "Constituição ativista" que agora demanda uma luta incessante para assegurar que sejam colocadas em prática suas cláusulas a respeito de tudo, desde a não discriminação até a redistribuição de terras. Elaborada por 490 pessoas — em sua maioria negras, muitas das quais haviam estado na prisão —, ela estava longe de ser o arranjo entre De Klerk e Mandela, como se costuma considerá-la.[16]

Muito além do âmbito da Comissão da Verdade e da Reconciliação, a Constituição havia requerido que se instaurasse um processo, décadas depois, contra um policial que encobrira o assassinato do ativista anti-apartheid Ahmed Timol, em 1971, e que se retomassem quaisquer processos atenuados por interferência política, embora isso claramente não tenha acontecido no caso dos Quatro de Cradock.[17] Acima de tudo, Sachs descreve como a nova ordenação vem exigindo mudanças radicais na prática e no espírito da lei: a "dança interpretativa" que ela inicia, o desafio aos modos tradicionais de fundamentação jurídica (tudo é a "agonia da lei").[18] Numa famosa sentença de 2004 — municipalidade de Port Elizabeth versus diversos ocupantes —, Sachs, escrevendo para um Tribunal Constitucional unânime, decidiu contra o despejo de quinze famílias africanas que ocupavam um lote vago próximo a um bairro de luxo afastado do centro da cidade com o argumento de que a tarefa do tribunal era introduzir "graça e compaixão nos elementos formais da lei".[19]

Mas foi sobretudo a história da universidade que fez o local da conferência, a Escola de Teologia de Stellenbosch, ser tão significativo para o nosso tema. Hendrik Verwoerd, o idealizador do apartheid, havia sido estudante de teologia na universidade na década de 1920. Ele não pôde ingressar na Escola de Teologia propriamente dita porque o pastor de sua cidade natal, Brandfort, com uma intuição da qual ele dificilmente poderia ter tido consciência, sentiu-se incapaz de fornecer a declaração exigida a respeito de sua aptidão (Brandfort depois ficaria famosa como a cidade para a qual Winnie Mandela foi banida e onde foi mantida em prisão domiciliar entre 1977 e 1986). Depois de passar alguns anos estudando na Europa e nos Estados Unidos, Verwoerd retornou a Stellenbosch em 1928 como professor, primeiro de psicologia aplicada e psicotécnica (sic), depois de sociologia e trabalho social. Em 1937, ele já havia partido em busca de uma carreira na política, tornando-se editor do jornal nacionalista africânder *Die Transvaler* e filiando-se ao Partido Nacionalista.

Primeiro-ministro da África do Sul de 1958 até o seu assassinato, em 1966, tendo antes disso sido ministro de Assuntos Nativos, Verwoerd foi responsável por algumas das mais desumanas leis do apartheid: as Leis de Passe, dos anos 1950; a Lei de Reserva de Serviços Separados, de 1953; e a Lei de Educação Banto, também de 1953, cujo objetivo, em suas próprias palavras, era garantir que os negros tivessem educação suficiente apenas para trabalhar como operários qualificados (é dele a famigerada descrição do apartheid como "boa vizinhança"). Somente em maio de 2015, em resposta aos protestos estudantis Rhodes Must Fall, é que uma grande placa em homenagem a Verwoerd foi removida do campus.

Foi para essa universidade que o Centro de Trauma Histórico e Transformação de Pumla Gobodo-Madikizela se mudou logo depois de deixar a Universidade do Estado Livre. Desde 2006, o Centro tem sediado uma conferência a cada três anos sobre o tema num clima cada vez mais sombrio, exceto em 2015, no auge dos protestos estudantis. Não completamente sozinha — a sensação é da mais ampla cooperação de vozes díspares que se possa imaginar —, Pumla estabeleceu para si mesma a tarefa de tentar entender a persistência da dor histórica, o legado psíquico do apartheid entre pessoas de gerações diferentes. O espaço parecia tão frágil quanto resoluto. Se eu estava lá para apresentar meu trabalho e meus pensamentos sobre esses assuntos, as histórias contadas ao longo dos cinco dias de conferência por aqueles que ainda vivem os seus efeitos logo demonstraram que pensar não era suficiente. Não que "sentir" o fosse, um termo profundamente suspeito nesse contexto em que as expressões de empatia — "Eu sinto a sua dor" — podem ser o melhor pretexto para não se fazer nada.

Todos eram amistosos. O projeto de entendimento e transformação era comum a todos. Alguns dos mais famosos dignitários da luta antiapartheid se misturaram a jovens ativistas e estudantes, compartilhando com eles plataformas, tratando-os como os camaradas e amigos que claramente eram. Nunca me senti como se não estivesse incluída, mesmo quando uma bancada negra foi convocada para dar aos africanos e afro-americanos presentes mais espaço para a sua voz coletiva. E, no entanto, uma razão para essa conferência ter sido diferente de qualquer outro evento acadêmico de que já participei foi a maneira de nos jogar na cara um sofrimento que já deveria estar morto e enterrado (os estudos de trauma fazem-se carne). Se trazer isso à tona ou dar e continuar a dar voz a uma família como os Calata pode ser redentor é uma questão que a conferência levantou, mas não pretendeu resolver.

Perpetradores e filhos e filhas de perpetradores foram bem recebidos e tiveram espaço para falar — o que não é de surpreender, dada a experiência de Pumla com De Kock. O neto de Hendrik Verwoerd, Wilhelm Verwoerd, filósofo político cuja base também é em Stellenbosch, renegou veementemente o legado do avô e se tornou apoiador do ANC e ativista social, trabalhando na Irlanda do Norte com antigos combatentes que são hoje defensores da paz (ele apoiou e esteve presente na remoção da placa em homenagem a Verwoerd). Para a família — o próprio pai coleciona com orgulho recordações do legado do ilustre Hendrik —, Wilhelm é um traidor dos mortos do próprio sangue.

Em sua apresentação, ele usou a expressão "relacionamentos densos" para designar a pressão que sofre para abraçar sua repulsiva história familiar e o esforço de repúdio que teve de fazer. "Não tenho certeza", disse ele sobre falar em público, "de que serei capaz de falar" (o que não soou como uma súplica especial ou como forma de despertar compaixão, mas como uma declaração de fato). A questão primordial para ele é o que os brancos "estão dispostos a fazer pela via do trabalho branco".

Essa era a questão que praticamente toda pessoa branca que estava participando da conferência tinha de perguntar a si mesma. A poeta e artista Eliza Kentridge, também presente, é filha da principal advogada antiapartheid, Felicia Geffen, que morreu em 2015 (seu pai é Sydney Kentridge, que defendeu Nelson Mandela no julgamento por traição, em 1956). No meio da poética sequência de luto *Signs for an Exhibition* [Sinalização para uma exposição], uma voz pronuncia em letras maiúsculas: "VOCÊ NÃO É DIGNA DE TOCAR NO MANTO DA ÁFRICA".[20] Ao contrário de outros momentos do poema, não parece aqui ser a voz da mãe falando com a filha, mas a filha, punitivamente, dirigindo-se a si mesma. Quando olho para trás e penso na conferência, na verdade quase sempre quando escrevo sobre a África do Sul ou a visito, é a versão dessa voz que escuto ressoar, ou que imagino que deveria estar ressoando, na minha própria cabeça.

Articulado, ponderado, Wilhelm Verwoerd foi um contraste gritante com Stefaans Coetzee, um dos responsáveis pelo ataque a bomba ao shopping center de Worcester, em 1996, que dava a sensação de ser um homem destroçado. Quatro pessoas morreram na explosão e 67 ficaram feridas, muitas delas gravemente. Coetzee havia sido membro do Movimento de Resistência Africânder (Afrikaner Weerstandsbeweging, AWB) e admirador do "Lobo Branco" Barend Strydom, que em 1988 massacrou sete pessoas negras e feriu mais de uma dezena na praça Strijdom, no centro de Pretória. (Algumas semanas antes, ele havia matado aleatoriamente uma mulher negra num assentamento informal em De Deur, nos arredores de Joanesburgo, para testar sua determinação.) Coetzee se sentira incapaz de aceitar o novo governo do ANC: "Eu estava cheio de ódio e ainda não sei por quê". Ele tinha dezessete anos na época.

Em 2016, Coetzee correu a Maratona dos Camaradas, em KwaZulu-Natal, com o número 67 — o número de feridos — tatuado no braço (no final da corrida, entregou sua medalha a uma das vítimas). Antes de Coetzee falar, foi exibido o trecho de um vídeo em que ele, com a cabeça baixa, murmurava compulsivamente "me perdoe". Um sistema de som bastante falho dava a impressão de alguém mais ou menos falando consigo mesmo. Mas "pedir perdão", ele também insistiu, não era suficiente: "É preciso haver feitura do perdão". Seria útil que sua sugestão pudesse ser comunicada aos assassinos dos Quatro de Cradock, que não enfrentaram nem responsabilização nem justiça. "Nossa teologia", declarou ele a respeito do período em que mergulhou na extrema direita cristã do país, "nos ensinou uma forma inferior de perdão." Apenas a legislação, diz ele, vai impor a responsabilidade. Indagado por uma pessoa da plateia se ele havia encontrado o amor — uma pergunta brutalmente invasiva, mas que também parecia ser a pergunta que todos queríamos fazer —, ele respondeu que toma da Bíblia a humildade, a paciência e a amabilidade como sua filosofia de amor, mas que o casamento era impossível, porque ele era o tipo de homem que nenhuma mulher jamais gostaria de apresentar como namorado.

É possível tocar um perpetrador ou seus descendentes? Diversas pessoas com quem conversei depois da sessão de Wilhelm Verwoerd disseram que, embora comovidos, não tinham coragem de apertar a mão dele (uma ideia estranha em si, já que não houve apertos de mãos ao final de nenhuma das outras sessões das quais participei). Um dia depois de ter tocado a mão de De Kock, Pumla Gobodo-Madikizela acordou e percebeu que não conseguia levantar o antebraço direito, que estava todo dormente, "como se meu corpo estivesse rejeitando um órgão estranho ilegitimamente implantado". No encontro seguinte, De Kock também parecia tomado de pânico depois do contato físico, como se lutasse, pensou ela, para separar de seu corpo a "mão assassina".[21] O vocabulário — membros paralisados, desmembramento — faz mais que um aceno à linguagem e à história da psicanálise, que começou com o caso de histeria de Anna O., a paciente cujo braço ficou paralisado na forma petrificada de uma cobra quando ela estava sentada com a mão sobre o espaldar da cadeira do pai moribundo. Termos como desmembramento escotomização e desrealização (cegueira mental autoinfligida), que foram discutidos no quinto capítulo, lentamente se infiltraram no vocabulário tardio de Freud, à medida que ele começava a confrontar mentes cujo único recurso diante do sofrimento mental era fugir completamente de si mesmas.[22] Não surpreende que essa conferência se visse circundando o pior dos problemas psíquicos — da paralisia histérica aos modos psicóticos de defesa. Em sua apresentação, Cathy Caruth, uma importante figura no estudo do trauma, parecia estar mudando de posição, partindo do trauma como uma história que desafia a representação — uma ideia que, não sem controvérsias, quase se tornou ortodoxia — para o trauma como uma narrativa que destrói a própria base da comunicação humana por não haver ninguém a quem se dirigir, nem dentro nem fora da cabeça, ninguém ali para ouvir. Em seu talvez mais conhecido ensaio, escrito em 1959, W. R. Bion, um dos primeiros psicanalistas a levar a psicanálise para o mundo da psicose, chamou a isso de "ataques à ligação".[23]

Conforme a conferência margeava essa dimensão alucinatória, era como se todos nós, diante da atrocidade do passado e do horizonte sempre em retrocesso da justiça social, estivéssemos lutando por uma linguagem da sanidade. Lindiwe Hani, que também se apresentou, é filha de Chris Hani, um dos mais famosos ativistas do ANC e adorado líder do Partido Comunista Sul-Africano. Ele foi assassinado em 1993, na contagem regressiva para as primeiras eleições democráticas, pelo matador de aluguel Janusz Waluś, imigrante que fugia do comunismo polonês, como parte de uma tentativa de provocar uma guerra civil: "uma explosão de carnificina e guerra racial", conforme disse Joe Slovo no enterro dele, "um enorme derramamento de sangue e o fim das negociações" (em vez disso, a consequência quase imediata foi que o ANC garantiu a data de 27 de abril de 1994 para as eleições).[24] Lindiwe Hani tinha doze anos. Nos meses que se seguiram à morte do pai, toda vez que alguém lhe perguntava como estava, ela respondia "roboticamente": "Bem". Conforme narra em seu livro de memórias, *Being Chris Hani's Daughter* [Ser filha de Chris Hani], de 2017, levou anos até que se desse conta de que "bem" deveria ter um complemento: "bem surtada".[25]

A loucura pode ser generativa (o que não significa que seja uma condição a ser acolhida ou buscada). Numa tentativa de confrontar os próprios demônios, Lindiwe Hani visitou Waluś diversas vezes na prisão; ela já havia se encontrado com Clive Derby-Lewis, "mentor intelectual" do crime e quem fornecera a arma a Waluś. Ela escreve que antes vivia num "sudário de morte".[26] Nos anos logo após o assassinato do pai, seu primeiro namorado sério, com quem estava planejando um futuro, morreu depois de acidentalmente bater o carro contra um muro; sua irmã, Khwezi, que havia escutado os tiros e fora a primeira a encontrar o corpo do pai, morreu de overdose de cocaína em 2001 (Lindiwe é categórica quanto à presença de drogas, ainda que a autópsia tenha indicado asfixia resultante de um ataque de asma).

A própria Lindiwe esteve em reabilitação devido aos muitos anos de grave dependência de álcool e cocaína. Uma das coisas que Waluś lhe revelou, ela nos contou na conferência, foi que, no verão anterior ao assassinato, ele havia ido visitar a filha, também de doze anos, que vivia na Noruega, porque sabia que nunca mais a veria novamente (na realidade, comutou-se sua sentença de morte quando a pena capital foi declarada inconstitucional pela Corte Constitucional da África do Sul, em junho de 1995). Por que, Lindiwe se pegou perguntando, no que parecia um ato de espantosa generosidade, deveria outra filha de doze anos perder o pai assim como ela havia perdido o seu? "Eu desejaria ter cinco minutos com meu pai, então por que essa menininha não deveria ter cinco anos com o dela?"

Waluś estava entrando novamente com um pedido de liberdade condicional, que havia sido concedida e depois revogada. Ele permanece na prisão até hoje. O pedido de anistia que ele e Derby-Lewis fizeram à Comissão da Verdade e da Reconciliação foi recusado em virtude de eles não terem demonstrado que agiam em nome de uma organização política e não terem revelado integralmente os antecedentes do seu crime. Lindiwe Hani, por outro lado, aceitou as desculpas de Waluś e começou até mesmo a gostar dele, embora não estivesse inclinada a perdoá-lo. Ódio e perdão vinham para ela em ondas. "Não se esqueça de que você matou o meu pai", jogava na conversa com Waluś sempre que as coisas ficavam acolhedoras demais — em dado momento, ele estranhamente pediu permissão para dizer que estava "orgulhoso dela". Mas ela não queria "perpetrar a raiva". Assim como "a feitura do perdão", o fraseado me impressionou pela pura inventividade (um estado de ânimo pode certamente ser perpetrado tanto quanto qualquer ação).

✳

Onde o trauma se abriga quando a mente, assim como o corpo, em frangalhos ou aos pedaços, não é mais reconhecível, não guarda mais a menor semelhança com nada que possa remotamente ser chamado de lar? A própria persistência do horror na África do Sul nos informa que pensar sobre o trauma com relação à linguagem, circundando interminavelmente mencioná-lo ou não, uma tendência do discurso acadêmico, não basta. Na África do Sul, Nomonde Calata é famosa pelo grito plangente, quase inumano, que emitiu no início dos trabalhos da Comissão da Verdade e da Reconciliação e que, por um momento, deixou o público em completa suspensão (Tutu pediu uma pausa de dez minutos). O grito tornou-se icônico. A palestra de Pumla Gobodo-Madikizela de março de 2017 tinha o título de "O grito de Nomonde Calata". Para a poeta Antjie Krog, enviada da SABC para cobrir o andamento da comissão, o grito marcou seu verdadeiro início. Ela sentiu testemunhar a "destruição da linguagem". "Relembrar o passado deste país é ser lançado num tempo anterior à linguagem [...], é estar presente ao nascimento da própria linguagem" (muito antes de um tempo em que o discurso individual fosse mesmo uma questão).[27]

Precisamos redesenhar a cartografia da mente, aventurar-nos pelos caminhos que Freud, com segurança e perigosamente ao mesmo tempo, estava disposto a trilhar. Precisamos que momentos insanos visionários, inclusive do mundo do sonho e da alucinação, sejam considerados parte da paisagem do trauma — os equivalentes psíquicos de "surto" e "turbulência", termos evocativos usados pela crítica literária e cultural sul-africana Sarah Nuttall para captar os crescentes acessos de raiva e protesto que estão se espalhando por toda a África do Sul.[28] Esses momentos aparecem espontaneamente, surgem daquilo que parece ser outro mundo. Abigail Calata conta que, quando já namorava Lukhanyo mas ainda não havia conhecido a futura sogra, Nomonde, sentiu a presença de Fort Calata no banheiro. Sem hesitar, pegou o telefone para dizer a Nomonde, naquela altura uma completa estranha, que ela tinha uma mensagem do seu falecido marido para lhe dar: ele nunca tivera a intenção de deixá-la daquela maneira. Soube-se que, na mesma noite, ele também havia aparecido em sonho para Nomonde (um modo genial de as duas mulheres se apresentarem uma à outra, conforme se revelou). Em outra ocasião, quando Fort apareceu num sonho dizendo a Nomonde que fosse para casa, ela correu de volta a Cradock e descobriu que o túmulo dele havia sido vandalizado. Ligações impossíveis pela paisagem geográfica ou entre pessoas que mal se conheciam, esses momentos de transmissão intergeracional e entre pessoas de gerações diferentes não se sujeitarão a protocolos normais de espaço e tempo. No fim, a mensagem mais simples de toda a conferência foi talvez a premissa de maior alcance da psicanálise, e também a mais banal. Nada perece dentro do corpo ou da mente, razão pela qual a ideia de que a África do Sul tenha deixado para trás o apartheid é tanto psicológica quanto politicamente disparatada.

Allan Boesak está convencido de que a fé política de Canon Calata, bisavô de Lukhanyo, desempenhou um papel decisivo no desafio que Lukhanyo lançou à SABC e em todo movimento ou protesto político que qualquer membro de sua família já tenha feito: "Do contrário, você não teria tomado aquela decisão. Seu pai não teria tomado aquela decisão; do contrário sua mãe não teria tomado aquela decisão. Está no seu DNA".[29] Hoje a epigenética nos conta que essas formas de transmissão espectral, vestígios de história correndo nas veias, são biologicamente possíveis. Curiosamente, no contexto da África do Sul, isso poderia ser motivo para o próprio otimismo, que, de maneira tão perceptível, esmoreceu. Num dos artigos mais bem recebidos que presenciei, Jaco Barnard-Naudé, jurista e ativista da liberdade para minorias sexuais e casamento entre pessoas do mesmo sexo, ofereceu uma releitura, à maneira de Jane Harrison, da clássica história de Pandora, em que os males que se dissipam da caixa são os fantasmas de erros passados impunes ou esquecidos. O único item que permanece na caixa, tendo o mal sido assim exumado, é a esperança. Fantasmas espreitavam pelos corredores dessa conferência. Talvez a tarefa mais importante fosse dar a eles espaço para fazer isso.

Contudo, não eram apenas os fantasmas que clamavam por reconhecimento nem a história dos Quatro de Cradock que permanecia como um corpo exposto. O sistema de valores do heroico combatente pela liberdade e de sua família também desempenharam seu papel em coibir a dor psíquica. A mãe de Lindiwe Hani, Limpho, considerou um insulto à honra da família ela ter se internado para reabilitação usando o nome verdadeiro (ser dona desse sobrenome, na verdade, teve grande importância na recuperação de Lindiwe). A certa altura em *My Father Died for This*, Lukhanyo chama Nomonde de "um poderoso soldado". Abigail a descreve como o "verdadeiro herói" de toda a história.[30] Na conferência, Siyah Mgoduka, cujo pai, o subtenente Mbalala Glen Mgoduka, foi um entre os muitos mortos por ordem de Eugene de Kock, descreveu a mãe, Doreen, como "um homem melhor do que eu jamais poderia ser". Como se, em cada um desses casos, a ausência de fragilidade — da fragilidade da "mulher" — fosse o maior elogio possível, embora Siyah Mgoduka também tenha repetido por três vezes que, conforme os anos passavam, ele foi aos poucos se tornando "mais brando" como homem (Doreen perdoou De Kock, que projetou a bomba colocada embaixo do carro do seu marido; Siyah se recusou a fazê-lo). Ao encenar seu diálogo para que o ouvíssemos, eles pareciam demonstrar que, na atual África do Sul, essas momentosas e quase imperceptíveis mudanças de estado de alma só podem ser expressas diante de uma testemunha. Uma conversa entre os dois foi transformada num filme com tela dividida, uma técnica que expressava perfeitamente a barreira, a proximidade e a distância que se movimentavam lentamente entre eles (o filme teve uma das primeiras projeções na conferência).[31] Mediante esse estranho formato, eles convocavam uma simbólica "terceira" presença na sala. Para a psicanalista Jessica Benjamin, em fala a respeito de seu trabalho com agressores e vítimas em Gaza, essa "terceira" é a única base possível para uma forma não violenta de reconhecimento político, enquanto, num encontro direto, as identidades tendem a se entrincheirar.[32]

Como viúvas de combatentes, Nomonde Calata e Limpho Hani nunca foram autorizadas a demonstrar a sua dor. "Não se chora por um herói", disseram a Nomonde: "Tive de fazer a cara boa". Mais uma vez, "fazer *a* cara boa" me parece certo (em vez da versão mais familiar "fazer *uma* cara boa"). Mesmo na presença dos filhos, somente era aceitável uma máscara de coragem e firmeza inabaláveis. Tampouco lhe ofereceram terapia, nem mesmo qualquer coisa semelhante. "Eu adoraria", disse ela num diálogo com Pumla Gobodo-Madikizela, "ter uma conversa individual. Quero alguém que escute". Ela é famosa por seu papel na Comissão da Verdade e da Reconciliação, mas era outro tipo de escuta que ela pedia aqui (a falta de qualquer acompanhamento desse tipo é vista como uma das falhas mais graves da comissão). Algum tempo depois, descobri que o comentário de Nomonde havia provocado tanto em Eliza Kentridge quanto em mim a mesma louca fantasia, ou desejo: de que alguém saísse da plateia e lhe oferecesse esse serviço ou, no mínimo, a encaminhasse a alguém que pudesse fazê-lo.

Na África do Sul, a psicanálise foi interrompida subitamente em 1949, ano em que o apartheid foi implantado, com a morte de seu único analista de formação, o lituano Wulf Sachs, que viera do Reino Unido (uma florescente comunidade psicanalítica de exilados sul-africanos se faz presente em Londres desde então). Tanto Mark Solms quanto Tony Hamburger, as duas figuras que mais fizeram para dar à psicanálise uma nova vida pós-apartheid, falaram na conferência. Mas, assim como em quase todos os lugares do mundo e apesar dos melhores esforços em contrário — notadamente o centro de psicoterapia Ubelele —, a psicanálise como alternativa permanece fora do alcance de muitos; na África do Sul, da maioria racial e dos pobres.[33] "Introduzir a psicanálise na África do Sul", observou Solms, "sem confrontar sua condição elitista é criar um natimorto".

✳

Quando Abigail Calata ouviu pela primeira vez, em 27 de junho de 2016, que Lukhanyo havia divulgado sua declaração sobre a corrupção na Corporação de Radiodifusão da África do Sul, ela não ficou feliz. Achava que deveria ter sido consultada antes que ele desse um passo de tamanha importância na vida dela e do filho deles, Kwezi, de quatro anos de idade. Depois que Abigail lhe falou de como se sentia e que a declaração dele viralizou, seguida de inúmeras entrevistas na mídia, ela ficou orgulhosa. A partir desse momento, Lukhanyo passou a envolvê-la em todas as decisões políticas que tomava. Mas, ao nos deixar entrever esse lampejo de raiva no início de seu livro, Abigail Calata abre ligeiramente a janela para um longo histórico, que ressoou por toda a conferência, de esposas, muitas vezes elas mesmas ativistas, que eram, no entanto, deixadas para trás enquanto os maridos se engajavam em trabalho infiltrado, eram presos, fugiam para o exílio. A mulher de James Calata, Miltha, era líder por mérito próprio, uma parceira em condição de igualdade cuja valentia, de acordo com as lembranças de um amigo próximo, equiparava-se à do marido — eles receberam as medalhas Luthuli de prata e ouro, respectivamente, pela participação na luta (Fort também recebeu a de prata).[34] Mas ela raramente o via, porque ele estava sempre em marcha. Depois de se casar, Limpho Hani se envolveu com o ANC e, em 1977-8, ficou detida por vários meses em função de seu papel no transporte de recrutas através da fronteira com a Suazilândia. Mas a família quase nunca via Chris Hani. Dedicado à luta armada, ele havia cruzado a fronteira e vivido por longos períodos na Zâmbia, no Lesoto, em Tanganica (hoje Tanzânia continental), em Bechuanalândia (hoje Botsuana), em Angola e na Rodésia (hoje Zimbábue).[35] Lindiwe Hani descreve como sua mãe criou as três filhas praticamente sozinha.[36] Enquanto o marido estava na prisão, Nomonde Calata conseguia amealhar apenas o necessário para a família sobreviver. Trabalhava na cantina do Hospital Provincial de Cradock, mas foi demitida depois de ser denunciada por um policial que a viu num ônibus vestindo uma camiseta com os dizeres "Mandela livre". O marido nunca conversou com ela a respeito de suas atividades na clandestinidade do ANC.[37] Nesse contexto, o assassinato daqueles homens pode ser entendido como um tipo sinistro de continuidade, que consagra uma ausência que já era o cerne da vida de tantas dessas mulheres. "Quero o meu tempo", declarou Nomonde, sentada ali com os três filhos, "todo o tempo que vivi para os outros, para o medo, para a proteção." Como se a demanda feminista mais básica — ser capaz de viver a própria vida sem medo, e não apenas para os outros — tivesse sido encharcada com o sangue de todo um povo.

Dessas esposas desamparadas, abandonadas, a mais famosa é sem dúvida Winnie Mandela, que, embora quase não tenha sido mencionada na conferência, também parecia espreitar pelos salões. Às vezes, isso era explícito: Winnie Mandela era amiga da família, heroína e referência para Lindiwe Hani, alguém que ela "capta", para usar seu próprio termo. "As meninas Hani com a Grande Mãe Winnie nos cinquenta anos da mamãe" é a legenda de uma das fotografias em suas memórias. Mas ela também estava ali de maneira implícita e muito mais constrangedora na escolha que fizeram Lukhanyo e Abigail pelo pastor Paul Verryn — um amigo da família desde os anos 1980, quando ele visitara Fort Calata no presídio de Diepkloof — para escrever o prefácio de seu livro. Verryn é o reverendo metodista que Winnie Mandela acusou de pedofilia, com base em nenhuma evidência, à medida que o cerco se fechava em torno de sua famigerada equipe de guarda-costas, o Mandela United Football Club, que aterrorizava a *township* de Soweto, para onde ela havia se mudado depois de Brandfort. Em 1988, membros desse time sequestraram quatro garotos adolescentes que moravam na residência paroquial de Verryn, entre eles Stompie Moeketsi, também conhecido como Stompie Seipei, que foi assassinado por Jerry Richardson, "treinador-chefe" e guarda-costas de Winnie Mandela. Em 1991, ela foi condenada por um tribunal de Joanesburgo a seis anos de prisão por ter ordenado o sequestro e participado ativamente na agressão — pena comutada, em apelação, para multa e prisão de dois anos com sursis. É provável que nenhum sul-africano deixe passar essa referência ao ler o livro dos Calata.

E, no entanto, uma das coisas mais surpreendentes que descobri durante minha visita à atual África do Sul, assolada pela persistente e flagrante injustiça social, econômica e racial, é que a estrela de Winnie Mandela está mais uma vez em ascensão. Para muitos, ela nunca esteve em declínio: não para aqueles que sempre consideraram a histórica conciliação de 1994 entre Nelson Mandela e De Klerk uma traição que sacrificava a justiça no altar da liberdade e que acabou por se revelar uma caricatura de liberdade para os oprimidos; nem para aqueles da nova geração que acreditam que a decolonização foi trocada pela democracia. Isso estava no cerne dos protestos estudantis dos últimos anos, a acusação de que as universidades haviam sido mantidas como bastiões do privilégio branco; até que, como vimos no capítulo anterior, o movimento Rhodes Must Fall tomou o assunto nas próprias mãos. Por esse prisma, a renitência de Winnie Mandela, sua recusa a se curvar à comissão, transforma-se em sua clarividência. Somente quando Tutu lhe implorou foi que ela ofereceu um mesquinho pedido de desculpas, seu presente de despedida aos procedimentos pelos quais ela nunca escondeu seu desprezo (um momento que, a sua maneira, também se tornou "icônico").

Como a histérica que conduz ao nascimento da psicanálise e que tantas vezes carrega o mal-estar de toda uma família, Winnie Mandela poderia, então, ser vista como a figura que, em nome de todos, exibia em tecnicolor a ferida não cicatrizada da nação. Com ligações quase inexplicáveis com tudo o que foi levantado na conferência, Sisonke Msimang conclui assim seu livro *The Resurrection of Winnie Mandela* [A ressurreição de Winnie Mandela], de 2018: "O passado tem de ser aberto não apenas para a dor, mas para a natureza estrutural do racismo". "Logo ali, no passado recente, como o corpo de um animal ferido atingido por um carro em alta velocidade, jaz o cadáver da justiça." Quaisquer que tenham sido os seus crimes, argumenta Sisonke, Winnie Mandela permanecerá num pedestal "até que haja uma forma de justiça mais firme, austera [...], até que os assassinos do apartheid sejam nomeados em uma lista pública para serem conhecidos pelo mundo".[38] Lembre-se de Verryn em relação aos Calata: "Os perpetradores deveriam se encontrar frente a frente com essa família". Assim, de maneira hábil e perturbadora, embora, imagino eu, sem perceber, Sisonke Msimang alinha a sua defesa de Winnie Mandela à dor no âmago da conferência e ao clamor por justiça e responsabilização, que é a premissa motriz do livro de Lukhanyo e Abigail Calata.

The Resurrection of Winnie Mandela foi passado às minhas mãos por Mervyn Sloman, proprietário da Book Lounge — renomada livraria independente e local para eventos culturais na Cidade do Cabo —, pela qual eu havia sido convidada a falar sobre mães. No debate, perguntaram-me o que eu pensava de Winnie Mandela como "Mãe da Nação". Uma terrível idealização, respondi, à qual ela deixou de corresponder de maneira espetacular, e isso não deveria ser surpresa. Sem dúvida, naqueles dias que antecederam a conferência, eu estava completamente despreparada para a latente filiação — linhas de potencial, senão real, solidariedade — entre a vida de Winnie Mandela e a das mulheres que escutei ao longo da semana, conforme descreviam os horrores pessoais e políticos que haviam experimentado sob o apartheid. Na verdade, já se havia concedido a Winnie Mandela, ao menos simbolicamente, o reingresso a um mundo comunitário no romance de 2003 de Njabulo Ndebele, *The Cry of Winnie Mandela* [O grito de Winnie Mandela], no qual ela narra a própria história depois que outras quatro mulheres, cada uma delas abandonada pelo marido por um motivo diferente, apresentam-lhe seu relato (um enorme sucesso na África do Sul, o livro foi republicado e teve uma nova edição em 2013). Um dos homens é um mineiro desaparecido, os outros partiram em busca de progresso educacional ou matrimonial (uma nova esposa branca) ou de liberdade sexual. As mulheres aderem a Winnie por seu descarado desprezo pelo mito da sempre paciente e virtuosa Penélope à espera do retorno de Ulisses — uma cruel mistificação europeia secular, insinua Ndebele, contra as mulheres africanas. O romance termina com as cinco mulheres acolhendo Penélope, sob a forma moderna de uma caronista, no carro em que, alegremente e com feroz independência, elas pegaram juntas a estrada (claros matizes do *road movie* feminista *Thelma & Louise*, de 1991). "Você personifica uma extrema percepção política não mediada por nuances", dirige-se a Winnie a terceira voz narrativa, de Mamello Molete, também conhecida como Paciência Mamello Letlala, "nuances drenadas de nós pela ostensiva obscenidade do apartheid, que reduziu a vida a um longo grito".[39] Impossível saber se essas linhas evocam deliberadamente o grito de Nomonde Calata.

Ainda que a era do apartheid figure como um dos mais medonhos capítulos do século 20, não devemos esperar nenhum agradecimento por parte daqueles que sofreram se os reduzirmos a meras vítimas da história. Uma das coisas que pude inferir da conferência é o quanto isso se aplica às mulheres envolvidas na luta — entre as quais é preciso incluir Winnie Mandela —, apesar da submissão e da passividade impostas, ou justamente por causa delas. A violência aleatória das forças de segurança sempre que faziam incursões na casa de ativistas era notória. O que não impediu Nomonde Calata de se recusar a deixar a casa quando um policial lhe ordenou que o fizesse ou de dizer a ele que saísse de sua cama: "'Você vai ter que pegar sua arma e atirar em mim, e me tirar de casa.' Bem, eles se levantaram e saíram". A vulgar provocação sexual deles também não foi capaz de detê-la: "*Hau** (sic)... Você tem um bebê sem pai", um deles zombou ao ver sua gravidez, "não quer que a gente seja o pai do seu bebê?".[40]

Em 1969-70, Winnie Mandela foi detida sem acusação formal por 491 dias, sujeita a espancamentos e tortura, quase sempre em confinamento solitário, dormindo sobre um tapete ensopado de sangue na cela ao lado da sala de agressões, com alguns períodos numa cela no corredor da morte. Esses detalhes vieram à tona apenas recentemente, com a publicação, em 2013, de seus diários e cartas da prisão. Ela é eloquente a respeito de como são melhores as condições de um prisioneiro — leia-se seu marido — em comparação com as de uma pessoa detida. "Eu me comunicava com as formigas", relembra ela no epílogo do livro, "qualquer coisa que tivesse vida. Se eu tivesse tido piolho, teria até, teria até (sic) cuidado deles [...]. Não existe castigo pior." "Você vai falar contra a sua vontade", disse a ela o major Ferreira, um dos seus interrogadores (o outro era o famigerado torturador major Swanepoel). "Podemos ir para a sala de tortura agora", ela respondeu. "Minha defesa tem as minhas instruções para o meu eventual inquérito." Ela também ignorou um pedido para que se dirigisse aos seus capturadores em africânder, dizendo-lhes que preferia usar a língua dos "seus primeiros opressores".[41]

"Sabe o que é péssimo?", respondeu Ferreira. "Ela fala sério, e ninguém pode fazer nada." Assim como Nomonde Calata, ela era alvo de insinuações sexuais. "Essa cadela desgraçada bebeu a saliva de todos os comunistas brancos", Swanepoel retruca durante um dos interrogatórios. "[Ela teria] seduzido o papa se quisesse usá-lo politicamente" ("eles caem na gargalhada"). Trata-se de uma prisioneira que sofria com frequentes perdas de consciência, palpitações, falta de ar, que regularmente acordava gritando no meio da noite, que murmurava o nome dos filhos e que, a certa altura, quase morreu de fome. Por razões políticas, ela fez todo o possível para esconder que se tratava de

---

* De origem zulu, "hau" é uma exclamação do inglês sul-africano que expressa uma gama de sentimentos, dos mais suaves aos mais intensos, indo desde a surpresa e a admiração até o choque e o medo, podendo passar pela desaprovação ou a resignação. (N.T.)

uma tentativa de suicídio. "E eles se perguntam", comenta no epílogo, "por que sou assim."[42] Uma declaração cujo impacto, para mim, não é menor por ela claramente tentar se isentar de responsabilidade.

Ela foi alvo do mais cruel ódio sexual, e a sua recusa em se aposentar como um ser sexual parecia, em alguns momentos, o pior de seus crimes. No início dos anos 1990, fui visitar um escritor bastante conhecido na África do Sul, que na época estava na Universidade de Oxford. Meu plano era discutir seu parecer sobre a violência que se propagava pelo país no período anterior às eleições de 1993. Mas me vi sendo entretida com histórias intermináveis sobre a vida sexual de Winnie Mandela enquanto eu fixava o olhar lá fora, nos gramados da faculdade, e, sentados, tomávamos chá. Ela deveria supostamente estar carregando a bandeira pela liberdade do marido e da nação. Em vez disso, tornou-se a pecadora do seu santo. "Que Winnie tenha iniciado a sua queda logo quando Nelson estava começando a sua ascensão à santidade", escreve Sisonke Msimang, "é ao mesmo tempo uma tragédia e outro tipo de ficção."[43] Ou, nas palavras de sua personagem em *The Cry of Winnie Mandela*: "Enquanto o encarceramento o havia preparado para a linguagem da transcendência, eu estava por demais enraizada no visco da loucura" (ambos, sem dúvida, desfechos trágicos).[44]

Por que esperamos, em situações de cruel injustiça política, que a virtude se acumule do lado do oprimido? No mínimo, Winnie Mandela nos faz o favor de demonstrar a loucura dessa crença. Mas por que, poderíamos ainda perguntar, apressamo-nos em alienar os tiranizados da ambiguidade ética que certamente é um direito inato a todos? É lugar-comum na psicanálise que os pensamentos de ninguém sejam puros. Somos todos traidores em nossa própria cabeça. Lindiwe Hani é um modelo de doação em relação ao homem que matou o pai, mas, no dia seguinte ao encontro com o mentor intelectual do crime, ela acordou com "o puro e nítido desejo de matar".[45] Até mesmo a De Kock se consente a ambiguidade, e não apenas no livro de Pumla Gobodo-Madikizela. Siyah Mgoduka nos contou que seus sentimentos começaram a abrandar quando De Kock se apresentou e disse ter sido ele a dar o comando para o assassinato de seu pai, justo quando o magistrado que presidia o tribunal estava prestes a encerrar o caso por falta de provas. Só a mulher, aparentemente, tem de ser uma coisa ou outra. Somente ela é arremessada ao turbilhão de sua graça moral arruinada. "A mulher que saudou [Nelson Mandela] naquele ensolarado dia de fevereiro de 1990", comenta Sisonke a respeito do dia em que ele foi libertado da prisão, "era moralmente ambígua [...], ela estragou a imagem da revolução perfeita que o ANC pretendia criar. Ela era um lembrete de que o país estava em chamas." "Basta ver", escreve Sisonke Msimang nas páginas finais, "onde estamos."[46] Ao contrário de Winnie Mandela, nem P. W. Botha nem F. W. de Klerk jamais foram condenados pela lei por nenhum crime.

Até o final da conferência, eu ainda estava enviando mensagens de texto para casa nas quais dizia que não tinha certeza se aguentaria mais. Passei a entrar e sair do Jardim Botânico de Stellenbosch sempre que havia oportunidade, mesmo quando era apenas um intervalo de dez minutos. Os jardins são outra joia do lugar, criados, sem dúvida, em cima de uma riqueza adquirida de maneira duvidosa (e quem era eu, afinal, para ir em busca de consolo?). Então me pareceu nada menos que milagroso que, numa das últimas palestras plenárias, o filósofo e ativista camaronense Achille Mbembe tenha conseguido falar de beleza. Ele não foi sentimental. The Trauma of the World and the World as Trauma [O trauma do mundo e o mundo como trauma] era o título. Sem medir as palavras, ele falou das instituições "traumatogênicas" do capitalismo e da democracia liberal que até hoje nunca proporcionaram igualdade racial, do "inconsciente genocida" que transforma os seres humanos, sobretudo o "outro" racial, em mercadorias descartáveis (a violência sob as supostas "condições tranquilas", conforme diria Rosa Luxemburgo, que é como este livro se inicia).[47] Um futuro mais viável somente surgirá, sugeriu ele, da ruptura, somente se começarmos a reconhecer a fratura por toda parte; somente a partir daí é que poderemos porventura encontrar a beleza potencial de cada um. Precisamos de um novo sujeito político, não mais em fuga da interioridade, um sujeito que se desdobre em múltiplos eus, que habite as fendas e frestas do mundo, que saiba ser ninguém, que saiba quando não tem nada a esconder e quando deve se precipitar em direção ao outro lado para encontrar o seu duplo.

A princípio, pensei que essa versão de esperança política baseada na fratura pertencesse a um universo diferente daquele de Tumani Calata, a filha caçula de Fort Calata de quem Nomonde estava grávida quando ele foi morto. Enquanto crescia, ela não quis saber nada a respeito do pai, um estranho por quem nunca havia chorado. Então, lentamente, ela iniciou o caminho que afinal lhe permitiu que começasse de novo, que se apossasse da elocução "sou filha de um herói, sei quem sou". No fim, apesar do aparente contraste entre autoafirmação e ruptura, pareceu-me que ambos estavam dizendo a mesma coisa. Algo sem precedentes ainda precisa acontecer. Não haverá emancipação política para ninguém até que todos reconheçamos o cadáver que ainda jaz na estrada, a contínua injustiça, o trabalho que resta fazer.

Na fronteira

Em março de 2018, 120 mulheres detidas entraram em greve de fome e de trabalho por um mês no Centro de Remoção de Imigração de Yarl's Wood, no Reino Unido. Muitas receberam cartas do Ministério do Interior que lhes informavam que o processo de deportação não seria interrompido em virtude dessa ação e que, na verdade, era mais provável que fosse acelerado. A Serco, empresa privada que administra o centro, negou que a greve de fome estivesse ocorrendo. A Serco é mais conhecida pela política de troca de fechaduras em suas propriedades como meio de despejar solicitantes de asilo que vivem na comunidade. Apesar de ter recebido uma multa de 6,8 milhões de libras esterlinas pelo tratamento dado aos seus inquilinos, o contrato para abrigar solicitantes de asilo foi renovado pelo Ministério do Interior em junho de 2019. (Um ano depois, no auge da pandemia de Covid-19, a empresa também foi premiada com um contrato privado para testagem e rastreamento, a despeito de objeções com base em sua conduta anterior.) As mulheres reivindicavam que solicitantes de asilo, menores, grávidas e sobreviventes de tortura, estupro e tráfico não fossem detidas. Pediam o fim da detenção por tempo indeterminado, uma prática que não é sancionada em nenhum outro país europeu além do Reino Unido; nos Estados Unidos, foi introduzida pela primeira vez sob o Ato Patriota, depois do Onze de Setembro, sendo depois transformada em lei sob o presidente Obama (o exemplo mais notório é a baía de Guantánamo). Elas também protestavam contra as condições em que eram mantidas. Três anos antes, a organização sem fins lucrativos Women for Refugee Women [Mulheres pelas refugiadas], sediada em Londres, havia publicado um panfleto que descrevia essas condições com o título *I Am Human* [Sou humana].

Tanto o panfleto quanto a greve expuseram aos olhos do público o tratamento cruel e degradante que caracteriza a detenção de mulheres imigrantes no Reino Unido. Por que, por exemplo, as mulheres detidas eram observadas em situações íntimas — nuas, parcialmente vestidas, no banheiro ou no chuveiro, ou na cama — por guardas do sexo masculino? Por que eram rotineiramente tocadas e revistadas por homens? — "Os homens tocam na sua calcinha... Um homem toca sua calcinha e depois a deixa em cima da cama".[1] Dado que a detenção é cara — estimada em 35 milhões de libras esterlinas por ano — e que os pedidos de asilo poderiam ser igualmente processados enquanto as mulheres vivem na comunidade, por que afinal elas eram detidas?[2] Hoje a entrada legal para refugiados, solicitantes de asilo ou trabalhadores sem qualificação tornou-se praticamente impossível no Reino Unido. Mulheres imigrantes que tentam entrar especificamente como refugiadas ou solicitantes de asilo estão sendo cada vez mais criminalizadas.[3] Em 2002, a "feminização da imigração irregular" já vinha sendo descrita como "talvez o mais significativo fenômeno [de imigração] das últimas décadas".[4] Das 31 mulheres cujos casos foram investigados em 2012 pelo Instituto de Criminologia de Cambridge, negou-se asilo a doze nos catorze resultados conhecidos. Embora a maioria delas tenha sido traficada, foram todas tratadas como imigrantes ilegais em vez de alvos de abuso.

Essas mulheres estão sendo punidas, muitas vezes cruelmente, por já serem vítimas de crimes. Quando uma mulher foi transferida para Yarl's Wood depois de sete meses na prisão sob acusações que foram retiradas, ela disse que a sensação era de estar sendo punida "por ser estrangeira".[5] Que as condições no centro incluíssem que elas fossem expostas à observação de homens — também foram relatados casos de agressão sexual por parte dos guardas — sugere que essas mulheres detidas estavam sendo punidas também por serem mulheres. Essa realidade de maneira alguma está restrita ao Reino Unido. Em julho de 2019, a congressista nova-iorquina Alexandria Ocasio-Cortez foi objeto de publicações sexualmente explícitas no Facebook por parte de guardas da Alfândega e Proteção de Fronteiras (Customs and Border Protection, CBP) — 9500 guardas atuais e antigos são membros de um grupo secreto de Facebook — após ter denunciado as terríveis condições nos centros de detenção de fronteira americanos, onde os detidos relatavam ter sofrido abusos por parte dos agentes e onde as mulheres eram forçadas a beber água de vasos sanitários. As publicações também questionavam a autenticidade de imagens, que viralizaram, de um homem afogado, Oscar Alberto Martínez Ramírez, e a filha de um ano e onze meses, Angie Valeria, que haviam tentado cruzar a fronteira entre os Estados Unidos e o México. "Nove mil e quinhentos agentes da CBP compartilhando memes sobre imigrantes mortos", escreveu Alexandria, "e falando de violência e conduta sexual imprópria contra membros do Congresso. Como é que se pode confiar na cultura da CBP para cuidar dos refugiados de maneira humanitária?"[6]

A imigração se tornou um dos assuntos políticos mais urgentes da atualidade. Uma política supostamente fundada na razão e na lógica utilitarista — a necessidade de manter os números sob controle em benefício de todos — revela-se impregnada de ódio sexual. Embora as duras realidades da imigração não façam distinções sexuais (o mar não discrimina o gênero de quem vai afogar), neste capítulo investigarei o especial prazer que a política de imigração parece ter em atingir as mulheres. Na história de Alexandria Ocasio-Cortez, o desprezo com relação às mulheres e aquele com relação aos imigrantes visivelmente alimentavam um ao outro e jorravam numa mesma superexcitada e violenta sucessão de memes (as publicações também incluíam imagens, tratadas com Photoshop, de Alexandria fazendo sexo oral em imigrantes e em Donald Trump).[7] Em Yarl's Wood, uma mulher do Quênia, espancada pela família e forçada a se submeter à mutilação genital feminina como "punição" por ser lésbica, foi arrastada por uma sala do centro: "Ficavam zombando de mim... Ficavam puxando as minhas pernas". Quando ela se refugiou no banheiro, eles riram dela, deram-lhe uma gravata e amarraram seus pulsos e pés "como uma cabra".[8]

Uma nigeriana sobrevivente de estupro descreveu como foi atirada ao chão "como um saco de cimento".[9] Outra mulher detida, que costumava ir de São Vicente e Granadinas ao Reino Unido desde os nove anos, aos quinze havia sido estuprada sob a mira de uma arma por três homens como forma de liquidar dívidas do seu pai. Rejeitada pelo avô que a havia levado à Inglaterra pela primeira vez, ela então se entregou à prostituição e, depois de uma sentença de prisão, viu-se em Yarl's Wood como parte das medidas repressivas contra a imigração: "Eu achava que a prisão era ruim, mas Yarl's Wood me levou a ponto de querer me suicidar". Agentes do sexo masculino entravam em seu quarto pelas suas costas, remexiam em sua cama, em suas roupas íntimas: "Eu me sentia sendo estuprada de novo".[10]

Expostas a afrontas físicas e sexuais, as mulheres também eram radicalmente desempoderadas ao serem excluídas de todo conhecimento. Qualquer pessoa em detenção por tempo indeterminado entra num infindável mundo alucinatório, já que toda a questão é nunca saber até quando se estará retido: "Na prisão, você sabe qual é a sua data de soltura... Mas, em Yarl's Wood, você não sabe".[11] Embora tenha havido alguma redução nos tempos de detenção nos últimos anos, dados do Ministério do Interior que remontam a 2010 apresentam casos de pessoas que foram retidas por até quatro anos (casos de múltipla detenção ou de detenção seguida de nova detenção, que eram rotina para os opositores do governo da África do Sul sob o apartheid, são conhecidos, mas não refletidos nas estatísticas).[12] "Tudo está pendente", escreve o poeta David Herd em seu posfácio a *Refugee Tales* [Contos de refugiados], uma seleção de histórias recolhidas entre os refugiados por ativistas numa marcha de solidariedade que sai de Canterbury anualmente desde 2015: "Estamos profundamente mergulhados aqui na lógica da suspensão".[13] É inútil marcar o número de dias na parede se, a qualquer momento, a pessoa pode ser deportada (sem uma sentença de prisão ou data de soltura, ela faz a "contagem progressiva" em vez da "contagem regressiva" dos dias).[14] Na literatura britânica sobre a imigração, o termo técnico comumente usado para designar o retorno forçado de imigrantes ao seu país de origem é *refoulement* (literalmente, "repúdio" ou "repulsão"), que também vem a ser a palavra em francês para o conceito psicanalítico da repressão. Como se em algum lugar se reconhecesse que devolver um imigrante ao país do qual ele fugiu não é apenas desumano, mas muito provavelmente ilegal sob a lei internacional; isso ainda coloca uma camisa de força no acesso mental das pessoas detidas à própria experiência, faz com que lhes seja impossível avaliar o próprio mundo. É também uma tentativa de dissimulação, uma maneira de fingir que não há nada de medonho em nenhuma das duas pontas da jornada. Uma mulher chinesa traficada para a produção de *Cannabis* que se viu apanhada pelo sistema de justiça penal britânico faz um paralelo direto entre ali e lá: "Minha sensação é de estar nas mãos deles — é como estar nas mãos das pessoas que me trouxeram para cá" — "mãos", nesse caso, não é nenhuma metáfora.[15]

Essas mulheres são atiradas pelo sistema a posições de ignorância involuntária: "eu não sabia para onde estava indo", "eles não explicam nada para você". "Será que *você* pode me dizer o que está acontecendo?" A pergunta foi dirigida como um apelo a uma das pesquisadoras de Cambridge que, no decorrer de seu estudo, teve acesso a uma mulher detida (normalmente, nenhuma pessoa em visita a um centro de detenção tem autorização para levar papel e caneta para dentro do prédio).[16] Com frequência, a ignorância forçada as leva exatamente de volta ao lugar de desconhecimento em que sua jornada começou. Nas palavras de uma mulher detida que havia sido traficada e a quem prometeram uma vida nova: "Não somos autorizadas a fazer perguntas".[17] Elas são mantidas, escreve Herd, fora da "pele" da linguagem, já que, sem nenhum registro de sua apelação — há apenas uma determinação por escrito —, qualquer coisa que tenham dito ou tentado dizer não deixa nenhum rastro (uma razão crucial para o projeto dos *Refugee Tales*).[18] O que essas mulheres vivenciam não é apenas repressão; está mais próximo de uma aniquilação da identidade, na qual se perde todo o autoconhecimento ou o reconhecimento de si: "eu não sabia mais quem eu era", "pareço não existir", "é como se você estivesse dentro de um túmulo".[19] A alienação é, então, igualada pelo mundo do lado de fora dos muros do centro, onde tão pouco se sabe dessas histórias. Há exceções. Recentemente entrevistada, a jornalista ativista Amelia Gentleman, que desempenhou papel fundamental ao trazer aos olhos do público o escândalo Windrush,* conta a história de uma mulher que, saindo da Jamaica em 1974, chegou ao Reino Unido com um ano de idade mas décadas depois foi classificada como imigrante ilegal e enviada para Yarl's Wood, tendo em seguida se suicidado.[20] Em grande parte, a situação de "saber e não saber" permite que o resto do mundo siga despreocupadamente seu caminho através da "produção cultural da ignorância".[21] Daí a sensação de urgência do projeto dos contos de Canterbury em empreender o entrecruzamento de espaços nacionais — Kent, Surrey, Sussex — a fim de tornar visível um grupo de pessoas em torno das quais a nação se organizou "precisamente para que sejam mantidas fora do alcance da vista".[22] Mais um exemplo da violência que passa despercebida e que tem coberto as páginas deste livro.

No século 21, o Joseph K., de Kafka, assumiu as roupagens de uma imigrante que tenta, mas não consegue, decifrar uma lei estrangeira impenetrável e gratuitamente injusta. Tudo parece ter sido providenciado para garantir o grau máximo de perplexidade, para reduzir a um mínimo absoluto o percurso da solicitante de asilo até a própria mente e através dela. A comunicação da Diretoria de Tutela de Casos Penais do Serviço de Fronteiras do Reino Unido (United Kingdom Border Agency, UKBA), para a qual muitas dessas mulheres são encaminhadas, é quase invariavelmente feita em inglês. O acesso a intérpretes vai de mínimo a não existente, e a notificação de uma audiência raramente se dá com antecedência suficiente que permita um tempo de preparação (vinte minutos com um advogado é o habitual). Mulheres que foram traficadas e cujos documentos e passaporte são confiscados pelos traficantes acabam sendo presas logo na chegada por documentação falsa ou faltante, ou por fraude. A pena por documentação falsa é de doze meses de prisão, que também vem a ser o pe-

---

* O escândalo Windrush foi a injusta detenção, deportação e privação de direitos legais de centenas de cidadãos da comunidade das nações britânicas, muitos deles pertencentes à geração chamada Windrush, que chegaram ao Reino Unido entre 1948 e 1973 vindos de colônias britânicas no Caribe. *Windrush* era o nome do transatlântico que transportou um desses primeiros grandes grupos rumo à Grã-Bretanha. (N.T.)

ríodo após o qual a deportação é automática, o que significa que elas poderiam muito bem ter dado meia-volta no porto de entrada e sido enviadas diretamente para casa. O relatório de Cambridge registra a história de uma vítima de tráfico que foi sentenciada a dois períodos consecutivos de doze meses por usar intencionalmente um documento falso e prestar falsa declaração com o propósito de contrair matrimônio. Embora uma decisão sobre Motivos Conclusivos* tenha sido posteriormente tomada, confirmando sua condição de vítima, duas semanas antes da sua data de soltura ela recebeu uma carta da UKBA com o anúncio de que consideravam que havia "cometido um crime particularmente grave e constituía um perigo para a comunidade no Reino Unido", e por isso não lhe concederiam o asilo (em recurso, a sentença foi reduzida, o que significa que ela não foi automaticamente deportada).[23]

"Crime grave", "um perigo para a comunidade", como se essas mulheres fossem agentes do próprio abuso e, portanto, numa disparatada deturpação, uma ameaça aos cidadãos supostamente cumpridores da lei no Reino Unido. A qualquer momento, o número de vítimas provavelmente ultrapassará o de traficantes condenados nas prisões britânicas (uma declaração nesse sentido com referência aos presídios escoceses foi feita na Câmara dos Lordes em 2014).[24] A maioria dos traficantes sai impune. Nos sistemas prisionais britânico e americano, as mulheres estão sendo encarceradas num ritmo cada vez maior — desde 1978, o número de mulheres e garotas trancafiadas nos Estados Unidos cresceu duas vezes mais que entre homens e rapazes.[25] Na maioria das vezes, as sentenças de prisão são proferidas para delitos menores, não violentos, apesar das reiteradas recomendações em contrário por parte de organismos oficiais, como o *Relatório Corston*, encomendado em 2006 depois da morte de seis mulheres no presídio

---

* Em uma *"Conclusive Grounds decision"*, ou decisão sobre Motivos Conclusivos, decide-se que há informação suficiente para determinar que um indivíduo é definitivamente vítima de tráfico ou de escravidão moderna, diferentemente da *"Reasonable Grounds decision"*, ou decisão sobre Motivos Razoáveis, em que se suspeita que alguém seja potencialmente vítima, mas não se consegue provar, sendo que indicadores como comportamento, circunstâncias e respostas do indivíduo contribuirão para a avaliação final. (N.T.)

de Styal e publicado no ano seguinte.[26] Isso é especialmente válido para as estrangeiras. Dados divulgados em 2010, por exemplo, revelaram um crescimento de 27% na população carcerária feminina no Reino Unido, e a alta no número de estrangeiras foi de 49%.[27] Não há o menor indício de que essa elevação reflita o aumento da gravidade dos delitos. Um relatório de 2007 do Grupo de Mulheres e Jovens do Serviço Prisional, que lida com infratoras estrangeiras, descreveu "a baixa taxa de delitos violentos como particularmente digna de nota".[28] Mas as mulheres em busca de asilo são imediatamente tratadas como culpadas, mesmo quando, como no caso de tráfico, foi o seu agenciador quem cometeu o crime. "Por que eles não tentaram prender o homem que roubou o meu passaporte? Por que não fazem nada a esse respeito?", perguntou uma iraniana solicitante de asilo que foi algemada no aeroporto e levada para a cela de uma delegacia de polícia.[29] Ela foi traficada depois de o seu pai conseguir que ela saísse em liberdade provisória de um famigerado presídio em que era mantida em confinamento solitário, sofria abusos e vivia submetida a ameaças diárias de estupro.

Porém, o que se espera — na verdade, o que legalmente se exige — dessas mulheres, se tiverem a mínima chance de serem autorizadas a entrar no país, é a mais completa cooperação com todo e qualquer aspecto de um sistema previamente aparelhado para oprimi-las e excluí-las. Quando uma imigrante é referida como potencial vítima de tráfico, segue-se um período obrigatório de 45 dias de "reflexão e recuperação" (como se a recuperação do trauma fosse algo que se pudesse obrigar a acontecer em 45 dias). Após esse tempo, a decisão de abrir um processo será tomada se as provas — em geral difíceis, frequentemente impossíveis, de serem estabelecidas — forem conclusivas. A licença de permanência pode, então, ser estendida a um ano caso a vítima concorde em auxiliar a polícia na investigação criminal.[30] "Reflexão", nesse caso, claramente não tem nada a ver com a ideia de liberdade ou a capacidade para o pensamento independente. Durante uma performance organizada pela Women for Refugee Women no South Bank, em junho de 2019, como parte da Semana do Refugiado do Reino Unido, uma das refugiadas apanhada na rede do sistema desculpou-se: "Me perdoem por estar pensando demais". Outra simplesmente perguntou: "O que é que vai acontecer com a minha cabeça?".[31]

Ninguém, nem mesmo os visitantes (raros) e os pesquisadores (mais raros ainda), é poupado. "Faremos o que nos mandarem", entoa para si mesma a escritora Ali Smith ao percorrer o caminho através de quatro pontos de controle de segurança até a cela da mulher detida que ela recebera permissão para encontrar como parte do projeto dos *Refugee Tales*.[32] Quando uma mulher traficada se recusou a dar respostas no interrogatório (provavelmente em inglês e sem apoio jurídico), a UKBA, como autoridade competente (*competent authority*, CA) designada em nome do Mecanismo Nacional de Encaminhamentos (National Referral Mechanism, NRM) para potenciais vítimas de tráfico, usou essa não observância em fazê-lo como prova de que a alegação de ter sido traficada era muito possivelmente falsa.[33] Aliás, à medida que as escrevo, as siglas são suficientes para deixar qualquer um maluco (supostamente, não julgavam que usar CA para "autoridade competente" fosse uma tautologia cruel ou uma piada). "O que você me contou hoje", observou um investigador para uma mulher presa por plantação de *Cannabis*, "não faz muito sentido". Ela se recusava a revelar o nome das pessoas que a haviam traficado para o Reino Unido.[34] Mas é de conhecimento geral que dar nome aos bois coloca a pessoa que foi traficada, juntamente com toda a sua família — seja ao lado dela no Reino Unido, seja no seu país de origem —, em risco mortal: "Se você falar, é uma poça de sangue".[35]

Parece sempre haver em algum lugar a suposição de que a solicitante de asilo nunca age sob coação (ela é uma manipuladora criminosa, não alguém que poderia ser manipulada). Perguntaram a uma mulher traficada se queria ir para o Reino Unido, e, quando ela respondeu sim, que queria, disseram-lhe que, portanto, ela deve ter ido "voluntariamente", de modo que nenhum tráfico poderia estar envolvido.[36] Outra havia recebido um passaporte falso ao ser jogada nas ruas depois de ter sido retida e forçada a trabalhar como prostituta durante sete anos. Apesar de ela nem mesmo saber se tratar de um caso de fraude, o juiz concluiu que havia "conscientemente" usado um documento falso e a encarcerou por seis meses (quando comentou que supunha que ela também fosse culpada de entrada ilegal no país, ele teve de ser lembrado de que essa não era uma das acusações do processo).[37] Outra mulher foi convidada a se juntar a um conhecido em férias com amigos que foram presos na viagem de volta por posse de cocaína. Ainda que ela própria não tivesse sido pega com nenhuma droga, foi acusada de estar "conscientemente" envolvida em sua importação e recebeu uma pena de quinze anos.[38] "Voluntariamente", "conscientemente" — a lei avança sobre a querelante estrangeira com a alegação de que ela agiu com arbítrio, conhecimento, consciência, consentimento, sob condições que, em geral, tornam impossível esse estado do ser e da mente. O resultado é que muitas dessas mulheres são aconselhadas a se declarar culpadas para reduzir a pena e evitar os doze meses que levam à deportação automática.

"Conscientemente", em todo caso, poderia nos fazer parar para pensar. Uma das coisas mais difíceis na lei é provar que as ações do réu passam no teste de intenção necessária para uma acusação criminal. Como vimos, essa foi, de fato, a questão essencial, legalmente impossível de decidir, no processo de Oscar Pistorius. Os advogados envolvidos em casos de asilo, por outro lado, parecem não ter remorso de atribuir intenção e conhecimento prévio com extraordinária facilidade, apesar da absoluta fragilidade das provas e das drásticas consequências legais e humanas que se seguem. Poderíamos notar o abismo que há entre esse processo — ou falta de devido processo — e a maneira como a lei trata aqueles que estão no poder. Assim, a investigação de Robert Mueller a respeito do possível conluio de Trump com a interferência russa na eleição de 2016 deu um nó em si mesma ao concluir que havia falta de indícios suficientemente contundentes para provar, além da dúvida razoável, que Trump e sua equipe agiram "com conhecimento geral da ilegalidade de sua conduta".[39] Não que ninguém, ou quase ninguém, pelo visto, inclusive, nem o próprio Mueller, pareça duvidar nem por um momento de que agir com conhecimento da ilegalidade de suas ações tenha sido exatamente o que eles fizeram (não que agir com tal conhecimento, nesse caso, tornasse as coisas muito melhores).

Que imagem da vida mental dos vulneráveis e desfavorecidos é montada com tamanha e medonha dedicação a partir dos destroços de uma vida? E se, do lado de fora da penitenciária e do centro de detenção, concordarmos com essas suposições e deixarmos de questioná-las, que danos psíquicos somos solicitados a ignorar e deles nos tornar cúmplices? Do outro lado da vontade e do conhecimento, existem experiências que a mente não é capaz de suportar, que estrangulam a voz e atrapalham a comunicação. Mas a última coisa que se encontrará nesse sistema é a mais ínfima tolerância com uma solicitante de asilo que pode estar traumatizada a ponto de ficar confusa na narração dos acontecimentos. A incongruência entre uma versão da sua história e a seguinte desqualificará o seu caso. Uma mulher, cujo processo foi incluído no relatório de Cambridge, afirmou a princípio ter sido separada do seu companheiro antes de ser estuprada; em seguida, disse que foi depois do estupro que ele foi levado para outro lugar. Aproveitando-se do momento e chegando — mais uma vez — à conclusão errada, a carta de recusa declarava que as narrativas conflitantes tornavam "difícil aceitar que esse fosse o verdadeiro relato de um acontecimento real".[40]

No entanto, lembranças confusas podem ser um sinal de autenticidade, de um coração e uma mente que vacilam na tentativa de recuperar e ao mesmo tempo afastar uma verdade que não conseguem tolerar. Nesse contexto, a história perfeitamente afiada é aquela na qual não se deve confiar (em um episódio da série da TV americana *Perry Mason*, dos anos 1970, o detetive apanha a criança culpada por causa da impecável precisão, palavra por palavra, com que o garoto repetiu três vezes, sob interrogatório, seu relato forjado do crime). No mundo do asilo, procura-se em vão pelo menor sinal de tratamento solidário quando, como costuma ocorrer, a solicitante de asilo não consegue nem começar a falar. Muitas dessas pessoas retidas vêm a ter pesadelos e flashbacks à medida que a detenção, juntamente com as experiências anteriores, passa a ser vivida como um trauma em si. Mas a ideia de que o silêncio possa não derivar de uma ocultação deliberada de provas, e que, em vez disso, possa ser uma expressão do trauma, o que se tornou uma obviedade dos nossos dias, parece não estar no radar dessa realidade. Diante da lei, o trauma é um encrenqueiro, uma criança teimosa e birrenta.

Diante da lei ou fora dela? "Como", pergunta Herd, "pode a instituição do centro de remoção estar na legalidade? Ou melhor, já que, nos termos convencionais, ele ofende os princípios legais, que relação tem esse local com a lei?"[41] Não há, na maior parte das vezes, nenhuma base legal, que dirá humana, para uma justificativa de tais políticas nem para as decisões de desqualificação, encarceramento ou deportação que são tomadas. "Quem decide o que acontece com alguém cruzando a fronteira?", pergunta Madeleine Schwartz em sua investigação dos centros de detenção americanos (nenhum dos advogados com quem ela conversou foi capaz de apontar quaisquer regras escritas que estabelecessem por que um imigrante deveria enfrentar a deportação, a prisão ou a custódia).[42] Hoje a imigração se tornou um ponto de inflexão para a relação da lei consigo mesma. Quanto mais o sistema transforma os solicitantes de asilo, que afinal estão entre as pessoas mais vulneráveis no mundo, em criminosos, mais a lei tropeça, já que corre o risco de expor a criminalidade do Estado. A "criminalização pelo Estado", escreve Michael Grewcock com referência às políticas igualmente terríveis na Austrália, "é parte integrante da legitimação da atividade criminosa do Estado".[43] Varrendo a população imigrante, amontoando-a em centros de detenção, prisões e tribunais — na Austrália, nos famigerados acampamentos insulares de Nauru e Manus, onde os imigrantes ficam praticamente enjaulados —, um governo limpa os próprios estábulos. Sem dúvida, a atividade criminosa é parte integrante das economias capitalistas, cuja crescente desumanidade neoliberal é hoje um dos principais motores da imigração. "Por trás do sublimado manto da legalidade", observa o geógrafo marxista David Harvey, "encontram-se a violência manifesta e o roubo absoluto."[44]

O professor de filosofia política Howard Caygill chega a argumentar que a violência nas fronteiras do Estado nacional moderno foi a principal maneira pela qual a modernidade conteve e negou a violência da própria civilidade: "A possibilidade de atos de excessiva e desenfreada violência na fronteira e além dela contrastava [historicamente] com as restrições da gestão racional da violência dentro das fronteiras dos Estados nacionais" (aquilo que ele chama de "a cisão da civilidade e a violência que a sustenta").[45] Para invocar Arendt novamente, a fronteira é o lugar onde o ideal de progresso, ao qual apelam as chamadas nações civilizadas, é colocado sob a mais intensa pressão. Em poucas palavras, a violência na fronteira serve a um propósito, assim como, aliás, o choque que ela provoca. Ela encobre a violência da expansão colonial e dos arranjos sociais internos das nações modernas, que lutam para preservar o privilégio de poucos em detrimento de muitos. "A gestão racional da violência dentro do Estado nacional", prossegue Caygill, "somente foi possível quando a violência potencial e a real foram deslocadas para a fronteira."[46]

Deveríamos, portanto, reconhecer a violência contra os imigrantes na fronteira não como exceção, mas como regra. O que também remonta ao passado. A liberdade moral cristã, observa Caygill citando Hegel, poderia "tornar-se segura de si mesma e de seus bens espirituais interiores apenas por meio de uma violenta subjugação do infiel nas fronteiras da cristandade".[47] "Tornar-se segura" é crucial: o que está sendo assegurado por essas políticas é a vã tentativa dos regimes iníquos de se justificarem. E quem exatamente decide o que nos é autorizado entender como violência? — uma das perguntas com as quais começou este livro. Conforme Judith Butler sustentou por muito tempo, o exercício dessas decisões é, em si, uma forma de violência.[48] Vincular os imigrantes ao processo legal sem nenhuma esperança de saída (exceto a prisão ou o retorno) obscurece a violência do Estado. É a maneira perfeita de distrair o restante de nós dos cadáveres que jazem na costa.

Uma coisa parece clara. Para que um imigrante seja efetivamente criminalizado, é necessário que a cada etapa de sua perigosa jornada ele aja com pleno conhecimento das consequências, mesmo quando for impossível conhecê-las de antemão e elas estiverem, portanto, além dos limites do seu consentimento. O que equivale a dizer que, ao contrário do testemunho vivo de todo e qualquer refugiado, ele apenas desejava o pior para si mesmo. O sistema é tão maluco quanto é destemperada a sua própria pretensão de racionalidade. Aninhada nessa lógica perversa, podemos ver os traços de uma demanda feminista central — a de que as mulheres deveriam determinar o próprio destino — que o sistema torce e faz com que se volte contra si mesma: "Você sabia o que estava fazendo. Você pediu por isso. Você é prescindível".

No território contemporâneo de crime e castigo, ou as mulheres são designadas para formas punitivas do exercício de sua capacidade de agir sobre o mundo ou então são destituídas de toda e qualquer possibilidade de tal ação. Nas prisões britânicas, um sistema de valores relativamente novo de *responsibilisation** (sic) é destinado, de maneira ostensiva, a dar às mulheres uma maior sensação de controle sobre a própria vida. Mas também serve — em vez de abordar a desigualdade, a pobreza ou a violência doméstica — para tornar as mulheres plenamente responsáveis por aqueles que são quase sempre crimes de "sobrevivência" leves, insignificantes, não violentos, crimes pelos quais a maioria delas, senão todas, jamais a princípio deveria ter sido encarcerada. Essas presidiárias têm muito mais em comum com as mulheres que lutam pela vida diária fora dos muros da prisão do que com as criminosas, em geral violentas, que estão dentro deles (nos últimos anos, o número de mulheres registradas como sem-teto ao darem entrada nas prisões do Reino Unido teve um crescimento de 71%).[49] Na outra ponta, um enfoque maior no tráfico de pessoas — o que, num mundo justo, deveria garantir o direito da mulher ao asilo — faz com que aliviar a vida das mulheres seja algo condicionado a elas serem "resgatadas".

Segundo uma lógica parecida, o modo mais garantido de fazer com que uma mulher seja inocentada, digamos, de matar um companheiro abusivo, é recorrendo à "responsabilidade reduzida", que rouba das mulheres qualquer noção de que possam ter tido motivos racionais para o seu ato, que, provocadas além do limite do suportável, elas agiram com devida deliberação, sob coação ou em legítima defesa. "Estamos ainda

---

* Trata-se de um neologismo em inglês que significa tornar indivíduos responsáveis por funções e riscos anteriormente de responsabilidade do Estado. É a transferência da responsabilidade das autoridades para indivíduos ou comunidades, chamados a assumir um papel ativo na solução dos próprios problemas. (N.T.)

muito longe do reconhecimento da retaliação de uma mulher vítima de abuso", escreve a jornalista Sophie Elmhirst a respeito do processo de Farieissia Martin, que esfaqueou até a morte o companheiro violento depois de anos de abuso, "como uma desesperada tentativa de escapar, e não um ato de loucura assassina".[50] Em 2019, Farieissia ganhou o direito de recorrer da condenação por assassinato com o argumento de que anos de abuso a haviam levado ao transtorno de estresse pós-traumático que comprometeu substancialmente sua capacidade de exercer o autocontrole. Nas palavras da criminologista feminista Hilary Allen, isso tem a vantagem duvidosa de tornar essas mulheres, e por extensão todas as mulheres, "inofensivas", nunca agentes plenamente conscientes dos próprios atos: "O que é potencialmente opressor para as mulheres — criminosas ou não —", escreve ela, "é que as fragilidades e desvantagens que tendem a caracterizar sua posição na sociedade sejam tratadas como abrangentes de sua condição enquanto sujeitos sociais ou jurídicos."[51] Como devem ser consideradas essas mulheres? Que pauta ética perversa, normativa, acompanha os constantes maus-tratos praticados pelo Estado? Ora as mulheres recebem as chaves para a sua liberdade mental e acabam se vendo desamparadas e acusadas sem nenhuma possibilidade moral ou legal de recorrer à justiça, ora são transformadas em indivíduos sem nenhum controle sobre a própria vida. Como se não houvesse posição intermediária nem cláusula de saída. As mulheres são sempre culpadas, ou de exercerem demais sua capacidade humana de agir sobre o mundo ou de não a exercerem suficientemente.

✳

No Reino Unido, a maioria dos casos que descrevi até agora são o resultado lógico do apelo de Theresa May por um "ambiente hostil" aos chamados migrantes ilegais que ela emitiu em 2012 enquanto era secretária de Estado para Assuntos Internos.[52] A instrução foi logo traduzida em política governamental nas Leis de Imigração de 2014 e 2016. Apesar de protestos e objeções generalizadas — inclusive um pedido de conservadores rebeldes, em junho de 2020, para um limite de 28 dias de detenção —, ela permanece em vigor enquanto escrevo.[53] Glyn Williams, idealizador da política como chefe do Departamento de Migração do Ministério do Interior na época, foi condecorado Comendador da Ordem de Bath na Lista de Honras de junho de 2019. Para May, a política parecia mesmo ter sido uma visível fonte de orgulho. Quanto mais indecentes as coisas ficassem, mais poderiam ser vistas como resultado de suas instruções. Sob a tutela de May, o porto seguro transformou-se num inferno. O que ela sem dúvida não pretendia era que a brutalidade de sua política arranhasse o verniz de civilidade do Estado, minando assim as apreciadas distinções entre os países civilizados e o restante do mundo das quais depende o conjunto da atual política ocidental de migração e sem as quais ela perde todo o sentido. Até que ponto pode o Reino Unido ser hostil a migrantes em fuga antes que comece a manchar a própria imagem e incriminar a si mesmo? Em poucas palavras, para o refugiado, o país que acolhe — não que ninguém esteja exatamente sendo "acolhido" — seria supostamente um "lugar melhor".

 É claro que a hostilidade dirigida a refugiados e solicitantes de asilo na Europa é muito anterior às agressivas políticas de Theresa May. Na verdade, uma das marcas características da Europa, sobretudo na segunda metade do século 20, tem sido uma espécie de consenso pós-guerra em que a desumanidade, que se pensava ter sido destinada ao passado com o fim da Segunda Guerra Mundial, de maneira tranquila mas logo inquieta, está supurando. O ódio aos migrantes pode mesmo ser visto como uma consequência direta dessa guerra. Conforme descreve o historiador Tony Judt, a relativa pureza étnica que se estabeleceu pela Europa após a guerra foi o surreal cumprimento do legado de Hitler. Os migrantes de hoje, clamando às portas da Europa, são seus fantasmas.[54] Muitos deles estão também tentando trocar a economia arrasada e/ou exploradora das ex-colônias pela "construção de um ninho" nas brechas da economia de seus antigos opressores (reivindicando um lugar que, para dizer o mínimo, deveria ser visto como deles por direito).[55] Em 1994, as advogadas de migração e direitos humanos Jacqueline Bhabha e Sue Shutter descreveram o terrível histórico de migração de países europeus como um todo, ou a

"Fortaleza Europa", como era então denominada (poderíamos dizer que o Brexit apenas reduziu o espaço). Um milhão e trezentos mil refugiados estavam vivendo na Europa, em comparação com 2 milhões nessa mesma época no Sudão, um dos países mais pobres do mundo. Em maio de 1993, o Parlamento alemão votou uma emenda à constituição e revogou o direito de asilo em resposta a uma drástica escalada da xenofobia e da violência racista, associadas ao ressurgimento da extrema direita, que se seguiu a um influxo de migrantes ocorrido nos dezoito meses anteriores. Uma traição dos governos ocidentais ao compromisso com os direitos humanos no pós-guerra estava se tornando, escrevem Jacqueline e Sue, "cada vez mais dura, para não dizer histérica".[56] O endurecimento da política de imigração vem sempre acompanhado de frenesi.

Hoje, a violência inerente a essa política é ainda mais flagrante. Em junho de 2019, uma petição apresentada ao Tribunal Penal Internacional argumentava em favor da instauração de processo contra a União Europeia e Estados-membros por intencionalmente permitirem milhares de mortes de migrantes no mar — com "conhecimento prévio e plena consciência das consequências letais" — a fim de dissuadir outros.[57] Essas decisões expõem as lunáticas tendências subjacentes à chamada razão de Estado. Sua irracionalidade parece não ter limites. Quando Estados por toda a Europa anunciam que estão suspendendo todas as embarcações de resgate de migrantes no mar para dissuadi-los de uma travessia temerária, eles certamente sabem que, como consequência dessa política, mais migrantes se afogarão.[58] Quando os governos francês e britânico concordam em fechar o acampamento "Selva" de Calais sob a alegação de que é indisciplinado e perigoso, devem estar conscientes de que aumentará o número de menores tentando a arriscada travessia do canal em botes e barcos frágeis.[59]

Em agosto de 2015, Angela Merkel surpreendeu o mundo ao abrir as portas do seu país para 1 milhão de migrantes com a famosa declaração "*Wir schaffen das*" ("Nós vamos conseguir", ou simplesmente "Sim, nós podemos"). Para muitos, foi como um ato de expiação ou, pelo menos, a sinalização de um desejo de que a Alemanha parecesse humana. Que apenas alguns meses antes ela tenha arrasado financeiramente a

Grécia ao recusar o perdão de sua dívida, assim como a dívida alemã fora perdoada depois da guerra — algo que ela parecia mesmo ter esquecido —, simplesmente demonstra o quanto é mais confortável para um líder político (para qualquer pessoa) se sentir magnânimo do que ser absolvido de um crime. Com relação à Grécia, foi também o ministro das Finanças da Alemanha, Wolfgang Schäuble, quem a pressionou, para não falar dos bancos. Mas, mesmo que não tivesse explicitamente feito a conexão com o passado da nação, há certamente um eco invertido: dar lugar aos miseráveis do mundo em oposição ao confisco de terras da política do *Lebensraum* [espaço vital] de Hitler, que colocou milhões de pessoas em deslocamento.

Merkel também deve ter tido consciência do perigo político que ela estava cortejando. Em 2017, a extrema direita entrou no Bundestag pela primeira vez desde 1945 na figura do partido Alternativa para a Alemanha (Alternative für Deutschland, AfD), que exige que as fronteiras sejam fechadas — seus apoiadores citaram a chegada dos refugiados como a sua principal inquietação. Foi esse o contexto para a morte de Walter Lübcke, encontrado com um ferimento à bala na cabeça em junho de 2019. Diversos aliados e membros do gabinete de Merkel que defenderam publicamente os refugiados receberam ameaças de morte.[60] O AfD também pede o fim da preocupação do país com a memória pública — a "cultura da expiação" pelas atrocidades da Segunda Guerra Mundial — e a restauração do orgulho nacional. Memória e fronteiras fechadas. "À medida que o processo de harmonização ganha força", escrevem Jacqueline Bhabha e Sue Shutter a respeito das políticas de endurecimento através da Europa, ele "oblitera o passado".[61] A defesa — e sabemos historicamente que a maioria das fortificações resultam inúteis — funciona em dois níveis, no território e na cabeça. Um entrincheiramento assim tão apavorado sugere que é a vulnerabilidade dos migrantes que faz com que eles sejam tão odiados. Um súbito e altamente visível influxo de refugiados, observa o sociólogo britânico-polonês Zygmunt Bauman numa de suas últimas entrevistas, traz à tona a vaga suspeita de que nosso destino reside em forças que estão além do nosso domínio e controle, em sentimentos que tentamos "sufocar e esconder" (um tema que tem sido constante aqui).⁶² Esses migrantes são a lamentável recordação dos momentos mais vergonhosos da história europeia e também da fragilidade com que, afinal, todos os indivíduos humanos, independentemente de nação, raça, riqueza ou condição social, aferram-se às muralhas da vida. Assim como parece ser a vulnerabilidade das mulheres em Yarl's Wood que provoca a etapa seguinte de violação, os toques, as provocações, as zombarias.

✱

A Convenção de Genebra de 1951 sobre a condição dos refugiados não incluiu o gênero como motivo de perseguição: raça, religião, nacionalidade, filiação a um grupo social ou a uma opinião política em particular foram as únicas categorias reconhecidas. As implicações para as mulheres refugiadas e solicitantes de asilo foram significativas e certamente tiveram o seu papel no que estava por vir. Num caso de 1984 bastante debatido, Sofia Campos-Guardado, uma salvadorenha, fugiu para os Estados Unidos e entrou com um pedido de asilo depois de ter sido forçada, junto com suas primas, a testemunhar o tio e primos, ativistas do movimento de reforma agrária, serem golpeados até a morte. As mulheres foram então estupradas e mandadas embora sob pena de serem mortas. O caso dela foi rejeitado pelo Conselho de Recursos de Imigração dos Estados Unidos sob a alegação de que o relato não havia sido capaz de provar que o mal que ela temia que lhe acontecesse tinha fundamento em sua opinião política ou em sua afiliação a um grupo em particular (apesar de os agressores terem entoado slogans políticos durante o ataque).⁶³ Nesse mesmo ano, Olimpia Lazo-Majano, também de El Salvador, não conseguiu convencer o conselho de que os reiterados estupros e espancamentos que ela havia sofrido nas mãos de um sargento que ameaçava expô-la como subversiva numa justificativa *post factum* por tê-la assassinado qualificavam-se como categoria política (as ações dele foram consideradas "estritamente pessoais"). Nesse caso, a maioria no Nono Circuito da Corte de Apelações discordou e anulou a decisão, mas, segundo o único juiz que emitiu uma opinião divergente, o sargento — de uniforme e portando uma arma que ele usava "para expressar sobre ela sua ferocidade voraz" — estava exibindo uma "patológica demonstração de cortejo de um amante".[64]

Desde os anos 1990, o estupro tem sido visto como uma violação dos direitos humanos e um delito passível de ações judiciais no direito internacional. A partir do genocídio de Ruanda, em 1994, ele foi definido como crime de genocídio. Conforme as feministas apontam há muito tempo, o estupro de mulheres pertence a esse conjunto, já que uma das coisas que faz é impor o lugar de uma mulher na categoria subalterna das mulheres (sempre contendo um elemento de exposição, é a grande e medonha performatividade de gênero). Sua dimensão coletiva nunca foi tão clara quanto no século 20. Em países que vão do Chile e da Argentina, na década de 1970, até o Haiti e a Turquia, nos anos 1980 e 1990, o estupro foi usado como instrumento de segurança nacional. Sob a presidência de Corazón Aquino nas Filipinas pós-Marcos da década de 1990, o governo, que havia suspendido a lei marcial, prosseguiu com as operações militares contra o Novo Exército Popular, invadindo casas e estuprando mulheres suspeitas de serem insurgentes ou de trabalharem em favor deles.[65]

Na Bósnia, as mulheres eram estupradas de forma sistemática por militares nacionalistas em função da etnia. Casamentos interétnicos, relativamente comuns na Sérvia, eram considerados "fábricas de bastardos" e o corpo da mulher, um espólio de guerra, um território cujas fronteiras "se expandem por meio do nascimento de filhos inimigos". Quando visitou os campos de refugiados, o grupo feminista Mulheres de Preto, de Belgrado, descobriu que as mulheres que haviam sido estupradas estavam sendo pressionadas a "suprimir o próprio entendimento subjetivo de sua experiência". Elas estavam sendo preparadas como "forragem" para a guerra seguinte, que seria travada para superar a "vergonha nacional".[66] Esses estupros são políticos, embora à vítima do estupro não seja permitido o acesso à própria experiência nem controle algum sobre as consequências do ato. A ironia é que o ataque à mulher pode alimentar identidades excessivamente masculinizadas que, por sua vez, farão com que o estupro — como ato de justificação nacional — seja mais provável. Ativistas contra o estupro em situações de conflito militar ou ocupação estrangeira — o estupro de uma menina de doze anos pelas tropas americanas em Okinawa em 1995 é um exemplo famoso — correm sempre o risco de inflamar a bravata militar nacionalista.[67] Por esse prisma, classificar o estupro como puramente pessoal em relação a qualquer solicitante de asilo em fuga de uma situação de conflito militar é uma forma de roubo em plena luz do dia. Destitui de todo significado uma experiência que, conforme atestam inúmeras sobreviventes, por si só já atua para que seja apagada da mente.

Apesar das mudanças no direito internacional, as migrantes estupradas em seu país de origem ainda não podem ter certeza de que vão receber asilo nas democracias liberais ocidentais. A violência contra as mulheres migrantes, seja perpetrada no país de origem ou depois de sua chegada, simplesmente não constitui causa suficiente. O número de mulheres imigrantes às quais foi recusada a permissão de permanência depois de terem sido submetidas a violência doméstica no Reino Unido mais do que dobrou, passando de 12% para 30% entre 2012 e 2016 (resultado direto da política de ambiente hostil).[68] "O que estamos fazendo nesses casos é dizer que nos preocupamos com a violência doméstica", observou Thangam Debbonaire, parlamentar do Partido Trabalhista por Bristol West, em agosto de 2019, "exceto se sua situação de imigração for incerta, quando então não nos preocupamos." [69] "Do ponto de vista do governo", escreve a historiadora de gênero Eithne Luibhéid a respeito da situação nos Estados Unidos, "os estupros de mulheres em situação irregular de imigração permanecem amplamente impossibilitados de representação."[70] Isso se deve, ao menos em parte, ao silêncio em torno do estupro sistemático cometido pela polícia de fronteira contra migrantes e solicitantes de asilo nos Estados Unidos.[71] O mesmo se aplica a toda a Europa. Em setembro de 2019, solicitantes de asilo do norte da África afirmaram reconhecer os capturadores que regularmente estupravam mulheres num centro de registro de migrantes em Messina (três homens foram presos por detetives sob acusações de tortura, sequestro e tráfico de pessoas).[72]

Se o asilo será concedido ou não parece ser uma espécie de loteria. Nos Estados Unidos, por exemplo, a prova da resistência da mulher à subordinação tem sido a condição para que ela seja potencialmente qualificada para o asilo com base em sua "opinião política" (uma das categorias reconhecidas pela Convenção de Genebra). Num caso de 1999, o juiz decidiu em favor de uma guatemalteca que havia sido submetida a anos de violência doméstica, inclusive estupro e agressão, com o argumento de que ela se opunha à dominação masculina e havia, portanto, sido atacada em represália às suas opiniões políticas (o que faria de toda resistência à violência doméstica um ato político, conforme insistem as feministas há tanto tempo).[73] O Conselho de Imigração anulou, em seguida, a decisão. Nesse mesmo ano, agentes do Serviço de Imigração e Naturalização dos Estados Unidos foram à casa de "Ana Flores" e a prenderam para deportação porque ela havia mordido (sic) um marido habitualmente abusivo.[74] Em 1990, as autoridades canadenses concederam estatuto de refugiada a uma mulher e às duas filhas em virtude de um medo bem fundado de perseguição com base em sua filiação a um grupo social "constituído de mulheres e meninas que não estão em conformidade com as normas fundamentalistas islâmicas".[75]

Mas, se essas decisões em favor das mulheres requerentes são humanas, a lógica — as razões para o reconhecimento — permanece suspeita. O que significa fazer da resistência uma condição para se libertar da opressão? Que propósitos islamofóbicos ocultos, ou nem tão ocultos assim, podem estar à espreita por trás da categoria genérica de "fundamentalismo islâmico" ou por trás da ideia de que as mulheres podem ser vistas como pertencentes ao estatuto legalmente exigido de um grupo apenas em razão de apresentarem resistência? Por que a destruição do país e da cultura de alguém deveria ser uma das condições necessárias para o asilo? "Alguns de nós", comenta Saeed Rahman, uma paquistanesa a quem se concedeu asilo por causa de perseguição com base em sua orientação sexual, "como pessoas de cor e imigrantes neste país, não aderimos completamente ao discurso da liberdade e dos direitos."[76] Ela cresceu, acrescenta Saeed, sob uma ditadura militar no Paquistão fortemente respaldada pelos Estados Unidos. "Será que estamos dispostos", pergunta Judith Butler, "a deixar que nossas reivindicações pela liberdade sejam instrumentalizadas com o propósito de uma identidade nacional europeia racista através de políticas restritivas e coercivas de imigração?"[77]

E o que significa a sugestão de que os homens podem ter motivações às vezes políticas, outras puramente pessoais, para agredir a esposa, com a correspondente insinuação de que, no segundo caso, a fuga da mulher agredida e o consequente pedido de asilo não se justificam? Mais uma vez, é como se a fragilidade da condição da mulher, o terreno instável — tanto literal quando metaforicamente — em que ela pisa sejam, então, reproduzidos pelo incerto e imprevisível aparato legal supostamente destinado a protegê-la. Apesar da voz do feminismo ao longo de mais de meio século, parece que, no que diz respeito às mulheres migrantes, o que acontece na privacidade, no mundo da intimidade doméstica, por mais violento que seja, ainda permanece fora do âmbito da lei. Em julho de 2020, os parlamentares do Reino Unido foram informados de que as mulheres migrantes sem recurso a fundos públicos seriam excluídas do iminente projeto de lei sobre violência doméstica. "O Estado", observou Jess Phillips, ministra paralela dos Trabalhistas para questões de violência doméstica e salvaguarda, "está dando continuidade à ameaça do agressor, que diz que 'ninguém vai acreditar em você, não vai ter para onde ir, não vai ter nenhum apoio' — e, nesse exato momento, o abusador estará absolutamente certo."[78] Em 2018, o procurador-geral americano Jeff Sessions aprovou uma medida provisória que excluía a violência doméstica como base para concessão de refúgio.

Naquele que se tornou um caso notório, Vilma Carrillo, uma mãe guatemalteca cujo marido a havia espancado e quase matado, foi separada da filha de onze anos, Yeisvi, na fronteira. Quando foi para a Geórgia para se reunir à filha, Vilma foi levada para um centro de detenção e ameaçada de deportação, enquanto Yeisvi, que tinha cidadania americana, foi acolhida no Arizona, a mais de 3 mil quilômetros de distância. Uma petição legal para libertar Vilma Carrillo por razões humanitárias foi rejeitada, ainda que fosse evidente que seria impossível para ela evitar o marido violento se retornasse à Guatemala. "Ela vai enfrentar morte certa", declarou Shana Tabak, diretora-executiva do grupo de defesa de imigrantes do Centro de Justiça

Tahirih, "caso volte." Os advogados que entraram com recurso contra a sua deportação alegaram que ela não teve direito a um processo justo, já que seus documentos estavam numa mochila confiscada na entrada nos Estados Unidos e seu idioma nativo era um dialeto maia diferente daquele falado pelos intérpretes. Em dezembro de 2018, um juiz do Tribunal Distrital de Washington, D.C., considerou a decisão ilícita por ter imposto "um padrão arbitrariamente elevado para fidedignas determinações de medo".[79]

Em outubro de 2018, meses após Trump ter anunciado que daria fim à política de separação forçada, uma menina hondurenha de cinco anos, Helen, foi arrancada da avó, Noehmi, que havia fugido com diversos outros parentes depois que o filho adolescente fora ameaçado por gangues. A mãe de Helen, Jeny, havia migrado para o Texas quatro anos antes. Presa na fronteira sul do Texas, a família passou por vários centros de detenção, no último dos quais a criança foi levada e colocada numa jaula. "A menina vai ficar aqui", disse a polícia de fronteira a Noehmi, "e você vai ser deportada." Passaram-se meses até que Noehmi e Jeny localizassem a criança. Elas finalmente a encontraram num abrigo batista contratado pelo governo federal, onde era ensinada a desenvolver metas SMART — metas "Específicas, Mensuráveis, Atingíveis, Relevantes e Temporalmente definidas" —, como se, aos cinco anos de idade, tivesse sido admitida numa empresa sofisticada. Embora ela soubesse o suficiente, mesmo com tão pouca idade, para fazer valer seu direito legal de revisão da custódia, quando se tratou de preencher o formulário Flores Bond exigido, marcou a opção em que retirava o pedido anterior em troca de uma audiência (agentes de fronteira ajudaram-na a preencher o formulário). O formulário também declarava ter o direito de determinar "se você representa um perigo para a comunidade" (ela tinha cinco anos). Na sua mochila, foi encontrado um esboço da "Lady Liberty" com a instrução de que os alunos "desenhassem um dos mais representativos símbolos dos Estados Unidos".

Parece que o poder de separar as mães dos filhos estimula uma maldade particular. Após conhecer o Centro de Detenção de Port Isabel, em Los Fresnos, Texas, Madeleine Schwartz conta a história de uma mulher que foi forçada ao confinamento solitário e "submetida à fome" por ter tentado dizer a um agente visitante que havia sido separada do filho.[80] Isso também tem um histórico. Já desde os anos 1970, os patrulheiros de fronteiras se envolviam regularmente em espancamentos, tortura, assassinato e estupro, até de meninas de apenas doze anos, usando filhos de migrantes tanto como isca quanto como meio de extrair confissões. As mães, teria alardeado um agente de fronteira, "sempre desmontavam".[81] Antes de 2016, ano da eleição de Trump, os Estados Unidos já gastavam mais com a imigração e o controle de fronteiras do que com todos os outros órgãos federais de segurança pública juntos. Com frequência, as crianças tentavam atravessar sozinhas a fronteira porque a crescente militarização fez com que ficasse perigoso demais para as famílias viajarem juntas.[82] Em julho de 2020, soube-se que, dois anos antes, o subprocurador-geral Rod Rosenstein havia notificado os advogados, durante uma videoconferência, de que não poderia haver proibição de processos contra pais imigrantes com crianças de menos de cinco anos de idade, o que, na prática, significava que nenhuma criança seria pequena demais para ser separada do pai ou da mãe.[83]

O Reino Unido não se sai muito melhor. Segundo um relatório da Anistia Internacional de 2020, o país tentava "deliberada e destrutivamente" impedir crianças refugiadas de ficarem com as respectivas famílias (refugiados adultos têm o direito de levar a família para o Reino Unido, mas não o contrário).[84] No que diz respeito aos migrantes, o ditado "mulheres e crianças primeiro" é burlado ou invertido. Em 2008, a primeira recomendação do secretário de Estado quanto às unidades prisionais para mães e bebês foi que mulheres grávidas ou com crianças pequenas fossem encarceradas apenas quando não houvesse alternativas adequadas de custódia, uma recomendação quase sistematicamente ignorada ou revogada quando se trata de mulheres migrantes desde o momento da apreensão.[85] A média de idade das dez crianças separadas das mães solicitantes de asilo na investigação de Cambridge era de três anos: "Eles chegaram às seis da manhã. Eram cinco, quatro policiais e uma mulher do Departamento de Trabalho e Pensões. Não foram simpáticos. Não me deram nem tempo de me despedir dos meus filhos [de dois e quatro anos]". Duas mulheres foram separadas de seus respectivos bebês enquanto ainda amamentavam; quando puderam estar novamente junto deles, já não produziam mais leite. Outra mulher, depois de ser presa, não teve nenhuma notícia a respeito dos filhos durante três semanas. Sua "administradora" lhe disse que não poderia vê-los até que comparecesse ao tribunal: "Por quê? Eu não havia feito nada de mal para eles, e ainda nem me declararam culpada".[86]

Na Irlanda, conforme documentou Eithne Luibhéid, mães e crianças se viram no olho do furacão da questão migratória e em seus joguetes. Até primeiro de janeiro de 2005, a Irlanda concedia direitos de cidadania a qualquer indivíduo nascido em solo ou mares irlandeses com o objetivo de aumentar a taxa de natalidade dos genuinamente irlandeses de nascença. O dispositivo legal foi revogado em resposta a um enorme fluxo de imigrantes, em sua maioria procurando trabalho, na década de 1990. A Irlanda havia ingressado na economia global, passando rapidamente de um país de emigração para um país de imigração. Ficou conhecida como o "Tigre celta", com índices de crescimento que superavam os do restante da Europa. O ambiente começava a mudar. Solicitantes de asilo grávidas ou aquelas que haviam dado à luz na Irlanda, especialmente mulheres africanas, passaram a ser caracterizadas como parasitas ou aproveitadoras. "Os índices de gravidez e os padrões de procriação se tornaram a principal forma de conhecimento sobre as mulheres migrantes", escreve Luibhéid, "sendo produzido e disseminado de modo a reduzi-las aos seus órgãos sexuais" (o que, evidentemente, não fora menos verdadeiro antes, quando dar à luz em solo irlandês conferia cidadania automática aos bebês).[87] Em 2002, uma mulher ficou grávida quando o Estado tentava deportá-la. Seu direito de permanecer baseava-se no artigo 40.3.3 da Constituição, que garantia o direito à vida dos não nascidos. "É óbvio", declarou a Suprema Corte na decisão contra ela, "que os direitos dos nascidos, nesse contexto, não podem ser inferiores aos dos não nascidos."[88] "Direitos dos nascidos" era claramente um eufemismo para os eleitores antimigrantes e para o direito do Estado de fazer cumprir suas políticas de deportação sem obstruções.

Nesses casos, uma repulsa mal disfarçada com relação à sexualidade do migrante chega bem perto de se revelar. Isso também tem um histórico. Os primeiros imigrantes "indesejáveis" nos Estados Unidos sob a Lei Page, de 1875, foram mulheres chinesas suspeitas de serem prostitutas.[89] Durante os debates a respeito da Lei da Nacionalidade britânica, de 1948, que permaneceu em vigor até 1983, parlamentares dos dois principais partidos argumentaram que mulheres estrangeiras estavam entrando no país "com fins imorais" ou como espiãs e que pagavam súditos britânicos para se casarem com elas a fim de poderem se autoqualificar como súditas britânicas: "Não queremos neste país pessoas que possam causar danos consideráveis por serem cidadãs britânicas", disse a parlamentar do Partido Trabalhista Barbara Ayrton-Gould num debate na Câmara dos Comuns em 13 de julho de 1948, "e que não tenham absolutamente nenhuma lealdade à Grã-Bretanha nem às coisas em que acreditamos".[90]

✳

À medida que escrevia este capítulo, eu ficava cada vez mais consciente de que o próprio fato de relatar mais uma vez esses casos — um verdadeiro rosário de horrores — é arriscado. De que descrever o que está sendo feito a essas mulheres pode parecer uma reconstituição de seu estatuto de vítimas, enraizando-as cada vez mais num mundo injusto sem nenhuma saída — ou somente com uma saída forçada de mão única —, ainda que me abster de fazê-lo seja ser cúmplice de sua invisibilidade, da cuidadosamente cultivada "produção cultural de ignorância" que trabalha para manter no lugar a identidade nacional. Conforme este livro argumenta de ponta a ponta, estranhos e fétidos fluxos submersos de fascinação pulsam através das piores histórias da atualidade. Pense nas imagens já clássicas de crianças chorando e se afogando: a menininha aos prantos na fronteira mexicana ou o menino sírio de três anos, Alan Kurdi, acalentado nos braços de um homem devastado que, em setembro de 2015, encontrou o seu corpo, levado pela maré até uma praia na Turquia. Ou aquela imagem de Oscar Alberto Martínez Ramírez e a filha, que se afogaram tentando atravessar o rio na fronteira mexicana para entrar nos Estados Unidos (imagem cuja autenticidade foi negada pela polícia de fronteira texana). Em 2015, versões da manchete do *Guardian* — "Imagens chocantes de menino sírio afogado expõem o trágico suplício dos refugiados" — espalharam-se pela mídia do mundo todo. "Trágico" e "suplício" poderiam nos fazer parar para pensar. Essas palavras tornam a agonia atemporal, transformam a criança afogada em objeto de uma crua comiseração, confundem o exercício da capacidade humana de agir sobre o mundo, ofuscam as escolhas históricas, bem como as deliberadas decisões políticas que se escondem atrás delas. Devemos desconfiar do fascínio da comoção.

Quando Trump anunciou, em junho de 2018, que havia encerrado a prática de separar crianças migrantes das respectivas famílias na fronteira, pareceu, por um breve momento, que aquelas imagens tinham surtido efeito. Mas elas também podem ter aprofundado ainda mais o problema. Como esperado, a indignação com as imagens de Ramírez e de sua filha não foi acompanhada por absolutamente nenhum abrandamento da política norte-americana com relação aos migrantes (em julho de 2019, conferiu-se aos agentes de imigração o poder de deportação sem recurso).[91] Ao que parece, não há problema algum com a crueldade dissimulada. No fim, não importa o que um político faça desde que leve a arte da mentira à perfeição (Trump nos Estados Unidos, Boris Johnson no Reino Unido). Na verdade, esses relatos podem sugerir que seja o caso de o oposto ser mais ou, pelo menos, igualmente provável. Trump não estava exatamente mentindo. Ou melhor, ele sabe que todos saberão muito bem que a ideia de encerrar aquela prática nunca fez realmente parte dos seus cálculos (o aceno e a piscadela para os seus seguidores, que são a espinha dorsal de sua presidência). O problema, portanto, não é tanto nem somente ele ser mentiroso — o mais contumaz que já ocupou a Casa Branca, conforme fartamente documentado. Muito mais sinistra e perigosa é a segurança com que se pode confiar que ele fará o que há de pior. Trump concedeu uma nova liberdade para tiranizar os mais vulneráveis, os quais, em última análise, todos os indivíduos humanos, inclusive — ou talvez especialmente — o próprio Trump, temem ser. O acordo tácito é dar licença aos compartilhados e inconscientes prazeres do ódio. Leal vassalo até as profundezas da psique, nesse quesito de seu comportamento ele nunca decepcionará. O depoimento de Brett Kavanaugh contra Christine Blasey Ford e o medo atiçado na caravana de migrantes centro-americanos em direção à fronteira dos Estados Unidos são, em geral, reconhecidos como aquilo que incendiou a base de Trump durante as eleições legislativas de 2018. A raiva contra mulheres e migrantes nunca falha.

Por fim, precisamos ter cuidado para não inocentar o resto do mundo, mesmo aqueles que mais sofrem, nem pular do privilégio ao resgate de forma simplesmente a redistribuir a parcela de culpa, de bem e de mal, em nosso favor — sobretudo quando a "exibição de virtude" já se consolidou como uma faceta central da internet. "Postar a foto de um protesto contra a separação de famílias na fronteira do México com os Estados Unidos, como eu fiz enquanto estava escrevendo isto, é uma ação microscopicamente significativa, uma expressão de princípios verdadeiros", comenta a jornalista da *New Yorker* Jia Tolentino, "e também, de forma inevitável, algum tipo de tentativa de mostrar que sou uma boa pessoa."[92] O tráfico é quase sempre invisível, mas, quando chega à consciência do mundo como uma ferida aberta, ele se modifica com a mesma rapidez, um mero formigar em nossa compaixão. Ou, então, transforma-se num objeto único de horror que serve para obscurecer as iniquidades de todo o mundo.

Portanto, terminemos com aquela que deve ser a mais vulnerável de todas as categorias de migrantes, as crianças traficadas para a prostituição, alvo do que se tornou conhecido como exploração sexual e comercial de menores. Provocando o que parece ser uma justa indignação, essa criança pode então também ser usada, em mais uma guinada de exploração, para reforçar a retórica egoísta do que vimos ser os corrosivos poderes do Estado: "A lei tem de ter mão de ferro para esmagar aqueles que exploram crianças" foi uma manchete do jornal *The Sun* em 2003. Que essas formas de abuso infantil sejam frequentemente consequência direta das próprias políticas racistas do Estado com relação à migração é, sem dúvida, algo sobre o qual não se fala ou que é considerado irrelevante. No final da década de 1990 em Atenas, por exemplo, a polícia de choque foi usada na deportação em massa de albaneses étnicos, forçando muitos deles a ingressar em um mundo clandestino, o que tornou a exploração sexual infantil mais provável. No Reino Unido, crianças em busca de asilo vêm sendo submetidas a abusos depois de terem sido indevidamente classificadas como adultos pelos funcionários do Ministério do Interior, muito embora avaliar a idade de uma pessoa com base em sua aparência seja ilegal, e signifique, entre outras coisas, que elas possam vir a ser deportadas à força.[93]

No início de *Children in the Global Sex Trade* [Crianças no comércio sexual mundial], Julia O'Connell Davidson quase pede desculpas por não ver essa forma de exploração infantil como "excepcionalmente terrível". O livro dela é um dos muitos que li sobre esse tema em que a sensação é de que o autor teria sido muito feliz se, para começar, não tivesse tido de escrevê-lo (ainda que essa relutância tenha parecido para mim sua mais importante qualificação para fazê-lo). "A crença de que as crianças são prejudicadas pelo abuso sexual", escreve ela nas primeiras páginas, "não é suficiente, por si só, para explicar a ferocidade e a turbulência das emoções que ele provoca." O que a intensidade da arrebatada agitação suscitada por essas vítimas em particular faz a todo o resto? A qual propósito de distração ela também serve? "A maioria dos ocidentais sabe", escreve Julia, "que um enorme número de crianças no mundo vive e morre em condições miseráveis" (passando fome, sem atendimento médico nem educação, trabalhando em horários desumanos).[94] E por que é inconcebível aceitar que alguém com menos de dezoito anos de idade — a definição legal de infância — possa ser capaz de tomar uma decisão a respeito da própria vida? Mesmo que, como é o caso em praticamente todas as histórias aqui documentadas, a esses jovens esteja sendo apresentada a impossível escolha entre "a dor e o nada": as privações e os dissabores que os aguardam como migrantes em nações cujo atrativo acabou se revelando um colossal engano versus o vazio, a violência ou a simples falta de perspectiva humana e econômica que rege sua vida em casa.

Ao tratar dos migrantes, as potências ocidentais estão correndo atrás do próprio rabo, desenhando linhas na areia no formato da própria astúcia abjeta. Trata-se de uma história exemplar daquilo que já foi e, nesse cenário político que se agrava, daquilo que provavelmente está por vir. Ter como alvo mulheres refugiadas e solicitantes de asilo, transformando-as em criminosas, põe a nu o prazer no ódio sexual ao lado das formas de desigualdade cada vez mais violentas pelas quais as mulheres sempre foram punidas — e ambos continuam a alimentar a injustiça de gênero em todo o mundo. Os migrantes de hoje se tornaram o bode expiatório supremo de uma ordem social cuja ganância em constante expansão está em vias de destruir o próprio ar que respiramos. Como se fossem eles a causa de tudo, o pacote perfeito para a cegueira, a melhor maneira de não enxergar o que realmente está se passando.

Considerações finais

A ideia de "considerações finais" no tema da violência parece falaciosa, embora "conclusão" certamente seja pior. A violência não é um assunto a respeito do qual alguém possa acreditar, a não ser em estado de delírio, que tudo já tenha sido dito ou feito. Um dos aspectos traumáticos da pandemia de Covid-19 é a sensação tão frequente de que se trata de um ato de violência caído do céu sem nenhum aviso. Poderíamos chamá-la de gratuita, só que, para aqueles que vivem num universo sem Deus, a noção de uma violência gratuita caindo como chuva soa vazia. É difícil imaginar uma entidade ou agente que seja vultoso o bastante para se equiparar ao horror e para o qual infligir tamanho e indizível tormento cósmico seja um ato de julgamento ou mesmo uma fonte de prazer. A Covid-19 ameaça com a possibilidade de estarmos vivendo num mundo sem sentido.

Quem ganha com a Covid-19? Os mais ricos entre os super-ricos dos Estados Unidos, que tiveram 845 bilhões de dólares em lucros adicionais desde que a pandemia começou; os governantes que usam o justificado medo de seu povo para se apropriar de poderes com padrões cada vez mais baixos; os abusadores a quem a intimidade imposta pelo confinamento deu uma nova licença para matar. Se, por um segundo, alguém se permitiu pensar que o vírus não fizesse discriminação — o "grande equalizador", conforme disseram alguns comentaristas no início —, rapidamente ficou claro que esse vírus, como as pústulas da antiga peste bubônica, está arranhando a pele dos arranjos sociais mais cruéis, trazendo à tona — e, assim, mais intensamente à vida — as feridas pútridas de um mundo de perversa desigualdade. De fato, a pandemia, muito provavelmente resultado de atos humanos, está longe de ser aleatória. A destruição da biodiversidade permite — e, a menos que a devastação seja interrompida, continuará permitindo — que micróbios sejam transmitidos de animais para humanos através de uma fragmentada e devastada corrente de espécies (diversas dessas pandemias dentro de um ano é uma das previsões dos cientistas). Uma importante lição a ser aprendida com a pandemia poderia ser que a violência, assim como o vírus, é oportunista. Ela persiste por ser muito familiarizada com os costumes do mundo, por saber como aproveitar o momento, deixando muito clara sua capacidade de resistir, retornar, mutar e sobreviver. Portanto, o combate contra a violência precisa prosseguir porque, enquanto o mundo continuar a ser marcado por clivagens de injustiça e desigualdade, a luta contra a violência não terá sido vencida.

Quando Derek Chauvin matou George Floyd ajoelhando-se em seu pescoço por oito minutos e 46 segundos, em junho de 2020, uma das coisas mais impressionantes do momento foi o modo como ele olhava indefectivelmente, sem nem um lampejo de constrangimento, direto para a câmera. Como se anunciasse ao mundo: "Vejam isto". A nova tragédia da pandemia, ao que parece, o havia encorajado, permitindo-lhe exibir um racismo que, em tempos "normais", ou seja, não pandêmicos, operava mais disfarçadamente, fazendo todo o possível para se esconder, mesmo que o assassinato sobretudo de homens negros nas ruas dos Estados Unidos venha se tornando cada vez mais comum. No caso de Chauvin, acho que podemos ter quase certeza de que ele não considerou nem as acusações que seriam lançadas contra ele (feitas em questão de dias, para homicídio doloso simples, em resposta aos protestos que se seguiram, embora ainda não para homicídio doloso qualificado, conforme exige a família) nem as manifestações públicas que, ao redor do mundo, trouxeram o clamor pelo fim da injustiça racista e da violência sancionada pelo Estado que se propagam pelas ruas. Tornou-se inevitável algo que, apesar do histórico de luta pelos direitos civis, continua ao menos parcialmente ofuscado e negado, especialmente agora que os protestos trouxeram de volta à cena política o legado da escravidão, em geral silenciado. Daí também o raivoso contragolpe que pareceu se seguir a esses protestos com tão indecente prontidão, quando um casal branco foi fotografado apontando armas contra manifestantes negros como forma de proclamar, atrás do bastião de seu enclave, que era a vida deles que se encontrava sob maior ameaça. Talvez, então, a reação racista não tenha sido apenas um contra-ataque, uma defesa do privilégio branco ou uma tentativa de colocar a violência de volta no lugar, qualificando os manifestantes como bandidos, saqueadores, incendiários, um perigo para a paz — embora tenha sido, sem dúvida, tudo isso —, mas o resultado de um reconhecimento embrionário, não de todo consciente. A violência racista — institucional e no cerne da lei — que nunca quer admitir a própria existência, quanto mais assumir o próprio nome, estava agora ali, na nossa cara, no orgulhoso e impassível olhar de Derek Chauvin. Em tempos de pandemia, vemos o mundo de uma nova forma.

Essa tensão entre a crescente visibilidade e a invisibilidade da violência percorreu todo o caminho deste livro. A violência gosta de se vangloriar. Na edição de agosto de 2020 do programa Panorama, da BBC, uma mulher vítima de abuso e aprisionada em casa pelo confinamento descreveu como o marido cruzou os braços, estufou o peito e proferiu: "Você achava que estava ruim antes? Que comecem os jogos". Mas a violência é também sagaz; o que ela parece mais detestar é ter de assumir responsabilidade por si mesma. Estamos vivendo um momento em que a capacidade de negação aparenta ter alcançado novos patamares. Ao longo deste último ano, mais de um político negou insistentemente a realidade da pandemia, reduzindo-a, por exemplo, a uma "gripezinha". E então, quando esses mesmos políticos foram atingidos pelo vírus, usaram a própria recuperação — consideravelmente amparada por fartas combinações de medicamentos e cuidados médicos muito além do alcance da maioria — para minimizá-la ainda mais. Nenhum estremecimento de culpa pelos milhares de mortes pelas quais as próprias políticas negligentes são responsáveis. De fato, o número de vítimas foi consequência da pura inépcia governamental: erros flagrantes de julgamento, procrastinação, antigas políticas de austeridade que dizimaram a assistência médica; mais recentemente, no Reino Unido, uma primeira recusa categórica do governo em seguir o apelo de seus próprios consultores científicos por um isolamento total que interrompesse a disseminação do vírus em sua segunda onda; a negligência de muitas décadas em relação a doenças preveníveis — obesidade, diabetes tipo 2 — que alimentou a pandemia, elevou os marcadores de pobreza e desigualdade, e paralisou o aumento da expectativa de vida em todo o mundo. É a violência "sob condições tranquilas", para relembrar a sugestiva frase de Rosa Luxemburgo, ou, nas palavras de Toni Morrison, a violência que está "engolindo" os desvalidos. E, no entanto, eu, pelo menos, não ouvi um único político admitir por uma fração de segundo que suas decisões tenham sido mortais. É verdade que ninguém consegue ter domínio total sobre o que está acontecendo. Mas há um mundo de diferença entre reconhecer essa realidade e ignorar até que ponto a incompetência por cegueira autoinfligida está levando tantas pessoas desnecessariamente para o túmulo.

Para a psicanálise, que também me acompanhou ao longo destas páginas, é mais ou menos axiomático que a violência seja o estado ou a característica mental de cada um. Mas é também algo que se abandona como um brinquedo de criança descartado, um aspecto do mundo interior que ninguém deseja ter ou jamais ter tido. Uma das formas mais renitentes de violência, portanto, é aquela a que recorremos para eliminar nossa relação viva, angustiada, com a própria violência. Repressão, supressão, recusa, negação, projeção, forclusão, sublimação são apenas alguns dos termos mobilizados pela psicanálise para expressar a medida em que nossa mente, sem cessar, está engajada na tarefa de organizar a paisagem interior a fim de que, para tentar dizer do modo mais simples possível, possamos nos sentir melhor a nosso próprio respeito. Trata-se de uma batalha perdida. Ainda que isso, conforme testemunhamos diariamente, não diminua em nada o caos e a destruição que essa batalha pode criar. Ao longo deste livro, argumento que são as múltiplas estratégias empregadas no repúdio da própria violência psíquica de alguém que dão à violência autorização para perambular, já que então se torna essencial que outro alguém assuma a responsabilidade, carregue o fardo, pague o preço. Alguém que, portanto, num "mundo ideal" — uma noção perigosa, a ser distinguida da ideia de um mundo que você pode lutar para melhorar —, podemos impunemente nos encarregar de subjugar ou eliminar (como se estivéssemos todos empenhados numa guerra santa).

Mais uma vez, a pandemia oferece o espetáculo das desmedidas distâncias, não apenas em termos de negação, mas também de falsa autoidealização, que aqueles que estão no poder percorrerão para lustrar o sentimento e a imagem de si mesmos. Do atual titular da Casa Branca após seu rápido encontro com a Covid-19 — estou escrevendo estas linhas em meados de outubro, às vésperas das eleições americanas, quando a situação é crítica —, que descreveu a si mesmo como "o espécime perfeito", "extremamente jovem", a concorrer com gente "completamente maluca", pessoas "com grandes questões" (se existe ato flagrante de projeção, então este último certamente é um deles); ao primeiro-ministro britânico sendo aplaudido por seu ministro das Relações Exteriores como um "guerreiro", insinuando que sua recuperação tinha sido resultado de coragem moral única e valentia pessoal; passando pelo líder brasileiro, que declarou que o vírus não representava nenhum risco, já que seu povo nada no esgoto e sai incólume (se isso não fosse tão terrivelmente sério, seria uma piada que, sem dúvida de maneira involuntária, dá à ideia de "masculinidade tóxica" um brilho todo novo). Para esses líderes homens, ao que parece, a única maneira de responder a uma doença que ceifa vidas às centenas de milhares é proclamar a própria perfeição imortal, é negar, entre outras coisas, que a morte esteja sempre à espreita. É a masculinidade inflada por uma capacidade inumana sobre a vida e a morte. É difícil, então, não fazer a ligação com o abusador doméstico silencioso, que, recarregado com seus novos poderes no confinamento, estufa o peito, alimenta sua parceira à força, proíbe-a de sair para fazer seus ultrassons gestacionais, impede-a de lavar as mãos para que não exista nenhum lugar, dentro ou fora de casa, em que ela possa se sentir segura (todos são exemplos que vieram a público).

Seja na cena política ou a portas fechadas, é a presença da morte que faz a bravura ser maior, embora não seja difícil discernir sua sombra por trás da farsa. O avô do 45º presidente dos Estados Unidos morreu de gripe espanhola. A perda foi varrida para baixo do tapete, o que pode ajudar a explicar a total aversão de seu pai, e depois a dele próprio, à fragilidade humana. Nada como uma pandemia, diria alguém, para confrontar o homem com aqueles territórios em que ele "não pode atuar nem mudar e [...] tem, portanto, uma definida tendência a destruir", palavras de Hannah Arendt que têm sido meu bordão. Esses não são os únicos tipos de homem que aparecem nestas páginas (sei também que não sou a única a rezar para que os três que acabaram de ser mencionados aqui já tenham deixado o cargo quando você estiver lendo este livro). Conforme defendo do começo ao fim, nem todos os homens são encarnações violentas do seu pior eu. Há homens, embora não o bastante, que reconhecem a farsa letal da masculinidade à disposição e não querem nada disso — caso contrário, não haveria esperança. Mais uma vez é aposta da psicanálise, uma das mais radicais, que tanto os homens quanto as mulheres precisam estar numa camisa de força mental para desempenhar o papel sexual que lhes foi atribuído. No inconsciente e em seus atos, todo mundo é capaz, mesmo sob pressão, de ser mais flexível em suas identificações, menos renitente em seus ódios, sempre potencialmente outro para si mesmo. Mesmo que talvez nunca tenham sido tão flagrantes os fios finos e tenazes que ligam os homens em posição de poder político aos silenciosos abusadores de mulheres dentro da própria casa.

Quando fiz da violência contra as mulheres o meu tema principal, não poderia ter previsto a forma cruel que ela assumiria sob o peso da Covid-19. Embora mais homens que mulheres em todo o mundo estejam morrendo do vírus, a violência contra as mulheres se intensificou drasticamente, uma "pandemia paralela", segundo um relatório das Nações Unidas, ou até mesmo um novo "feminicídio". Num mundo sem pandemia, o medo da mortalidade e a fragilidade da vida são empurrados com mais facilidade para o fundo da nossa mente e enfiados nos compartimentos mentais em que nos organizamos e nos protegemos. Tem sido tarefa das mulheres através dos tempos — contra esse saber inconsciente — fazer com que seus parceiros, filhos e dependentes se sintam seguros num mundo confuso e incerto, e varrer para longe a sujeira e os escombros. Como vimos nestas páginas, esse arranjo remonta pelo menos até a cidade-Estado grega, quando a labuta de mulheres e escravizados era precondição de liberdade política para os homens, que reinavam em casa como tiranos. Mas, em tempos de pandemia, a expectativa de que as mulheres devam limpar o mundo e a mente é algo a que nenhuma mulher é capaz de corresponder (nem em qualquer outro tempo, é preciso dizer). Enquanto isso, o fardo dos cuidados pesa sobre seus ombros, já que os ganhos para as mulheres no mercado de trabalho e em relação à dedicação às crianças e às tarefas domésticas estão correndo o risco de se perder. As opções para as mulheres são desoladoras: a volta aos anos 1950, o "Grande Salto para Trás", como está sendo chamada, ou diretamente para o olho do furacão.

As mulheres estão sendo punidas — às vezes pagando com a própria vida — por uma morte que se tornou visível demais, pelos corpos que estão tropeçando e tombando por toda a parte, enquanto as defesas psíquicas começam a desmoronar diante do medo e da dor insuportáveis. Eu me pergunto se elas não correm um duplo risco, sujeitas a uma forma de violência da qual, antes do confinamento, tinham pelo menos uma chance de escapar; mas talvez também sejam alvo de outra coisa, um tipo de vingança — de "reação", como é chamada — por já não mais ser a norma para muitas mulheres no mundo atual, embora de forma alguma para todas, ficar trancada e isolada em casa. Essas mulheres são, antes de mais nada, o bode expiatório do horror do momento. Mas também estão sendo assassinadas pela liberdade duramente conquistada. A isso poderíamos acrescentar que as mulheres estão sendo agredidas por homens que, ao verem a si mesmos confinados em casa, sentem-se transformados em mulheres. Não é apenas nosso apego à vida que é inquietante, uma inquietação repudiada a qualquer custo, mas, como também se viu ao longo destas páginas, nosso sentido mais arraigado a respeito de quem somos — homens ou mulheres, ambos ou nenhum.

Eu não esperava terminar este livro em tempos assim. Mas, dado o caráter sombrio daquilo que o mundo se tornou, é então ainda mais impressionante testemunhar as formas de resistência e feroz clareza que essa pavorosa nova ordenação também fez surgir. Há mulheres que, em plena pandemia, escapam de seus abusadores, ainda que os fundos prometidos ao setor de refugiados do Reino Unido mal consigam cobrir os cortes da última década. Há vítimas de traficantes que arriscam a própria vida para documentar em segredo cada detalhe de sua jornada e encontrar advogados que, apesar do hostil ambiente racista e misógino que se avoluma contra eles, defendem e ganham seus processos antideportação. Há os movimentos — Black Lives Matter, #MeToo, ativismo trans, Rhodes Must Fall, figurando de ponta a ponta neste livro —, que têm uma coragem aparentemente ilimitada para desencavar erros enterrados e que, na luta por uma vida melhor, seguem alertando o mundo para suas contínuas injustiças históricas. Há a renovada atenção aos cuidados, com seu processo de salvar vidas, seus dons e seus necessários custos — cujo lugar no coração da vida humana o feminismo vem insistindo há décadas —, como a ética emergente para os nossos tempos.

Por fim, mas não menos importante, há os líderes — sobretudo, de maneira significativa, líderes mulheres — que, de acordo com uma pesquisa em 194 países conduzida pelo Centro de Pesquisa de Política Econômica e pelo Fórum Econômico Mundial em meados de 2020, estão se mostrando muito mais eficientes contra a Covid-19: Angela Merkel, da Alemanha; Jacinda Ardern, da Nova Zelândia; Mette Frederiksen, da Dinamarca; Tsai Ing-wen, de Taiwan; Sanna Marin, da Finlândia; e Mia Mottley, de Barbados (embora o fato tenha recebido pouca atenção). Essas mulheres são mais avessas ao risco no que tange às fatalidades e mais dispostas a assumi-los na economia, que, para a maioria dos homens líderes, é um território inviolável. Talvez por serem capazes de admitir a necessidade de morrer é que saibam reconhecer quando uma morte é desnecessária. Ter a exata medida da morte, ao que parece, é paradoxalmente a única maneira de evitar que ela carregue consigo milhares antes da hora. A testagem em massa em Barbados começou antes mesmo que o primeiro caso tivesse sido identificado.

Um argumento central deste livro é que a violência não vai diminuir, que dirá cessar, se continuar a ser um tema que as pessoas evitam ou apagam da mente, um tema sobre o qual preferem — pelo menos no que pessoalmente lhes diz respeito — não falar nem pensar. Tudo nestas páginas sugere que a violência, sem dúvida, tem de ser incluída em nossa compreensão da "densidade" de sermos humanos, que Arundhati Roy recentemente afirmou ser o único antídoto para as grosseiras, estupidificantes e esmagadoras simplificações do fascismo revivescente. A mensagem deste livro, afinal, é dupla. Lutar contra as formas de violência que estão se espalhando com virulência adicional por todo o mundo e que a pandemia diariamente tem tornado mais visíveis para todos. E entender a força interior da violência, resistir à mortal tentação de fazer dela sempre um problema do outro. Enquanto isso, ficaremos de olhos e ouvidos abertos, como tentei fazer aqui, escutando as vozes que trilham o instável caminho entre esses dois esforços — aquelas vozes que mostram que lidar com a violência interior e lutar contra a violência do mundo são coisas inseparáveis.

Outubro de 2020

Agradecimentos

Muitas ocasiões e vozes inspiraram e forneceram a semente destes ensaios.

O capítulo "O feminismo e a abominação da violência" foi apresentado pela primeira vez como palestra Diane Middlebrook/Carl Djerassi no Centro de Estudos de Gênero da Universidade de Cambridge, em 3 de novembro de 2014. Agradeço à diretora, Jude Brown, à diretora fundadora, Juliet Mitchell, e à vice-diretora, Lauren Wilcox, por me receberem tão calorosamente no primeiro semestre letivo de 2014. Uma versão anterior foi publicada na edição do trigésimo aniversário da *Cultural Critique* 94, no segundo semestre de 2016.

Meus agradecimentos aos organizadores da Conferência da Associação de Estudos Modernistas, realizada em Londres no dia 26 de junho de 2014, e à *Critical Quarterly* 60, de 2 de julho de 2018, na qual parte do capítulo "A escrita da violência" foi originalmente publicado.

O capítulo "O assassinato de Reeva Steenkamp" foi apresentado como aula inaugural em Birkbeck, na Universidade de Londres, em 11 de junho de 2015. Agradeço aos meus colegas de Birkbeck pelas inestimáveis conversas no Grupo de Trabalho Psicanalítico. O Instituto de Humanidades de Birkbeck continua a ser um espaço de liberdade onde aprendo e reflito.

Agradeço a Juliet Jacques, Roz Kaveney e Jay Prosser pela crucial contribuição ao capítulo "Vozes trans".

Meus agradecimentos a Richard Sacks, Tracy Morgan e seus colegas por me acolherem tão generosamente no Centro de Estudos Psicanalíticos Modernos de Nova York, onde em 17 de novembro de 2018 apresentei pela primeira vez uma versão do capítulo "Trans e assédio sexual".

O capítulo "Protesto político e a negação da história" foi apresentado pela primeira vez na aula aberta do vice-reitor da Universidade da Cidade do Cabo em 16 de março de 2017. Agradeço a Max Price pelo convite, a Jaco Barnard-Naudé por iniciar e organizar a visita, a Victoria Collis-Buthelezi por responder formalmente à aula e a todos aqueles — Antje Krog, Karin van Marle, Nombuso Mathibela, Njabulo Ndebele, Nigel Patel e o coletivo Trans da UCT, Deborah Posel, Albie Sachs, Mark Solms, Pierre de Vos — que me proporcionaram momentos memoráveis.

Agradeço a todos os participantes da conferência Reconhecimento, Reparação e Reconciliação, realizada entre 5 e 7 de dezembro de 2018 na cátedra Trauma Histórico e Transformação, em Stellenbosch, sob a inspiradora direção de Pumla Gobodo-Madikizela. As impressionantes histórias contadas na conferência me levaram a escrever o capítulo "Um longo grito". Obrigada a Mervyn Sloman, da Book Lounge da Cidade do Cabo, por me convidar a falar durante essa visita, e a Lou--Marie Kruger, pelo debate.

Os ensaios sobre a África do Sul também se beneficiaram da experiência e da orientação de Rachel Holmes, Margie Orford e Gillian Slovo. Quaisquer erros de fato ou de julgamento são evidentemente meus.

Esboços iniciais de vários dos ensaios apareceram pela primeira vez na *London Review of Books*, que continua a ser uma casa intelectual vital (v. 40, n. 4, 22 fev. 2018; v. 38, n. 9, 5 maio 2016; v. 38, n. 18, 22 set. 2016; v. 37, n. 22, 19 nov. 2015; v. 41, n. 10, 23 maio 2019; v. 41, n. 19, 10 out. 2019). Agradeço mais uma vez a Mary-Kay Wilmers, Paul Myerscough, Daniel Soar e Deborah Friedell. Como o ritmo de mudanças foi muito frenético ao longo dos últimos anos, cada um desses ensaios exigiu nova atenção, e todos foram substancialmente revisados e atualizados para esta coletânea.

Alguns detalhes nas Considerações finais foram extraídos do meu ensaio sobre *A peste*, de Camus, publicado na *London Review of Books* (v. 42, n. 9), 7 maio 2020, e de "Living Death" [Viver a morte, ou Morte viva], publicado na *Gagosian Quarterly*, v. 16, no primeiro trimestre de 2020, como convidada do número especial editado por Jamieson Webster e Alison Gingeras. Sou grata a Jamieson Webster por ter me convidado a colaborar.

Agradeço a Laura Hassan, da Faber, e a Mitzi Angel, da Farrar, Straus and Giroux, por serem editoras tão criteriosas e solidárias.

A Tracy Bohan, por sempre saber como se antecipar a minhas preocupações, estimular minha reflexão e me manter confiante num projeto para o qual ela tanto contribuiu ao longo dos últimos anos.

Pelo apoio amoroso, a amizade e a compreensão: Sally Alexander, Judith Butler, Sam Frears, Cora Kaplan, Elizabeth Karlsen, Margaret Reynolds, Alison Rose, Mia Rose, Jon Snow, Diana Stone e Clair Wills. Cada qual à sua maneira única, todos vocês me enriquecem mais do que sou capaz de dizer.

O livro é dedicado ao meu primo Braham Murray — guia espiritual da minha vida.

Notas

INTRODUÇÃO: SOBRE A VIOLÊNCIA E SOBRE A VIOLÊNCIA CONTRA AS MULHERES [PP. 7-36]

1. Lucy Rahim, "Donald Trump Cuts Abortion Funding... Surrounded by Men". *The Daily Telegraph*, 24 jan. 2017.

2. Jessica Glenza, "Anti-abortion Bill Says Ectopic Pregnancies Must Be Reimplanted". *The Guardian*, Londres, 30 nov. 2019.

3. Liz Ford, "US Abortion Policy Amounts to Torture — UN Commissioner". *The Guardian*, Londres, 4 jun. 2019.

4. Conrad Duncan e Lizzie Dearden, "Reynhard Sinaga: Most Prolific Rapist in UK History Jailed for Life for Manchester Attacks". *Independent*, 7 jan. 2020.

5. Virginia Woolf, *Três guinéus*. Trad. de Tomaz Tadeu. Belo Horizonte: Autêntica, 2019.

6. Sigmund Freud, "Nossa atitude perante a morte". In: *Obras completas*, v. 12. *Introdução ao narcisismo, ensaios de metapsicologia e outros textos (1914-1916)*. Trad. de Paulo César de Souza. São Paulo: Companhia das Letras, 2010, p. 243.

7. Hannah Arendt, *Origens do totalitarismo: antissemitismo, imperialismo, totalitarismo*. Trad. de Roberto Raposo. São Paulo: Companhia das Letras, 1989, p. 335.

8. Sobre o descarte de corpos, ver Wendy Brown, *Undoing the Demos — Neoliberalism's Stealth Revolution* (Nova York: Zone, 2016). Sobre a dinâmica do capital, qualquer obra de David Harvey.

9. Rosa Luxemburgo, *Redner der Revolution*, v. 11, Berlim, 1928, apud Peter Nettle, *Rosa Luxemburg*, edição condensada. Londres: Oxford University Press, 1969, p. 250.

10. Patrick Butler, "Plan to Redirect Cash to Tory Shires from Urban Councils a 'Stitch-up'". *The Guardian*, Londres, 20 jan. 2019.

11. Helen Pidd, "Why Duncan Smith Award Was 'a Slap in the Face'". *The Guardian*, Londres, 4 jan. 2020.

12. Alexandra Topping, "Brexit Poses Threat to Rights of Women, Report Warns". *The Guardian*, Londres, 23 jul. 2019; Patrick Butler, "Universal Credit is Forcing Women into Sex Work, MPs Told". *The Guardian*, Londres, 30 jul. 2019; Sarah Marsh, "Actor's Plea to Government: Stop Austerity Forcing Women into Sex Work". *The Guardian*, Londres, 30 jul. 2019.

13. Dennis Campbell, "Thousands Die Waiting for Hospital Beds — Study". *The Guardian*, Londres, 10 dez. 2019.

14. Gabriel Pogrund, George Greenwood e Emanuele Midolo, "Richard Desmond, 'Boris Johnson Promised to Alter Gambling Rules for Me'". *Sunday Times*, 28 jun. 2020.

15. Por exemplo, Catharine A. MacKinnon, *Feminism Unmodified — Discourses on Life and Law* (Cambridge: Harvard University Press, 1987) e *Are Women Human? and Other International Dialogues* (Cambridge: Harvard, 2006); Andrea Dworkin, *Pornography — Men Possessing Women* (Londres: Women's Press, 1981).

16. Jodi Kantor e Megan Twohey, *She Said — Breaking the Sexual Harassment Story that Helped Ignite a Movement*. Londres: Bloomsbury, 2019, p. 63.

17. Ibid., p. 111.

18. Ed Pilkington, "Weinstein Faces Jail After Being Convicted of Rape". *The Guardian*, Londres, 25 fev. 2020.

19. Jodi Kantor e Megan Twohey, op. cit., p. 62.

20. Lauren Aratani, "Former Actor Tells Court How Weinstein Coerced and Threatened Her". *The Guardian*, Londres, 1º fev. 2020.

21. Deanna Paul, "Harvey Weinstein Says He Feels 'Like the Forgotten Man'. His Accusers Are Furious". *Washington Post*, 17 dez. 2019.

22. Anne Enright, "Diary". *London Review of Books*, 24 out. 2019.

23. Lanre Bakare, "Two Years On, Storyline is Far from Simple in Entertainment Industry". *The Guardian*, Londres, 14 out. 2019.

24. Kim Wilsher e Simon Murphy, "I Stand by My Verdict on Boycott, Says Judge". *The Guardian*, Londres, 18 set. 2019.

25. Susan McKay, "Belfast Rape Trial Verdict Does Not Erase Players' Horrific Sexism". *Irish Times*, 29 mar. 2018.

26. Decca Aitkenhead, "I've Had Vitriol Thrown at Me for as Long as I Can Remember", entrevista com Chelsea Clinton. *The Guardian Weekend*, 26 maio 2018.

27. Susan McKay, op. cit.

28. Apud Jonathan Freedland, "John Bolton Deserves Not Thanks, But Fury and Scorn". *The Guardian*, Londres, 20 jun. 2020.

29. Simon Murphy, "'I'm Still Waiting for an Apology'. The Journalist Who Boris Johnson Conspired to Have Beaten Up". *The Guardian*, Londres, 15 jul. 2019.

30. David Smith, "We're Not Going to Give Liars a Platform". *The Guardian,* Londres, 24 jan. 2020.

31. Hannah Arendt, *Eichmann em Jerusalém: um relato sobre a banalidade do mal.* Trad. de José Rubens Siqueira. São Paulo: Companhia das Letras, 1999.

32. Simon Jenkins, "It Wasn't the Senate that Saved Trump". *The Guardian,* Londres, 7 fev. 2020.

33. Philip Oltermann, "Germany Slow to Hear Alarm Bells in Killing of Walter Lübcke". *The Guardian,* Londres, 2 jul. 2019.

34. Annie Karni, Kevin Roose e Katie Rogers, "Trump Fans Spice Memes with Violence". *The New York Times*, Nova York, 15 out. 2019.

35. Tom Phillips e Dom Phillips, "Bolsonaro Wins First Round of Brazilian Election". *The Guardian,* Londres, 8 out. 2018.

36. Anna Jean Kaiser, "Lawmaker Insulted by Bolsonaro Fears Rise of Rape Culture". *The Guardian,* Londres, 23 dez. 2018.

37. Tom Phillips e Dom Phillips, op. cit.

38. Anna Jean Kaiser, op. cit.

39. Judith Butler, *Problemas de gênero: feminismo e subversão da identidade.* Rio de Janeiro: Civilização Brasileira, 2003.

40. Thais Bessa, "Judith Butler, 'Gender Ideology' and the Rise of Conservatism in Brazil", 2017. Disponível em: <https://feministacademiccollective.wordpress.com/2017/11/17/judith-butlergender-ideology-and-the-rise-of-conservatism-in-brazil/>, 17 nov. 2017. Acesso em: 15 jul. 2022.

41. "Poland's Bishops Have Shamefully Fostered Rightwing Homophobia". *The Guardian,* Londres, 10 out. 2019.

42. Grant Barrett (Org.), *The Oxford Dictionary of American Political Slang.* Nova York: Oxford University Press, 2006.

43. "Spanish Ultraconservative Group Launches Bus Campaign against 'Feminazis'". *El País*, versão em inglês por Melissa Kitson.

44. Ibid.

45. Angela Giuffrida, "Femicide — Italian Women Fight to Halt Growing Number of Attacks", *The Guardian,* Londres, 20 nov. 2019; Kim Wilsher, "New Measures to Tackle Domestic Violence in France after Protests". *The Guardian,* Londres, 26 nov. 2019; Benjamin Haas, "South Korea — 'I Can't Even Tell My Mother, and She's My Best Friend'". *The Guardian,* Londres, 12 nov. 2019; Hannah Ellis-Peterson, "Protests Escalate in India over Gang-rape and Murder of Woman". *The Guardian,* Londres, 2 dez. 2019; Hannah Ellis-Peterson, "Calls for Death Penalty Grow in India as Protests Spread over Rape and Murder". *The Guardian,* Londres, 3 dez. 2019; AFP, "Tens of Thousands March in Rome to Protest the Murder of Women". *Local*, 2 dez. 2019; Robin-Lee Francke, "Thousands Protest in South Africa over Rising Violence against Women". *The Guardian,* Londres, 5 set. 2019.

46. Associated Press, "Meghan Starts African Visit with Message 'as Woman of Colour'". *The Guardian,* Londres, 23 set. 2019.

47. Meaghan Beatley, "The Shocking Rape Trial that Galvanised Spain's Feminists and the Far Right". *The Guardian,* Londres, 23 abril 2019.

48. Vox, *Envios Postales de Propaganda Electoral.* Catalunha, Barcelona, 2018.

49. "The Rise of Christian-nativist Populists is a Worry for Us All". *The Guardian,* Londres, 26 dez. 2019.

50. Mark Townsend, "Revealed: 10,000 Child Refugees Have Risked Their Lives to Get into Britain in the Past Decade". *The Observer*, Londres, 12 jan. 2020.

51. Tom Phillips, "Waiting in Hell — Trump's Border Policies Force Asylum Seekers into Deadly Gamble". *The Guardian,* Londres, 20 dez. 2019.

52. Ibid.

53. Édouard Louis, *História da violência*. Trad. de Francesca Angiolillo. São Paulo: Planeta do Brasil, 2020, p. 57.

54. Anne Enright, op. cit

55. Stephen Pinker, *The Better Angels of Our Nature: Why Violence has Declined*. Nova York: Viking, 2011.

56. Graeme Armstrong, "I Bashed Out the First Draft Without Withdrawal", seção Books Interview, *The Observer*, Londres, 23 fev. 2020.

57. Hannah Arendt, *Origens do totalitarismo*, op. cit., p. 234.

58. Ibid., p. 154.

59. Margie Orford, "Nostalgia for the Future". Universidade de East Anglia, 2020. Tese não publicada (doutorado).

60. Rosa Lyster, "The Death of Uyinene Mrwetyana and the Rise of South Africa's '#AmINext Movement'". *The New Yorker*, Nova York, 12 set. 2019.

61. Id., Twitter.com/rosalyster. 13 set. 2019.

62. John Rawls, *A Theory of Justice*. Cambridge: Cambridge University Press, 1971.

63. Jason Burke e Vincent Lali, "We Are a Special Country and an Extraordinary People". *The Guardian,* Londres, 4 nov. 2019.

64. Sampie Terreblanche, *Lost in Transformation — South Africa's Search for a New Future Since 1986*. Joanesburgo: KMM Review, 2012, p. 20.

65. Gillian Rose, *The Broken Middle — Out of Our Ancient Society*. Oxford: Blackwell, 1992.

66. Hannah Arendt, *A condição humana*. 13ª ed. São Paulo: Forense Universitária, 2016, p. 13.

EU SOU A FACA: ASSÉDIO SEXUAL EM PRIMEIRO PLANO [PP. 37-79]

1. Jodi Kantor e Megan Twohey, op. cit., p. 168.

2. Vanessa Grigoriadis, *Blurred Lines — Rethinking Sex, Power, and Consent on Campus*. Boston, Nova York: Houghton Mifflin Harcourt, 2017, p. 100.

3. Rebecca Solnit, "The Fall of Harvey Weinstein Should Be a Moment to Rethink Masculinity". *The Guardian*, Londres, 12 out. 2017.

4. Ann Sedley e Melissa Benn, *Sexual Harassment at Work*. NCCL Rights for Women Unit, 1982, p. 17.

5. Molly Redon, "Top Hollywood Women Back Commission on Harassment". *The Guardian*, Londres, 18 dez. 2017; Rory Carroll, "Hollywood Sees a New Hope after Weinstein Scandal". *The Guardian*, Londres, 1º jan. 2018; Lanre Bakare, op. cit.

6. Dayna Tortorici, "Reckoning with a Culture of White Male Resentment". *The Guardian*, Londres, 19 dez. 2017.

7. Edward Helmore, "You Are Not Qualified to Speak About Abuse We Suffer Every Day, Driver tells Damon". *The Guardian*, Londres, 18 dez. 2017.

8. Redi Tlhabi, *Khwezi — The Remarkable Story of Fezekile Ntsukela Kuzwayo*. Joanesburgo, Cidade do Cabo: Jonathan Ball, 2017, p. 244.

9. Vanessa Grigoriadis, op. cit., p. 78.

10. Jennifer Doyle, *Campus Sex, Campus Security*. South Pasadena: Semiotext(e), 2015, p. 27.

11. Vanessa Grigoriadis, op. cit., pp. 67-8, 71.

12. Ibid., p. 82.

13. Ibid., pp. 194-7.

14. Roxane Gay, "Visões distorcidas, de fato". In: *Má feminista: ensaios provocativos de uma ativista desastrosa*. Trad. de Tássia Carvalho. São Paulo: Globo Livros, 2016.

15. Sophie Elmhirst, "No Way Out". *The Guardian*, Londres, 31 out. 2019.

16. Édouard Louis, op. cit., pp. 28, 141.

17. Martha Hayes, "I Don't Have that Kind of Fame Now". *The Guardian*, Londres, 2 set. 2019.

18. Édouard Louis, op. cit., pp. 115-6 (cap. 13).

19. Sabrina Siddiqui e Amanda Holpuch, "Trump Berates Critics as Harassment Furore Grows". *The Guardian*, Londres, 13 dez. 2017.

20. Vanessa Grigoriadis, op. cit., p. xxv, 104.

21. Jennifer Doyle, op. cit., pp. 17, 30.

22. Philip Oltermann e Pádraig Collins, "German Far-right MPs Facing Race Crime Inquiry over Tweet". *The Guardian*, Londres, 3 jan. 2018.

23. The Reynoso Task Force, "UC Davis November 18, 2011, 'Pepper-Spray Incident' Task Force Report", mar. 2012, p. 8, apud Jennifer Doyle, *Campus Sex...*, p. 16.

24. Jennifer Doyle, op. cit., p. 11.

25. Vanessa Grigoriadis, op. cit., p. 77.

26. Sobre a crise da dívida estudantil nos Estados Unidos, ver Jia Tolentino, "A história de uma geração em sete golpes". In: *Falso espelho. Reflexões sobre a autoilusão*. Trad. de Carol Bensimon. São Paulo: Todavia, 2020.

27. Vanessa Grigoriadis, op. cit., pp. 72-4.

28. Catharine A. MacKinnon, *Sexual Harassment of Working Women*. Yale University Press, 1979, p. 220.

29. Alexandra Topping, "Gender Pay Gap Widening for Women in their 20s, Data Shows". *The Guardian,* Londres, 10 nov. 2017.

30. Sam Levin, "More Women Join Lawsuit Accusing Disney of Gender Pay Discrimination". *The Guardian,* Londres, 19 set. 2019.

31. Catharine A. MacKinnon, op. cit., p. 221.

32. Jordan Stephens, "The Pain of Young Boys that Creates This Toxic Masculinity". *The Guardian,* Londres, 24 out. 2017.

33. Vanessa Grigoriadis, op. cit., p. 57.

34. Para um resumo da literatura recente sobre esse tema, ver Arlie Russell Hochschild, "Male Trouble". *New York Review of Books*, Nova York, 11 out. 2018; Pippa Allen-Kinross, "GCSE Results 2019 — Girls Still Lead the Way over Boys". *School Week*, 22 ago. 2019.

35. Vanessa Grigoriadis, op. cit., p. 151.

36. Ibid., p. 275.

37. Ibid., p. 55.

38. Catherine Porter, "All-Boys Catholic School in Toronto is Disrupted by Reports of Hazing". *The New York Times*, Nova York, 24 nov. 2018.

39. Sean O'Hagan, "Animal House". *The Guardian,* Londres, 10 dez. 2019.

40. Vanessa Grigoriadis, op. cit., p. 230.

41. Ibid., pp. 269-70.

42. Ibid., p. 276.

43. Alexandra Topping, "'The Police Laughed at Me' — Anger over Rape Case Failings". *The Guardian,* Londres, 6 jan. 2018.

44. Vanessa Grigoriadis, op. cit., pp. 36, 265, 133, 271, 71.

45. Ibid., p. XXXI.

46. Sigmund Freud, "A dissecção da personalidade psíquica". In: *Obras completas*, v. 18. *O mal-estar na civilização, novas conferências introdutórias e outros textos (1930-1936)*. Trad. de Paulo César de Souza. São Paulo: Companhia das Letras, 2010, pp. 222-3.

47. Roxane Gay, *Má feminista*, op. cit.

48. Vanessa Grigoriadis, op. cit., p. 74.

49. Ibid., pp. 273, 174.

50. Departamento De Educação dos Estados Unidos, "Dear Colleague Letter on Sexual Misconduct". Disponível em: <https://content.govdelivery.com/accounts/USED/bulletins/1b8ba66>, 22 set. 2017. Acesso em: 15 jul. 2022.

51. Vanessa Grigoriadis, op. cit., p. xxxi.

52. Greta Anderson, "Attorneys General Sue DeVos, Education Department Over Title IX Rule". *Inside Higher Education*, 5 jun. 2020.

53. Vanessa Grigoriadis, op. cit., pp. 83, xxi.

54. bell hooks, *Ensinando a transgredir: a educação como prática da liberdade*. Trad. de Marcelo Brandão Cipolla. 2ª ed. São Paulo: WMF Martins Fontes, 2017, pp. 10-1.

55. Ibid., p. 272.

56. Jane Gallop, *Feminist Accused of Sexual Harassment*. Durham: Duke University Press, 1997, pp. 34, 57, 42, 53-4, 87, 92-3.

57. Laura Kipnis, *Men — Notes from an Ongoing Investigation*. Nova York: Picador, 2014, p. 14.

58. Ibid., p. 6.

59. Vanessa Grigoriadis, op. cit., p. 56.

60. Laura Kipnis, *Unwanted Advances — Sexual Paranoia Comes to Campus*. Nova York: Harper, 2017, p. 85.

61. Kayla Schierbecker, "Professor Broke the Law by Writing Book on 'Sexual Paranoia', students claim". Universidade do Missouri. Disponível em: <www.thecollegefix.com/post/32326/>. Acesso em: 15 jul. 2022.

62. Sara Ahmed, disponível em: <feministkilljoys.com/2016/07/12/evidence/>. Acesso em: 14 jun. 2022.

63. Ilza Veith, *Hysteria — the History of a Disease*. Chicago: University of Chicago Press, 1965, p. 229.

64. Laura Kipnis, *Unwanted Advances...*, op. cit., p. 75.

65. Jodi Kantor e Megan Twohey, op. cit. p. 119.

66. David Brown e Alexi Mostrous, "Rape Case Scandal is Just 'Tip of the Iceberg'". *The Times*, Londres 16 dez. 2017; Hannah Quirk, Letters, *The Times*, Londres, 20 dez. 2012.

67. Caelainn Barr, "Revealed: Police Flaws that Betray Rape Victims". *The Guardian*, Londres, 20 set. 2019.

68. Id., "Children Reporting Rape Being Told to Give All Mobile Phone Data to Police". *The Guardian*, Londres, 27 set. 2019.

69. David Batty, Sally Weale e Caroline Bannock, "Sexual Harassment 'at Epidemic Levels' in UK Universities". *The Guardian*, Londres, 5 mar. 2017.

70. Merril D. Smith, *The Encyclopedia of Rape*. Westport, Connecticut: Greenwood Press, 2004, p. 167, apud Vanessa Grigoriadis, *Blurred Lines...*, p. 46.

71. Vanessa Grigoriadis, op. cit., p. 45.

72. Sara Ahmed, disponível em: <https://twitter.com/saranahmed>, 3 jun. 2016. Acesso em: 15 jul. 2022.

73. Id., Feminist Killjoys, 17/34.

74. We Want Truth (blog). Disponível em: <https://wewanttruthgoldsmiths.wordpress.com/>. Acesso em: 14 jun. 2022.

75. Anemona Hartocollis, "Lawsuit Accuses Dartmouth Professors of Sex Abuse". *The New York Times*, Nova York, 16 nov. 2018; "Dartmouth Reaches $14 Million Settlement in Sex Abuse Case". *The New York Times*, Nova York, 6 ago. 2019.

76. Sally Weale, "Whistleblower Calls on Universities to Do More to Safeguard Students". *The Guardian*, Londres, 7 mar. 2017.

77. Id. e Caroline Bannock, "'We Felt Inferior and Degraded': Reporting Sexual Harassment at University". *The Guardian*, Londres, 5 mar. 2017.

78. David Batty, "Warwick Accused of Not Being a 'Safe Place' for Women". *The Guardian*, Londres, 15 jul. 2019.

79. Apud Leila Whitley e Tiffany Page, "Sexism at the Centre: Locating the Problem of Sexual Harassment". *New Formations* 86, edição especial sobre sexismo, 2015, p. 35.

80. Sara Ahmed, *Living a Feminist Life*. Durham: Duke University Press, 2017, p. 141.

81. Id., disponível em: <http://twitter.com/SaraNAhmed>. Acesso em: 3 jun. 2016.

82. Correspondência pessoal, Lisa Blackman, 24 nov. 2017.

83. David Batty, Helena Bengtsson e Sally Weale, "University 'Complacency' Revealed over Harassment Survey". *The Guardian*, Londres, 9 dez. 2017.

84. Richard Adams, "Universities Told to Hire Specialist Staff to Address Harassment". *The Guardian*, Londres, 12 jun. 2019.

85. David Batty, "Warwick Accused...", op. cit.

86. Id., "University Refuses to Investigate Alleged Rapes of Students Off Campus". *The Guardian*, Londres, 18 nov. 2019.

87. Sara Ahmed, "Speaking out". Disponível em: <feministkilljoys.com/2016/06/02/speaking-out/>. Acesso em: 14 jun. 2022.

88. Rachel Cooke, "Sexual Paranoia on Campus — and the Professor at the Eye of the Storm". *The Observer*, Londres, 2 abril 2017.

89. "We Want Truth" (blog). Disponível em: <https://wewanttruthgoldsmiths.wordpress.com/2016/07/23/we-want-truth/>. Acesso em: 15 jul. 2022.

90. Sigmund Freud, "33. Feminilidade". In: *O mal-estar na civilização, novas conferências introdutórias e outros textos*, op. cit., p. 268.

91. Sara Ahmed, "Evidence". Disponível em: <https://feministkilljoys.com/2016/07/12/evidence/>. Acesso em: 14 jun. 2022.

92. David Brown e Alexi Mostrous, op. cit.

93. Apud Rosie Warren, "On Believing Women Who Allege Rape". Disponível em: <http://internationalsocialistnetwork.org/index.php/campaigns/135-rosie-warrenon-believing-women-who-allege-rape>. Acesso em: 14 jun. 2022.

94. Apud Vanessa Grigoriadis, *Blurred Lines...*, p. 103.

95. Laura Kipnis, *Unwanted Advances...*, op. cit., p. 102.

96. Jamie Grierson, "Survey Reveals Impact of Proposed Spending Cuts on Women Fleeing Abuse". *The Guardian*, Londres, 28 nov. 2017; Peter Walker, "Legal Aid Cuts Leave More Abuse Victims Without Lawyers". *The Guardian*, Londres, 27 dez. 2017.

97. Amanda Taub, "A New Covid-19 Crisis: Domestic Abuse Rises Worldwide". *The New York Times*, Nova York, 6 abril 2020, revisado em 14 de abril de 2020.

98. Jamie Grierson, "Domestic Abuse Killings 'More than Double' During Covid-19 Lockdown". *The Guardian*, Londres, 15 abr. 2020.

99. Rowena Mason, "PM Criticised over Plan to Toughen Up Westminster Sexual Harassment Policies". *The Guardian*, Londres, 15 nov. 2017.

100. Id. e Heather Stewart, "Speaker Tells Tories to Reveal Their Policies on Misconduct". *The Guardian*, Londres, 3 nov. 2017; Mason, "PM Criticised over Plan to Toughen Up Policies"; Aamna Mohdin, "New Code for Employers on Sexual Harassment 'Does Not Go Far Enough'". *The Guardian*, Londres, 18 dez. 2018.

101. PA Media, "Ex-minister Who Sent Lewd Texts Cleared of Wrongdoing". *The Guardian*, Londres, 9 set. 2019.

102. Trades Union Council, *Still Just a Bit of Banter? Sexual Harassment in the Workplace in 2016*. Londres: TUC Publications, 2017.

103. "Tarana Burke", Perfil. Disponível em: <https://www.americanswhotellthetruth.org/portraits/tarana-burke>. Acesso em: 14 jun. 2022.

104. Rebecca Nicholson, "Jessica Chastain". *The Guardian*, Londres, 20 dez. 2017; "#MeToo Was Only a Beginning. Time to Decide What Comes Next". *The Guardian*, Londres, 1º jan. 2018.

105. Annie Kelly, "Fashion's Dirty Secret". *The Guardian*, Londres, 20 ago. 2020.

106. Roxane Gay, *Fome: uma autobiografia do (meu) corpo*. Trad. de Alice Klesck. São Paulo: Globo Livros, 2017.

107. Ibid.

108. Roxane Gay, "A descuidada linguagem da violência sexual". In: *Má feminista*. Trad. de Raquel Souza. São Paulo: Globo Livros, p. 139 (grifo original).

109. Sandra Newman, "Bold Feminist Stories". *The Guardian*, Londres, 10 fev. 2017; Gemma Sieff, "No Shrinking Violets". *The New York Times*, Nova York, 3 jan. 2017.

110. Roxane Gay, *Fome...*, op. cit., p. 127.

111. Ibid.

112. Roxane Gay, "Flórida". In: *Mulheres difíceis*. Trad. de Ana Guadalupe. São Paulo: Globo Livros, 2019.

113. Roxane Gay, "Capítulo 70", *Fome...*, op. cit.

114. Roxane Gay, "Região Norte". In: *Mulheres difíceis*, op. cit.

115. Id., "Quebrar por inteiro". In: ibid.

116. Roxane Gay, "Eu sou a faca". In: ibid.

117. Jessica Benjamin, *Beyond Doer and Done To — Recognition Theory, Intersubjectivity and the Third*. Londres: Routledge, 2018.

VOZES TRANS: QUEM VOCÊ PENSA QUE É? [PP. 80-130]

1. April Ashley e Douglas Thompson, *The First Lady*. Londres: John Blake, 2006, pp. 262, 276.

2. Mark Rees, *Dear Sir or Madam: The Autobiography of a Female-to-male Transsexual*. Londres: Cassell, 1996, pp. 157-9.

3. Comitê das Mulheres e da Igualdade, *Transgender Equality — First Report of Session 2015-2016*. 14 jan. 2015, p. 3.

4. April Ashley e Douglas Thompson, op. cit., p. 284.

5. Corbett vs. Corbett (ou Ashley), julgamento pelo juiz do Superior Tribunal Ormrod, fevereiro de 1970, p. 18.

6. Id. Ibid., pp. 18, 2.

7. Ibid., p. 19.

8. Kate Bornstein, *A Queer and Pleasant Danger, A Memoir — The True Story of a Nice Jewish Boy Who Joins the Church of Scientology and Leaves Twelve Years Later to Become the Lovely Lady She Is Today*. Boston: Beacon Press, 2012, p. 251.

9. Jennifer Finney Boylan, "Loving Freely", *The New York Times*, 24 out. 2015.

10. Robert Stoller e Ralph Greenson, "Gender Identity: Origins and Vicissitudes", rascunho não publicado, data provável 1964, cortesia de John Forrester.

11. Robert Stoller, "Near Miss", 1982, cortesia de John Forrester; Robert Stoller, *Sex and Gender*, Londres: Hogarth, 1968, p. 140.

12. Robert Stoller, *Sex and Gender*, ibid., p. 136.

13. Ibid., p. VIII; *The Transsexual Experiment*, v. 2. Londres: Hogarth, 1975.

14. April Ashley e Douglas Thompson, op. cit., p. 161.

15. Ibid., pp. 178-9.

16. Ibid., pp. 161, 178-9, 277.

17. Viviane K. Namaste, *Invisible Lives — The Erasure of Transsexual and Transgendered People*. University of Chicago Press, 2000, p. 1.

18. Juliet Jacques, *Trans — A Memoir*. Londres: Verso, 2015 (salvo indicação em contrário, todas as referências a Juliet Jacques são desse texto).

19. Harold Garfinkel, "Passing and the Managed Achievement of Sex Status in an 'Intersexed' Person", 1967. In: Susan Stryker e Stephen Whittle (Orgs.), *The Transgender Studies Reader*. Londres: Routledge, 2006, p. 60.

20. Susan Stryker e Aren Z. Aizura, *The Transgender Studies Reader 2*. Londres: Routledge, 2013, p. 6.

21. Buzz Bissinger, "He Says Goodbye, She Says Hello". *Vanity Fair*, jul. 2015, p. 120.

22. Juliet Jacques, op. cit., p. 190, itálico original.

23. Buzz Bissinger, op. cit., p. 66.

24. Viviane K. Namaste, "Queer Bashing". In: *Invisible Lives...*, op. cit.

25. David Valentine, *Imagining Transgender — An Ethnography of a Category*. Durham: Duke University Press, 2007. Ver especialmente o capítulo 6, "The Calculus of Pain: Violence, Narrative and the Self", p. 212.

26. Ibid., p. 209.

27. "How We'll Remember US Trans Women Killed in 2015". Disponível em: <http://www.advocate.com/transgender/2015/11/20/how-well-remember-us-trans-women-killed-2015>. Ver também "Rebecca Nicholson Meets Laverne Cox" ("Now I have the money to feminise my face, I don't want to. I'm happy with this face"). *The Guardian*, Londres, 15 jun. 2015.

28. Resenha de "Transcripts", Festival de Cinema de Edimburgo. *The Guardian*, Londres, 17 ago. 2015.

29. "AMA Adopts New Policies on First Day of Annual Meeting", disponível em: <https://www.ama-assn.org/press-center/press-releases/ama-adopts-new-policies-first-dayvoting-2019-annual-meeting>. Acesso em: 18 jul. 2022.

30. "The quest for Transgender Equality". *The New York Times*, 4 maio 2015.

31. Susan Stryker, "(De)Subjugated Knowledges — An Introduction to Transgender Studies". *Transgender Studies Reader*, p. 10.

32. Juliet Jacques, op. cit., p. 34.

33. National Center for Transgender Equality, "Trump Administration Announces Beginning of Transgender Military Ban on April 12", disponível em: <https://transequality.org/press/releases/trump-administration-announces-beginningof-transgender-military-ban-on-april-12>. Acesso em: 18 jul. 2022.

34. Moriah Balingit, "Education Department No Longer Investigating Transgender Bathroom Complaints". *The Washington Post*, 12 fev. 2018. Disponível em: <https://www.washingtonpost.com/news/education/wp/2018/02/12/education-department-will-no-longer-investigate-transgender-bathroom-complaints/>. Acesso em: 18 jul. 2022.

35. Lauren Gambino e Erin Durkin, "LGBT Groups Outraged over Trump Proposal to Remove Trans Rights". *The Guardian,* Londres, 23 out. 2018.

36. Juliet Jacques conta sua história em "Trans Eye View", uma coluna que escreveu para o *one8onews*, um jornal LGBT gratuito distribuído em casas noturnas de Brighton, antes de escrever a própria coluna on-line sobre transição no *Guardian* (ela conta novamente a história em *Trans*).

37. Juliet Jacques, op. cit., p. 262.

38. Roz Kaveney, *Tiny Pieces of Skull or A Lesson in Manners*. Londres: Team Angelica, 2015, p. 95.

39. "Rebecca Nicholson Meets Laverne Cox", op. cit.

40. "AMA Adopts New Policies", op. cit.

41. Jayne County e Rupert Smith, *Man Enough to Be a Woman*. Londres: Serpent's Tail, 1995, p. 30.

42. Patricia Gherovici, *Please Select Your Gender: From the Invention of Hysteria to the Democratizing of Trangenderism*. Londres: Routledge, 2010, p. 238.

43. Jan Morris, *Conundrum*. Londres: Faber, 1974, pp. 137, 147.

44. Margaret Talbot, "About a Boy", *Vanity Fair* "Trans America", ago. 2015, pp. 17, 103.

45. Virginia Goldner, "Editor's Note". *Psychoanalytic Dialogues*, v. 21, n. 2, 2011, edição especial, "Transgender Subjectivities: Theories and Practices", p. 153.

46. Susan Stryker, op. cit., p. 11.

47. Buzz Bissiner Bissinger, op. cit., p. 120.

48. Mark Brown, "Leibovitz: Most People Would Rather Be at Dentist than Before a Camera". *The Guardian,* Londres, 14 jan. 2016.

49. Juliet Jacques, "He to She". *Aeon*, 15 jan. 2014. Disponível em: <http://aeon.co/magazine/culture/before-and-after-the-makeover-industrys-favourite-trope/>. Acesso em: 14 jun. 2022.

50. Susan Stryker, "My Words to Victor Frankenstein Above the Village of Chamounix". *GLQ — A Journal of Lesbian and Gay Studies* 1:3, 1994. Disponível em: <www.annelawrence.com/mywords.html 4/15>. Acesso em: 14 jun. 2022.

51. Harold Garfinkel, op. cit., pp. 62, 84.

52. Melanie McDonagh, "Changing Sex is Not to Be Done Just on a Whim". *Evening Standard*, 5 jan. 2015.

53. Chris Johnston, "Ian McEwan Criticised by Campaigners over Transgender Remarks". *The Guardian,* Londres, 2 abr. 2016.

54. "Rebecca Nicholson Meets Laverne Cox", op. cit.; Harold Bissinger, op. cit., p. 67.

55. Jessica Cartner-Morley, "Modern Family: How the Kardashians Became a Force for Good". *The Guardian,* Londres, 3 jun. 2015.

56. Susan Stryker, op. cit.

57. Ibid.

58. Harold Garfinkel, op. cit., p. 64.

59. Correspondência pessoal, pela qual agradeço a Roz Kaveney.

60. Tribunal Administrativo e Vara da Família, Tribunal Superior de Justiça, caso FD1800035, diante do muito honorável Sir Andrew McFarlane, presidente da Vara da Família, entre a rainha (a pedido de TT) e o secretário-geral da Inglaterra e País de Gales, 25 set. 2019, p. 60 — meus agradecimentos a Jeremy Rosenblatt por trazê-lo à minha atenção. Ver também Robert Booth, "Transgender Man Loses Court Battle to Be Registered as Father". *The Guardian,* Londres, 25 set. 2019.

61. McFarlane, p. 1, cláusula 40.

62. Re M (crianças), 2017, Tribunal de Apelação da Inglaterra e País de Gales civ., 2164. Meus agradecimentos a Jeremy Rosenblatt por me enviar esses detalhes.

63. Margaret Talbot, op. cit., p. 16.

64. Niels Hoyer (Org.), *Man into Woman — An Authentic Record of a Change of Sex — The True Story of the Miraculous Transformation of the Danish Painter Einar Wegener (Andreas Sparre)*. Trad. de H. J. Stennin. Londres: Jarrolds, 1933; Londres: Blueboat, 2004 com prefácio de Helen Parker, pp. 6, 7; David Ebershoff, *The Danish Girl*. Londres: Weidenfeld and Nicholson, 2000.

65. Jan Morris, op. cit., p. 138; April Ashley e Douglas Thompson, op. cit., pp. 33, 112.

66. Chelsea Manning, "The Five Years Since I Was Jailed over War Diaries Have Been a Rollercoaster". *The Guardian,* Londres, 28 maio 2015.

67. Kate Bornstein, op. cit., p. 251.

68. Jay Prosser, *Second Skins — The Body Narratives of Transsexuality*. Nova York: Columbia, 1998, pp. 1, 6.

69. Melanie Suchet, "Crossing Over". *Psychoanalytic Dialogues* v. 21, n. 2, 2011, edição especial, "Transgender Subjectivities: Theories and Practices", p. 184.

70. Jay Prosser, op. cit., p. 88.

71. Sandy Stone, "The Empire Strikes Back — A Posttranssexual Manifesto". *Transgender Studies Reader*, p. 228.

72. Jay Prosser, "A Palinode on Photography and the Transsexual Real". *a/b: Auto/Biography Studies* 14:1, 1999.

73. Id., *Second Skins*, op. cit., p. 49.

74. Carol S. Vance, *Pleasure and Danger — Exploring Female Sexuality*. Londres: Routledge, 1984.

75. Frances J. Latchford, "Sexed Life is a Cabaret: The Body Politics of Nina Arsenault's *The Silicone Diaries*". In: Judith Rudakoff (Org.), *Trans(per)forming Nina Arsenault: An Unreasonable Body of Work*. Chicago: Intellect, 2012.

76. Ibid., pp. 75, 219.

77. Juliet Jacques, *Trans*, p. 288.

78. Amia Srinivasan, "He, She, One, They, Ho, Hus, Hum, Ita". *London Review of Books* v. 42, n. 13, 2 jul. 2020.

79. Juliet Jacques, "On the 'Dispute' Between Radical Feminism and Trans People". *New Statesman*, 6 ago. 2014. Disponível em: <https://www.newstatesman.com/juliet-jacques/2014/08/dispute-between-radical-feminism-and-trans-people>. Acesso em: 18 jul. 2022.

80. "Why the trans Community Hates Dr Janice G. Raymond". *Transgriot*, 20 set. 2010. Disponível em: <https://transgriot.blogspot.com/2010/09/why-trans-community-hates-dr-janice-g.html>. Acesso em: 18 jul. 2022.

81. Germaine Greer, *The Whole Woman*. Londres: Doubleday, 1999, pp. 64-74.

82. Steven Morris, "Transgender Protest Fails to Stop Greer Delivering Lecture at Cardiff University". *The Guardian,* Londres, 18 nov. 2015.

83. Germaine Greer, "On Why Sex Change is a Lie". *Independent*, 22 jul. 1989. Apud Paris Lees, "Germaine Greer and the Hypocrisy of the 'Left'", 20 nov. 2015. Disponível em: <https://www.vice.com/en_uk/read/germaine-greer-paris-lees-hypocrisy-left-free-speech>. Acesso em: 18 jul. 2022.

84. Janice Raymond, *The Transsexual Empire — The Making of the She-Male*. Nova York: Athene, 1979. Apud Juliet Jacques, *Trans*, op. cit., p. 105.

85. Sobre esse debate, ver correspondência de Beatrix Campbell, Moira Dustin, Jay Prosser, Victoria Dutchman-Smith e Rachael Padman, e resposta de Jacqueline Rose na *London Review of Books* v. 38, n. 11-15, 2 jun., 16 jun., 14 jul., 28 jul. 2016.

86. Moustapha Safouan, palestra em Cambridge, parte de uma série organizada por Colin MacCabe, 1980.

87. A. Finn Enke, "The Education of Little Cis — Cisgender and the Discipline of Opposing Bodies". *Transgender Studies Reader* 2, p. 235.

88. Tradução própria. Ed. bras.: Catherine Millot, *Extrassexo: ensaio sobre o transexualismo*. São Paulo: Escuta, 1992.

89. Juliet Mitchell, "Sexuality, Psychoanalysis and Social Changes". In: Anthony Molino e Christine Ware (Orgs.), *Where Id Was — Challenging Normalization in Psychoanalysis*. Londres: Continuum, 2001, pp. 108, 97.

90. April Ashley e Douglas Thompson, op. cit., p. 280.

91. Mark Rees, op. cit., pp. 176-7.

92. David Valentine, op. cit., pp. 114-5.

93. Susan Stryker, op. cit.

94. Jayne County e Rupert Smith, op. cit., p. 139.

95. Kate Bornstein, op. cit., pp. 199, 240.

96. Juliet Jacques, *Trans*, pp. 115, 227.

97. Ibid., p. 251, grifo original.

98. Kate Bornstein, op. cit., pp. 203, 236.

99. Paris Lees, "Why I'm Trans... and a Feminist". *The Guardian*, Londres, 18 jan. 2013.

100. Cartas, *The Guardian*, Londres, 18 out. 2018, ver também as respostas, 18 e 23 out., 2 nov. A correspondência teve início em resposta a um editorial do *Guardian* de 17 de outubro de 2018 a respeito das alterações propostas para a Lei de Reconhecimento de Gênero.

101. Susan Stryker, op. cit.

102. Liam Coleman, "Ladies Pond Changes Rules for Trans Women". *Evening Standard*, 23 maio 2019.

103. So Mayer, "Ah! To fleet/Never fleets more". In: *At the Pond: Swimming at the Hampstead Ladies' Pond*. Londres: Daunt, 2019, pp. 55-6.

104. Kate Bornstein, op. cit., p. XIV.

105. Apud Frances J. Latchford, "Sexed Life is a Cabaret...", op. cit., p. 79.

106. Jan Morris, op. cit., pp. 70-1, 73, 87, 126.

107. O artigo de John Gregory Dunne, de 1997, sobre os assassinatos, "The Humboldt Murders", foi reimpresso na edição especial de agosto de 2015 da *Vanity Fair* "Trans America".

108. Jack Halberstam, *In a Queer Time and Place*. Nova York: NYU Press, 2005, pp. 45, 65.

109. John Gregory Dunne, "The Humboldt Murders", op. cit., p. 110.

110. Ibid., p. 95.

111. Margaret Talbot, op. cit., p. 14.

112. *Transsexual Stories*, BBC1, 24 ago. 2015.

113. Melanie Suchet, op. cit., p. 186.

114. Ibid.

115. Virginia Goldner, op. cit., p. 153.

116. Mary Mehl apud Sandy Stone, "The Empire Strikes Back", *Transgender Studies Reader*, p. 229; Virginia Goldner, "Editor's Note", p. 168.

117. R. Nick Gorton, "Transgender as Mental Illness — Nosology, Social Justice, and the Tarnished Golden Mean", *Transgender Studies Reader 2*.

118. David Valentine, op. cit., p. 220.

119. Virginia Goldner, op. cit., p. 154.

120. Juliet Jacques, op. cit., p. 160.

121. Ken Corbett, "Speaking Queer: A Reply to Richard C. Friedman". *Gender and Psychoanalysis* 2, 1997, p. 499, apud Virginia Goldner, "Editor's Note", op. cit.

122. Juliet Jacques, "On the 'Dispute'", op. cit.

123. Juliet Jacques, "He to She", op. cit.

124. Id., *Trans...*, op. cit., pp. 252, 280.

125. Niels Hoyer (Org.), op. cit., pp. 231, 260.

126. Judith Butler, *Quadros de guerra: quando a vida é passível de luto*. Trad. de Sérgio Lamarão. Rio de Janeiro: Civilização Brasileira, 2015.

127. Avgi Saketopoulou, "Mourning the Body as Bedrock: Developmental Considerations in Treating Transsexual Patients Analytically", *Journal of the American Psychoanalytical Association* v. 62, n. 5, 2014, pp. 781, 792. Meus agradecimentos a Richard Sacks e colegas do Centro de Estudos Psicanalíticos Modernos de Nova York por chamarem minha atenção para esse artigo.

128. Sandy Stone, op. cit., p. 230.

129. Dean Spade, "Mutilating Gender", *Transgender Studies Reader 2*, p. 322.

130. Sandy Stone, op. cit., p. 231.

131. David Willets, "Officer and a Gentlewoman". *The Sun*, 19 jan. 2015; Rachel Williams, "Gay, Bisexual and Transgender Parents and Adopters Step Forward". *The Guardian*, Londres, 4 mar. 2015; Diane Taylor, "100% Surge in Children Seeking Gender Change". *The Guardian*, Londres, 6 nov. 2016; Jenny Kleeman, "Boys Will Be Girls Will Be Boys". *The Guardian Weekend*, 12 set. 2015; Tavistock and Portman NHS Foundation Trust, "GIDS Referrals Increase in 2017/2018", 17 maio 2018. Disponível em: <https://tavistockandportman.nhs.uk/about-us/news/stories/gids-referrals-increase-201718/>. Acesso em: 15 jun. 2022.

132. Kristina R. Olson, Lily Durwood, Madeleine DeMeules e Katie A. McLaughlin, "The Mental Health of Transgender Children Who Are Supported in Their Identities". *Pediatrics* v. 137, n. 3, 2016, p. 1.

133. Jenny Kleeman, "Boys Will Be Girls"; Conselho do Condado de Lancashire vs. TP (2019), Vara da Família da Inglaterra e País de Gales, 30, § 58; Vickie Pasterski, "What Is the Essence of Gender?". TED, abril 2019.

134. Ver, por exemplo, Jon Brooks, "The Controversial Research on 'Desistance' in Transgender Youth". *KQED Science*, 23 maio 2018.

135. Jenny Kleeman, op. cit.

136. Margaret Talbot, op. cit., p. 102.

137. Ibid., p. 101.

138. Jenny Kleeman, op. cit.

139. Michael Savage, "Gender Identity Treatments for Young to Get Expert Review". *Observer*, 2 fev. 2020.

140. Lucy Bannerman, "Calls to End Transgender 'Experiment on Children'". *The Times*, 8 abr. 2019.

141. Ibid.; ver também Jamie Doward, "Governor of Tavistock Foundation Quits over Damning Report into Gender Identity Clinic". *The Guardian*, Londres, 23 fev. 2019; The

Christian Institute, "NHS Trans Clinic Governor Quits over 'Serious Ethical Concerns'", 28 fev. 2019, disponível em: <www.christian.org.uk>. Acesso em: 18 jul. 2022.

142. Leslie Feinberg, *Transgender Liberation — A Movement Whose Time Has Come*. World View Forum Pub, 1992.

143. Stephen Whittle, "Foreword". *Transgender Studies Reader*, p. xv.

144. Afsaneh Najmabadi, "Reading *Transsexuality* in 'Gay' Tehran (Around 1979)". *Transgender Studies Reader 2*; Gayatri Reddy, *With Respect to Sex — Negotiating Hijra Identity in South India*. Nova Delhi: Yoda Press, University of Chicago Press, 2006.

145. April Ashley e Douglas Thompson, op. cit., p. 12.

146. Nota do editor para Magnus Hirschfeld, "The Transvestites — The Erotic Drive to Cross-Dress", *Transgender Studies Reader*.

147. April Ashley e Douglas Thompson, op. cit., pp. 2, 17.

148. Casey Quackenbush, "Caitlyn Jenner Says Voting for Trump Was 'a Mistake'". *Time Magazine*, 26 out. 2018.

149. Buzz Bissinger, op. cit., pp. 66-7.

150. Jayne County e Rupert Smith, op. cit., pp. 30, 69, 177, 184.

151. Sarah Lamble, "Retelling Racialized Violence, Remaking White Innocence — The Politics of Interlocking Oppressions in Transgender Day of Remembrance". *Transgender Studies Reader 2*, p. 33.

152. Morgan Bassichis, Alexander Lee e Dean Spade, "Building an Abolitionist Trans and Queer Movement with Everything We've Got". *Transgender Studies Reader 2*, pp. 653, 663.

153. Wesley Yang, "The Revolt of the Feminist Law Profs". *Chronicle Review*, 7 ago. 2019.

154. Katy Steinmetz, "The Transgender Tipping Point: America's Next Civil Rights Frontier". *Time Magazine*, 29 maio 2014.

155. Margot Sanger-Katz e Noah Welland, "Trump Administration Erases Transgender Civil Rights". *The New York Times*, 12 jun. 2020.

156. Margot Sanger-Katz e Erica L. Green, "Supreme Court Expansion of Transgender Civil Rights Undercuts Trump's Restrictions". *The New York Times*, 15 jun. 2020.

TRANS E ASSÉDIO SEXUAL: A HISTÓRIA DE FUNDO [PP. 131-58]

1. Sigmund Freud, "Katharina". In: *Obras completas*, v. 2. *Estudos sobre a histeria (1893-1895)*. Trad. de Laura Barreto. São Paulo: Companhia das Letras, 2016.

2. Christopher Bollas, "The Trauma of Incest". In: *Forces of Destiny*. Londres: Free Association Books, 1999, pp. 48-9.

3. Sigmund Freud, *Obras completas*, v. 19. *Moisés e o monoteísmo, compêndio de psicanálise e outros textos (1937-1939)*. Trad. de Paulo César de Souza. São Paulo: Companhia das Letras, 2018.

4. Id., *Além do princípio do prazer*. Porto Alegre: L&PM, 2018.

5. Id., "A feminilidade". In: *O mal-estar na civilização...*, op. cit., p. 268.

6. Id., "O mal-estar na civilização". In: Ibid, pp. 68-9.

7. Helene Deutsch, "The Significance of Masochism in the Mental Life of Women", 1930, e "The Psychology of Women in Relation to the Functions of Reproduction", 1925. In: Robert Fliess (Org.), *The Psychoanalytic Reader — An Anthology of Essential Papers with Critical Introduction*. Nova York: International Universities Press, 1969.

8. Melanie Suchet, op. cit., p. 177.

9. Sigmund Freud, "As fantasias histéricas e sua relação com a bissexualidade". In: *Obras completas*, v. 8. *O delírio e os sonhos na Gradiva, análise da fobia de um garoto de cinco anos e outros textos (1906-1909)*. Trad. de Paulo César de Souza. São Paulo: Companhia das Letras, 2015.

10. Sara Ahmed, *Cultural Politics of Emotion*. Edimburgo: Edinburgh University Press, 2014, p. 35.

11. Kate Bornstein, *Gender Outlaw*, apud Juliet Jacques, *Trans*, op. cit., p. 108.

12. Esi Edugyan, *Washington Black*. Londres: Serpent's Tail, 2018, p. 367.

13. Meus agradecimentos a Deborah Friedell por trazer esse tuíte a minha atenção.

14. Ver também Eliot Weinberger, "Ten Typical Days in Trump's America". *London Review of Books*, v. 40, n. 20, 25 out. 2018, em particular, as 31 ocorrências de perjúrio em seu depoimento compiladas pelo grupo ativista Demand Justice.

15. Bob Woodward, *Fear: Trump in the White House*. Nova York: Simon and Schuster, 2018, p. 37.

16. Benjamin Margolis, "The Object-oriented Question: a Contribution to Treatment Technique". *Modern Psychoanalysis* v. 8, n. 1, 1983, p. 35.

17. Sigmund Freud, "Katharina", op. cit.

18. Ibid.

19. Sigmund Freud para Wilhelm Fliess, 30 de maio de 1893. In: *A correspondência completa de Sigmund Freud para Wilhelm Fliess (1877-1904)*. Trad. de Vera Ribeiro. Rio de Janeiro: Imago, 1986, p. 74.

20. Id., "Katharina", op. cit.

21. Judith Butler, *Problemas de gênero...*, op. cit.

22. Todas as referências desta seção foram extraídas de Philip Kuhn, "In 'The Dark Regions of the Mind': A Reading for the Indecent Assault in Ernest Jones's 1908 Dismissal from the West End Hospital for Nervous Diseases". *Psychoanalysis and History*, v. 17, n. 1, 2015.

23. T. D. Savill, "A Clinical Lecture on the Psychology and Psychogenesis of Hysteria and the Role of the Sympathetic System". *The Lancet*, 13 fev. 1909, p. 29, apud Philip Kuhn, "In 'The Dark Regions' of Mind'. A Reading for the Indecent Assault in Ernest Jones's 1908 Dismissal from the West End Hospital for Nervous Diseases". *Psychoanalysis and History*, v. 17, n. 1, jan. 2015.

24. Ellen Pinsky, *Mortal Gifts — Death and Fallibility in the Psychoanalytic Encounter*. Nova York: Routledge, p. 63.

25. Ibid.

26. Juliet Mitchell, *Mad Men and Medusas — Recalling Hysteria and the Effect of Siblings on the Human Condition*. Londres: Penguin, 2000.

27. Robin Pogrebin e Kate Kelly, *The Education of Brett Kavanaugh — An Investigation*. Nova York: Random House, 2019.

28. Comitê das Mulheres e da Igualdade, *Transgender Equality — First Report*, p. 3.

29. Para um debate completo sobre esse histórico, ver Moustapha Safouan, *Jacques Lacan and the Question of Psychoanalytic Training*, com introdução de Jacqueline Rose. (Londres: Macmillan, 2000).

30. Kristina Harrison et al., "Standing Up for Transsexual Rights". *The Guardian*, Londres, Cartas, 5 maio 2018.

31. Alexandra Topping, "Prison Assaults Reignite Debate over Transgender Inmates in Women's Jails", *The Guardian*, Londres, 10 set. 2018; Jamie Grierson e Jessica Elgot, "Justice Minister: Women's Safety Key When Placing Transgender Prisoners". *The Guardian*, Londres, 20 out. 2018.

32. Nazia Parveen, "'It Was a Terrifying Time.' Neighbours Recall 'Manipulative and Controlling' Trans Offender", *The Guardian*, Londres, 12 out. 2018.

33. Kate Bornstein, *Queer and Pleasant Danger*, op. cit., p. XIV.

34. Melanie Suchet, op. cit.; Sandra Silverman, "The Colonised Mind: Gender, Trauma, and Mentalization". *Psychoanalytic Dialogues* 25, 2015.

35. Avgi Saketopoulou, op. cit.

36. André Green, "The Neuter Gender", 1973. In: Rosine Jozef Perelberg (Org.), *Psychic Bisexuality — A British-French Dialogue*. Londres: Routledge, The New Library of Psychoanalysis, 2018, p. 254.

37. Moustapha Safouan, *La Civilisation post-oedipienne*. Paris: Herman, 2018, p. 128. (Collection Psychanalyse.)

38. Vanessa Grigoriadis, op. cit., p. 56.

39. Susan Stryker, op. cit.

40. Gambino e Durkin, "LGBT Groups Outraged over Trump Proposal".

41. Dean Spade, "Mutilating Gender", op. cit., p. 320.

42. Audre Lorde, "Os usos da raiva: mulheres reagem ao racismo". In: *Irmã outsider: ensaios e conferências*. Trad. de Stephanie Borges. Belo Horizonte: Autêntica, 2019, p. 164.

43. Sigmund Freud, "Por que a guerra?". In: *O mal-estar na civilização, novas conferências introdutórias à psicanálise e outros textos (1930-1936)*. Trad. de Paulo César de Souza. São Paulo: Companhia das Letras, 2010, p. 428.

44. Id., "A desilusão causada pela guerra". In: "Considerações atuais sobre a guerra e a morte (1915). *Obras completas*, v. 12. *Introdução ao narcisismo, ensaios de metapsicologia e outros textos (1914-1916)*. Trad. de Paulo César de Souza. São Paulo: Companhia das Letras, 2010.

45. Jodi Kantor e Megan Twohey, op. cit., p. 244.

46. Sigmund Freud, "Três ensaios sobre a teoria da sexualidade". In: *Obras completas*, v. 6. *Três ensaios sobre a teoria da sexualidade, análise fragmentária de uma histeria ("o caso Dora") e outros textos (1901-1905)*. Trad. de Paulo César de Souza. São Paulo: Companhia das Letras, 2016, p. 35.

47. Daisy Johnson, *Everything Under*. Londres: Jonathan Cape, 2018.

48. Moustapha Safouan, op. cit., p. 40.

49. Para uma crítica minuciosa do conceito de felicidade em nossos tempos, ver Sara Ahmed, *The Promise of Happiness*. Londres: Duke University Press, 2010.

50. Eliot Weinberger, op. cit.

51. Anna Burns, *Milkman*. Londres: Faber, 2018, p. 1.

52. Christopher Bollas, op. cit.

53. Anna Burns, op. cit., pp. 5, 178, 166.

54. Ibid., pp. 303, 171, 193, 282.

55. Ibid., p. 127.

56. Ibid., pp. 76, 128, 264.

57. Ibid., p. 112.

58. Ibid., pp. 147, 45, 314.

59. Ibid.

60. D. W. Winnicott, "Objetos transicionais e fenômenos transicionais". In: *O brincar e a realidade*. Trad. de Breno Longhi. São Paulo: Ubu, 2019.

O FEMINISMO E A ABOMINAÇÃO DA VIOLÊNCIA [PP. 159-84]

1. Ver Diane Wood Middlebrook, *Anne Sexton — A Biography*. Boston: Houghton Mifflin, 1991; Jacqueline Rose, *The Haunting of Sylvia Plath*. Londres: Virago, 1991.

2. Para um relato dessas disputas, ver Jacqueline Rose, "This is Not a Biography". In: *On Not Being Able to Sleep — Psychoanalysis in the Modern World*. Londres: Chatto and Windus, 2003.

3. Catharine A. MacKinnon, "Human Rights and Global Violence Against Women". In: *Are Women Human? and Other International Dialogues*. Cambridge: Harvard, 2006, p. 28.

4. Posteriormente impressa em Robbie Duschinsky e Susan Walker, *Juliet Mitchell and the Lateral Axis — Twenty-first-century Psychoanalysis and Feminism*. Londres: Macmillan, 2015, pp. 207-27. (Estudos Críticos de Gênero, Sexualidade e Cultura).

5. Christina Lamb, "50 000 Women Raped and the World Shrugs". *Sunday Times*, 9 dez. 2018.

6. Agência dos Direitos Fundamentais da União Europeia, "Violence Against Women — An EU wide survey", mar. 2014. Disponível em: <http://fra.europa.eu/en/publication/2014/violence-against-women-eu-wide-survey-main-results-report>. Acesso em: 15 jun. 2022; ver também Beatrix Campbell, *The End of Equality, Manifestos for the 21st Century*. Chicago: University of Chicago Press and Seagull, 2014.

7. Banco Mundial, *Gender-based Violence (Violence Against Women and Girls)*, 2 abr. 2019. Disponível em: <https://www.worldbank.org/en/topic/socialdevelopment/brief/violence-against-women-and-girls>. Acesso em: 19 jul. 2022.

8. "Rape Has 'Effectively Become Decriminalised', Women's Rights Activists Warn". *Morning Star*, 12 set. 2019; Caelainn Barr, Alexandra Topping e Owen Bowcott, "Rape Prosecutions Fall to 10-year Low in Spite of Sharp Rise in Complaints". *The Guardian*, Londres, 13 set. 2019; ver também Caelainn Barr e David Pegg, "Prosecutions for Rape at Lowest Level for Five Years, New Figures Reveal", *The Guardian*, Londres, 6 mar. 2019.

9. Disponível em: <www.cps.gov.uk/sites/default/files/documents/publications/cps-vawg-report-2019.pdf>; "A Sharp Rise in Domestic Killings Must Lead to Action, Not Despair". *The Guardian*, Londres, 14 set. 2019.

10. Caelainn Barr e Owen Bowcott, "'Secret Targets' Could Explain Plunge in Rape Convictions", *The Guardian*, Londres, 13 nov. 2019.

11. Caelainn Barr e Owen Bowcott, "CPS Faces Legal Action for 'Failing to Pursue Rape Cases'". *The Guardian*, Londres, 25 set. 2019.

12. Caelainn Barr e Alexandra Topping, "Downing Street Plans Rape Prosecution Targets for Police and CPS". *The Guardian*, Londres, 9 ago. 2020.

13. Andrew Van Dam, "Less than 1% of Rapes Lead to Felony Convictions", *Washington Post*, "Wonderblog", 6 out. 2018.

14. "A Sharp Rise in Domestic Killings"; Laith Al-Khalaf e Alexandra Topping, "Women Killed by Men Knew Assailant in 94% of Cases". *The Guardian*, Londres, 20 fev. 2020.

15. Jamie Grierson, "Number of Female Homicide Victims Reaches 14-year High". *The Guardian*, Londres, 14 fev. 2020.

16. Arkadi Gerney e Chelsea Parsons, "Women Under the Gun". *Center for American Progress*, 18 jun. 2014; também reportado em *Social Solutions*. Disponível em: <https://www.socialsolutions.com/blog/domestic-violence-statistics-2018/>. Acesso em: 15 jun. 2022.

17. Jane Martinson, "Extent of Violence against Women in EU Revealed". *The Guardian*, Londres, 5 mar. 2014.

18. Hannah Summers, "Women's Refuges Turn Away Victims Who Speak No English". *The Guardian*, Londres, 9 ago. 2020.

19. Catharine MacKinnon, op. cit., p. 28.

20. Hannah Arendt, "A mentira na política: Considerações sobre os documentos do Pentágono". In: *Crises da República*. São Paulo: Perspectiva, 2019, p. 37.

21. Hannah Arendt, *A condição humana*, op. cit., p. 35.

22. Id., *Sobre a violência*. Rio de Janeiro: Civilização Brasileira, 2009, pp. 13, 20.

23. Seyla Benhabib, "Feminist Theory and Hannah Arendt's Concept of Public Space". *History of Human Sciences* 6:2, 1993; Mary Dietz, "Hannah Arendt and Feminist Politics". In: *Hannah Arendt — Critical Essays*. Albany: Suny University Press, 1994.

24. Hannah Arendt, *A condição humana*, op. cit., p. 36.

25. Ibid., pp. 37, 44.

26. Judith Butler, *Vida precária: os poderes do luto e da violência*. Belo Horizonte: Autêntica, 2019.

27. Hannah Arendt, *Sobre a violência*, p. 42.

28. Ibid., pp. 43-4, 63.

29. Catharine MacKinnon, "Desire in Power". In: *Feminism Unmodified*, op. cit., p. 53.

30. Hannah Arendt, *A condição humana*, op. cit., p. 72.

31. Ibid., pp. 204, 255-7.

32. Id., *A vida do espírito*. Trad. de Antonio Abranches, Cesar Augusto R. de Almeida, Helena Martins. Rio de Janeiro: Relume Dumará, 1992, pp. 13-4, 43, 48, 93.

33. Ibid., p. 151.

34. Ver Lyndsey Stonebridge, *Stateless People — Writing, Rights and Refugees*. Oxford University Press, 2018.

35. Hannah Arendt, *A vida do espírito*, op. cit., pp. 149-50.

36. Ibid., p. 150; Jacques Lacan, *Os quatro conceitos fundamentais da psicanálise*. Trad. de M. D. Magno. Rio de Janeiro: Zahar, 1985, p. 77.

37. Hannah Arendt, *A vida do espírito*, op. cit., p. 300.

38. Ver o ensaio de Arendt "Rosa Luxemburg: 1871-1919", *Men in Dark Times* (Londres: Jonathan Cape, 1970) e também minha análise de Luxemburgo "Woman on the Verge of Revolution: Rosa Luxemburg" (In: *Women in Dark Times*. Londres: Bloomsbury, 2014).

39. Hannah Arendt, "O querer (A vontade)". In: *A vida do espírito*, op. cit., p. 288.

40. Luxemburgo para Hans Diefenbach, 1917 (data completa não fornecida). Apud Elzbieta Ettinger, *Rosa Luxemburg: A Life*. Boston: Beacon Press, 1986, p. 213.

41. Elliott Jaques, "Prefácio". In: Melanie Klein, *Narrativa da análise de uma criança*. Trad. de Claudia Starzynsky Bacchi sob coordenação de Liana Pinto Chaves. Rio de Janeiro: Imago, 1994, p. 9.

42. Ibid., pp. 26. 193-4, 341 (grifos meus).

43. Catharine MacKinnon, "Introduction — Women's Status, Men's States". In: *Are Women Human?: and Other International Dialogues*. Cambridge, MA: Belknap Press, 2007, p. 2.

44. Id., "Women's September 11th — Rethinking the International Law of Conflict". In: *Are Women Human?*, ibid., pp. 260-1, 272.

45. Julia Kristeva, *Melanie Klein*. Trad. de Ross Guberman. Nova York: Columbia University Press, 2001.

46. Melanie Klein, op. cit., pp. 38, 29, 112.

47. Ibid., p. 417 (grifos meus).

48. Ver Jacqueline Rose, "War in the Nursery". In: *Why War? Psychoanalysis, Politics and the Return to Melanie Klein*. Oxford: Blackwell, 1993.

49. Melanie Klein, op. cit., p. 100.

50. Ibid., p. 456.

51. Juliet Mitchell, "The Law of the Mother — Sibling Trauma and the Brotherhood of War". *Canadian Journal of Psychoanalysis* 21:1, 2013.

52. Ver Luingam Luithui e Nandita Haksar, *Nagaland File — A Question of Human Rights*. Gurgaon: Lancer International, 1984

53. Temsüla Ao, *These Hills Called Home — Stories from a War Zone*. Nova Delhi: Zubaan, Kali for Women, 2006, p. x. Meus agradecimentos a Akshi Singh por trazer à minha atenção.

54. Ibid., p. 33.

55. Ibid., pp. 92, 93, 97.

56. Ibid., pp. 96, 108, 113.

57. Sam Jordison, "Eimear McBride's Publisher Gives the Inside Story". *The Guardian*, Londres, 7 jun. 2014.

58. Eimear McBride, *A Girl Is a Half-formed Thing*. Norwich: Galley Beggar Press, 2013, p. 3.

59. Ibid., p. 95.

60. Virginia Woolf, *Um teto só seu*. Trad. de Bia Nunes de Sousa. São Paulo: Tordesilhas, 2014.

61. Eimear McBride, op. cit., pp. 162, 95.

62. Anne Enright, resenha sobre McBride, *The Guardian*, Londres, 20 de setembro de 2013.

63. Eimear McBride, op. cit., p. 96.

64. Ibid., p. 194.

65. Para um debate mais amplo das respostas críticas ao romance, inclusive um relato da palestra em que discuti pela primeira vez McBride — "Modernism: The Unfinished Legacy", realizada na Associação Britânica de Estudos Modernistas (British Association for Modernist Studies, BAMS) em 26 de junho de 2014 —, ver David Collard, *About a Girl — A Reader's Guide to Eimear McBride's A Girl Is a Half-formed Thing*. Londres: CB Editions, 2016.

A ESCRITA DA VIOLÊNCIA: DO MODERNISMO A EIMEAR MCBRIDE
[PP. 185-211]

1. Will Self, "Journey to the End of the Night". *The Guardian*, Londres, 3 ago. 2012; Gabriel Josipovici, *What Ever Happened to Modernism?* Londres: Yale University Press, 2010.

2. John Gray, *Al Qaeda and What It Means to Be Modern*. Londres: Faber, 2003.

3. Theodor Adorno e Max Horkheimer, *Dialética do esclarecimento*. Rio de Janeiro: Zahar, 1985, pp. 16, 12.

4. Gabriel Josipovici, op. cit.

5. Eric Hobsbawm, *A era dos extremos: o breve século XX. 1914-1991*. Trad. de Marcos Santarrita. São Paulo: Companhia das Letras, 1995.

6. Sigmund Freud, "Um distúrbio de memória na Acrópole". In: *Obras completas*, v. 18. *O mal-estar na civilização, novas conferências introdutórias...*, op. cit., p. 439.

7. Ibid., pp. 444-5.

8. Virginia Woolf, *Entre atos* (1940). Trad. de Lya Luft. São Paulo: Novo Século, 2008.

9. Id., Introdução de Frank Kermode. In: *Between Acts*. Oxford: Oxford University Press, World's Classics edition, 2008, pp. XIII-XV.

10. Jacques Lacan, "Função e campo da fala e da linguagem em psicanálise". In: *Escritos*. Trad. de Vera Ribeiro. Rio de Janeiro: Zahar, 1998, p. 238 (itálicos meus).

11. Virginia Woolf, *Entre atos*, op. cit.

12. Id., *Três guinéus*, op. cit.

13. Rosa Luxemburgo, *Rote Fahne*, 18 nov. 1918. Apud Tony Cliff, *Rosa Luxemburg*. Londres: Bookmarks, 1959, p. 31.

14. Walter Benjamin, "Theses on the Philosophy of History", publicado em *Illuminations* com introdução de Hannah Arendt. (Trad. de Harry Zohn. Londres: Collins/Fontana, 1970, p. 259).

15. Gabriel Josipovici, op. cit., p. 106.

16. Rosalind E. Krauss, *The Picasso Papers*. Massachusetts: MIT Press, 1998, p. 33.

17. Ibid., p. 34.

18. Toni Morrison, "Unspeakable Things Unspoken: The Afro-American Presence in American Literature", apresentado como Palestra Tanner sobre Valores Humanos na Universidade de Michigan em 7 out. 1988, p. 3. Disponível em: <tannerlectures.utah.edu/_documents/a-to-z/m/morrison90.pdf>. Acesso em: 15 jun. 2022.

19. Id., *Amada*. Trad. de José Rubens Siqueira. São Paulo: Companhia das Letras, 2018, p. 17.

20. Id., "Unspeakable Things Unspoken", op. cit., p. 31.

21. Id., *Amada*, op. cit., pp. 60-1.

22. Steve Dow, "'Such Brutality': Tricked into Slavery in the Thai Fishing Industry". *The Guardian,* Londres, 21 set. 2019; Burgo Real de Kensington e Chelsea. *Modern Slavery,* 2020, Disponível em: <www.rbkc.gov.uk/community-and-local-life/community-safety/modern-slavery>. Acesso em: 15 jun. 2022.

23. Disponível em: <https://www.ucl.ac.uk/lbs/>. Acesso em: 15 jun. 2022.

24. "Write Good Books and Try Not to Die — Interview with Eimear McBride". In: David Collard, *About a Girl,* p. 140.

25. Eimear McBride, "My Hero: James Joyce", ibid.

26. Id., *Girl,* op. cit., pp. 28, 33, 131.

27. May Sinclair, *The Life and Death of Harriett Frean* (1922). Londres: Virago, 1980, p. 18.

28. Carl Gustav Jung para James Joyce, agosto de 1932, apud Richard Ellmann, *James Joyce.* Oxford University Press, 1959, p. 642.

29. James Joyce, *Ulysses* (1922). Trad. de Caetano W. Galindo. São Paulo: Penguin Classics / Companhia das Letras, 2012, pp. 600-1.

30. Eimear McBride, op. cit., p. 194.

31. Id., "My Hero, James Joyce", op. cit.

32. Alice O'Keeffe, "Eimear McBride: 'I Was Really Bored with the Way Sex is Written About'". *The Bookseller,* 8 jul. 2016.

33. Ibid.

34. Eimear McBride, *The Lesser Bohemians.* Londres: Faber & Faber, 2016, pp. 39, 26, 231.

35. Ibid., p. 57.

36. David Collard, op. cit., p. 137.

37. Ibid., pp. 137-8, 133.

38. Eimear McBride, op. cit., pp. 3, 4, 14.

39. Ibid., p. 110.

40. Alice O'Keeffe, op. cit.

41. Eimear McBride, op. cit., pp. 70, 110.

42. Ibid., pp. 105-6.

43. Ibid., pp. 165, 166.

44. Ibid., pp. 166, 169, 186.

45. Rebecca Ratcliffe, "Sexually Abused Boys Often Overlooked by State Laws, Global Study Warns". *The Guardian,* Londres, 16 jan. 2019.

46. David Collard, op. cit., p. 139.

47. Eimear McBride, op. cit., pp. 241, 243.

48. Ibid., pp. 137, 263.

49. Vanessa Thorpe, "There is So Much More to Her than Bridget Jones". *The Observer*, 4 set. 2016.

50. Eimear McBride, op. cit., pp. 124-5.

51. David Collard, op. cit., p. 137.

52. Eimear McBride, op. cit., pp. 107, 114.

O ASSASSINATO DE REEVA STEENKAMP, O JULGAMENTO DE OSCAR PISTORIUS: SEXO E RAÇA NO TRIBUNAL [PP. 212-44]

1. John Carlin, *Chase Your Shadow: The Trials of Oscar Pistorius*. Londres: Atlantic Books, 2014, pp. 198, 221.

2. "Oscar Pistorius Murder Trial: as it happened". *The Daily Telegraph*, Londres, 4 mar. 2014.

3. Jamie Grierson, "South Africa Court Doubles Oscar Pistorius's Prison Sentence". *The Guardian*, Londres, 24 nov. 2017

4. John Carlin, op. cit., p. 361; Johnny Steinberg, "Pistorius Has Become a Source of Racial Shame". *Business Day Live*, 19 set. 2014. Para comentários sobre o veredito, ver também Leon Louw, "Ignorance Fuels Feeding Frenzy over Pistorius". *Business Day Live*, 17 set. 2014; Trudi Makhaya, "Masipa's Pistorius Ruling Puts Judicial Error in the Spotlight". *Business Day Live*, 16 set. 2014; Kim Ludbrook, "Judge Masipa Got It Wrong". *IOL News*, 11 set. 2014; Eusebius McKaiser, "Oscar: Fair Sentence But for Unjust Reasons". *IOL*, 21 out. 2014; Kim Hawkey, "Masipa Got Pistorius Judgement Right — on the Law". *Business Day Live*, 18 set. 2014; Jonathan Burchell, "Masipa's Decision to Acquit Oscar of Murder Justified". *Business Day Live*, 17 set. 2014.

5. John Carlin, op. cit., p. 189.

6. Mandy Wiener e Barry Bateman, *Behind the Door: The Oscar Pistorius and Reeva Steenkamp Story*. Londres: Macmillan, pp. 206ff. Copyright © 2014. Excertos reproduzidos com a permissão do proprietário por meio da PLSCLEAR.

7. Apud Mandy Wiener e Barry Bateman, ibid., p. 213.

8. Ibid.

9. Ibid., p. 212.

10. Nick Davies, "Who Was the Man in the Green Blanket?". *The Guardian*, Londres, 19 maio 2015.

11. Aislinn Laing, "A Chime Every Four Minutes for the Victims as South Africa Radio Stations Join Rape Outcry". *The Daily Telegraph*, 8 fev. 2013; Ashraf Hendricks, "Every Three Hours a Woman Is Murdered in South Africa". *Al Jazeera*, 3 set. 2019. Disponível em: <https://www.aljazeera.com/indepth/inpictures/3-hours-woman-murdered-south-africa-190905103533183.html>. Acesso em: 19 jul. 2022.

12. Associated Press, op. cit.

13. Apud Mandy Wiener e Barry Bateman, op. cit., p. 39.

14. Ibid., p. 34.

15. Greg Nicholson, "Pistorius Trial: Reeva Steenkamp Emerges on Day 46". *Daily Maverick*, 15 out. 2014. Agradeço a Rachel Holmes por me enviar esse link.

16. Apud Barry Bateman, op. cit., p. 543.

17. Sentença de Masipa, "In the matter between the State and Oscar Leonard Carl Pistorius", Tribunal Superior da África do Sul, Seção de Gauteng, Pretória, Sentença, v. 42, pp. 3280-351, 3328.

18. Agradeço a Rachel Holmes, que há tempos é uma fonte importante sobre a África do Sul, por ter chamado a minha atenção para esse livro.

19. Eusebius McKaiser, *A Bantu in my Bathroom: Debating Race, Sexuality and Other Uncomfortable South African Topics*. Joanesburgo: Bookstorm and Pan Macmillan, 2012.

20. Ibid., p. 25.

21. Ibid., pp. 26, 25, 43.

22. Sentença de Masipa, op. cit., p. 3311.

23. John Carlin, op. cit., p. 233.

24. Margie Orford, "Oscar Pistorius Trial: the Imaginary Black Stranger at the Heart of the Defence". *The Guardian*, 6 mar. 2014, também citada em Mandy Wiener e Barry Bateman, embora eles atribuam o artigo ao *The Sunday Times*, p. 453.

25. Sentença de Masipa, op. cit., p. 3328.

26. Mark Gevisser, *Lost and Found in Johannesburg*. Joanesburgo: Jonathan Ball, 2014, pp. 82, 36.

27. Ibid., pp. 136, 199, 36.

28. "Report of US Senate Select Committee on Intelligence covering the period from January 3, 2013 to June 5, 2014", 31 mar. 2015, p. 40 de 499. Disponível em: <http://www.intelligence.senate.gov/study2014/sscistudy1.pdf>. Acesso em: 19 jul. 2022.

29. Toni Morrison, "Introduction: Friday on the Potomac", *Race-ing Justice, En-gendering Power, Essays on Anita Hill, Clarence Thomas, and the Construction of Social Reality*. Nova York: Pantheon, 1992, pp. XI-XVIII.

30. Mandy Wiener e Barry Bateman, op. cit., p. 255.

31. Sentença de Masipa, op. cit., p. 3320.

32. Ibid.

33. Ibid.

34. Mandy Wiener e Barry Bateman, op. cit., p. 142

35. Ibid., p. 353.

36. Pistorius, declaração final. Apud Mandy Wiener e Barry Bateman, op. cit., pp. 399-401.

37. Ibid., pp. 231-2.

38. Sentença de Masipa, op. cit., p. 3320.

39. Mandy Wiener e Barry Bateman, op. cit., pp. 234, 328, 342.

40. Suzanne Moore, "Reeva Steenkamp Was a Victim of Male Violence. That is the Real Story". *The Guardian,* Londres, 22 out. 2014.

41. Mandy Wiener e Barry Bateman, op. cit., p. 516.

42. Ibid., p. 368.

43. Sentença de Masipa, op. cit., pp. 3304-5.

44. Agradeço a Gillian Slovo por apontar isso para mim.

45. Mandy Wiener e Barry Bateman, op. cit., p. 424.

46. Agradeço a Zeina Ghandour por me enviar o link. Disponível em: <https://www.youtube.com/watch?v=l_hle5shsDY>. O momento ocorre no décimo sétimo minuto da gravação. Conforme aponta Ghandour, é muito surpreendente que não tenha sido captado por Nel nem, ao que parece, por nenhum outro comentarista (esperávamos que Nel lesse isto, e tudo mudaria).

47. Mandy Wiener e Barry Bateman, op. cit., p. 37.

48. Ibid., p. 35.

49. Sean Ingle, "Semenya Loses Landmark Case against IAAF over Testosterone Levels". *The Guardian,* Londres, 1º maio 2019.

50. John Carlin, op. cit., pp. 53, 48.

51. Oscar Pistorius, *Blade Runner — My Story*, originalmente publicado como *Dream Runner*. Milão: Rizzoli; 2008, Londres: Virgin, 2009, p. 11.

52. Cora Kaplan, "Afterword: Liberalism, Feminism, and Defect". In: Helen Deutsch e Felicity Nussbaum (Orgs.), *"Defects": Engendering the Modern Body*. Ann Arbor: University of Michigan Press, 2000, p. 304.

53. Hilary Clark, "On Depression Narratives: 'Hence, into the Dark, We Write...'". In: Merri Lisa Johnson e Susannah B. Mintz (Orgs.), *On the Literary Non-Fiction of Nancy Mairs, a Critical Anthology*. Londres: Palgrave, 2011, p. 64.

54. Nancy Mairs, "On Being a Cripple". In: *Plaintext: Essays by Nancy Mairs*. Tucson: University of Arizona Press, 1986, p. 10.

55. Mandy Wiener e Barry Bateman, op. cit., p. 471.

56. Sentença de Masipa, op. cit., p. 3314.

57. John Carlin, op. cit., p. 320.

58. Mandy Wiener e Barry Bateman, op. cit., p. 217.

59. John Carlin, op. cit., p. 204.

60. Mandy Wiener e Barry Bateman, op. cit., pp. 430, 22, 450.

61. John Carlin, op. cit., p. 102.

62. Zakes Mda, *Black Diamond*. Calcutá: Seagull, 2014, p. 119.

63. Gillian Slovo, "Barrel of a Gun? The Armed Struggle for Democracy in South Africa". Palestra Ralph Miliband, LSE, 5 maio 2014.

64. Mandy Wiener e Barry Bateman, op. cit., p. 84.

65. Ibid., p. 454.

66. Sentença de Masipa, op. cit., pp. 3317, 3332-3.

67. Johnny Steinberg, op. cit.

68. Sentença de Masipa, op. cit., p. 3315.

69. Mandy Wiener e Barry Bateman, op. cit., p. 464.

70. Ibid., p. 355.

71. Sentença de Masipa, op. cit., p. 3310.

72. Margie Orford, "Oscar Pistorius Trial", também citada em Wiener e Bateman, op. cit, p. 453.

73. Sentença de Masipa, op. cit., p. 3334.

74. Ibid., p. 3330. Masipa cita S vs. Ngema (1992) (2) sacr 651 (d).

75. Ibid., p. 3333.

76. S vs. Mithiza 1970 (3), SA 747ª. Apud Masipa, op. cit., p. 3324. (itálicos meus)

77. S vs. Bradshaw, 1977 (1) PH 860 (A) Wessels. Apud Masipa, op. cit., p. 3348.

78. S vs. Sigwatia, 1967 (4) SA 566 (A) Holmes JA. Apud Masipa, op. cit., p. 3349.

79. Laurence Sterne, *The Life and Opinions of Tristram Shandy, Gentleman* (1759). Editado por James Aiken Work. Nova York: Odyssey Press, 1940, pp. 406-7.

80. Marcel Proust, *Sodoma e Gomorra. Em busca do tempo perdido*, v. 2. Trad. de Fernando Py. Rio de Janeiro: Nova Fronteira, 2016, p. 479.

81. Junichirō Tanizaki, *Em louvor da sombra*. Trad. e notas de Leiko Gotoda. São Paulo: Companhia das Letras, 2017, pp. 23, 15.

82. Mary Douglas, *Pureza e perigo: ensaio sobre a noção de poluição e tabu*. Trad. de Sónia Pereira da Silva. Lisboa: Edições 70, 1991, pp. 128, 114.

83. John Carlin, op. cit., p. 112.

84. Mark Gevisser, op. cit., p. 283.

85. Sigmund Freud, "Observações sobre um caso de neurose obsessiva ("O homem dos ratos")". In: *Obras completas*, v. 9. *Observações sobre um caso de neurose obsessiva* [...], *uma recordação de infância de Leonardo da Vinci e outros textos (1909-1910)*. Trad. de Paulo César de Souza. São Paulo: Companhias das Letras, 2013.

86. Mark Gevisser, op. cit., p. 294.

87. Hedley Twidle, "The Oscar Pistorius Case: History Written on a Woman's Body". *New Statesman*, 7 mar. 2013.

88. Rebecca West, *Black Lamb, Grey Falcon: A Journey through Yugoslavia* [1942]. Londres: Canongate, 1997, p. 896.

PROTESTO POLÍTICO E A NEGAÇÃO DA HISTÓRIA: A ÁFRICA DO SUL E O LEGADO DO FUTURO [PP. 245-68]

1. Rouen Thebus, "In Conversation with Dudu Ndlovu: Useful Tips When Chairing Plenaries/Meetings". *Pathways to Free Education 2, Strategy and Tactics*, 2018, p. 63.

2. Simon Rakei, "Community and Struggles and the Tactics of Land Occupations in Conversation with Petrus Brink". *Pathways to Free Education 2, Strategy and Tactics*, 2018, p. 20.

3. Brian Kamanzi, "Decolonising the Curriculum: The Silent War for Tomorrow". *Daily Maverick*, 28 abr. 2016.

4. Leigh-Ann Naidoo, "The Anti-apartheid Generation Has Become Afraid of the Future". *Mail & Guardian*, Joanesburgo, 17 ago. 2016.

5. "Lovelyn Nwadeyi's Empowering Message: We All Have Agency and We Must Use It to Disrupt the Status Quo". *Mail & Guardian*, Joanesburgo, 29 jun. 2016. Disponível em: <https://mg.co.za/article/2016-06-29-we-all-have-agency-and-we-must-use-it-to-disrupt-the-status-quo/>. Acesso em: 19 jul. 2022. Agradeço a Albie Sachs por trazer a minha atenção o discurso de Nwadeyi.

6. Javier Espinoza e Gordon Rayner, "Rhodes Will Not Fall". *The Daily Telegraph*, 29 jan. 2016.

7. Ben Quinn e Richard Adams, "Rhodes Statue: Tech Boss Pledges to Cover Funds Pulled by 'Racist Donors'". *The Guardian*, Londres, 20 jun. 2020.

8. Ver Stefan Collini, "Inside the Mind of Dominic Cummings". *The Guardian*, Londres, 6 fev. 2020. Cummings foi conselheiro-chefe de Boris Johnson até novembro de 2020.

9. Brad Evans, entrevista com Neo Muyanga, "Songs in the Key of Revolution". In: Brad Evans e Natasha Lennard (Orgs.), *Violence: Humans in Dark Times*. Londres: City Lights, 2018, p. 190.

10. Eve Fairbanks, "How South Africa's Youth Turned on Their Parents' Generation". *The Guardian*, Londres, 18 nov. 2015.

11. Nick Davies, op. cit.

12. Eve Fairbanks, op. cit.

13. Neo Muyanga em Brad Evans e Natasha Lennard (Orgs.), op. cit., p. 190. (itálicos originais)

14. "Lovelyn Nwadeyi's Empowering Message".

15. Ibid.

16. N. Chabani Manganyi, *Mashangu's Reverie and Other Essays*. Joanesburgo: Ravan Press, 1977, pp. 65, 44, 6.

17. Sampie Terreblanche, op. cit., p. 20.

18. Lungisile Ntsebeza, "Land Distribution in South Africa: the Property Clause Revisited". In: Lungisile Ntsebeza e Ruth Hall (Orgs.), *The Land Question in South Africa: The Challenge of Transformation and Distribution*. Cidade do Cabo: HSRC, 2007.

19. Victoria Collis-Buthelezi, "Response to 'The Legacy, or, What I Have Learnt From You'", Aula aberta do vice-reitor da Universidade da Cidade do Cabo, 16 de março de 2017, publicada em Jaco Barnard-Naudé, *Decolonizing the Neoliberal University: Law, Psychoanalysis and the Politics of Student Protest* (Londres: Birkbeck Law Press; Londres: Routledge, 2021).

20. Hannah Arendt, "A mentira na política", op. cit.

21. Paul Erasmus, *Confessions of a Stratcom Hitman*. Joanesburgo: Jacana, 2020; Jonathan Ancer, *Betrayal: The Secret Lives of Apartheid Spies*. Cidade do Cabo: Tafelberg, 2020; para uma discussão sobre esses livros, ver Jason Burke, "Yet to Be Reconciled — Books Expose Secret History of Apartheid that Many Don't Want to Hear". *The Guardian,* Londres, 13 jul. 2020.

22. Mogobe B. Ramose, "An African Perspective on Justice and Race". *Themes*, 2001, p. 1. Disponível em: <https://them.polylog.org/3/frm-en.htm>. Acesso em: 19 jul. 2022.

23. Drucilla Cornell, "Rethinking Ethical Feminism through ubuntu". In: *Law and Revolution in South Africa: ubuntu, Dignity, and the Struggle for Constitutional Transformation*. Nova York: Fordham University Press, 2014, pp. 141-7.

24. Mogobe B. Ramose, op. cit., p. 7.

25. Drucilla Cornell, op. cit., p. 206 n. 11.

26. Kéba M'Baye apud Mogobe B. Ramose, op. cit., p. 3.

27. Sigmund Freud, "A desilusão causada pela guerra". In: *Introdução ao narcisismo, ensaios de metapsicologia e outros textos (1914-1916)*. Trad. de Paulo César de Souza. São Paulo: Companhia das Letras, 2010, p. 225.

28. D. W. Winnicott, "Fear of Breakdown". *International Review of Psychoanalysis*, 1974.

29. Jacques Lacan, "Função e campo da fala e da linguagem em psicanálise", op. cit., p. 86.

30. Discuto isso mais amplamente na introdução de Sigmund Freud, *Mass Psychology and Other Writings*. Trad. de J. A. Underwood. Londres: Penguin Classics, 2004.

31. Pumla Gobodo-Madikizela, "Introduction — Breaking Intergenerational Cycles of Conflict". (Conferência na Universidade do Estado Livre, 2012). In: Pumla Gobodo-Madikizela (Org.), *Breaking Intergenerational Cycles of Repetition: A Global Dialogue on Historical Trauma and Memory*. Toronto: Barbara Budrich, 2016., pp. 1-11.

32. Ibid., p. 1. (itálicos meus)

33. A literatura a esse respeito é hoje ampla e não sem controvérsias, mas ver, por exemplo, Leon Mutesa et al., "Transgenerational Epigenomics of Trauma and PTSD in Rwanda". *Human Heredity and Health in Africa*. Disponível em: <https://h3africa.org/

index.php/consortium/transgenerational-epigenomics-of-trauma-and-ptsd-in-rwanda/>; Natan P. F. Kellerman, "Epigenetic Transmission of Holocaust Trauma: Can Nightmares Be Inherited?". *Israel Journal of Psychiatry* v. 50, n. 1, 2013; Rachel Yehuda, "Intergenerational Transmission of Trauma Effects". *World Psychiatry*, v. 17, n. 3, out. 2018. Para uma discussão sobre a transmissão do trauma com relação à psicanálise, ver Catherine Malabou, *The New Wounded — From Neurosis to Brain Damage*. Trad. de Steven Miller. Nova York: Fordham University Press, 2012. O principal texto sobre a transmissão psíquica do trauma continua sendo Nicolas Abraham, "Notes on the Phantom". In: Nicolas Abraham e Maria Torok, *The Shell and the Kernel*. Nicholas Rand (Org.). Chicago: University of Chicago Press, 1994. Para uma das mais valorosas discussões sobre a transmissão psíquica do trauma, ver Ilse Grubrich-Simitis, "From Concretism to Metaphor: Thoughts on Some Theoretical and Technical Aspects of the Psychoanalytic Work with the Children of Holocaust Survivors". *Psychoanalytic Study of the Child*, v. 39, 1984.

34. Pumla Gobodo-Madikizela, "Memory and Trauma". In: Jillian Edelstein, *Truth and Lies — Stories from the Truth and Reconciliation Commission in South Africa*. Londres: Granta, 2001, p. 29.

35. N. Chabani Manganyi, op. cit., pp. 20, 44.

36. Ibid, p. II, p. 43, p. III.

37. Frantz Fanon, *Os condenados da terra*. Trad. de José Laurênio de Melo. Rio de Janeiro: Civilização Brasileira, 1968, pp. 266, 215, 255.

38. N. Chabani Manganyi, op. cit., p. iv.

39. Frantz Fanon, op. cit., p. 235.

40. Sigmund Freud, op. cit., p. 216.

41. Margie Orford, "The Grammar of Violence: Writing Crime as Fiction". *Current Writing: Text and Reception in Southern Africa*, v. 25, n. 2, 2013, pp. 220-9.

42. Brian Kamanzi, "#FeesMustFall: The Eye of the Hurricane". *Daily Maverick*, 10 out. 2016.

43. N. Chabani Manganyi, op. cit., p. 22.

44. Há hoje extensa literatura sobre a Comissão da Verdade e da Reconciliação da África do Sul, única em sua época a realizar as audiências em público. Uma das obras mais legitimamente celebradas é Antjie Krog, *Country of My Skull*. (Joanesburgo: Random House, 1998). Discuto a comissão em "Apathy and Accountability — the Challenge of South Africa's Truth and Reconciliation Commission to the Intellectual in the Modern World". In: Helen Small (Org.), *The Public Intellectual*. Oxford: Blackwell, 2003.

45. Hisham Matar, *The Return — Fathers, Sons and the Land in Between*. Londres: Random House, 2016, p. 247.

46. Ibid., p. 248.

47. Yvonne Vera, *The Stone Virgins*. Nova York: Farrar, Strauss and Giroux, 2002.

48. Deborah Smith, "Introduction". In: Han Kang, *Human Acts*. Trad. de Deborah Smith. Londres: Portobello, 2016, p. 2.

49. Han Kang, *Atos humanos*. Trad. de Ji Yun Kim. São Paulo: Todavia, 2021, p. 139.

50. Ibid., pp. 83,115,129.

51. A carta de Slovo, que originalmente fazia parte do projeto Inside Prison, está disponível no website da organização britânica Artangel, no projeto Inside — Artists and Writers in Reading Prison. Disponível em: <www.artangel.org.uk/project/inside/>. Acesso em: 19 jul. 2022.

52. Han Kang, op. cit., p. 83.

53. Ibid., pp. 51-3, 131.

UM LONGO GRITO: TRAUMA E JUSTIÇA NA ÁFRICA DO SUL
[PP. 269-96]

1. Lukhanyo Calata e Abigail Calata, *My Father Died for This*. Prefácio de Paul Verryn. Cidade do Cabo: Tafelberg, 2018, pp. 25, 34-5.

2. Ibid., p. 226.

3. Ibid., pp. 213, 216.

4. Ibid., pp. 240, 225.

5. Ibid., p. 245.

6. Ibid., p. 246.

7. Todas as citações sem referências neste capítulo foram extraídas dessa conferência.

8. Ibid., pp. 250, 248, 249, 12, 251.

9. Ibid., p. 18.

10. Pumla Gobodo-Madikizela, *A Human Being Died that Night — Forgiving Apartheid's Chief Killer*. Prefácio de Nelson Mandela. Cidade do Cabo: David Philip, 2003, Londres: Portobello, 2006.

11. Lukhanyo Calata e Abigail Calata, op. cit., pp. 11-2.

12. Ibid., p. 217.

13. Michael Stanley Tetelman, *We Can! Black Politics in Cradock, South Africa 1948-1985*. Rhodes University: Institute for Social and Economic Research, Crory Library, 2012, p. 3; Lukhanyo Calata e Abigail Calata, op. cit., pp. 91-2, 123.

14. Michael Stanley Tetelman, op. cit., p. 197.

15. Albie Sachs, *The Soft Vengeance of a Freedom Fighter*. Revisado e atualizado com apresentação de Desmond Tutu e introdução de Njabulo S. Ndebele. Cidade do Cabo: David Philip, 2011.

16. Id., "A New African Jurisprudence: From Abstract Judicial Rulings to Purposive Transformative Jurisprudence". In: *We The People — Insights of an Activist Judge*.

Joanesburgo: Wits University Press, 2016, p. 161; ver também *Oliver Tambo's Dream*, de Albie Sachs (Cidade do Cabo: African Lives, 2017), em especial as palestras 3, "Does the Constitution Stand in the Way of Radical Land Reform", e 4, "The Constitution as an Instrument of Decolonialisation and Achieving True Equality"; ver também a correspondência pessoal.

17. Albie Sachs, correspondência pessoal.

18. Albie Sachs, "A New African Jurisprudence", p. 163.

19. Corte Constitucional da África do Sul, Municipalidade de Port Elizabeth vs. Diversos Ocupantes (CCT 53/03) [2004] ZACC 7; 2005 (1) SA 217 (CC); 2004 (12) BCLR 1268 (CC) (1º de outubro de 2004).

20. Eliza Kentridge, *Signs for an Exhibition*. Cidade do Cabo: Modjaji Books, 2015, p. 91.

21. Pumla Gobodo-Madikizela, op. cit., pp. 40-1.

22. Sigmund Freud, *Estudos sobre a histeria*, op. cit.

23. W. R. Bion, "Attacks on Linking", *International Journal of Psychoanalysis* 40, 1959.

24. Hugh Macmillan, *Chris Hani*. Auckland: Jacana, 2014, p. 9.

25. Lindiwe Hani e Melinda Ferguson, *Being Chris Hani's Daughter*. Joanesburgo: MF Books, 2017, p. 69.

26. Ibid., p. 91.

27. Antjie Krog, op. cit., p. 42.

28. Sarah Nuttall, "Upsurge". In: Catherine Boulle e Jay Pather (Orgs.), *Acts of Transgression — Contemporary Live Art in South Africa*. Joanesburgo: Wits University Press, 2019.

29. Lukhanyo Calata e Abigail Calata, op. cit., p. 170.

30. Ibid., pp. 38, 103.

31. Penny Siopsis, *This Morning Comes*, videoinstalação, 2018.

32. Jessica Benjamin, "Non-violence as Respect for All Suffering: Thoughts Inspired by Eyad El Sarraj". *Psychoanalysis, Culture and Society*, v. 21, n. 1, 2016.

33. Uma tentativa de criar uma psicanálise não elitista na África do Sul tem sido o projeto em andamento do Centro Sul-Africano Ububele de Treinamento e Recursos de Psicoterapia, que combina a psicanálise ocidental com sistemas autóctones de conhecimento no tratamento de crianças e foi fundado por Tony e Hillary Hamburger nos arredores da *township* de Alexandra em 2009.

34. Lukhanyo Calata e Abigail Calata, op. cit., pp. 74-5.

35. Lindwie Hani e Ferguson, op. cit., p. xii.

36. Hugh Macmillan, op. cit., pp. 25, 57-8.

37. Lukhanyo Calata e Abigail Calata, op. cit., p. 195.

38. Sisonke Msimang, *The Resurrection of Winnie Mandela*. Cidade do Cabo: Jonathan Ball, 2018, pp. 151, 157.

39. Njabulo S. Ndebele, *The Cry of Winnie Mandela*. Cidade do Cabo: David Philip, 2003 (edição revisada, Picador Africa, 2013), p. 62.

40. Antjie Krog, op. cit., pp. 39-44.

41. Winnie Madikizela-Mandela, *491 Days, Prisoner Number 1323/69*. Apresentação de Ahmed Kathrada. Atenas: Ohio University Press, 2013, pp. 57, 38.

42. Ibid., pp. 39, 80, 234.

43. Sisonke Msimang, op. cit., p. 146.

44. Njabulo S. Ndebele, op. cit., p. 109.

45. Lindwie Hani e Ferguson, op. cit., p. 172.

46. Sisonke Msimang, op. cit., pp. 148, 151.

47. Rosa Luxemburgo, *Redner der Revolution*, v. 11, Berlim, 1928. Apud Peter Nettle, *Rosa Luxemburg*, edição condensada, Oxford University Press, 1969, p. 250.

NA FRONTEIRA [PP. 297-327]

1. Marchu Girma, Isabelle Kershaw, Gemma Lousley, Sophie Radice e Natasha Walter, *I Am Human*. Londres: Women for Refugee Women, 2015, p. 10.

2. Jamie Grierson, "Putting a Time Limit on Detaining Immigrants 'Could Save £35m a Year'", *The Guardian*, Londres, 8 maio 2019; ver também Diane Taylor, "Home Office Held More than 500 Trafficking Victims in Detention Centres", no relato do projeto de mapeamento de dados After Exploitation, segundo o qual, contrariando as próprias diretrizes, o Ministério do Interior prendeu centenas de vítimas de tráfico em centros de detenção. (*The Guardian*, Londres, 9 jul. 2019).

3. Liz Hales e Lorraine Gelsthorpe, *Criminalisation of Migrant Women*. Cambridge: Instituto de Criminologia, 2012, p. 28.

4. Jackie Turner, "Root Causes, Transnational Mobility and Formations of Patriarchy in the Sex Trafficking of Women". In: Margaret Malloch e Paul Rigby (Orgs.), *Human Trafficking: The Complexities of Exploitation*. Edimburgo: Edinburgh University Press, 2016, p. 201.

5. Liz Hales e Lorraine Gelsthorpe, op. cit., p. 80, n. 90.

6. Tom McCarthy, "'Horrifying' Conditions Revealed at US Border Detention Centres". *The Guardian*, Londres, 3 de jul. 2019.

7. Eliot Weinberger, "One Summer in America". *London Review of Books*, v. 41, n. 18, 26 set. 2019.

8. "Emma's story". In: Girma et al., *I Am Human*, op. cit., p. 8.

9. Diane Taylor, "Nigerian Rape Survivor 'Flung to Floor like a Bag of Cement'". *The Guardian*, Londres, 17 jan. 2020.

10. "Rechel's Story". In: Girma et al., op. cit., p. 13.

11. Ibid.

12. Jamie Grierson, op. cit.

13. Posfácio de David Herd em David Herd e Anna Pincus (Orgs.), *Refugee Tales*. Manchester: Comma Press, 2016, p. 135.

14. Kamila Shamsie, "The UK Once Welcomed Refugees. Now We Are the Only Country in Europe to Detain Them Indefinitely. It's Time to End this Costly, Cruel and Unjust System". *The Guardian,* Londres, 4 jul. 2020.

15. Liz Hales e Lorraine Gelsthorpe, op. cit., p. 62.

16. Ibid., pp. 63, 65; David Herd, op. cit., p. 140.

17. Liz Hales e Lorraine Gelsthorpe, op. cit., p. 32.

18. David Herd, op. cit., p. 140.

19. Liz Hales e Lorraine Gelsthorpe, op. cit., pp. 65, 96; Girma et al., op. cit., p. 18.

20. Amelia Gentleman, "In the Eye of the Story". *The Guardian Weekend*, 14 set. de 2019.

21. Kiril Shaparov em Margaret Malloch e Paul Rigby (Orgs.), op. cit., p. 18.

22. David Herd, op. cit., p. 138.

23. Liz Hales e Lorraine Gelsthorpe, op. cit., p. 88.

24. Margaret Malloch, "Criminalising Victims of Human Trafficking". In: Margaret Malloch e Paul Rigby (Orgs.), op. cit., p. 175.

25. Heather Ann Thompson, "An Enduring Shame". *New York Review of Books*, 25 out. 2015.

26. Ministério do Interior, *Relatório Corston — Review of Women with Particular Vulnerabilities in the Prison Justice System*, Fundo de Reforma Penitenciária, 2006.

27. Fundo de Reforma Penitenciária, *No Way Out*, 2012, p. 2.

28. Ibid., p. 3.

29. Liz Hales e Lorraine Gelsthorpe, op. cit., p. 61.

30. Ibid., p. 14.

31. A Day in Our Lives — Women for Refugee Women, saguão do Queen Elizabeth Hall, 23 de junho de 2019. A performance fazia parte da Semana do Refugiado britânica. Para transmitir a experiência única que se oferecia igualmente aos participantes e à plateia, elas repetiam do começo ao fim: "Esta é a minha vida mas também uma performance, esta é uma performance mas também a minha vida".

32. Ali Smith, "The Detainee's Tale". In: David Herd e Anna Pincus (Orgs.), op. cit., p. 58.

33. Liz Hales e Lorraine Gelsthorpe, op. cit., p. 61.

34. Ibid., p. 59.

35. Ibid., p. 57.

36. Ibid., p. 74.

37. Ibid., p. 75.

38. Fundo de Reforma Penitenciária, op. cit., p. 3.

39. Apud David Runciman, "How to Get Screwed". *London Review of Books*, v. 41, n. 11, 6 jun. 2019, p. 15.

40. Liz Hales e Lorraine Gelsthorpe, op. cit., p. 85.

41. David Herd, Posfácio, op. cit., p. 138.

42. Madeleine Schwartz, "Inside the Deportation Courts". *New York Review of Books*, 10 out. 2019.

43. Apud Margaret Malloch e Paul Rigby (Orgs.), op. cit., p. 187.

44. Apud Bill Munroe, "Human Trafficking: Capitalist Exploitation and the Accursed Share". In: Margaret Malloch e Paul Rigby (Orgs.), op. cit., p. 237.

45. Howard Caygill, capítulo 3 ("Violence, Civility and the Predicaments of Philosophy", p. 42) e capítulo 4 ("Politics and War: Hegel and Clausewitz", p. 66) de *Force and Understanding: Writings on Philosophy and Resistance*, organizado por Stephen Howard, com posfácio de Jacqueline Rose (Londres: Bloomsbury, 2020).

46. Howard Caygill, op. cit., p. 42.

47. Howard Caygill, "Politics and War", p. 72.

48. Judith Butler, "Contingent Foundations". In: Judith Butler e Joan Scott, *Feminists Theorise the Political*. Nova York: Routledge, 1992, p. 18.

49. Jamie Grierson, "Women's Prisons Report Big Rise in New Arrivals Registered as Homeless". *The Guardian*, Londres, 4 jul. 2019.

50. Elmhirst, "No Way Out"; Damien Gayle, "Woman Wins First Stage in Battle to Overturn Murder Conviction", *The Guardian*, Londres, 4 dez. 2019.

51. Hilary Allen, "Rendering Them Harmless: The Professional Portrayal of Women Charged with Serious Violent Crimes" em Pat Carlen e Anne Worrall (Orgs.), *Analysing Women's Imprisonment*. Devon: Willan Press, 2004, p. 93.

52. Ver Maya Goodfellow, *Hostile Environment — How Immigrants Became Scapegoats*, Londres: Verso, 2019.

53. Toby Helm e Mark Townsend, "Tory Rebels Call for a 28-day Limit on Migrant Detention", *The Guardian*, Londres, 27 de junho de 2020.

54. Tony Judt, *Postwar — A History of Europe since 1945*, Londres: Heinemann, 2005, p. 9. Ver também Peter Gatrell, *The Unsettling of Europe — The Great Migration 1945 to the Present*. Londres: Penguin Random House, 2019.

55. Brad Evans, "The Refugee Crisis is Humanity's Crisis", entrevista com Zygmunt Bauman em Brad Evans e Natasha Lennard (Orgs.), op. cit., p. 55.

56. Jacqueline Bhabha e Sue Shutter, *Nationality and Refugee Law*. Stoke-on-Trent: Trentham Books, 1994, p. 231.

57. Owen Boycott, "EU Intentionally Sacrificed Migrants at Sea to Deter Others, Legal Papers Claim". *The Guardian,* Londres, 3 jun. 2019.

58. Michael Peel, "EU Poised to Order Migrant Rescue Ships Back to Port". *Financial Times,* 27 mar. 2019.

59. Aamna Mohdin, "One Year On, Child Migrants Still Risk All to Cross the Channel". *The Guardian,* Londres, 30 dez. 2019.

60. Philip Oltermann, "Death Threats to German Politicians Who Back Refugees". *The Guardian,* Londres, 21 jun. 2019; "'Why Are We Not Flooding to the Streets in Disgust?'". *The Guardian,* Londres, 3 jul. 2019.

61. Jacqueline Bhabha e Sue Shutter, op. cit., p. 218.

62. Brad Evans, op. cit., p. 57.

63. O caso é discutido em Jacqueline Bhabha e Sue Shutter, op. cit., p. 246, e em Eithne Luibhéid, *Entry Denied — Controlling Sexuality at the Border*. Minneapolis: University of Minnesota Press, 2002, pp. 106-7.

64. Eithne Luibhéid, op. cit., pp. 107-8.

65. Cynthia Enloe, *Maneuvers — the Systematic Politics of Militarising Women's Lives*. University of Chicago Press, 2000, pp. 123-32.

66. Ibid., p. 147.

67. Ibid., p. 121.

68. Jessica Elgot, "How May's 'Hostile Environment' for Migrants Brought Anguish to a Generation with Every Right to Live Their Lives in Britain". *The Guardian,* Londres, 18 abr. 2018; Niamh McIntyre e Alexandra Topping, "Abuse Victims Increasingly Denied Right to Stay in UK". *The Guardian,* Londres, 16 ago. 2018.

69. Niamh McIntyre e Alexandra Topping, "Abused Women Let Down by 'Hostile Environment' Policy". *The Guardian,* Londres, 16 ago. 2019.

70. Eithne Luibhéid, op. cit., p. 104.

71. Ibid., capítulo 5.

72. Lorenzo Tondo, "Three Held over 'Rape and Torture' in Migrant Camp". *The Guardian,* Londres, 17 set. 2019.

73. Eithne Luibhéid, op. cit., pp. 110-4.

74. Ibid., p. xvi.

75. Jacqueline Bhabha e Sue Shutter, op. cit., p. 250.

76. Apud Eithbe Luibhéid, p. cit., p. 114.

77. Judith Butler, State Violence, War, Resistance — For a New Politics of the Left, palestra apresentada no Centro de Cultura Contemporânea de Barcelona, 7 abr. 2010, Barcelona: CCCB, 2010, p. 65.

78. Alexandra Topping, "Migrant Women 'Left out of' UK Domestic Abuse Bill, MPs Told". *The Guardian,* Londres, 6 jul. 2020.

79. Miriam Jordan, "Guatemalan Mother Could Lose Custody of Daughter, Because She's an American". *The New York Times*, Nova York, 23 nov. 2018; Massoud Hayoun, "After 247 Days Vilma Carrillo, an Immigrant Woman Separated from her Daughter, Has Been Released from ICE Custody". *Pacific Standard*, 11 jan. 2019.

80. Madeleine Schwartz, op. cit.

81. Greg Grandin, "The Battle at the US Border". *The Guardian*, Londres, 28 fev. 2019.

82. Ibid.

83. Stephanie Kirchgaessner, "Senior US Official Said There Was No Age Limit on Child Separations". *The Guardian,* Londres, 24 jul. 2020.

84. Diane Taylor, "'Destructive' Child Refugee Policy Keeps Families Apart Deliberately". *The Guardian,* Londres, 11 jan. 2020.

85. Liz Hales e Lorraine Gelsthorpe, op. cit., p. 109.

86. Ibid., pp. 101-2, 107.

87. Eithne Luibhéid, *Pregnant on Arrival — Making the Illegal Immigrant*. Minneapolis: University of Minnesota Press, 2013, p. 17.

88. Apud Eithne Luibhéid, p. 140.

89. Eithne Luibhéid, op. cit., p. 41.

90. Autos do Projeto de Lei da Nacionalidade Britânica, *Hansard,* 7 e 13 jul. 1948. Apud Jacqueline Bhabha e Sue Shutter, op. cit., p. 26.

91. Os Estados Unidos também retiraram a proteção dos imigrantes centro-americanos que tenham passado por outro país em que não solicitaram asilo; e, em uma medida considerada de encerramento da visão fundadora dos Estados Unidos como uma nação de imigrantes, uma nova regulamentação entrou em vigor em 15 de outubro de 2019 para barrar imigrantes que não consigam ultrapassar o limiar da pobreza, que necessitem de cuidados médicos ou que possam ser considerados, de alguma maneira, um ônus para o Estado. (Associated Press, "Immigration Officers in US Given Powers to Deport Without Appeal", *The Guardian,* Londres, 24 jul. 2019; Daniella Silva, Julia Ainsley, Pete Williams e Geoff Bennett, "Trump Administration Moves to End Asylum Protection for Most Central American Migrants". *NBC News*, 15 jul. 2019; Daniel Trotta e Mica Rosenberg, "New Rule Targets Poor and Could Cut Legal Immigration in Half, Advocates Say". Reuters, *World News*, 12 ago. 2019.

92. Jia Tolentino, "O eu na internet". In: *Falso espelho...*, op. cit., p. 20.

93. Diane Taylor, "Child Asylum Seekers Tell of Abuse After They Were Classified as Adults". *The Guardian,* Londres, 30 maio 2019.

94. Julia O'Connell Davidson, *Children in the Global Sex Trade*. Londres: Polity, 2005, pp. 5-6.

Índice remissivo

#AmINext, 31, 245
#MeToo: amplitude do desafio, 17; em comparação com #AmINext, 31; em comparação com reações ao Título IX, 69; fundação, 74; influência, 17, 38, 56, 73, 245, 335; *Milkman*, 153-4; questões de denúncia, 44, 142

aborto, 7, 8, 24-5, 126
abuso sexual: a escrita de McBride, 182, 188, 197, 200-1; caso Epstein, 10; caso Katharina, 131; caso Savile, 17; caso Weinstein, 15-6; crianças, 325-6; e assédio, 39; Hollywood, 14-5; incidência na Europa, 161; mundo esportivo, 18; objetivos, 134; realidade, 139, 142; Westminster, 14
Adorno, Theodor W., 187
África do Sul, 212-96: armas, 236-8, 243; atletismo, 232-3; caso de Zuma por estupro, 41; caso Oscar Pistorius, *ver* Pistorius, Oscar; Centro de Trauma Histórico e Transformação, 34, 257, 272, 279; *coloureds*, 218; Comissão da Verdade e da Reconciliação, 33-4, 264, 272, 277-8, 284-5, 287; conferência de Stellenbosch (2018), 272, 276-83; Constituição, 253, 277-8; corrupção, 270, 288; Corte Constitucional, 278, 284; educação, 34, 245-6, 249-50, 254; escrita policial, 262; história e antecedentes, 28-9, 31-3, 213-4, 221-2, 237, 243, 248-9, 250-6; massacre dos mineiros de Marikana, 214, 251, 262; "micro-ondas", 257-60; movimento contra a violência sexual (#AmINext), 31; protestos de mulheres, 25; protestos estudantis, 245-7, 251-2, 259, 269; psicanálise, 288; "Quatro de Cradock", 271-6, 278, 281, 286; trauma e linguagem, 284-7; Tribunal Superior, 212, 239; violência contra as mulheres, 25, 29-30, 134, 215, 262-3
Afzal, Nazir, 72
Agnes (transexual), forma como conseguiu a cirurgia de redesignação sexual, 84-5
Ahmed, Sara, 62, 65-6, 68, 70, 134
Aizura, Aren Z., 86
Akyün, Hatice, 21
Allan, Liam, 64, 71
Allen, Hilary, 311
Amos, Tori, 72
ANC — African National Congress: acordo com líderes do apartheid, 253, 274; ativistas, 272, 275, 277, 280, 283, 289; eleições (1994), 283; governo, 281; história, 274, 276; julgamento por traição (1956-61), 222; mulheres manifestantes, 228; políticas governamentais, 270, 273
Anderson, Gillian, 19

Andrew, príncipe, 9-10
Anna O., 282
Ao, Temsüla, 34, 179, 181
Ardern, Jacinda, 335
Arendt, Hannah: abordagem ao feminismo, 166, 173; *condição humana, A*, 35, 165, 168; distinção entre violência e poder, 167-8; ideia de "grandeza impotente", 11, 14, 165, 168, 175-6, 333; "mentira na política, A", 175, 254; sobre a divisão sexual do trabalho, 166-7; sobre a imprevisibilidade, 169; sobre a pólis grega, 166-7, 171; sobre a tentação que acaba mal, 22; *Sobre a violência*, 166-7; sobre a violência "muda", 165, 202; sobre o amor, 173-4; sobre o descaso, 165, 179; sobre o mito do progresso, 166, 254, 309; sobre o pensamento, 169-71; sobre o poder tornando-se violento, 11-2, 40, 136, 333; sobre o regime sem lei, 21; sobre pensar a respeito do que estamos fazendo, 36, 165; sobre Rhodes, 29; sobre sonhos, 170-1; *vida do espírito, A*, 169, 171
Argento, Asia, 59
Armstrong, Graeme, 27
Arsenault, Nina, 101-2, 112
Ashley, April: anulação do casamento, 81-3, 85; atitude com relação à genitália masculina, 117; carreira, 86; círculo social, 124; cirurgia de redesignação sexual, 82, 107, 112; desejo de "ser inteira", 99; encontro com a autora, 96; infância, 124-5; memórias (*The First Lady*), 82, 88-9, 124-5; nascimento, 82; relacionamento com Corbett, 81, 83, 85
asilo, solicitantes de: Convenção de Genebra, 318; crianças, 26, 326; criminalização, 298, 305-6, 308, 327; estupradas, 317; tratamento americano, 26, 315; tratamento australiano, 308; tratamento britânico, 297-8, 302, 304-5, 307, 326; tratamento europeu, 312; tratamento húngaro, 26; tratamento irlandês, 322
assédio sexual, 37-79, 131-58: abrigos, 72; ativistas contra o assédio, 42, 48, 55-6, 61, 69; denúncias, 45, 163; diretriz para as universidades ("carta aos colegas"), 42, 45, 47, 52, 55; diretrizes sobre, 42; discurso de extrema direita, 46, 55-6;
entendimento de, 39-40; luta pública contra, 14, 38; mulheres assediando homens, 40, 59; no ambiente de trabalho, 73-5; nos campus, 38, 43, 51, 64-70; 134; o histórico de Trump, 20; objetivo, 38; pessoas identificadas como transgênero, 88, 136; provas, 70, 79; questão da igualdade salarial, 48; questão na psicanálise, 139-41; questões educacionais, 50; subtexto feminista, 48; violência e, 41-2, 75; vulnerabilidade ao, 38-9; Westminster, 73-4; *ver também* #MeToo
Austrália, 308
Ayrton-Gould, Barbara, 323

Barnard-Naudé, Jaco, 338
Bassichis, Morgan, 128-9
Bataille, Georges, 201
Bateman, Barry, 224
Bauman, Zygmunt, 314
Beatie, Thomas, 96
Beckett, Samuel, 202
Belfast, 18-9, 34, 154, 157, 263
Bell, David, 122
Benhabib, Seyla, 166
Benjamin, Harry, 101
Benjamin, Jessica, 79, 287
Benjamin, Walter, 140, 193
Bennett, Jane, 255
Bettcher, Talia Mae, 102
Bhabha, Jacqueline, 312, 314
Biko, Steve, 273
Bion, W. R., 283
Bishop, Jenny-Anne, 144
Bissinger, Buzz, 93, 125
Black Lives Matter, 245, 335
Black, Ann, 114
Blackman, Lisa, 67
Blasey Ford, Christine, 135, 138, 142, 154, 325
Boesak, Allan, 271, 274, 286
Bollas, Christopher, 154
Bolsonaro, Jair Messias, 7, 11, 22-3
Bolton, John, 20
Booysen, Anene, 30, 215
Bornstein, Kate: e a redesignação sexual, 145; memórias (*A Queer and Pleasant Danger, A Memoir*), 83, 108, 111, 119, 145; rotulada de "transfóbica", 109; sobre a "aberração", 94; sobre a cientologia, 99;

sobre espaços exclusivos para mulheres, 109, 145; sobre Millot, 106; sobre não fingir, 108; sobre o pai, 111; sobre sexo e dor, 119, 145; trabalhar no sentido de ser homem ou mulher, 134
Bósnia, 174, 316
Botha, P. W., 271, 295
Bowen, Elizabeth, 198
Boycott, Geoffrey, 18
Boylan, Jennifer Finney, 84
Brandon, Maryann, 48
Branson, Richard, 14
Brasil, 7, 22, 119, 149
Brink, Petrus, 247, 259
Burger, Michelle, 226
Burke, Tarana, 74
Burns, Anna, 34, 153
Burou, Georges, 112
Butler, Judith: caso de assédio, 59; Prosser e, 101; sobre a abjeção, 106; sobre a expressão performativa, 40, 138; sobre a melancolia, 40, 106; sobre a "vida precária", 167; sobre decisões a respeito da violência, 309; sobre identidades sexuais, 23, 138; sobre políticas de imigração, 318; sobre "vidas não passíveis de luto", 117

Cadenas, Isabel, 25
Calata, Abigail, 272, 285, 288, 291
Calata, família, 272, 277, 280, 290-1
Calata, Fort, 34, 271-2, 276, 285, 290, 296
Calata, James, cânone, 274, 276, 286, 289
Calata, Lukhanyo, 270-1, 273-4, 291
Calata, Miltha, 289
Calata, Nomonde, 285, 287, 289, 292-3, 296
Calata, Tumani, 296
Cameron, David, 128
Campos-Guardado, Sofia, 315
Camus, Albert, 7, 339
capitalismo: criminoso, 253, 308; desenfreado e resiliente, 140, 187; instituições "traumatogênicas" do, 295; linguagem e, 187; não nomeia a violência, 12
Carlin, John, 219, 233, 236-7
Carmichael, Polly, 121
Carrillo, Vilma, 319
Carroll, E. Jean, 20, 22
Caruth, Cathy, 282
Caygill, Howard, 308-9

Centro de Remoção de Imigração de Yarl's Wood, 297-300, 302, 315
Chauvin, Derek, 329-30
Chiu, Rowena, 15
Cho, Eunice (pseudônimo da acusadora de Ludlow), 60
Chuang Tzu, 171
Chun Doo-hwan, 265
cidade-Estado grega, 166, 176, 334
cirurgia de confirmação de gênero, *ver* redesignação sexual, cirurgia de
Clark, Hilary, 234
Clinton, Bill, 75, 126, 128, 135, 142
Clinton, Chelsea, 19
Clinton, Hillary, 54
Coetzee, Stefaans, 281
Collis-Buthelezi, Victoria, 254, 338
Colston, Edward, 28, 245
Congo (RDC), 38, 161
Convenção de Genebra, 315, 318
Corbett, Arthur, 80-5, 90, 106, 116
Corbett, Ken, 116
Cornell, Drucilla, 255
Corporação de Radiodifusão da África do Sul (SABC), 270-1, 275, 285-6, 288
County, Jayne, 91, 108, 125, 128
Covid-19, pandemia: "ato de violência", 328-9; casos BAME (de minorias étnicas), 11; efeitos na legislação, 56, 143; efeitos no emprego, 75; gastos do NHS, 13; lucros com a, 328; mulheres líderes, 335; negação da realidade, 330; papel da Serco, 297; resposta dos políticos à, 330-2; testagem em massa, 335; violência contra as mulheres, 333-4; violência doméstica durante a, 72, 163, 330, 333-4
Cox, Laverne, 94, 119
Craig, Larry, 105
crianças: abuso sexual de, 72, 115, 138, 325-6; de transexuais, 96-7; denunciando estupro, 64; estupradas, 72, 115, 215, 321; ideia de um *snuff movie*, 60; imigrantes, 26, 232-3, 319-23, 325-6; "micro-ondas", 257-60, 267; psicanálise de, 172-9; traficadas para prostituição, 10, 325; transgênero, 120-3

Damon, Matt, 41
De Klerk, F. W., 278, 290, 295

De Kock, Eugene, 276, 280, 282, 287, 294
Debbonaire, Thangam, 317
DePew, Daniel, 59-60
Derby-Lewis, Clive, 283-4
Desmond, Richard, 14
Deutsch, Helene, 133, 146
DeVine, Phillip, 113
DeVos, Betsy, 55-6, 68
Dietz, Mary, 166
disforia de gênero, síndrome de, 84
Douglas, Mary, 242
Doyle, Jennifer, 42, 46-7, 58
Driver, Minnie, 41
Du Plessis, Lourens, 272
Duncan Smith, Iain, 13
Dunne, John Gregory, 113
Dworkin, Andrea, 14

Édipo, 10, 151-3
Edugyan, Esi, 135
Elbe, Lili, 96, 98, 117
Elizabeth II, rainha, 10
Elmhirst, Sophie, 44, 311
Engler, Hagen, 232
Enrigh, Annet, 17, 27, 182
Epstein, Jeffrey, 10
Erdoğan, Recep Tayyip, 11, 20
escravidão, 188, 195-6, 209
Espanha, 24-5, 72, 163
Estados Unidos: ações judiciais por estupro, 162; lucros com a pandemia de Covid-19, 328; política de aborto, 8-9; política de imigração, 26, 247, 299, 320-1, 323-5; políticas transgênero, 89, 129, 135, 142-4, 147; regulamentação da cirurgia de redesignação sexual nos, 103; sistema prisional, 128, 303-4; Suprema Corte, 19, 39, 129, 135-6, 142, 223; violência doméstica, 163; *ver também* Título IX
estupro: África do Sul, 29-30, 41, 134, 213, 215, 256; Bósnia, 316; caso do festival de Pamplona, 24; caso Weinstein, 15-6, 18-9; caso Worboys, 53; casos de Huddersfield, 72; casos no campus, 51-5, 60, 64-7; casos sem sequência, 162; casos Trump, 20, 22, 45; chamadas para serviços de apoio, 72; coletivo, 75-6; corretivo de lésbicas, 22, 134; crime de genocídio, 316; crime de guerra, 38, 161, 179; crime de identidade, 161; de imigrantes, 26, 297, 307, 316-7, 321;
de trans, 102, 113; fantasias de, 62, 133, 146; Filipinas, 316; fornecimento de provas de, 43-5; imagem da vítima "perfeita", 19, 71; julgamento dos jogadores de rúgbi de Belfast, 18; meninos como vítimas, 208; motivos, 22-3; no Congo, 38, 161; no trabalho de Freud, 133; o papel do álcool, 53; postura de Bolsonaro, 22; protestos na Espanha, 24-5; Título IX, 42, 51, 55, 60, 64
Everything Under (Johnson), 151-2

Fairbanks, Eve, 250, 252, 254
Fanon, Frantz, 260-1, 268
Fees Must Fall (movimento), 32, 246, 259
Feinberg, Leslie, 123
feminilidade: Arsenault, 102; Ashley, 83; celebração da, 128; Jenner, 93; mito da, 136; "normal", 100
feminismo, 159-84: confrontando a violência, 91; demandas, 310; ensino e alunos, 69; espaços exclusivos para mulheres, 102-3; influência de Greer, 105; negro, 262; posição de Arendt, 166-8; posição de Klein, 173, 175; protestos e revoltas, 24-5; questão da discriminação racial, 91; questões de assédio, 38-40, 48, 50, 56-7, 59, 69; questões de estupro, 316; questões de violência doméstica, 318-9; radical, 14, 24, 49, 174; reações a Trump, 136; relacionamentos trans, 91, 110-1; respostas à violência contra as mulheres, 161, 164; segunda onda, 160
Ferreira, major, 293
Filipinas, 316
Finn, Robert, juiz, 113
First, Ruth, 247, 266
Fischer, Bram, 222
Fliess, Wilhelm, 137
Floyd, George: assassinado por policial, 11, 129, 197; descrição do assassino, 329-30; protestos contra o assassinato de, 28, 32, 245, 329-30
Flynn, Michael, 259
Flynt, Larry, 59-60
Frederiksen, Mette, 335
Freud, Anna, 141, 177
Freud, Sigmund: *Além do princípio do prazer*, 189; caso Anna O., 256, 282;

caso Katharina, 131, 137-8, 155-6;
"dissolução do complexo de Édipo,
A", 153; "distúrbio de memória na
Acrópole, Um", 189-91, 194; *Estudos
sobre a histeria*, 137; "Fantasias
histéricas e sua relação com a
bissexualidade", 133; *interpretação
dos sonhos, A*, 150, 170; *mal-estar
na civilização, O*, 132; *Moisés e
o monoteísmo*, 132; morte, 189;
psicanálise e assédio, 138-41; "Recordar,
repetir e elaborar", 208; sobre a
diferença sexual, 133-5; sobre a
distinção ativo/passivo, 70; sobre a
mente como uma cidade, 256; sobre a
sexualidade humana, 100, 105, 132-3,
146, 148; sobre a violência, 261; sobre
Eros e a destrutividade, 148; sobre
o homem como um "Deus postiço",
98; sobre o inconsciente, 54, 139,
146, 168, 231; sobre o narcisismo,
10; sobre o pensamento obsessivo,
242; *Três ensaios sobre a teoria da
sexualidade*, 150; visão do destino
das mulheres, 206

Gallop, Jane, 57-9, 62
Gandhi, Mahatma, 179
Garfinkel, Harold, 84, 86, 93
Gay, Roxane, 34, 44, 54, 75-9
Geffen, Felicia, 280
Gentleman, Amelia, 302
Gevisser, Mark, 221-2, 242-3
Gherovici, Patricia, 91
Gilmore, 8
Giuffre (Berts), Virgínia, 10
Giuliani, Rudy, 135
Gobodo-Madikizela, Pumla: *Breaking
Intergenerational Cycles of Repetition*
[A quebra de ciclos intergeracionais
de repetição], 257; Centro de Trauma
Histórico e Transformação, 34, 257,
272, 279; Comissão da Verdade e da
Reconciliação, 34, 272; entrevistas
com De Kock, 275, 280, 282; "Grito de
Nomonde Calata, O" (palestra), 285;
história do "micro-ondas" de Mlungisi,
257-9, 267; sobre ocupações, 277
Goebbels, Joseph, 124, 175
Goldner, Virginia, 92, 114-5

Goldsmiths, Universidade de Londres, 65-7,
69, 134
Goniwe, Matthew, 271-2
Goniwe, Mbulelo, 272
Graham, Franklin, 154
Gray, John, 186-7, 190
Green, André, 146
Greer, Germaine, 104-5, 109, 111
Grewcock, Michael, 308
Griffiths, Andrew, 73-4
Grigoriadis, Vanessa: *Blurred Lines* [Linhas
difusas], 54, 56; experiências de assédio
sexual, 38-9; sobre a masculinidade, 50,
60, 147; sobre o assédio, 51, 146

Hague, William, 38
Haiti, 35, 263, 316
Halberstam, Jack, 113
Hall, Catherine, 196
Halley, Janet, 129
Hamburger, Tony, 288
Han Kang, 34, 265-7
Hani, Chris, 283, 289
Hani, Limpho, 286-7, 289
Hani, Lindiwe, 283-4, 286, 289, 294
Haraway, Donna, 98
Harrison, Jane, 286
Hartley, Nola (pseudônimo da acusadora
de Ludlow), 60-2, 72
Harvey, David, 308
Heatherton, Todd, 65
Helen (criança hondurenha), 320
Herd, David, 300-1, 308
Hester, Rita, 126
Hill, Anita, 39, 223
Hirschfeld, Magnus, 125
Hitler, Adolf: chegada ao poder, 149; e o
trabalho de Klein, 173, 176-8; foto, 24;
Hirschfeld e, 125; invasões, 192, 314
Hobsbawm, Eric, 189
Hollywood, 14-5, 39, 48, 52, 74, 209
Holmes, Rachel, 224, 338
hooks, bell, 57
Horkheimer, Max, 187
Hoyer, Niels, 98
Hudson, Tara, 88
Hughes, Ted, 159
Hungria, 22, 26, 149
Hunt, Helen, 44
Hyatt, Shanniel, 89

imigrantes, 297-327: crianças, 26, 321, 325-6; discurso de extrema direita, 26, 46; mortes no mar, 313; mulheres, 26, 298-303, 316-7; ódio aos, 26, 312; políticas alemãs, 313, 314; políticas americanas, 26, 247, 299, 321, 323-4; políticas australianas, 308; políticas britânicas, 247, 298, 300-3, 311, 312, 321, 323; políticas irlandesas, 322; violência nas fronteiras, 308-9, 317, 321
Índia, 22, 25, 34-5, 124, 149, 179
Instituto de Pesquisa Astrofísica da Universidade John Moores, 66
Irlanda, 154, 277, 280, 322

Jackson, Paddy, 18
Jacques, Juliet: carreira, 86; influências em, 91; memórias (*Trans*), 86, 89; sobre fotografia transexual, 93, 116; sobre mulheres trans, 103; sobre os riscos para pessoas trans, 101-2; sobre trabalhadoras do sexo, 86, 87; transição, 86, 108-9, 115-7
Jaques, Elliott, 173
Jędraszewski, Marek, 24
Jeffrey, John, 273
Jenner, Caitlyn, 91-4, 119, 125
Jenrick, Robert, 14
Johnson, Boris: ataque a jornalista, 20; corrupção no governo, 14; gastos do NHS, 13; mentira, 324; metas para casos de estupro, 162; políticas transgênero, 143; recuperação da Covid-19, 332; relacionamento com Trump, 22
Johnson, Charl, 226
Johnson, Daisy, 34, 151-3
Jolie, Angelina, 38
Jones, Ernest, 139, 140
Jordison, Sam, 181
Josipovici, Gabriel, 188, 193
Joyce, James, 92, 186, 197-9, 202, 210
Judt, Tony, 312
Jung, Carl Gustav, 199

Kamanzi, Brian, 247
Kant, Immanuel, 169, 176
Kantor, Jodi, 15, 63
Kaplan, Cora, 234, 339
Katehi, Linda, 46-7
Katharina (Aurelia Öhm-Kronich), 131, 137-8, 155-6

Kavanaugh, Brett, 19, 135, 142, 149, 154, 325
Kaveney, Roz, 90, 96, 101-2, 338
Kennedy, Helena, 71
Kentridge, Eliza, 280, 288
Kentridge, Sydney, 280
Kermode, Frank, 191-2
Khomeini, aiatolá: redesignação sexual tornada lícita por determinação do, 124
Khwezi (Fezekile Ntsukela Kuzwayo), 41, 283
King, Callum, 120
Kipnis, Laura, 56-62, 64, 68-70
Klein, Melanie, 165-6, 172-9
Klerk, F. W. de, *ver* De Klerk, F. W.
Kock, Eugene, *ver* De Kock, Eugene
Kornheiser, Tony, 125
Krauss, Rosalind, 193-4
Kristeva, Julia, 127, 174
Krog, Antjie, 285
Krys, Rachel, 67
Kurdi, Alan, 323
Kuyai, Rusan, 248

Lacan, Jacques, 143, 147, 150, 171, 192, 257
Lambert, Lisa, 113
Lamble, Sarah, 127
Latham, Joanne, 88
Lazo-Majano, Olimpia, 315
Lee, Alexander, 128
Lees, Paris, 104, 109, 119
Lei de Reconhecimento de Gênero (2004), 82, 142-4
Leibovitz, Annie, 92-3
LGBTQIA+, questões, 23-4, 125, 147
Limbaugh, Rush, 24
Limentani, Adam, 106
linguagem: da violação, 110; da vitimização, 56, 69; de conquista sexual, 59; dos opressores, 293; escrita de Han Kang, 267; escrita de Morrison, 188, 209; falar e ouvir, 163-4; perspectiva de Adorno e Horkheimer, 187; pessoas detidas e, 301-2, 319-20; poética, 160; sobre o julgamento de Oscar Pistorius, 240; trauma e linguagem na África do Sul, 283-5; verbo auxiliar, 240-1
Lorde, Audre, 147
Louis, Édouard, 27, 44
Lübcke, Walter, 21, 314
Ludlow, Peter, 60-2, 64, 68, 71-2
Luibhéid, Eithne, 317, 322

Luxemburgo, Rosa: espontaneidade, 172; influência em Arendt, 172; o anseio por saber, 176; sobre a ética da violência, 192; sobre a Revolução Russa, 12; sobre a violência sob condições tranquilas, 12, 33, 295, 331; sobre o amor, 172
Lyster, Rosa, 30

M'Baye, Kéba, 256
MacKinnon, Catharine, 14, 48-50, 160-1, 164, 168, 174
Maddow, Rachel, 21
Mairs, Nancy, 234
Mandela, Nelson, 278, 280, 289-90, 295
Mandela, Winnie, 278, 289-95
Manganyi, Chabani, 253, 260-2
Mangcu, Xolela, 251
Mann, Jessica, 16
Manning, Chelsea, 99
Margolis, Benjamin, 136
Maria do Rosário, *ver* Nunes, Maria do Rosário
Marin, Sanna, 335
Marsh, Jennifer, 71
Mars-Jones, Adam, 183
Martin, Farieissia, 44, 311
Martin, Kim, 216
masculinidade: abuso sexual, 134; atitudes trans, 111; Covid-19 e, 332-4; Douglas e, 242; estudantes, 49-50; "falsificada", 113; Freud e, 153; Klein e, 173-7; mito da, 136; perspectiva da autora, 14-5, 49; tóxica, 49, 332; Trump, 136; versões de, 14-5, 40, 111-2, 135-6, 177, 227
Masipa, juíza Thokozile Matilda: carreira, 213-4, 221; compassiva, 214-5, 217, 238; condução do julgamento de Oscar Pistorius, 214; insultos, 213; saúde, 212; sentença de Oscar Pistorius, 212, 228; sobre as linhas de defesa de Oscar Pistorius, 219, 224-7, 238-9; veredito de Oscar Pistorius, 213, 217, 220, 230, 238-40
Matar, Hisham, 34, 263-4
Matthews, Jimi, 270
Maxwell, Ghislaine, 10
Maxwell, Robert, 14
May, Theresa, 18, 73, 311-2
Mayer, So, 111
Mbeki, Thabo, 273
Mbembe, Achille, 295

McBride, Eimear: *Girl Is a Half-formed Thing, A* [Uma garota é uma coisa semiacabada], 181-4, 197-206, 209; *Lesser Bohemians, The* [Os boêmios menores], 201-6, 208, 211; tema da violência, 34, 184, 201-2, 205; uso da linguagem, 179, 181-4, 188, 197-8, 202-5, 209-10
McConnell, Freddy, 96-7
McConnell, Mitch, 149
McDonagh, Melanie, 93
McEvoy, Jonathan, 237
McEwan, Ian, 94
McFarlane, Sir Andrew, 96-7
McKaiser, Eusebius, 217-8, 220-2
McKay, Susan, 18-9
Mda, Zakes, 237
Merkel, Angela, 21, 313-4, 335
Merleau-Ponty, Maurice, 261
México, 25-6, 299
Meyer, Walter, 121
Mgoduka, Doreen, 287
Mgoduka, Mbalala Glen, 287
Mgoduka, Siyah, 287, 294
Mhlauli, Sicelo, 271
Middlebrook, Diane, 159, 337
Milkman (Burns), 153-7
Millington, Riley Carter, 120
Millot, Catherine, 106
Mitchell, Juliet, 50, 106, 141, 161, 178, 337
Mkonto, 271
modernismo: escrita de McBride, 183, 197, 199, 202-3, 209; história e memória, 191, 194, 196; literário, 186, 188, 197; perda de autoridade, 193-4; relatos do, 185-8, 202-3
Moeketsi, Stompie, 290
Moisey, Andrew, 52
Moore, Michael, 149
Moore, Suzanne, 228
Morris, Jan, 92, 98, 112
Morrison, Toni: *Amada*, 194-6, 201, 209; citada, 150, 223, 331; linguagem, 188, 195-6, 209
Motsoeneng, Hlaudi, 270
Mottley, Mia, 335
Mrwetyana, Uyinene, 29
Msimang, Sisonke, 291, 294-5
Mueller, Robert, 306
Mukwege, Denis, 161
mulheres, abrigos de, 72, 163-4, 335

Mulvey, Laura, 80
Mundell, Carole, 66
Murad, Nadia, 161
Murdoch, Rupert, 14
Muyanga, Neo, 252

Nagalândia, 34-5, 179, 263
Naidoo, Leigh-Ann, 247
Namaste, Viviane, 86
narcisismo, 10-1, 136
Ndebele, Njabulo, 292
Ndlovu, Dudu, 246
Nel, Gerrie, 225, 231, 235-6
Nestor, Emily, 15
Nkabinde, Nkunzi Zandile, 256
Nunes, Maria do Rosário, 22
Nungesser, Paul, 55, 64
Nuttall, Sarah, 285
Nwadeyi, Lovelyn, 247, 252, 262, 264, 267

O'Brien, Edna, 201
O'Connell Davidson, Julia, 152, 326
O'Sullivan, Sue, 110
Obama, Barack, 42-3, 47, 55, 223, 297
Ocasio-Cortez, Alexandria, 299
Olding, Stuart, 18
Orbán, Viktor, 26
Ore, Ersule, 46
Orford, Margie: jornalista e escritora policial, 262; sobre a África do Sul pós-apartheid, 29; sobre a violência contra as mulheres, 29, 215; sobre o caso Oscar Pistorius, 31, 219, 222-3, 239, 241, 262
Ormrod, juiz da Suprema Corte, 82-3

Padman, Rachael, 104
Pasterski, Vickie, 120
Patten, Christopher, 249
Perkins, Zelda, 16
pessoas trans, 80-158: ativistas, 88, 104, 129, 145, 335; carreiras, 86; cobertura da mídia, 119-20; crianças, 120-2; experiência trans e abuso, 136-7, 139, 148, 151, 206; feminismo e, 91, 110-2; "fisicamente intactas", 143-5; gênero e sexo, 84; grupos de pressão, 122; história da transgeneridade, 123-4; histórias, 87, 98-102, 114-9, 124-6; movimento político, 128-30; questão da masculinidade, 112-4; questão da realidade, 102-11, 144; reconhecimento legal do gênero, 82, 142-4; "trabalhar no sentido de ser homem ou mulher", 134; transição cirúrgica, 84-5, 87, 95-6, 101-3, 107, 112-3, 117-8, 143, 145; versões de trans, 91-8; violência contra, 23, 88-91, 113-4, 126-7, 144, 147; *ver também* Agnes, Ashley (April), Bornstein (Kate), County (Jayne), Jenner (Caitlyn), Raphael
Phillips, Jess, 319
Picasso, Pablo, 193-4
Pinsky, Ellen, 141
Pistorius, Carl, 216
Pistorius, Oscar, 212-44: armas, 236; assassinato de Reeva Steenkamp, 18; carreira, 18, 32, 232-3, 242-3; deficiência, 232-8; intenção, 217, 224, 230-1, 306; julgamento, 217, 222, 262; linhas de defesa, 219-20, 223-9, 231, 234-6, 238-9; questões de controle, 232; relacionamento com a mãe, 233-4; relacionamento com Reeva Steenkamp, 230-1; sentença, 212, 216, 228; veredito, 213-4, 239-40
Pistorius, Sheila, 233-4
Plath, Sylvia, 159-60, 165
Polanski, Roman, 18
pólis, 166, 171, 176
Polônia, 22-3, 192, 246
Porter, Zeam, 94
Powell, Jane, 66
Prosser, Jay, 99-101, 338
Proust, Marcel, 186, 241

"Quatro de Cradock", 271-5, 278, 281, 286

Rahman, Saeed, 318
Ramaphosa, Cyril, 25, 29, 215
Ramírez, Angie Valeria, 299, 323-4
Ramírez, Oscar Alberto Martínez, 299, 323-4
Ramose, Mogobe B., 255
Raphael (transexual), 100, 114, 133
Rawls, John, 31
Raymond, Janice, 102-6, 110, 118
Reagan, Ronald, 22, 33, 253
Rees, Mark, 82, 86, 107, 116
redesignação sexual (ou de gênero), cirurgia de, 82, 87, 96, 107, 112-3, 143:

desqualificação durante consulta para a, 115; Kate Bornstein e, 119, 145; legalizada seguindo determinação do aiatolá Khomeini, 124; narrativas após a, 117; no Reino Unido, 120; o caso de Agnes (transexual), 84-5; regulamentação nos Estados Unidos, 103; uso do termo, 81; *ver também* Ashley, April (cirurgia de redesignação sexual)

refugiados: atitude europeia, 312-3, 315; Convenção de Genebra, 315; crianças, 26, 321, 324; mulheres, 315-6, 327; políticas alemãs, 314; políticas americanas, 247, 299; políticas britânicas, 247, 298, 305, 321; *Refugee Tales* [Contos de refugiados], 300

Reino Unido: abrigos, 72, 164, 335; abuso sexual, 14; ações judiciais por estupro, 162; assédio sexual em Westminster, 14, 73-4; cirurgia de redesignação sexual no, 120; crianças refugiadas, 321-2; incidência de violência contra as mulheres, 162-3; Lago das Mulheres de Hampstead Heath, 110; política de imigração, 247, 298, 300-3, 311-3, 321-3; políticas do governo conservador, 13, 26; políticas transgênero, 82, 88, 101, 143-4; remoção de imigrantes, 297-303; Serviço de Fronteiras do Reino Unido (United Kingdom Border Agency, UKBA), 302-3, 305; sistema prisional, 88, 144, 300, 303-4, 306, 310, 321-2; violência doméstica, 163, 330

Revolução Russa, 12

Rhodes Must Fall (movimento), 28-9, 32, 245-68, 279, 290, 335

Rhodes, Cecil, 28-9, 248-9

Ribbentrop, Joachim von, 175, 177

Richard (menino de dez anos analisado por Klein), 173-9

Richardson, Jerry, 290

Rolland, Romain, 190

Ronell, Avital, 58

Root, Rebecca, 120

Rose, Gillian, 35

Rosenstein, Rod, 321

Rotunno, Donna, 19

Roux, Barry, 219, 227, 229, 232

Roy, Arundhati, 12, 336

Sachs, Albie, 277-8
Sachs, Wulf, 288
Safouan, Moustapha, 105, 146, 152
Saketopoulou, Avgi, 117-8, 145
Sanchez, Diego, 147
Sanders, Sarah, 45
Saussure, Ferdinand, 241
Savile, Jimmy, 17
Savill, T. D., doutor, 139-40
Schäuble, Wolfgang, 314
Schroeder, Bill, 233
Schwartz, Madeleine, 308, 320
Sciorra, Anabella, 18
Semenya, Caster, 233
Serviço de Identidade de Gênero do Portman NHS Trust, 120, 122
Sessions, Jeff, 319
Sexton, Anne, 159-60, 165, 179, 184
Shabangu, Susan, 214, 251
Shutter, Sue, 313-4
Silverman, Sandra, 145
Sinclair, May, 198
Skylar (transexual), 98, 113, 121
Sloman, Mervyn, 291
Smethers, Sam, 73
Smith, Deborah, 265
Sokolow, Brett, 43
Solms, Mark, 273, 288, 338
Spade, Dean, 118, 128, 147
Spivak, Gayatri, 161
Srinivasan, Amia, 102
Steenkamp, Reeva: assassinato de, 212, 216, 219-20, 224-8, 236, 243; reação ao estupro e morte de Booysen, 30, 215; relacionamento com Oscar Pistorius, 228, 230-1; vida, 215
Stein, Gertrude, 210
Stephens, Jordan, 49
Sterne, Laurence, 240-1
Stipp, Joan, 226
Stoller, Robert, 84-5
Stone, Sandy, 118
Strydom, "Lobo Branco" Barend, 281
Stryker, Susan: aparência, 95; sobre a estranheza do corpo trans, 94-8; sobre a violência coerciva de generificação, 93, 147; sobre a violência contra pessoas trans, 89; sobre o abuso de pessoas trans, 110; sobre termos para posições de gênero, 92; sobre vidas transexuais, 86

Suchet, Melanie, 100, 114, 133, 145
Sulkowicz, Emma, 54-5, 71
Swanepoel, major, 293
Syrett, 52

Tabak, Shana, 319
Talbot, Margaret, 98, 121
Tanizaki, Junichirō, 242
Taylor, Breonna, 129
Taylor, Samantha, 225, 227, 237
Teena, Brandon, 113, 124
Telesford, Kellie, 89-90, 101
Terreblanche, Sampie, 253
Thatcher, Margareth, 22, 33
Thicke, Robin, 54, 75
Thomas, Clarence, 39, 223
Thompson, Vicky, 88
Tirésias, 151-2
Título IX (sobre discriminação sexual na educação americana): campanha para inclusão do assédio sexual, 48; casos, 54, 56, 58, 61, 65-6, 69; consequências de, 46, 51; crítica da direita alternativa, 55-6; críticas jurídicas a, 43; diretriz de implementação revogada, 55; diretrizes de implementação ("carta aos colegas"), 42, 45, 52; posição de Kipnis, 58, 64, 69; propostas de definição de gênero, 89
Tlhabi, Redi, 41
Tolentino, Jia, 325
Tortorici, Dayna, 40
tráfico: caso Epstein, 10; crianças, 325; crime invisível, 298, 325; detenção no Reino Unido, 298, 303-6; vítimas lutam contra a deportação, 335
Transgender Equality (relatório Reino Unido, 2016), 82, 88, 101, 142
Transgender Studies Readers, 86, 88, 92, 124-5, 127-8, 147
Trump, Donald: acusações de estupro, 20, 22; acusações para impeachment, 20; adulação de, 19-21; alegações sexuais contra, 20, 47; apoiadoras, 53; eleição (2016), 11, 19, 135; indicação de Kavanaugh, 135-6, 141, 324; investigação de Mueller, 306; misoginia, 19-20; morte do avô, 333; pauta contra pessoas trans, 89, 129, 135, 142-4, 147; política de aborto, 7-8; política de imigração, 26, 247, 320, 324-5; políticas LGBTQIA+, 126; postura diante da Covid-19, 11, 332; revogação da diretriz do Título IX, 42, 55
Trump, Ivana, 20
Tsai Ing-wen, 335
Tudesq, André, 194
Turquia, 22, 149, 316, 323
Tutu, Desmond, 31, 277, 285, 290
Tutu, Leah, 277
Twohey, Megan, 15, 63

Universidade Columbia, 54
Universidade de Birmingham, 68
Universidade de Dartmouth, 65
Universidade de Sussex, 63-4
Universidade de Warwick, 66, 68
Universidade Northwestern, 60

Valentine, David, 88, 107, 115
Van der Merwe, Estelle, 226
Vázquez, Estrella, 119
Vera, Yvonne, 265
Verryn, Paul, pastor, 274, 276, 290-1
Verwoerd, Hendrik, 34, 278-80
Verwoerd, Wilhelm, 34, 280-2
violência: baseada em gênero, 9, 29; capitalista, 12; coerciva de generificação, 93; de Estado, 28, 167-8, 170, 190; discurso de direita, 24-6; doméstica, 72-3, 163-4, 318-9, 330, 332; escrita ficcional, 34-6; força interior da, 336; história da África do Sul, 28-34, 215; legitimação, 9-10; luta contra a, 329, 336; masculina contra as mulheres, 9-10; nas fronteiras, 26, 308-9; perspectiva psicanalítica, 331-2; protestos feministas, 24-5; racista, 313, 329-30; reações à, 27-8; sexual, 13-7, 27, 34-5; visibilidade e invisibilidade, 7, 330; *ver também* estupro, abuso sexual, assédio sexual, pessoas trans (violência contra)
Vorster, Merryll, 234
voyeurismo, 20, 37, 126

Waluś, Janusz, 283-4
Weidel, Alice, 46
Weinstein, Harvey: acusadoras, 15-6, 18, 59, 63; agressões sexuais, 15, 38, 39, 41; carreira, 16-7; colapso após prisão,

16; condenações e sentença, 18-9;
   descrição da genitália, 16
West, Rebecca, 243
White, Karen, 144
Whittle, Stephen, 88, 124
Wiener, Mandy, 224
Wilchins, Riki Anne, 88, 109
Williams, Glyn, 312
Wilson, Cassie, 120
Winnicott, D. W., 158, 257
Woodward, Bob, 136
Woolf, Virginia: casa, 196; *Entre os atos*, 191-4, 201; hipótese de que antepassadas alimentam a imaginação das escritoras, 182; modernismo, 186; morte, 200; sobre a violência, 34, 192; sobre mulheres e guerra, 10, 192; sobre o patriarcado, 136; traços de abuso vagamente lembrados, 202; *Três guinéus*, 192
Worboys, John, 53
Wynter, Sylvia, 254

Xi Jinping, 20

Zellweger, Renée, 209
Zietsman, juiz, 272
Zuma, Jacob, 41, 250, 270

A marca FSC® é a garantia de que a madeira utilizada na fabricação do papel deste livro provém de florestas gerenciadas de maneira ambientalmente correta, socialmente justa e economicamente viável e de outras fontes de origem controlada.

Copyright © 2021 Jacqueline Rose All rights reserved
Copyright da tradução © 2022 Editora Fósforo

Todos os direitos reservados. Nenhuma parte desta obra pode ser reproduzida, arquivada ou transmitida de nenhuma forma ou por nenhum meio sem a permissão expressa e por escrito da Editora Fósforo.

Título original: *On Violence and On Violence Against Women*

EDITORAS Fernanda Diamant e Eloah Pina
ASSISTENTE EDITORIAL Cristiane Alves Avelar
PREPARAÇÃO Ibraima Tavares
REVISÃO Luicy Caetano e Andrea Souzedo
ÍNDICE REMISSIVO Maria Claudia Carvalho Mattos
DIREÇÃO DE ARTE Julia Monteiro
CAPA Fernanda Ficher
PROJETO GRÁFICO Alles Blau
EDITORAÇÃO ELETRÔNICA Página Viva

Dados Internacionais de Catalogação na Publicação (CIP)
(Câmara Brasileira do Livro, SP, Brasil)

> Rose, Jacqueline
>   Sobre a violência e sobre a violência contra as mulheres / Jacqueline Rose ; tradução Mônica Kalil. — São Paulo : Fósforo, 2022.
>
>   Título original: On violence and on violence against women.
>   Bibliografia.
>   ISBN: 978-65-84568-49-5
>
>   1. Violência contra as mulheres 2. Violência — Aspectos políticos — Estudos transculturais 3. Violência — Aspectos sociais — Estudos transculturais I. Título.

22-122387   CDD — 362.8292

Índice para catálogo sistemático:
1. Violência contra a mulher : Problemas sociais   362.8292

Eliete Marques da Silva — Bibliotecária — CRB-8/9380

Editora Fósforo
Rua 24 de Maio, 270/276
10º andar, salas 1 e 2 — República
01041-001 — São Paulo, SP, Brasil
Tel: (11) 3224.2055
contato@fosforoeditora.com.br
www.fosforoeditora.com.br

Este livro foi composto em GT Alpina
e GT Flexa e impresso pela Ipsis em papel
Pólen Natural 70 g/m² da Suzano para a
Editora Fósforo em agosto de 2022.